2023 대한민국 산업지도

2023

투자자를 위한 업종별 투자 가이드

대한민국 산업지도

이래학 지음

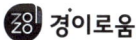
경이로움

지은이의 말

내가 산 주식은 왜 안 오를까?

투자하다 보면 누구나 맞닥뜨리는 고민이 있다. 개인마다 고민의 정도는 다르겠지만 투자자라면 자신이 산 주식으로 만족할 만한 수익을 얻지 못할 때 고민을 겪는다. 주식이 안 오르는 이유는 여러 가지다. 겉보기에 매력적인 주식이지만 부실하거나 대주주 리스크가 있는 경우도 있다. 투자 지표는 좋지만 기업이 주가를 관리하는 데 관심이 없어서 만년 저평가를 받는 사례도 적지 않다. 이처럼 기업별로 주가가 오르지 않을 만한 이유가 다양하다. 다만 주식을 사기 위해 지갑을 여는 투자자 관점에서 보면 이 여러 가지 이유는 한 가지 이유로 귀결된다. 남들이 보기에 그 주식이 다른 주식에 비해 덜 매력적이라는 이유다.

주식 투자는 미인대회라는 말이 있다. 미인대회는 참가자 중에서 가장 아름다운 여성을 뽑는 콘테스트다. 만약 100명의 미인 중에서 최고의 미인 5명을 뽑는다고 가정한다면, 이를 판단하는 사람들은 각자 자신이 보기에 가장 미인이라고 생각한 사람을 선정할 것이다. 그러나 자신이 뽑은 사람이 미인이 되려면, 자신이 뽑은 사람과 다수가 예쁘다고 생각하는 사람이 일치해야 한다. 대중에게 많은 표를 받은 사람 5명이 최고의 미인으로 선정될 수 있기 때문이다.

주식도 마찬가지다. 어떤 주식의 기업이 정말 돈도 잘 벌고 밸류에이션도 저렴하고 가지고 있는 현금도 두둑하다. 돈만 있으면 아예 그 기업을 인수하고 싶을 정도로 매력이 있다. 그런데 도무지 시장에서는 그 기업의 진가가 발휘되지 않는다. 대중은 안정적이고 저평가된 기업보다는 미래의 성장 가치가 뛰어난 기업을 미인으로 보기 때문이다.

주식 시장은 절대적인 기준이 아닌 상대적인 기준을 따른다. 코로나19 팬데믹 이후 각국의 중앙은행들은 전례 없는 규모의 유동성을 시장에 공급했으며, 금리를 제로 수준으로 낮추었다. 그 결과 투자자들에게 유동성 파티가 열리면서 대부분 기업의 주가가 올랐다. 반면 2022년에는 높은 인플레이션을 잡기 위해 미국 연방준비은행에서 강력한 긴축 정책을 시행하자 대부분 기업의 주가가 하락했다. 비유하면 코로나19 팬데믹 이후 주식 시장은 100명 중에서 50명을 뽑는 미인대회였지만 2022년 주식 시장은 100명 중에서 불과 5명만 뽑는 미인대회였던 셈이다.

남들이 보기에도 매력적인 기업을 찾기 위해서 투자자는 무엇을 알아야 할까? 바로 산업에 대한 이해가 있어야 한다. 돈은 수익률이 낮은 곳에서 높은 곳으로 흐른다. 즉 성장성이 높고 수익률이 높은 매력적인 산업으로 자금이 쏠리기 마련이다. 따라서 금리, 환율, 유가 등의 거시경제 변수와 각국 정부의 정책, 산업의 패러다임 변화에 혜택을 받을 만한 산업과 섹터를 고르는 안목이 필요하다. 문제는 이러한 안목을 갖추는 것이 쉽지 않다. 주식 시장을 제대로 알기 위해서는 시장이 어떤 산업으로 구분되고, 그 산업의 하위 섹터에 무엇이 있는지, 해당 섹터는 어떤 기업으로 구성되는지 알아야 한다. 더 나아가 2,300개가 넘는 기업의 비즈니스 모델, 전방 산업 등을 파악해 섹터와 산업으로 묶는 작업이 필요하다. 시간에 쫓기는 직장인 투자자에게는 엄두도 안 나는 일이다. 이 책은 주식 시장의 수많은 기업, 섹터, 산업에 대한 투자자들의 이해를 돕고, 이해하는 과정에 투자해야 하는 시간을 단축하는 데 목적이 있다.

이 책은 2022년 11월 30일 기준 2,333개(우선주, 리츠, ETF 제외) 상장 기업을 185개 섹터와 27개 산업으로 분류했다. 네이버 포털에서 서비스되고 있는 WICS 업종 분류를 따르지 않고 직접 사업보고서를 열어 보면서 하나하나 산업을 분류했다. 투자자에게 직관적인 정보를 제공하기 위해 다소 미련하고 고집스러운 작업을 선택했다.

목차는 인프라·필수소비재, 기초 소재와 산업재, IT, 소비재 1, 소비재 2, 소비재 3 이렇게 6가지로 구성되었다. 비즈니스 모델이 유사하거나 전후방 관계에 있는 산업들은 한데 묶었다. 각 산업은 규모와 비즈니스 모델에 따라 다시 구분된다. 가령 반도체는 반도체 제조, 반도체 유통, 팹리스, OSAT, 디자인하우스, IP, 반도체 소재, 반도체 장비 이렇게 8가지 섹터로 나뉜다. 기업의 수가 많고 규모가 큰 섹터를 중심으로 개요, 성장성, 투자 포인트를 다뤘다. 투자자는 각 산업별 그리고 섹터별로 시장 현황, 경기에 대한 민감도, 성장성, 비즈니스 모델, 투자 포인트 등을 확인할 수 있다.

특히 투자 포인트에서는 해당 산업 및 섹터에 속해 있는 기업의 실적에 영향을 미치는 요인은 무엇인지, 주가에 영향을 주는 요인은 무엇인지를 다루었다. 업황 및 전망에 대한 부분도 추가했다. 산업별 본문 내용의 마지막에는 산업에서 섹터, 섹터에서 또다시 하위 섹터, 마지막으로 여기에 해당하는 기업을 마인드맵 방식으로 정리했다. 2,333개의 상장사가 모두 담겨 있으니 이 중에서 관심이 가는 기업을 찾아 공부하는 것을 추천한다. 마인드맵과 함께 산업별로 시가총액 상위에 속하는 기업의 2022년 3분기 연환산 실적, PER, PBR, ROE 등을 포함한 투자 지표도 담겨 있으니 참고하길 바란다.

물론 대한민국 전체 산업에 대한 깊이 있는 인사이트가 담겨 있는 것은 아니다. 이 책은 학창 시절 시험을 보기 직전에 공부한 내용을 마지막으로 훑어보기 위해서 핵심 내용만 빼곡히 적어놓은 요약본 느낌이라고 보면 된다. 최소한 이 정도는 공부하고 시험장에 들어가야 한다는 생각으로 책의 내용을 참고하면 된다. 각 산업에 대한 더 깊이 있는 내용을 원한다면 해당 산업의 애널리스트들이 작성한 보고서나 해당 산업을 전문적으로 분석한 책을 읽어보는 것을 추천한다.

그럼에도 2,333개 기업, 185개 섹터, 27개 산업에 대한 내용을 한 권에 담다 보니 분량이 상당하다. 책을 처음부터 끝까지 천천히 이해하며 읽는 게 가장 좋지만, 산업이나 기업을 다루는 무겁고 딱딱한 내용으로 구성되어 있어 읽다 보면 금방 지칠 수 있다. 따라서 자신이 관심있는 산업이나 기업에 대한 부분을 먼저 찾아보는 것을 권한다. 또한 증시에서 특정 산업이나 섹터에 대한 이슈가 부각될 때 챙겨 보는 것도 좋다. 아무쪼록 사무실 책상 또는 집의 서재 등 자신의 활동 반경에서 가장 가까운 곳에 두고 수시로 챙겨 보는 책이 되었으면 하는 바람이다.

저술하며 가장 골치 아팠던 점은 특정 산업이나 섹터에 담기 애매한 기업을 어쨌거나 분류해야만 했던 점이다. 점차 산업 간 경계가 허물어지는 상황에서 복합기업들이 많아지고 있어 특정 산업이나 섹터로 분류하기 어려운 기업이 의외로 많았다. 가령 엔지니어링 플라스틱을 만드는 기업은 제품 특성상 화학 기업에 속하지만 대부분의 매출은 자동차 부품에서 창출하고 있다. 화학 기업이지만 투자 관점에서는 자동차 부품 기업으로 볼 수 있다. 자동차 업황에 따라 이 기업의 실적이 결정되기 때문이다. 제약 바이오 기업 중에는 시장에서 신약 개발 이슈로 주가가 움직이지만 정작 매출이 화장품 비중 100%에 다다르는 경우도 있다.

이런 애매한 부분을 완전히 해결하지 못하고 산업별 그리고 섹터별로 기업을 구분했기 때문에 한계점이 있을 수 있다. 읽다 보면 '이 기업이 왜 이 산업에 속해 있지?'라고 생각되는 부분이 분명 있을 것이다. 이런 한계점을 미리 알고 이 책을 읽었으면 한다. 도무지 분류가 적절하지 않다고 생각된다면 따로 출판사나 유튜브로 연락을 주었으면 한다.

  1년 넘게 원고를 붙들고 있는 가운데 묵묵히 참고 기다려준 경이로움 출판사 멤버들, 늘 곁에 있는 것만으로 힘이 되는 가족들에게 고맙다는 인사를 올리며, 네 번째 책을 출간하도록 인도해주신 하나님께 감사드린다.

이래학

목차

지은이의 말 …… 4

1장 　인프라 · 필수소비재

에너지 …… 14
전기·가스·난방 에너지 | 전기 인프라 | 친환경 에너지

금융 …… 31
은행 | 증권 | 보험 | 기타금융

통신 …… 52

의료기기 …… 63
체외 진단기기 | 치과·미용 의료기기와 영상 진단기기
디지털 헬스케어 | 인체조직이식재

제약과 바이오 …… 80
제약 | 바이오 | 의약품 인프라 | 건강 기능식품 | 동물의약품

2장 기초 소재와 산업재

정유와 화학 …… 114

철강과 광물 …… 124
철강 | 비철금속

조선과 운송 …… 140
해운 | 조선

건설과 플랜트 …… 162
건설 | 플랜트설비와 관리 | 폐기물처리와 발전

기계 …… 177

3장 IT

반도체 …… 194
반도체 | 반도체 장비와 소재

디스플레이 …… 214

모바일기기와 카메라 …… 229

IT 서비스 …… 239
IT 서비스 | 사이버 보안

인터넷 …… 253

4장 소비재 1

음식료 …… 264

패션 …… 277

유통 …… 285

기타소비재 …… 300
종이와 포장재 | 가구와 생활용품 | 교육과 완구

5장 소비재 2

화장품 …… 318

레저 …… 328
여행과 호텔 | 항공 | 카지노

미디어 …… 346
미디어 | 엔터테인먼트 | 광고

게임 …… 367

6장 소비재 3

전자기기 …… 382
전자제품과 부품 | LED | 물리 보안 | 셋톱박스 | 전자 소재와 장비

2차전지 …… 399

자동차 …… 417

부록 – 지주회사 …… 436

1장
인프라 · 필수소비재

에너지

에너지 산업은 전기, 가스 등 각종 에너지 자원을 필요한 곳에 공급하거나 에너지 공급에 필요한 기자재, 에너지 생성에 필요한 각종 기기를 만드는 기업을 포함하는 산업이다. 에너지 산업 분야에 속한 기업은 총 62곳으로 시가총액 기준으로 주식 시장에서 차지하는 비중은 2.7%다.

과거 에너지 산업은 전기나 가스 등 필수공공재를 공급하는 고리타분한 산업으로 인식되었다. 즉 해당 산업에 속한 기업은 망할 일은 없지만 성장 매력이 없는 투자 대상이었다. 그러나 전 세계적으로 환경 오염으로 인한 기후변화에 대한 경각심이 커지면서 투자자들의 시선이 달라지고 있다. 선진국을 중심으로 전 세계 각국이 탄소배출이 없는 친환경 에너지 산업 육성에 집중하는 상황이라 관련 기업의 성장 가능성이 커졌기 때문이다. 에너지 산업에 속한 기업 중에서도 친환경 에너지 생산과 관련된 기술, 인프라를 갖고 있는 기업을 주목해야 하는 이유다. 특히 친환경 에너지 기업과 전통 에너지 기업은 일반적으로 시장에서 매우 낮은 평가를 받고 있는데, 친환경 성장 기업으로 탈바꿈할 경우 재평가를 받을 수 있다.

에너지 산업은 크게 전기·가스·난방 에너지, 전기 인프라, 친환경 에너지로 구분한다. 전기·가스·난방 에너지는 전기나 가스, 난방 등의 필수공공재를 가정 및 사업장에 공급하는 기업으로 구성되어 있다. 전기 인프라는 전기가 생성되고 공급되는 과정에서 필요한 전력변환기, 계량기, 전원공급장치, 전선 등을 제조하는 기업이 속한다. 친환경 에너지 산업은 탄소배출이 없는 친환경 에너지를 생산 및 저장하거나 생산하는 데 필요한 각종 기자재를 만드는 기업이 포함된다. 친환경 에너지의 종류에 따라 태양광, 풍력, 수소, 원자력 관련 기업으로 구분된다.

전기·가스·난방 에너지

1. 전기·가스·난방 에너지 산업의 개요와 특징

대부분의 사람이 살아가면서 아무리 돈을 아껴 쓴다 해도 꼭 지출해야 하는 일정 금액이 있다. 바로 우리 삶의 필수 요소인 의식주 관련 지출이다. 특히 매달 내는 전기, 가스, 수도 요금은 인간적인 삶을 영위하기 위한 필수 지출이다. 증시를 보면 이런 필수공공재를 생산하는 기업을 알 수 있다. 한국전력, 한국가스공사, 지역난방공사 등이 대표적인 기업이다. 이 기업들의 공통점은 최대주주가 정부 부처라는 점이다. 필수공공재를 생산하는 만큼 정부에서 출자한 공기업이 이를 담당하고 있다.

전기 에너지는 한국전력이 우리나라 대부분의 지역에 공급하지만, 지역거점 사업자가 담당하는 곳도 있다. 가스 에너지는 한국가스공사가 도매업자, 지역거점 사업자가 소매업자다. 한국가스공사가 천연가스를 수입해 각 지역에 있는 가스사들에 공급하고 다시 이들 사업자가 최종 소비자들에게 가스를 공급하는 구조다.

한국가스공사를 통하지 않고 직접 LPG^{Liquefied Petroleum Gas}(액화석유가스)를 수입해 공급하는 기업도 있다. SK가스와 E1이 대표적인 기업이다.

2. 전기·가스·난방 에너지 기업의 투자 포인트

전기나 가스 에너지는 필수공공재인 만큼 수요는 꾸준하지만 담당 기업의 성장성은 제한적이다. 매출액이 증가하기 위해서는 판매량과 가격이 올라야 한다. 먼저 판매량 측면에서 살펴보면 우리나라 산업화의 정도, 인구구조 특성상 앞으로 판매량이 늘어날 가능성은 낮다. 기대를 걸어볼 만한 것은 요금인데, 이마저도 쉽지 않다. 전기, 가스, 수도 요금은 공공재적 특성 때문에 가격 인상 과정에서 국민의 강한 저항을 넘어서야 하기 때문이다.

한국전력이 생산하는 전기는 석탄화력발전 비중이 크다. 석탄화력발전의 주요 원재료는 유연탄, LNG Liquefied Natural Gas(액화천연가스), 벙커C유 등이다. 모두 수입에 의존하는 품목이어서 환율, 국제 에너지가 가격이 오르면 동반 상승하는 경향이 있다. 한국가스공사가 공급하는 천연가스도 국제 유가 같은 에너지 가격에 영향받는 편이다. 따라서 국제 유가가 오르면 전기나 가스를 생산하는 기업의 원료 부담은 가중될 수밖에 없다. 우리나라 원재료 가격 상승에 대응하는 기본방침으로 전기 및 가스 요금에 반영하는 연료비 연동제를 채택하고 있다. 그러나 앞서 말한 이유로 인해 올리기는 쉽지 않다. 실제로 정부는 원자재 가격 상승에도 2022년 1분기 전기요금을 동결했다. 코로나19 팬데믹과 거듭되는 물가 상승 여파를 고려한 결정이었다. 이처럼 필수공공재 가격은 원자재 가격 외 다양한 변수에 따라 결정되므로 관련 산업에 투자하려는 투자자는 이를 고려해 접근할 필요가 있다.

중장기적으로 전기, 가스 에너지 생산 기업들은 탄소배출이 없는 친환경 에너지 비중을 확대해야 한다. 투자 관점에서는 전기, 가스 에너지 생산 기업이 친환경 에너지 전환을 위해 대대적인 투자를 단행할 때 수혜가 기대되는 친환경 에너지 관련 기업에 주목하는 것이 좋다.

전기 인프라

1. 전기 인프라 산업의 개요

전기 에너지는 최종 수요처인 소비자에게 공급되기 위해서는 다음과 같은 단계를 거친다. 먼저 발전소에서 생산된 전기는 송전 선로를 통해 변전소에 도달한다. 전력 손실을 줄이기 위해 높은 전압으로 송전되는 전기는 변전소에서 가정에서 쓸 수 있을 정도의 전압으로 낮추어진다. 마지막으로 변전소는 전기를 배분하는 배전 선로를 통해 낮은 전압의 전기를 최종 수요처로 전달한다. 쉽게 말해 송전 선로는 고속도로, 변전소는 톨게이트, 배전 선로는 목적지로 향하는 일반도로라고 보면 된다.

이처럼 전기가 최종 수요처까지 도달하기 위해서는 다양한 기자재가 필요하다. 송전 및 배전 선로로 쓰이는 전선, 전압을 조절하는 변압기와 고압차단기, 전압을 측정하는 계량기, 전기를 전달받아 분배하는 배전반 등이 대표적인 기자재다.

국내 전기 인프라 시장은 21세기 들어서면서 신규 전기 인프라를 설치하기보다는 보완 및 유지 보수 투자에 집중하고 있다. 전기 인프라 산업은 국가 전력망 구축에 필수적인 자본재 산업이다. 따라서 정부의 사회간접자본_{Social Overhead Capital, SOC} 지출 계획의 영향을 받는다. 성숙기 산업에 접어든 국내와 달리 동남아, 중동 등 신흥국은 전기 인프라 투자를 활발히 진행하고 있다. 국내 전기 인프라 기업들 역시 해외 시장에 진출하기 위해 역량을 집중하고 있다.

2. 전기 인프라 기업의 투자 포인트

전기 인프라는 국가 전력망 구축의 핵심 산업이다. 따라서 정부의 전력망 구축 계획에 따른 사회간접자본 투자의 영향을 받는다. 정부는 2030년까지 전력망 보강에 78조 원이 필요할 것으로 추산하고 있다. 이미 계획된 송·변전 설비 투자 예산 23조 4,000억 원, 배전 설비 투자 예산 24조 1,000억 원에 추가로 NDC* 상향을 감안한 30조 원의 관련 예산이 필요하다는 분석이다. 그리고 재생 에너지를 수용하기 위한 전력망 구축, 재생 에너지 발전량을 모니터링하고 원격 제어가 가능한 통합관제 시스템도 구축할 예정이다. 투자 관점에서는 장기적으로 국가 전력망 구축 계획에 부합하는 기업에 주목할 필요가 있다.

한편으로 본업에서 갈고닦은 기술을 활용해 미래 성장 산업에 진출한 기업도 눈여겨 볼 필요가 있다. LS전선은 전선 기술을 활용해 전기차 부품 사업에 진출했다. LS전선이 생산하는 구동모터용 권선**은 전기 에너지를 기계 에너지로 전환하는 장비로 기아차, GM 등에 납품한 바 있다. 효성중공업은 그룹 차원에서 수소를 미래 성장동력으로 삼고, 수소 충전소 건설에 박차를 가하고 있다.

동남아시아, 중동 등 신흥국에 집중하는 기업도 주목할 만하다. 아직 산업화 단계에 있는 신흥국은 전기 인프라 투자를 활발히 진행 중이기 때문이다.

◆ Nationally Determined Contribution의 약자로 파리기후변화협약에 따라 참가국이 2030년까지 스스로 정한 온실 가스 감축 목표

◆◆ 전류를 흘려 자속을 발생시키거나 서로 결합하도록 설계된 코일

한편 전선 기업의 매출은 구리 가격에 영향을 받는다. 전선 원재료의 80%는 **전기동**◆이 차지하기 때문이다. 일반적으로 전선업계는 판매 가격을 구리 가격에 연동해 정한다. 따라서 구리 가격이 올라가면 판매가 역시 상승하며 매출이 증가한다.

◆ 전해 정제에 의해서 얻어지는 구리

친환경 에너지

1. 친환경 에너지 산업의 개요

친환경 에너지란 탄소배출이 없는 청정 에너지를 뜻한다. 태양광, 풍력, 수소, 바이오 연료 등이 대표적인 친환경 에너지다. 이 책에서는 친환경 에너지를 저장하거나 생산하는 데 필요한 각종 기자재를 만드는 기업을 한데 묶었다.

친환경 에너지 산업의 성장트리거는 파리기후변화협약이다. 파리기후변화협약에서는 선진국뿐만 아니라 개발도상국도 참가해 전 세계적인 차원에서 단계적으로 온실가스를 감축한다는 계획을 세웠다. 지구 기온의 평균 온도 상승을 1.5℃로 억제하는 것이 협약의 구체적인 목표다. 이를 달성하기 위해서는 2050년까지 탄소중립 사회로 전환이 필요하다. 탄소중립이란 대기 중 온실가스 농도가 더 이상 증가하지 않도록 하는 것으로 온실가스 순배출량을 '0'으로 만든다는 개념이다. 탄소중립 사회로 전환하기 위해서는 탄소가 발생하지 않는 친환경 에너지 산업을 적극 육성해야 한다. 특히 우리나라는 타 국가에 비해 탄소배출량이 많은 편이다. 국제에너지기구International Energy Agency, IEA에 따르면 2019년 우리나라의 탄소배출량은 7위다.

탄소중립 실현을 위한 에너지 정책 목표에서 국가별 재생 에너지 발전 비중 역시 우리나라는 하위권에 속한다. 국제에너지기구에 따르면 2021년 기준 글

주요 선진국의 탄소중립 실현을 위한 에너지 정책 목표

국가	온실가스 감축	에너지 효율	재생 에너지
독일	2030까지 55%, 2050까지 80~95% 감축 (1990 대비)	2050까지 50% 감축 (1차 에너지 기준, 2008 대비)	2050까지 최종 에너지 중 60%, 발전 비중 80%
일본	2030까지 26% 감축 (2013 대비)	2030까지 0.5억kL(원유환산) 감축 (최종 에너지 기준, 2013 대비)	2030까지 발전 비중 22~24%
영국	2050까지 최소 80% 감축 (2009 대비)	2020까지 18% 감소 (최종 에너지 기준, 2007 대비)	2030까지 총 에너지소비 중 30%
프랑스	2030까지 40% 이상, 2050까지 75% 감축 (1990 대비)	2030까지 20% 이상, 2050까지 50% 감축 (최종 에너지 기준, 2012 대비)	2030까지 최종 에너지 중 32%, 발전 비중 40%

출처 : 산업통상자원부(제3차 에너지기본계획, 2019.06)

로벌 재생 에너지 비중 평균은 33%인 데 반해 우리나라는 9.6%에 불과하다. 우리나라는 과거에서부터 제조업이 발달한 국가로 제조업 분야의 기업이 많아 탄소배출량이 많다. 그러나 재생 에너지 인프라의 상황이 열악해 국가 차원의 투자가 시급한 상황이다.

정부는 〈2020년 제5차 신재생에너지 기본계획(2020~2034년)〉 발표를 통해 2020년에서 2034년까지 신재생 에너지 발전 비중을 25.8%로 높이기로 했다. 특히 코로나19 팬데믹 이후 경기부양 및 친환경 중심의 산업구조 개편을 위해 그린뉴딜 산업에 2025년까지 73조 4,000억 원을 투자하겠다고 밝혔다. 이에 따라 그린뉴딜 산업에 해당하는 태양광, 풍력 등 재생 에너지 발전용량을 2020년 12.7GW에서 2025년 42.7GW로 늘릴 계획이다. 같은 기간 전기차, 수소차 보급 대수는 각각 113만 대, 20만 대로 늘릴 계획을 세웠다. 탄소중립 사회로의 전환을 위한 범국가적 육성 산업인 만큼 투자자들은 친환경 에너지 산업에 늘 관심을 두어야 한다.

1) 풍력 에너지

풍력발전기는 바람을 통해 전기를 생산하는 구조물이다. 블레이드Blade가 회전하며 발생하는 기계 에너지를 발전기를 통해 전기 에너지로 변환하는 원리다. 풍력발전기의 구성 요소는 크게 풍력발전기를 지지해주는 타워, 바람 에너지를 회전 운동 에너지로 변환해주는 블레이드, 운동 에너지를 전기 에너지로 전환해주는 발전기로 구분할 수 있다. 증시에서는 풍력발전기 구성품을 만드는 기업과 구성품을 통해 풍력발전기 및 시스템을 구축하는 기업으로 나뉜다.

글로벌 풍력발전 시장은 해외 기업 주도로 진행되고 있다. 2020년 기준 상위 10개 기업은 미국, 유럽, 중국 기업들이다. 설치용량 기준 1위는 미국의 제너럴 일렉트릭General Electric으로 14%를 차지한다. 뒤를 이어 중국의 골드윈드Goldwind(점유율 13.5%), 덴마크의 베스타스Vestas(점유율 12.8%) 등이 자리 잡고 있다. 풍력발전 시장은 정부의 정책, 지리적 특성에 좌우되는 경향이 있다. 국토 면적이 넓은 미국과 중국, 적극적인 재생 에너지 육성 정책을 펼치는 유럽에서 특히 풍력발전 시장이 성장한 이유다.

국내에도 일찍이 현대중공업, 삼성중공업, 대우조선해양 등이 풍력발전 시장에 뛰어들었지만, 우리나라의 지리적 특성상 산이 많고 국토가 좁아 풍력발전 시장이 성장하기란 쉽지 않았다. 현재 국내 풍력발전 시장에 몸담고 있는 기업은 두산에너빌리티, 효성중공업, 유니슨UNISON 정도다. 반면 풍력발전기 구성품을 만드는 기업은 수출을 중심으로 선전하고 있다. 씨에스윈드CS WIND가 대표적이다. 씨에스윈드는 글로벌 풍력발전타워 시장에서 2020년 기준 점유율 16.2%(중국 시장 제외)로 1위다.

향후 풍력발전 시장은 해상풍력을 중심으로 성장할 전망이다. 육상풍력은 위에서 말한 것처럼 지리적 한계 때문에 성장하기가 힘들다. 바람이 잘 부는 지역을 찾기가 쉽지 않고 찾았다 해도 풍력발전의 소음 때문에 지역 주민들의 반대도 만만치 않다. 반면 해상은 상대적으로 육지보다 바람이 잘 불고 설치를 반대

| 글로벌 해상 풍력발전 신규 설치량 추이

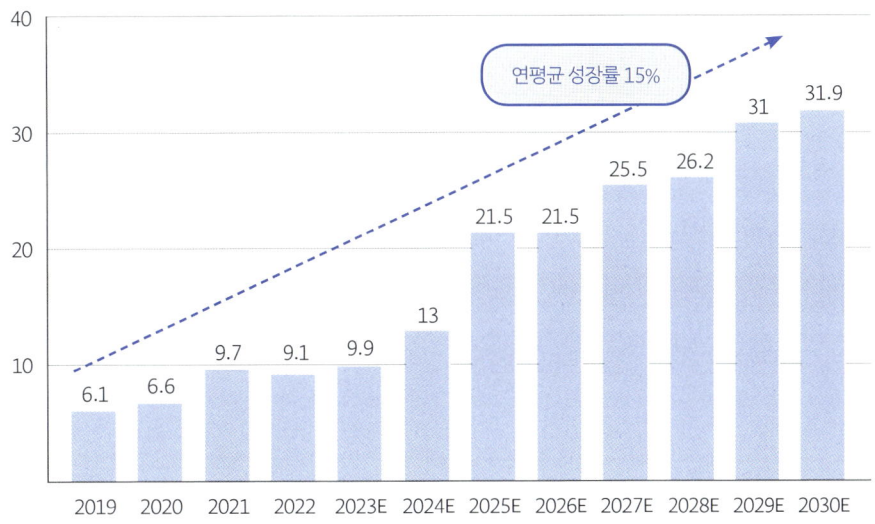

출처: 세계풍력발전협회

할 이해관계자도 없다. 이런 이유로 세계풍력발전협회Global Wind Energy Council, GWEC 에 따르면 2019년 해상풍력발진의 비중은 10%를 넘어섰다. 2025년에는 20% 이상을 차지할 것으로 예상된다.

2) 태양광 에너지

LED가 전기 에너지를 빛으로 변환한다면, 태양광발전은 태양에서 나오는 빛을 전기 에너지로 변환한다. 태양광발전은 낮은 발전 단가와 쉬운 설치로 친환경 에너지 중에서도 가장 가파르게 성장할 것으로 기대된다. 블룸버그 뉴 에너지 파이낸스Bloomberg New Energy Finance, BNEF에 따르면 글로벌 태양광발전 설치량은 2021년부터 2030년까지 연평균 성장률이 16.9% 달할 것으로 전망된다.

태양광발전 산업에 가장 적극적인 나라는 중국이다. 블룸버그 뉴 에너지 파이낸스에 따르면 2021년 기준 글로벌 태양광 설치 1위 국가는 334GW를 설치한 중국이다. 미국이 118GW로 2위, 일본이 78GW로 3위를 차지하고 있다. 중국은 2~5위 국가의 설치량을 합친 것보다 더 많은 양의 태양광을 설치했다. 또한 2060년 탄소중립을 실현하기 위해 태양광 신규 설치를 지속적으로 늘려갈 전망이다. 미국 역시 바이든 정부가 **투자세액공제**Investment Tax Credit, ITC[*]를 연장하며 태양광 육성에 적극 나서고 있다. 미국은 2020년 기준 3%에 불과한 태양광 발전 비중을 2050년까지 45%로 확대할 계획이다.

태양광발전 산업의 밸류체인은 업스트림, 미드스트림, 다운스트림으로 나뉜다. 업스트림은 태양전지의 소재를 제조하는 과정이다. 기초 소재인 폴리실리콘을 가공해 잉곳, 웨이퍼를 만든다. 잉곳, 웨이퍼라는 용어에서 알 수 있듯이 태양광발전은 반도체를 제조하는 과정과 유사하다. 앞서 태양광의 발전 원리가 LED와 다르다고 했는데, 결국 태양광이나 LED 모두 실리콘 계열의 반도체에서 뿌리를 찾을 수 있다. 미드스트림은 실리콘 웨이퍼로 실제 태양전지 셀, 모듈을 만드는 과정이다. 웨이퍼를 가공해 셀을 만든 후 셀끼리 접합하면 모듈이 완성된다. 마지막으로 다운스트림은 가정, 산업단지 등에 태양광 모듈을 설치해 태양광발전소를 세우는 과정이다. 국내 상장사 중 업스트림에서는 OCI가, 미드스트림과 다운스트림에서는 한화솔루션이 대표적인 기업이다.

글로벌 태양광 밸류체인은 대부분 중국 기업들이 장악하고 있다. 블룸버그 뉴에너지 파이낸스에 따르면 2019년 기준 중국 기업들의 생산 점유율은 폴리실리콘 63% 정도이고 잉곳 95%, 웨이퍼는 97%에 달한다. 셀과 모듈 역시 70~80%의 점유율을 기록하고 있다. 다만 미국과 중국의 패권 전쟁이 지속되며 탈중국화가 가속화되고 있는 점을 고려할 때 OCI나 한화솔루션에 장기적으로 점유율을 장악할 기회가 올 수 있다.

---

[*] 신기술 개발, 생산성 향상 등 특별히 국가적 관점에서 투자를 촉진할 필요가 있는 산업 분야에 투자했을 때 투자액의 일정 비율에 해당하는 금액을 산출 세액에서 공제해주는 제도

| 글로벌 태양광발전 설치량 추이

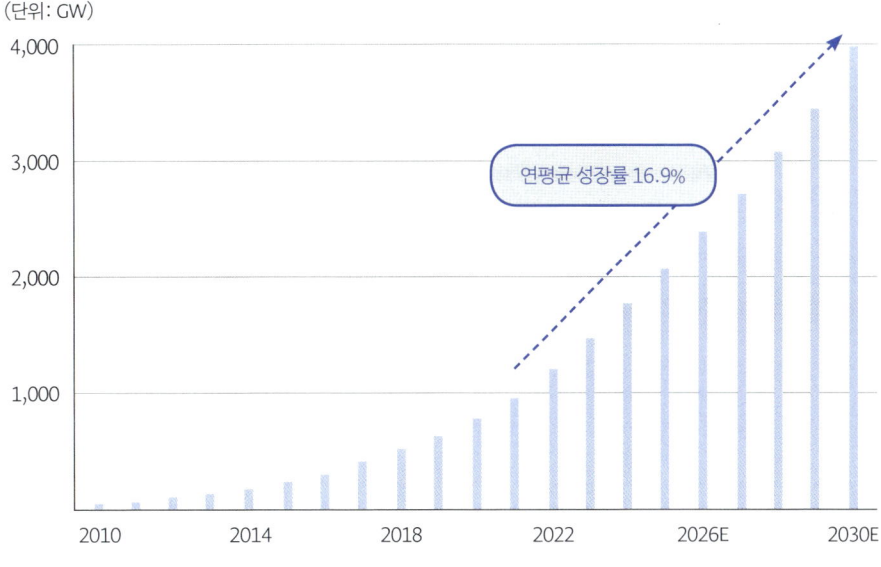

출처: 블룸버그 뉴 에너지 파이낸스, 미래에셋증권

3) 수소 에너지

SF 영화를 보면 종종 바닷물에서 수소를 분해해 에너지원으로 사용하는 장면이 나온다. 만약 지구에서 가장 풍부한 자원인 물에서 무한정으로 친환경 에너지를 뽑아낼 수 있다면, 그것은 다름 아닌 수소다. 이처럼 수소는 지역적 편재성이 없으며, 탄소배출량이 없고 고압의 기체나 액체 주소 형태로 저장할 수 있다는 장점이 있다. 따라서 에너지 자립도가 낮은 국가에서 차세대 에너지원으로 활용하기에 좋다.

기름 한 방울 나지 않는 우리나라 역시 수소를 에너지원으로 활용하기 위한 수소발전에 집중하고 있다. 정부가 발표한 수소 경제 로드맵에 따르면 2018년 기준 연간 13만 톤에 불과한 수소 공급량을 2040년까지 526만 톤으로 늘릴 계획이다. 수소를 통해 전기를 생산하는 연료전지의 발전량은 가정 및 건물용의 경우 2018년 7MW에서 2040년에는 2,100MW로, 같은 기간 발전용의 경우

307MW에서 15GW로 늘린다는 목표다. 주요 선진국 역시 수소 에너지 확충에 팔을 걷어붙였다. 이처럼 현재는 대부분의 국가에서 수소를 주요 에너지원으로 설정하고 수소 공급 확대 및 발전단가를 낮추는 목표를 세웠다.

수소는 생산 방식에 따라 크게 개질수소, 부생수소, 수전해 방식으로 구분된다. 개질수소는 석유, 석탄, 천연가스 등 화석연료를 통해 직접 수소를 생산하는 것이다. 생산 과정에서 탄소가 발생하기 때문에 친환경이라고 볼 수 없다. 부생수소는 석유화학 공정이나 제철 공정에서 부수적으로 발생하는 수소에 촉매 반응을 통해 정제시킨 후 생산된다. 이 역시 결과적으로 탄소를 배출하는 공정에서 나오는 것으로 친환경적인 수소 생산 방식은 아니다.

| 주요 선진국의 수소 에너지 정책 및 목표

국가	정책 및 목표
미국	• 핵심 정책: 핵심은 청정 수소 에너지 기술을 바탕으로 경제 전방위적으로 융합하는 P2X(Power to X) • 주요 목표: 수소 생산단가 $2/kg, 운반 및 충전 비용 $2/kg, 산업용에 $1/kg으로 수소 공급
유럽	• 핵심 정책: 탈탄소가 어려운 분야에 그린수소 접목 • 주요 목표 - 1단계(2020~2024): 최소 6GW의 재생 에너지 기반 수전해 설비 설치 - 2단계(2025~2030): 40GW의 수전해 설비 확대, 1,000만 톤의 그린수소 생산 목표 - 3단계(2030~2050): 탈탄소화가 어려운 모든 분야에 그린수소의 대규모 활용
일본	• 핵심 정책: 제4차 에너지 기본계획에 수소사회 전환 필요성 제기 • 주요 목표 - 1단계(~2025): 화석연료+CCS(Carbon Capture and Storage) 또는 재생 에너지로부터 생산된 수소의 수 - 2단계(~2030): 대규모 수소 공급망 도입, 연간 30만 톤의 수소 수입 - 3단계(2040 이후): 탄소중립 수소 사회 실현, 수소 가격 절감
중국	• 핵심 정책: 에너지법안을 통해 수소를 주요 에너지원으로 포함 • 주요 목표 - 에너지 시스템: 최종 에너지 소비에서 수소 비중 10%, 수소 수요 6,000만 톤 - 수소 공급: 수전해 수소생산 비중 70%, 전해조시스템 설비 500GW, 수소충전소 1만 2,000대

출처: 에너지경제연구원, 미래에셋증권

가장 이상적인 수소 생산 방식은 수전해 방식이다. 물을 전기분해를 통해 수소와 산소로 분리해 수소를 얻는 방식이다. 수전해 방식은 지금도 발전단가가 부생수소 및 개질수소보다 높지만, 기술 개발을 통해 꾸준히 낮아질 것으로 보인다. 투자 관점에서도 수전해 기술을 보유한 기업에 주목하는 것이 좋다. 국내에서는 SK, POSCO(포스코), 현대, 효성 등 굴지의 대기업들은 모두 수소 밸류체인 구축에 열심이다. 개별 기업으로는 연료전지를 생산하는 두산퓨얼셀, 에스퓨얼셀S-Fuelcell, 비나텍Vinatech 등이 수소 관련 주요 기업이다.

2. 친환경 에너지 산업의 투자 포인트

태양광, 풍력 관련 기업들의 주 수요처는 발전 사업자다. 2차전지는 에너지저장시스템Energy Storage Systems, ESS의 경우 발전 사업자 및 일반 기업, 차량용 배터리의 경우 완성차 기업이 주요 고객이다. 수소연료전지 역시 발전 사업자 및 완성차를 주 수요처로 두고 있다. 전방 산업은 조금씩 차이가 있지만, 궁극적으로는 세계 각국의 탄소배출 저감 노력에 따라 성장하는 산업이라는 점에서 함께 볼 필요가 있다.

친환경 에너지는 전통 에너지의 대체재 성격을 띤다. 따라서 국제 유가나 천연가스 가격이 오르면 친환경 에너지 관련 기업이 부각된다. 재생 에너지의 발전단가와 화석 에너지의 발전단가가 일치하는 그리드 패리티Grid Parity를 앞당길 수 있다는 기대감 때문이다. 태양광 에너지의 경우 그리드 패리티를 이미 달성한 상황이다.

각국의 친환경 에너지 육성 정책도 중요하다. 친환경 에너지 산업은 어디까지나 정부의 주도하에 성장하는 산업이므로 해당 정책이 잘 유지되는지 예의 주시할 필요가 있다. 일례로 2022년 8월 미국의 인플레이션 감축 법안Inflation Reduction

Act, IRA이 발효되었는데, 이 중 재생 에너지 지원액의 40% 이상인 1,603억 달러가 재생 에너지에 대한 세액공제다. 미국에 진출해 있는 태양광, 풍력 기업들을 잘 살펴봐야 하는 이유다.

시가총액 상위 기업의 투자 지표

- 실적 및 투자 지표: 2022년 3분기 연환산 기준(색이 칠해진 기업은 2021 기준)
- 배당수익률: 2021년 주당 배당금/2022.11.30 기준 주가
- 시가총액: 2022.11.30 기준

(단위: 억 원, 배)

기업명	매출액	영업이익	순이익	PER	PBR	ROE	배당수익률	시가총액
한국전력	672,834	-265,645	-203,551	-0.7	0.27	-41.8%	0.0%	132,887
한화솔루션	126,882	8,683	2,929	33.5	1.05	3.1%	0.0%	98,126
씨에스윈드	14,286	771	125	257.1	3.46	1.3%	0.8%	32,261
한국가스공사	431,624	17,585	11,825	2.7	0.34	12.5%	7.8%	32,217
LS	152,055	5,087	4,007	6.0	0.65	10.7%	1.9%	24,214
OCI	43,579	8,502	8,058	2.8	0.61	21.6%	2.1%	22,681
두산퓨얼셀	2,862	-17	41	543.0	4.26	0.8%	0.0%	22,006
대한전선	24,273	487	280	75.0	2.51	3.3%	0.0%	21,032
서울가스	15,132	65	211	96.8	1.95	2.0%	0.4%	20,425
대성홀딩스	11,165	193	160	113.7	3.81	3.4%	0.2%	18,181
LS ELECTRIC	32,004	2,057	981	17.6	1.13	6.4%	1.7%	17,310
삼천리	50,925	1,267	795	19.4	1.07	5.5%	0.8%	15,429
현대일렉트릭	20,346	401	491	30.9	1.94	6.3%	0.0%	15,158
삼강엠앤티	6,772	651	-426	-28.9	2.43	-8.4%	0.0%	12,297
일진하이솔루스	1,125	66	91	133.5	3.87	2.9%	0.0%	12,110
SK가스	79,492	2,163	1,250	9.4	0.54	5.7%	4.0%	11,815
효성중공업	33,864	1,322	332	23.8	0.84	3.5%	0.0%	7,898
현대에너지솔루션	9,156	674	352	21.0	2.07	9.9%	0.0%	7,381
대명에너지	1,361	469	-	-	7.83	0.0%	0.0%	4,420
신성이엔지	6,393	302	66	60.2	2.00	3.3%	0.0%	3,963

에너지

전기·가스·난방 에너지

가스
- 한국가스공사
- SK가스
- 서울가스
- 대성홀딩스
- 지역난방공사
- E1
- 삼천리
- 대성 에너지
- 예스코홀딩스
- 경동도시가스
- 인천도시가스
- 경동인베스트
- 지에스이

전기
- 한국전력

전기 인프라

계량기
- 옴니시스템
- 피에스텍
- 누리플렉스

전력변환기
- 현대일렉트릭
- 효성중공업
- 비츠로테크
- 이화전기
- 서전기전
- 광명전기
- 제룡전기
- 비츠로시스
- 세명전기
- 선도전기
- 피앤씨테크
- 제룡산업
- 제일전기공업
- 지투파워

전선
- 대한전선
- LS
- LS ELECTRIC
- LS전선아시아
- 일진전기
- 대원전선
- 가온전선
- 서남

친환경 에너지

바이오
- 제이씨케미칼

수소
- 두산퓨얼셀
- 에스퓨얼셀
- 일진하이솔루스
- 비나텍
- 범한퓨얼셀

태양광
- 한화솔루션
- OCI
- 신성이엔지
- 현대 에너지솔루션
- 윌링스
- SDN
- 코드네이처
- 에스 에너지
- 파루

풍력
- 대한그린파워
- 삼강엠앤티
- 씨에스윈드
- 유니슨
- 동국S&C
- 태웅
- 씨에스베어링
- 대명 에너지

금융

사업을 시작하자마자 흑자를 내는 기업은 드물다. 자생할 때까지 상당한 시간이 필요하며 외부에서 꾸준히 운전자본을 조달해야 한다. 금융의 역할은 적시적소에 자금을 지원해주는 것이다. 해방 후 대한민국은 빈곤 문제를 해결하기 위해 정부 주도하에 적극적인 경제 개발 전략을 추진했다. 이 과정에서 국내 금융사들 역시 각종 산업에 자본을 공급하며 성장했다. 금융은 가계 및 산업 전반에 필요 자금을 공급해주는 경제의 혈류와 같은 역할을 한다. 다양한 투자 수단으로 가계 및 기업의 자산을 불려주는 방법도 제시하며, 예기치 않은 위험으로부터 재산과 생명을 보호하는 역할도 금융 회사 몫이다. 금융 회사도 영리를 추구하는 집단이지만 공공성 역시 강조된다. 따라서 다른 산업 보다 정부 규제의 영향이 크다.

   금융 산업에 속한 기업은 89곳으로 전체 시가총액에서 차지하는 비중은 8.2%다. 금융 산업은 크게 은행, 증권, 보험, 기타금융으로 구분했다. 기타금융은 다시 카드·캐피털·대부업, PG와 간편결제, VAN, 창업 투자, 신용평가와 채권추심, 결제로 나뉜다. PG와 간편결제는 온라인 결제, VAN은 오프라인 결제망을 설치하고 운영하는 사업자이며, 창업투자사는 비상장 벤처기업이나 스타트업에 주로 투자하는 벤처캐피털을 뜻한다. 신용평가 기업은 채권을 평가해 조달 금리를 결정하는 것이 주요 비즈니스다. 신용평가업을 하면서 채권추심을 겸하는 곳도 존재한다.

은행

1. 은행 산업의 개요와 특징

건강을 위해 혈액이 잘 순환되어야 하듯이 한 나라의 경제가 잘 돌아가기 위해서는 적시 적소에 자본이 잘 공급되는 것이 중요하다. 은행은 가계 및 산업 전반에 필요 자금을 공급해주는 경제의 혈류와 같은 역할을 한다. 은행은 일반 기업처럼 수익성도 추구하지만 공공성 역시 강조되는 이유다. 우리 몸 안의 혈관이 좁아지거나 막히면 큰 문제가 생기듯 가계나 기업에 돈이 잘 돌지 않으면 경제에 악영향을 미친다. 2008년 미국에서 시작한 글로벌 금융위기로 인해 전 세계 경제가 몸살을 앓은 것이 대표적인 사례다. 그만큼 은행은 한 나라의 경제를 지탱함에 있어서 중요한 역할을 하기 때문에 정부 개입과 다양한 규제를 받는다. 이는 성장성 측면에서는 다소 제약적 요인으로 작용하기도 한다. 은행업은 내수 중심의 시장을 형성하고 있어 국내 경제 상황에 민감하다. 은행의 주 수익원이 예대마진인 만큼 금리에 따라 영향을 크게 받는다.

흔히 은행을 제1금융권과 제2금융권으로 나눈다. 1금융권에 해당하는 은행은 시중은행, 지방은행, 외국은행 등 일반은행과 한국은행, 한국산업은행 등 특수은행으로 구분한다. 2금융권은 저축은행, 신용협동기구 등이 있다. 사실 저축은행의 법적 정의는 비은행예금취급기관이다. 법적으로는 「은행법」에 저촉되는 은행이 아니라는 뜻이다. 특정 지역의 서민 및 소규모 기업을 대상으로 여신업무를 하게 설립되었지만, 수신업무도 취급하며 겉으로 보기에는 시중은행과 별반 다를 게 없다.

2. 은행 산업의 투자 포인트

오랜 기간 지속된 저금리, 저성장 추세로 은행들의 이자마진율이 낮아지고 있는 흐름이다. IBK투자증권에 따르면 2021년 시중은행들의 수익구조에서 이자이익이 차지하는 비중이 83%로 2017년에 비해 2%p 낮아졌다. 반면 수수료 같은 비이자이익 비중은 15%에서 17%로 높아졌다. 은퇴·자산관리 시장의 성장, 디지털 기술의 발전, 비대면 금융 서비스 등으로 은행들은 이자이익 외 비이자이

| 은행의 수익구조
(단위: %)

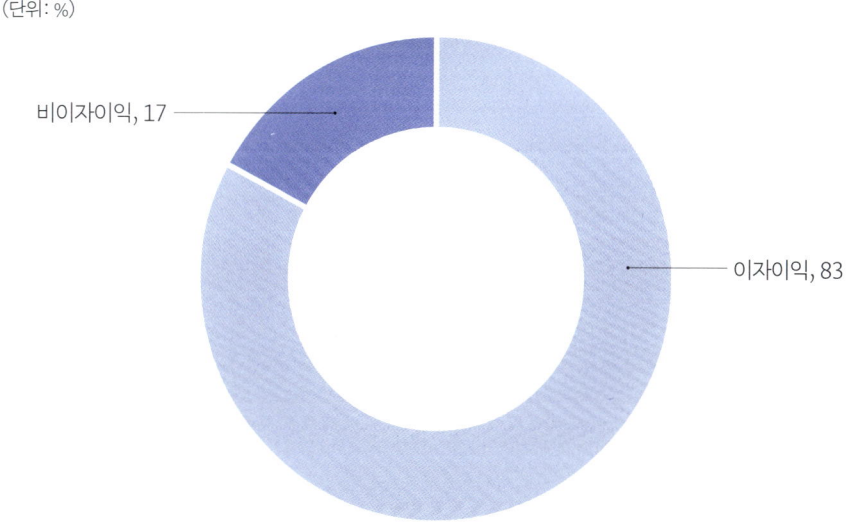

출처: IBK투자증권(2021년 기준)

익 부문을 강화하고 있다. 특히 인터넷은행들의 등장으로 디지털 금융, 비용 측면에서 경쟁이 불가피한 상황이다.

1) 순이자마진

은행의 이자이익은 대출이자와 예금이자의 차이인 예대마진으로 결정된다. 다만 은행은 수신과 여신 외에도 유가증권투자에서 얻는 수익도 있으므로 은행의 수익성을 평가하는 지표로 순이자마진을 사용한다. 순이자마진은 예금과 대출의 금리 차이에서 발생한 수익은 물론, 채권 등 유가증권에서 발생한 이자 수익까지도 포함한 개념이다. 순이자마진은 금리 인상 시기에 확대된다. 대출금리는 시장금리를 반영해 먼저 상승하지만, 예금금리는 한국은행의 기준금리 인상에 맞추어 움직이기 때문이다. 대출금리는 금융채 같은 시장금리가 일 단위 또는 주 단위로 반영된다.

2) 비용

CIR$^{Cost\ Income\ Ratio}$은 은행의 매출액에서 판관비가 차지하는 비율이다. CIR은 다른 은행과 비교해 비용이 얼마나 효율적으로 집행되고 있는지 판단하는 지표다. 은행의 판관비에서 가장 큰 비중을 차지하는 것은 인건비다. 카카오뱅크, K뱅크, 토스뱅크 등의 인터넷은행은 점포를 갖지 않으므로 시중은행, 지방은행들과 CIR 차이가 크다. CIR에서 경쟁력을 가져간다면 예금금리 우대혜택을 더 주는 등 영업 측면에서 운신의 폭을 넓힐 수 있다. 디지털 뱅킹 시대가 다가오는 만큼 시중은행들의 오프라인 점포 축소, 인력구조조정 등의 움직임은 지속될 전망이다.

대손충당금은 고객에게 빌려준 대출금의 일부 또는 전부를 회수불가능하다고 판단해 손실로 처리한 비용을 말한다. 아직 확정된 손실은 아니지만 미리 장부상에 반영하는 비용이다. 대손충당금은 은행의 신용평가 경쟁력을 엿볼 수 있는 지표이기도 하다. 미리 반영한 손실이기 때문에 나중에 대출금이 회수될 경우 대손충당금 환입이라는 계정으로 수익이 발생하기도 한다. 일반적으로 대손충당금은 금리가 올라갈 때, 경기가 침체되었을 때 증가하는 경향이 있다.

3) 건전성

은행은 일반 기업과 달리 레버리지를 활용해 사업을 하는 것이 일반적이다. 따라서 은행의 건전성을 판단할 때 부채비율이 아닌 BIS 비율을 사용한다. BIS란 국제결제은행 Bank of International Settlement, BIS 의 약자다. BIS 비율은 국제결제은행에서 권고하는 비율이란 뜻이다. 이 비율은 은행의 자본자본을 대출이나 지급보증과 같은 위험자산으로 나눈 백분율이다. 국제결제은행은 BIS 비율 8%이상을 권장하고 있으며 우리나라 금융감독원은 10%이상을 권고하고 있다. 2021년 국내 은행들의 BIS 비율은 16.5%로 건전한 편이다.

| 국내 은행 BIS 비율 추이

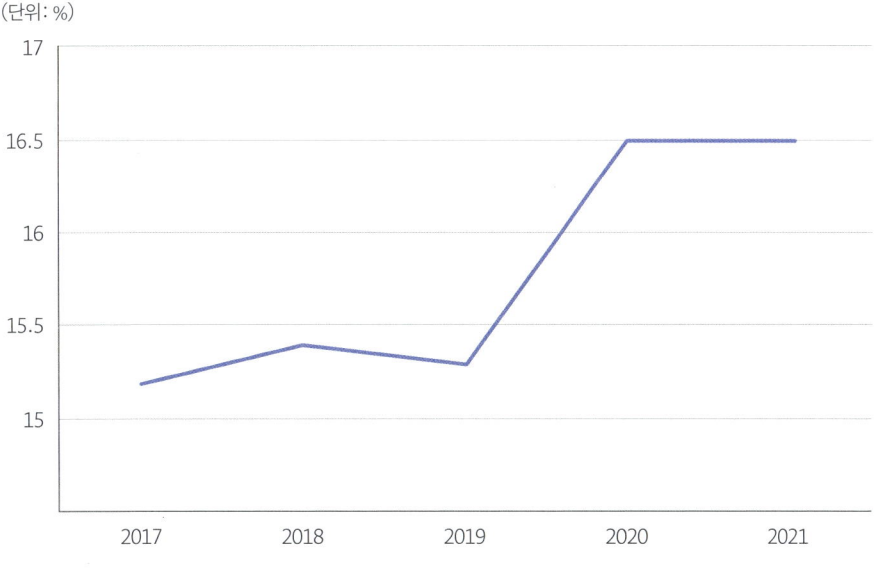

출처: 금융감독원 금융통계정보시스템

국내 은행 고정이하여신비율 추이

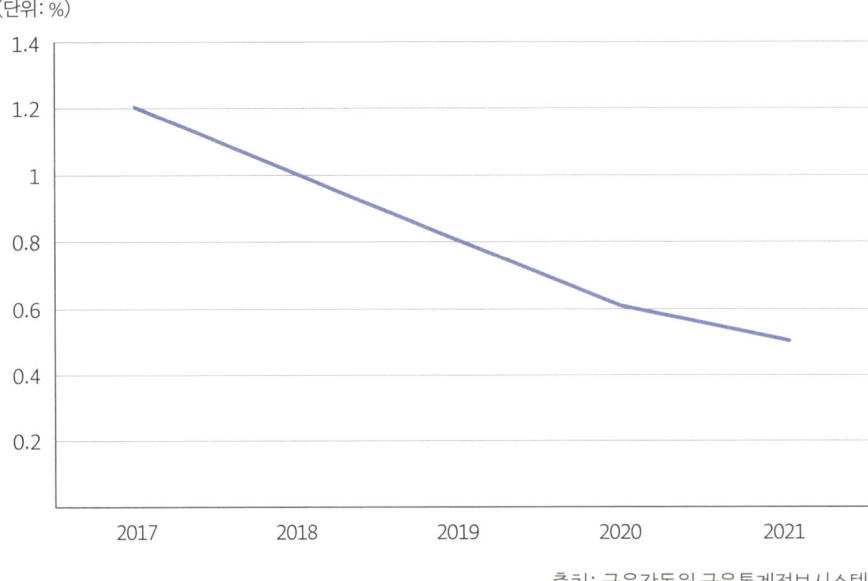

출처: 금융감독원 금융통계정보시스템

　은행의 건전성을 판단하는 지표로 부실채권비율을 보기도 한다. 쉽게 말해 대출채권에서 회수할 가능성이 낮은 채권의 비율이다. 은행은 대출채권별로 기대 회수 가능성을 고려해 건전성을 5단계로 분류한다. 5단계에는 '정상' '요주의' '고정' '회수의문' '추정손실'을 포함한다. 대출채권의 단계별 건전성은 연체 기간에 따라 분류한다. 단계별로 대손충당금을 반영해야 하는데 정상은 0.5%, 요주의는 1%, 고정은 20%, 회수의문은 75%, 추정손실은 100%다. 부실채권비율은 고정이하 여신을 기준으로 책정되기 때문에 고정이하여신비율이라고도 한다. 2021년 국내 은행들의 고정이하여신비율은 0.5%다. 당연히 고정이하여신비율은 낮을수록 좋다.

증권

1. 증권 산업의 개요와 특징

주식 투자를 위해서는 증권사에서 발급하는 주식 전용 계좌를 만들어야 한다. 펀드 같은 금융상품을 가입하려면 역시 증권사를 거쳐야 한다. 일반적으로 투자와 관련된 거의 대부분의 업무는 증권사가 담당한다. 다만 채권, 펀드 등 금융상품을 실제 운용하는 주체는 증권사가 아닌 자산운용사다. 펀드 외 고객들로부터 계좌를 받아 운용해주는 투자일임회사라는 기업도 존재한다. 이처럼 금융상품과 관련된 다양한 업무를 수행하는 금융기관을 금융투자회사라고 한다. 금융투자회사는 투자 매매, 투자 중개, 집합투자업자, 투자 자문 및 일임업자, 신탁업자로 구분한다.

투자 매매 및 투자 중개는 증권사가 담당한다. 투자 매매는 증권사가 채권이나 주식 등에 직접 투자하는 것을 말하며, 투자 중개는 고객에 의사에 따라 투자나 매매를 대행해주는 것이다. 투자자가 증권사 HTS나 MTS를 통해 주식을 사고파는 것이 대표적인 투자중개업이다. 집합투자업자는 투자자들로부터 자금을 모아 펀드를 조성해 투자하는 업자로 자산운용사가 이에 해당한다. 주식처럼 사고파는 ETF 역시 자산운용사에서 출시한 상품이다. 투자자문업은 고객에 투자 자문을 해주는 대가로 수수료를 받는 모델이다. 투자일임업은 고객의 계좌를 직접 운용하는 투자사를 말한다. 일반적으로 투자자문업과 일임업을 동시에 수행하는 회사가 많으며 통상 투자자문사라고 칭한다. 신탁업은 쉽게 말하면 전당포와 유사한 곳이다. 신탁사는 금전 및 부동산을 맡아 관리하고 수수료를 받는다.

이처럼 금융투자회사는 사업형태에 따라 다양하게 구분되지만, 상장사는 증권사나 금융지주회사 형태가 대부분이다. 투자 중개나 투자 매매의 비중이 가장 크고 증권사가 운용사 같은 기타 금융투자회사 지분을 갖고 있는 형태이기 때문이다.

2. 증권 산업의 성장성

증권사의 주요 사업부는 브로커리지Brokerage, 자산관리Wealth Management, WM, 투자은행Investment Banking, IB, 자기자본 투자Principal Investment, PI 등으로 구분한다. 브로커리지는 주식매매 중개 수수료이며, 자산관리는 고객에게 자산관리 서비스를 제공하는 것을 말하며, 투자 은행은 M&A, 주식 및 채권 발행 등에 관여해 수익을 추구하는 것을 말한다. 자기자본 투자는 증권사의 자기자본을 활용해 주식, 채권 등에 직접 투자하는 것이다. 국내 증권사는 브로커리지가 주 수익원이다. JP모건, 골드만삭스 등 미국 금융사들의 핵심 비즈니스가 투자 은행이라는 점에서 차이가 난다. 이는 자기자본 규모, 국내 자본 시장의 규모 및 한계 때문이다. 글로벌 투자 은행의 대표 주자인 JP모건의 2022년 9월 말 기준 자기자본은 2,880억 달러에 달한다. 국내 대형 증권사 자기자본의 30배가 넘는 규모다.

장기간 지속된 저금리와 유동성 확산으로 증권사들의 브로커리지, 자산관리 수익은 늘고 있지만 투자 은행으로서의 역량 강화는 여전히 숙제로 남아 있다.

3. 증권 산업의 투자 포인트

증권사들의 브로커리지 수익이 높기 때문에 증권사들에겐 주식 시장 동향이 가장 중요하다. 증권사 수익에 직접적인 영향을 미치는 지표는 증시 거래대금, 고객 예탁금, 신용잔고다. 고객 예탁금은 증권거래 계좌에 있는 잔여 현금으로 주식거래 대기 자금 성격이다. 신용잔고는 주식 매수 시 증권사에서 빌려 매수한 레버리지 자금이다. 신용잔고가 커질수록 증권사의 이자수익이 늘어난다. 다만 종합주가지수가 거래대금, 고객 예탁금, 신용잔고에 모두 선행한다. 따라서 증권사 주가 역시 대체적으로 종합주가지수에 연동하는 경향이 있다.

보험

1. 보험 산업의 개요와 특징

보험은 우연한 사고에 따른 손해 또는 사람의 생사에 관해 약정된 금액을 지급하는 장치나 제도를 뜻한다. 현재 보험 산업은 보장 대상에 따라 생명보험, 손해보험, 제3보험으로 구분한다. 손해보험은 우연한 사건으로 발생하는 손해로 인한 위험을 보장하는 것이다. 실손보험, 자동차보험, 화재보험 등이 대표적이다. 국내 손해보험 시장은 14개 국내 보험사와 17개 외국계 손해보험사가 존재한다.

생명보험은 사람의 생사에 따라 약정된 금액을 지급하는 상품이다. 가입목적에 따라 종신보험, 건강보험, CI보험 등 보장성 보험과 연금보험, 저축보험 등 저축성 보험으로 구분한다. 저축성 보험 상품은 일반 금융상품과 달리 짧게는 수년, 길게는 종신 동안 계약 효력이 지속되는 특징을 갖고 있다.

국내 생명보험사는 총 24곳으로 삼성생명, 한화생명, 교보생명 점유율이 절반 가까이 된다. 이 밖에 신한, 흥국, 미래에셋 등 중소형 보험사와 외국계 기업이 자리하고 있다.

보험 산업은 국민소득과 물가, 인구 및 산업구조 등 다양한 변수에 영향을 받는다. 일반적으론 경기가 상승하는 구간에서 영업수익과 자산 성장이 이루어지지만, 경기에 큰 영향을 받지 않는다.

2. 보험 산업의 성장성

보험 산업은 대표적인 성숙기 산업으로 GDP 성장률과 유사한 성장성률을 보인다. 생명보험 수입보험료는 2021년 상반기 기준 49조 8,000억 원으로 전년 대비 4.2% 성장했으며, 같은 기간 손해보험 수입보험료는 46조 7,000억 원으로 전년 대비 5.2% 늘었다.

보험사는 가입자들로부터 매달 받은 보험료를 운용해 수익을 내는 만큼 자산 시장 여건도 중요하다. 보험사는 주로 채권에 투자하는 만큼 장기간 지속된 저금리는 보험사 수익 여건에 부정적이다. 다만 장기적인 관점에서 출산율 저하와 인구 고령화에 따른 수입보험료 감소는 불가피한 만큼 수익원 대변화가 필요해 보인다.

| 생명보험 수입보험료 추이

(단위: 조 원, %)

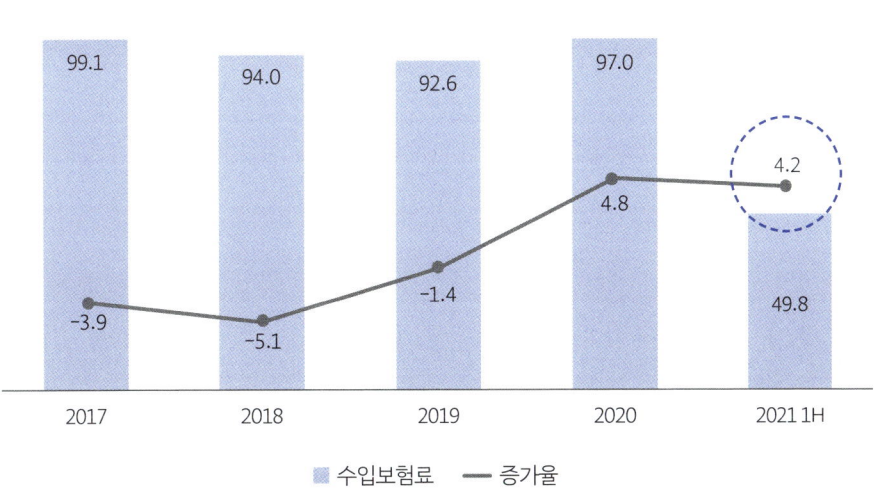

출처: 보험연구원

| 손해보험 수입보험료 추이

(단위: 조 원, %)

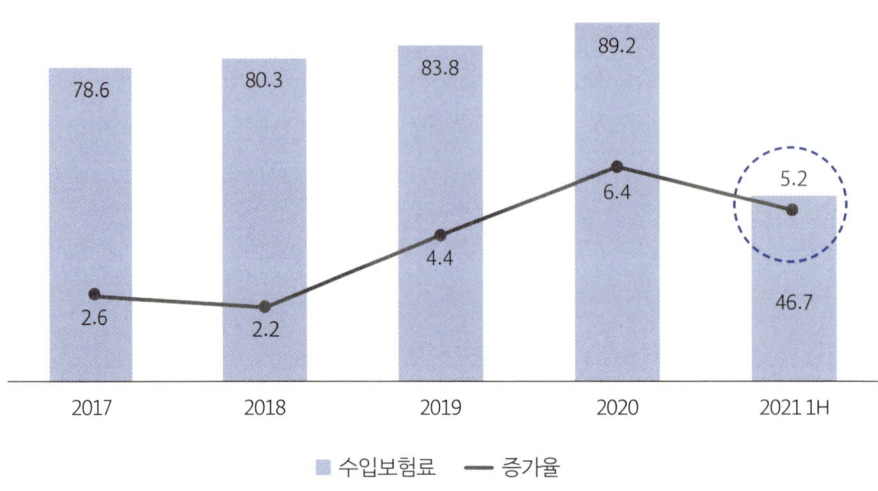

출처: 보험연구원

3. 보험 산업의 투자 포인트

1) 금리

보험상품 특성상 만기가 짧게는 몇 년에서 길게는 종신까지 이어진다. 그런데 대부분의 보험지급액은 가입 시 약정 이율로 계산된다. 따라서 금리가 지속적으로 하락하는 구간에서는 보험사들의 수익성이 감소한다. 극단적으로 1998년 외환위기 당시 금리가 10%가 넘던 시절에 가입한 보험상품의 경우 20년이 지나 금리가 크게 하락한 시점에서도 약정 이율로 지급해야 한다. 반대로 금리가 상승하는 구간에서는 보험사들의 수익성은 개선된다.

2) 손해율

손해율이란 보험료에서 가입자에게 지급한 보험금의 비율이다. 손해율이 낮아질수록 보험사의 수익성은 개선된다. 코로나19 팬데믹으로 사회적 거리두기가 지속되면서 바깥 활동이 줄어들자 보험사들의 손해율이 크게 낮아진 바 있다. 특히 손해보험사들의 손해율은 계절의 영향을 받는다. 여름철 집중호우 및 휴가철 차량 증가 등은 자동차 사고를 유발해 손해율을 상승시킨다. 2022년 8월 집중호우로 강남 일대가 침수되자 대규모 침수차량이 발생해 보험사들의 보험부담금이 크게 늘어난 바 있다.

기타금융

1. 기타금융 산업의 개요와 특징, 성장성

1) 창업투자사

창업투자사(이하 창투사)는 자금이 필요한 스타트업에 투자를 하고 그 대가로 지분을 취득하는 금융회사다. 회사의 주식을 투자한다는 차원에서 개인 투자자의 상장 기업 투자와 유사하다. 다만 창투사가 투자하는 대상은 비상장 스타트업이며, 최소 수억 원에서 수백억 원을 투자해 의미 있는 지분을 확보하는 것이 일반적이다. 향후 투자한 회사가 상장하거나 M&A가 되었을 때 지분을 매각해 수익을 실현하는 비즈니스 모델을 갖고 있다. 창투사는 일반적으로 벤처캐피털 Venture Capital, VC이라고 불린다.

창투사는 조합을 베이스로 운영된다. 49인 이하로 구성된 조합의 자금을 받아 운영·관리하며 투자 수익에 대해 출자비율에 따른 수익을 배분해주고 수수료를 받는다. 기준수익률을 웃도는 투자 수익에 대해선 별도의 성과보수를 받기도 한다. 또한 창투사는 자기자본을 활용해 직접 투자에 나서기도 한다.

한국벤처캐피탈협회에 따르면 2022년 6월 등록된 창투사는 220곳으로 전년 대비 26곳 늘어났다. 정부의 벤처활성화 정책에 따라 점차 진입장벽이 낮아지며 창투사는 꾸준히 증가하고 있다. 창투사 신규 투자 규모는 2022년 6월 말 기

| 창업투자사 및 신규등록 개사

(단위: 개사)

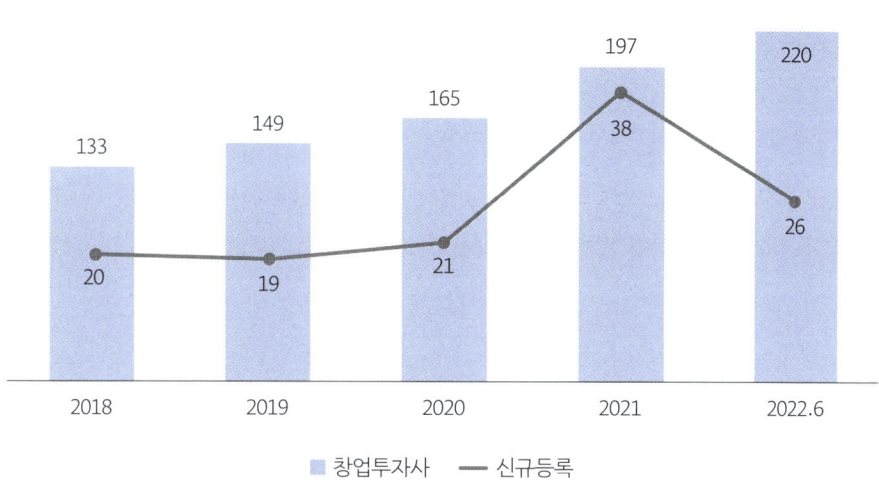

출처: 한국벤처캐피탈협회

준 4조 61억 원으로 지난해 같은 기간보다 24.2% 늘었다. 2020년 코로나19 팬데믹으로 전례 없는 유동성이 풀리자 2021년부터 창투사들의 신규 투자 금액이 대폭 늘었다. 다만 2022년 들어 41년만에 고물가 시대가 열리면서 각국 중앙은행들의 강력한 긴축으로 유동성을 축소하고 있는 만큼 2023년 창투사들의 투자 금액은 감소할 것으로 보인다.

2) 신용평가와 채권추심

신용평가는 개인이나 기업의 채무 상환 능력을 평가하는 것이다. 신용평가는 평가 대상에 따라 크게 기업과 개인으로 구분할 수 있다. 기업신용평가는 기업이나 공공기관이 발행한 채권에 등급을 매기는 평가다. 신용평가사는 발행 주체의 상환 능력을 평가해 채권에 AAA, AA- 등의 등급을 매긴다. 기업신용평가사는 국내에 한국기업평가, 한국신용평가, NICE신용평가, 서울신용평가 이렇게 단

4곳만 존재하며, SCI평가정보를 제외한 3사가 기업신용평가의 대부분을 차지하고 있다.

개인 신용평가는 개인의 금융정보를 수집해 신용점수를 매기고 금융기관에 제공하는 역할을 한다. 개인 신용평가 기업은 NICE평가정보, KCB, SCI평가정보 3곳만 존재하며 NICE평가정보가 2021년 기준 시장 점유율 65%로 1위를 차지하고 있다. 신용평가업은 금융당국의 인가 사업으로 진입 장벽이 매우 높다. 1985년 기업어음 발행 적격 기업 선정 기준이 마련된 이후로 기업신용평가 시장에서는 단 3곳만이 꾸준히 과점체제를 유지하고 있다.

신용평가는 기업이나 개인이 자금조달을 하기 위해 꼭 거쳐야 하는 프로세스다. 자금조달 규모가 확산되면 신용평가 수요 역시 덩달아 커진다는 의미다. 결과적으로 신용평가 시장은 꾸준히 확대되는 국내 유동성에 따라 성장한다고 볼 수 있다.

채권추심업은 타인을 대신해 채권을 회수하는 것을 말한다. 쉽게 말해 못 받은 돈을 대신 받아주는 비즈니스 모델이다. 채권추심업만을 전문적으로 수행하는 상장사도 있지만, 신용평가업과 채권추심업을 병행하는 기업도 존재한다.

3) PG와 간편결제, VAN

전통 시장이나 골목상권은 여전히 현금을 선호하지만 도심에 위치한 대부분의 상점에서는 카드나 간편결제가 많이 사용된다. 한국은행이 발표한 '2021년 경제주체별 현금사용행태 조사'에 따르면 2021년 전체 가계의 지출액에서 현금이 차지하는 비중은 21.6%에 불과하다. 사실상 우리나라는 '현금 없는 사회'라고 해도 과언이 아니다. IT 기술의 발전, 현금 결제의 불편함, 회계처리 누락 및 분실·도난 위험 등의 이유로 전자결제 비중은 꾸준히 늘고 있다.

한국은행에 따르면 전자지급결제대행 일평균 사용 금액은 2021년 9,048억 원으로 2019년에 비해 70.1% 증가했다. 같은 기간 일평균 간편결제 금액도

6,065억 원으로 91.2% 급증했다.

비현금결제는 결제수단에 따라 카드사를 통한 결제와 핀테크 기업들의 페이 서비스로 구분할 수 있다. 먼저 카드사를 통한 결제의 경우 오프라인에서는 가맹점과 카드사 중간에 VAN$^{Value\ Added\ Network}$사가 관여한다. VAN사는 각 가맹점에 카드결제 단말기를 설치해주고 결제정보를 카드사에 전달한다. 카드사에서 결제대금을 받아 가맹점에 전달해주는 역할을 한다. 온라인 결제의 경우 VAN사 외에 PG$^{Payment\ Gateway}$사도 관여한다. 카드사와 직접 계약하기 어려운 온라인 쇼핑몰을 대신해 가맹점 가입 및 결제, 정산 업무를 대행해주는 곳이다. 카드사 외 휴대폰 결제, 계좌이체, 무통장입금 등의 결제수단도 PG사를 거친다.

핀테크 기업들의 페이 서비스는 중간 VAN, PG사들이 없다. 핀테크 기업 스스로가 해당 인프라를 구축하고 있기 때문이다. 이들은 사용자의 은행계좌와 자사 결제 서비스를 연동해 선불 충전하는 방식으로 결제를 진행한다.

| 전자지급결제대행 및 간편결제 일평균 이용 금액 추이

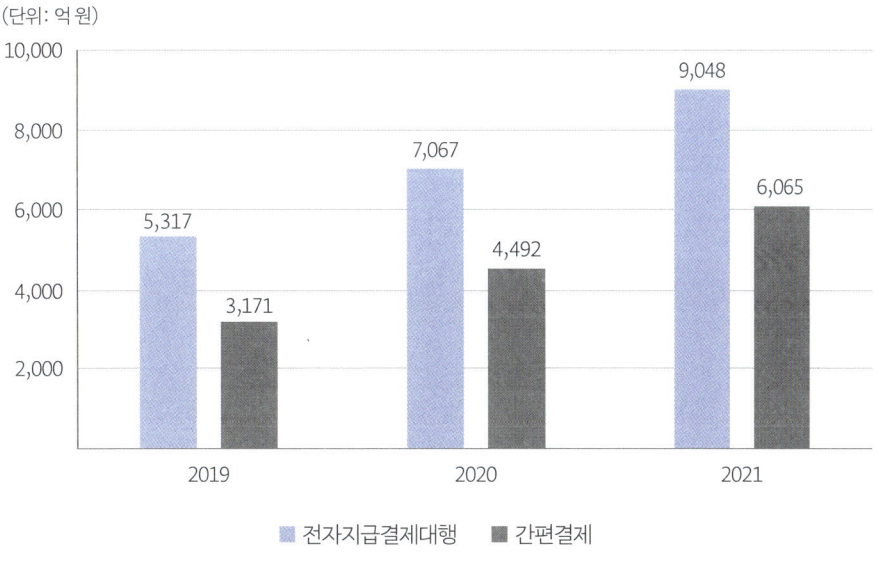

출처: 한국은행

2. 기타금융 산업의 투자 포인트

1) 창업투자사

창투사들은 투자한 회사가 M&A 되거나 IPO^{Initial Public Offering}♦ 후 지분 매각을 통해 수익을 낸다. 특히 상장에 따른 지분 매각이 가장 주된 수익이다. 따라서 창투사가 투자한 회사의 IPO 소식이 전해지면 실적 기대감에 주가가 오르는 경향이 있다. 큰 틀에서 보면 창투사 입장에서 IPO 시장이 활성화되는 것이 중요하다. 일반적으로 기업공개는 증시가 활황일 때 많아진다. 증시의 유동성이 풍부해져 IPO 기업에 높은 밸류에이션 부가가 가능하기 때문이다. 따라서 금리, 매크로 등 거시경제 환경이 창투사들의 영업환경에 큰 영향을 미친다고 볼 수 있다. 반대로 금리가 가파르게 올라가고 경기침체가 찾아오면 벤처 투자 시장도 얼어붙는다. 특히 창투사들이 투자하는 기업은 대부분 이익은 낮지만 성장성이 높은 성장주가 많다. 금리가 올라가고 유동성이 축소되는 국면에서는 성장주의 밸류에이션 매력이 줄어들기 때문에 창투사 역시 타격을 입을 수 있다.

2) 신용평가와 채권추심

신용평가사들은 대출 및 채권 발행 수요가 많아야 돈을 번다. 반대로 경기가 위축되고 신용경색이 발생하는 국면에서는 자금조달 시장이 위축되어 일감이 줄어든다. 채권추심기업은 채무불이행 건수가 많아질 때 돈을 번다. 신용평가사와 반대로 고금리에 불황이 찾아오는 경우 채권추심업은 호황을 이룬다고 볼 수 있다.

한편 2019년 개인의 신용정보를 받아 관리·분석·금융상품 추천할 수 있는 마이데이터가 법제화되었다. 신용평가사 입장에서는 자신들이 보유한 데이터를

♦ 비상장기업이 증권시장에 상장하기 위해 그 주식을 법적인 절차에 따라서 재무내용을 공시하는 것

바탕으로 비즈니스 확장에 나설 수 있는 기회다. 중금리 대출이라는 새로운 시장도 열렸다. 2020년 8월 신용정보법이 개정되면서 개인사업자 신용평가업이 신설되었다. 금융정보가 부족한 개인사업자들에게 대안정보를 활용한 신용평가를 제공해 중금리 대출이 가능하게 하는 것이 골자다. 이에 따라 인터넷전문은행, 온라인 투자 연계금융사 등 다양한 핀테크 기업들이 개인사업자 신용평가업에 진출했다. 기존 신용평가사 입장에서는 핀테크 기업과의 협력과 경쟁 구도가 동시에 마련된 셈이다.

3) PG와 간편결제, VAN

결제사업자는 결제 금액에서 일부 수수료를 수취하는 만큼 소비 경기에 직접적 영향을 받는다. 다만 전자상거래 확대로 온라인 결제 금액은 꾸준히 늘고 있어 관련 기업의 매출액은 꾸준히 성장하고 있다. 다만 정부가 영세사업자에 대한 카드 수수료율을 꾸준히 낮추면서 마진은 하향되는 추세다. 연매출 규모가 10억~30억 원 정도 되는 가맹점의 2012년 말 카드 수수료율은 2.12%였지만 2021년 말에는 1.50%로 낮아졌다. 이에 따라 VAN 및 PG업계 역시 마진 압박은 불가피한 상황이다. 이에 따라 국내외 거래처 확대 등으로 성장 전략을 꾀하고 있다.

    네이버, 카카오 등 인터넷 플랫폼 기업이 금융회사를 설립하고 페이 서비스 확대에 나서면서 향후 경쟁이 치열해질 전망이다. 더불어 쿠팡, 배달의민족 등 커머스 플랫폼 역시 자사 페이 서비스를 출시하고 있어 전자결제 시장은 춘추전국 시대를 맞고 있다.

시가총액 상위 기업의 투자 지표

- 실적 및 투자 지표: 2022년 3분기 연환산 기준(색이 칠해진 기업은 2021 기준)
- 배당수익률: 2021년 주당 배당금/2022.11.30 기준 주가
- 시가총액: 2022.11.30 기준

(단위: 억 원, 배)

기업명	매출액	영업이익	순이익	PER	PBR	ROE	배당수익률	시가총액
KB금융	917,775	59,905	46,651	4.6	0.45	9.8%	5.6%	214,671
신한지주	316,867	63,104	47,752	4.1	0.40	9.8%	5.1%	195,428
삼성생명	388,790	9,268	7,088	20.7	0.73	3.5%	4.1%	146,800
하나금융지주	733,112	48,371	36,939	3.6	0.37	10.2%	7.0%	131,825
카카오뱅크	14,302	3,193	2,387	50.0	2.13	4.3%	0.0%	119,397
삼성화재	259,365	15,493	11,576	8.4	0.94	11.2%	5.8%	97,355
우리금융지주	485,412	42,868	30,517	3.1	0.34	10.8%	6.9%	94,648
기업은행	266,344	34,972	26,128	3.2	0.30	9.3%	7.0%	83,362
카카오페이	4,586	-272	-	-	4.15	0.0%	0.0%	70,199
메리츠화재	127,030	12,458	9,004	5.8	8.64	148.7%	1.3%	52,340
메리츠금융지주	637,867	22,213	10,877	4.4	1.60	36.1%	0.6%	48,158
DB손해보험	231,387	13,092	9,851	4.5	0.85	19.1%	5.6%	43,967
미래에셋증권	198,357	9,906	7,260	5.6	0.38	6.7%	4.5%	40,919
삼성카드	39,332	7,958	5,859	6.4	0.48	7.5%	7.1%	37,422
메리츠증권	506,183	10,077	8,421	4.3	0.63	14.7%	1.7%	35,918
한국금융지주	229,131	9,626	8,790	3.7	0.41	11.1%	10.7%	32,154
NH투자증권	139,670	6,183	4,232	7.5	0.44	5.8%	10.9%	31,939
삼성증권	144,993	7,416	5,557	5.7	0.51	9.0%	10.8%	31,434
현대해상	207,990	7,766	5,442	5.0	0.65	13.0%	4.9%	26,999
키움증권	91,429	7,678	5,610	4.3	0.54	12.7%	3.8%	24,122

금융

기타금융

신용평가와 채권추심
- NICE평가정보
- 나이스디앤비
- 한국기업평가
- 고려신용정보
- 이크레더블
- SCI평가정보

창업투자
- 우리기술투자
- 미래에셋벤처투자
- 아주IB투자
- SBI인베스트먼트
- 글로본
- 에이티넘인베스트
- 컴퍼니케이
- SV인베스트먼트
- 대성창투
- DSC인베스트먼트
- 나우IB
- TS인베스트먼트
- 큐캐피탈
- 다올인베스트먼트
- 린드먼아시아
- 스톤브릿지벤처스
- 엠벤처투자
- 리더스 기술투자

카드·캐피털·대부업
- 삼성카드
- 리드코프
- 우리종금
- CNH
- 한국캐피탈
- 메이슨캐피탈

PG와 간편결제
- NHN
- NHN한국사이버결제
- KG이니시스
- 다날
- KG모빌리언스
- 헥토파이낸셜
- 갤럭시아머니트리
- SBI핀테크솔루션즈
- 카카오페이

VAN
- 나이스정보통신
- 한국정보통신

보험

생명보험
- 삼성생명
- 동양생명
- 한화생명
- 미래에셋생명

손해보험
- 삼성화재
- 코리안리
- DB손해보험
- 롯데손해보험
- 메리츠화재
- 한화손해보험
- 현대해상
- 흥국화재

판매
- 에이플러스에셋
- 인카금융서비스

은행
- 카카오뱅크
- BNK금융지주
- KB금융
- JB금융지주
- 신한지주
- DGB금융지주
- 하나금융지주
- 제주은행
- 우리금융지주
- 푸른저축은행
- 기업은행

증권
- 유화증권
- 현대차증권
- 삼성증권
- DB금융투자
- 메리츠증권
- 상상인증권
- 키움증권
- 미래에셋증권
- 대신증권
- 한국금융지주
- 신영증권
- 코리아에셋투자증권
- 교보증권
- 이베스트투자증권
- SK증권
- 메리츠금융지주
- 부국증권
- 유진투자증권
- 한양증권
- 다올투자증권
- NH투자증권
- 한화투자증권
- 유안타증권

통신

우리나라 역사상 가장 많이 오른 주식은 새롬기술이다. 1999년 8월 상장한 새롬기술은 2000년 3월 28만 2,000원을 기록, 6개월 만에 150배나 상승했다. 한때 새롬기술의 시가총액은 금호, 롯데, 동아, 코오롱 그룹을 합친 것 보다 많았으며 재계 서열 7위에 오르기도 했다. 지금은 흔적도 없이 사라졌지만 돈도 제대로 벌지 못했던 기업을 일약 스타로 만들었던 것은 당시 유행했던 닷컴버블 때문이다. 새롬기술처럼 인터넷과 관련된 주식들은 당시 최고의 성장주였다. 20여 년이 지난 지금 대부분의 통신 기업이 사라졌고 SK, KT, LG 등 통신 3사를 중심으로 국내 통신 시장은 독과점을 형성하고 있다. 인터넷 보급률이 100%를 육박하며 통신 산업은 완전 성숙기에 진입한 상황이다.

통신 산업에 포함되어 있는 기업은 총 49곳으로 전체 시가총액에서 차지하는 비중은 1.5%다. 소비자 입장에서 통신은 없어서는 안 될 소비재다. 국가 입장에서는 재난, 테러, 전쟁 등 비상시 꼭 필요한 인프라다. 필수소비재 성격이 강해 증시에 대표적인 경기방어주로 분류된다.

통신 산업은 기지국 등 유무선 인프라를 보유하고 있어 가입자들을 대상으로 통신 서비스를 제공하는 통신사, 통신사에게 기지국 부품, 안테나, 중계기 등 통신 부품과 통신 장비 및 솔루션을 제공하는 통신솔루션, 알뜰폰 섹터로 나뉜다.

통신

1. 통신 산업의 개요와 특징

핸드폰이 없던 시절, 집집마다 유선 전화기는 필수였다. 그러나 무선통신Radio Frequency, RF의 발달로 휴대용 전화기가 대중화되었고, 스마트폰의 등장으로 전화는 하나의 부가적 기능이 되었다. 그렇다고 해서 유선통신이 사라진 건 아니다. 각 기관 및 가정마다 인터넷 회선 연결은 필수이며, 이를 통해 IPTV까지 보기 때문이다. 이처럼 통신은 회선의 유무에 따라 유선통신과 무선통신으로 구분할 수 있다. 전기통신법상으로는 통신 설비 유무에 따라 기간통신, 별정통신, 부가통신 사업자로 구분한다. 기간통신은 우리가 알고 있는 SK텔레콤, KT, LG유플러스 등 통신 3사로 자체적으로 통신 설비를 보유하고 있는 사업자다. 별정통신은 통신 설비를 보유하고 있지 않고 기간통신 사업자로부터 회선을 임대해 서비스를 하는 사업자를 말한다. 대표적으로 알뜰폰 사업자를 예시로 들 수 있다. 부가통신은 인터넷 접속 및 관리, 부가통신업을 하는 곳으로 신용카드 결제 인프라를 제공하는 VAN 사업자가 있다.

주식 시장에서 통신사로 인식되는 곳은 기간통신 사업자다. 기간통신 사업자는 방송통신위원회의 인허가가 필요해 진입장벽이 높다. 2000년대 초반 신세계통신이 SK텔레콤에 인수되고 한솔텔레콤이 KT 계열사에 합병된 이후 SK텔레콤, KT, LG유플러스 3사만이 시장을 나눠 갖는 독과점구조가 형성되었다.

통신 산업은 20세기 말 인터넷 혁명이라는 이름으로 닷컴버블을 일으킨 장본인이다. 그러나 통신 3사의 독과점구조가 완성되고 인터넷 보급률이 빠르게 확산되면서 현재 성숙기 산업에 진입한 지 오래다. 현대 사회에서 통신 서비스는 없어서는 안 될 필수소비재다. 통신 사업자의 경우 이미 확보한 가입자를 대상으로 안정적인 캐시카우를 꾸준히 창출할 수 있다. 이 같은 특성 때문에 통신사는 경기방어주적 특성을 띤다. 통신은 국가안보와도 직결된다. 내수 중심의 시장을 형성하고 있는 이유다.

2. 통신 산업의 성장성

유선통신 시장은 시내전화, 초고속인터넷, 인터넷전화로 구분된다. 유선통신 서비스 총 가입 회선은 2022년 8월 기준 4,624만 건으로 오히려 2018년에 비해 1.6% 감소했다. 같은 기간 초고속인터넷 가입 회선만 유일하게 10.4% 늘었으며, 시내전화와 인터넷전화는 모두 줄었다. 스마트폰 사용이 늘면서 유선 전화 수요가 줄어든 까닭이다. 유선통신 시장은 성숙기 산업을 넘어 시장 규모가 쇠퇴하는 국면으로 접어든 상황이다.

그나마 성장하는 쪽은 무선통신 시장이다. 무선통신 가입 회선은 2018년 말 6,669만 건에서 2022년 8월 7,621만 건으로 연간 3~4% 성장했다. 무선통신 서비스 중 이용자가 가장 많은 휴대폰 가입 회선은 2022년 8월 5,557만 건으로 2019년에 비해 1.1% 줄었다. 반면 사물인터넷 가입자가 1,532만 건으로 같은 기간 89.5% 성장해 전체 무선통신 회선 증가를 이끌었다. 유무선 통신 시장을 막론하고 내수 중심의 통신 산업은 보급률이 이미 100% 넘어서며 성숙기 산업에 진입한 지 오래다. 이에 따라 통신사들은 사물인터넷, OTT 서비스 등 기

유선통신 서비스 가입 회선수 추이

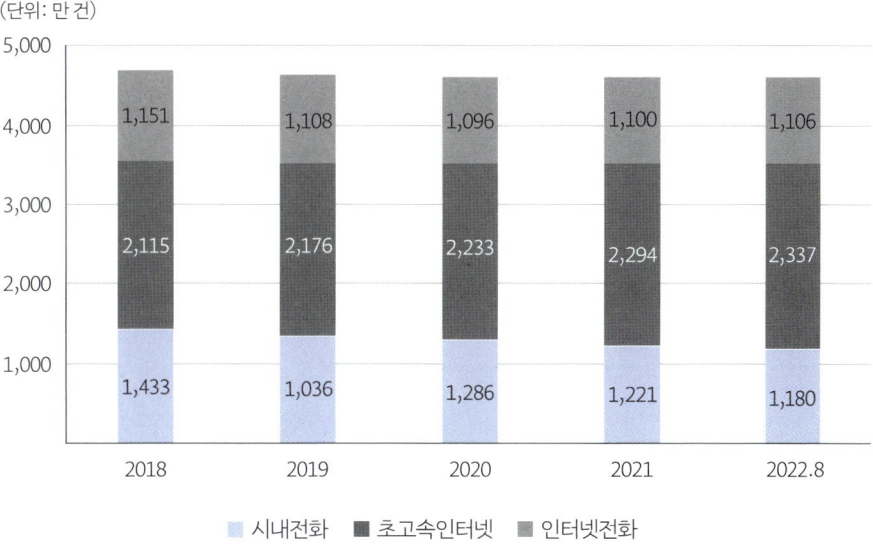

출처: 과학기술정보통신부

무선통신 서비스 가입 회선수 추이

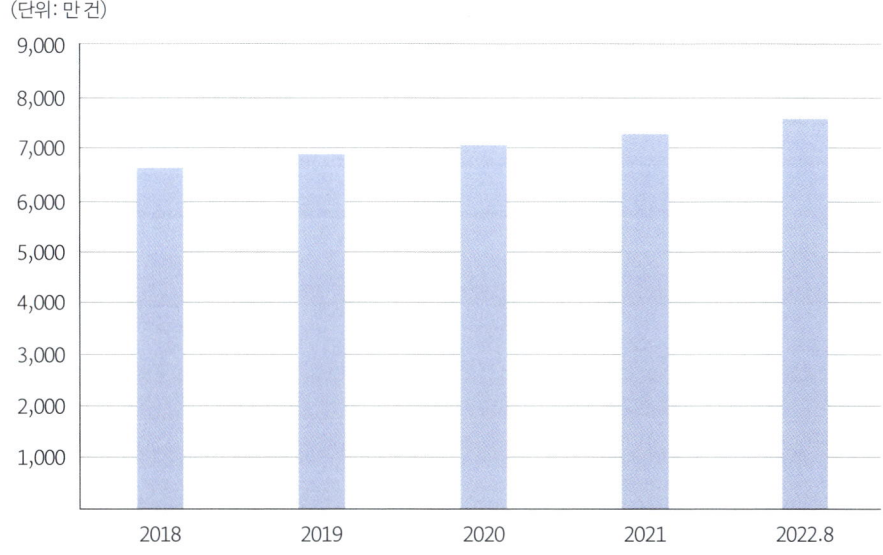

출처: 과학기술정보통신부

존 사업과 시너지를 내면서 가입자를 유치할 수 있는 새로운 먹거리를 발굴하고 있다.

3. 통신 산업의 투자 포인트

1) 통신 세대에 따른 투자 사이클

통신세대가 발전하면서 데이터 전송 속도는 획기적으로 빨라졌으며 이전 기술로는 시도할 수 없었던 새로운 서비스가 가능해졌다. 2010년 이전 3G 시대에는 음성, 전화, 영상통화 등이 휴대폰 기능의 전부였다. 그러나 2011년부터 4G 이동통신인 LTE가 도입되었으며, 스마트폰 대중화와 맞물려 초고속인터넷 기반의 고화질 게임, 고화질 동영상 등 수많은 서비스가 가능해졌다. 2019년부터 도입된 5G에서는 사물인터넷, 자율주행, 스마트팩토리 등의 서비스가 시도되고 있으며 더욱 발전할 것으로 기대된다. 6G 상용화시기는 2028년 이후로 전망되는데, 홀로그램 비대면 회의, 플라잉카 및 드론택시, 원격수술 등이 가능해질 전망이다.

| 통신 세대의 발전 과정

구분	4G	5G	6G
상용화 시기(국내)	2011	2019	2028~
최고속도	1Gbps	20Gbps	1,000Gbps
다운로드	2분 40초	8초	0.16초
활용분야	· 고화질 동영상 · 초고속인터넷	· 사물인터넷 · 자율주행 · 스마트팩토리	· 원격수술 · 홀로그램 비대면 · 회의 · 플라잉카

출처: 언론보도 취합

| 통신 3사의 CAPEX 규모 추이

출처: 각 사

새로운 통신 기술이 개발되고 도입되는 시기, 통신 3사들의 인프라 투자는 대폭 늘어난다. 실제 2019년 5G 서비스 도입을 앞두고 통신 3사들의 시설 투자 규모라고 볼 수 있는 **자본적지출**CAPital EXpenditure, CAPEX◆이 크게 증가한 것을 알 수 있다.

수혜는 통신 장비회사들이 누린다. 5G 최대 수혜주로 불렸던 케이엠더블유는 당시 **텐배거**Ten bagger◆◆ 종목으로 명성을 떨쳤다. 대부분의 통신 장비 기업들이 양호한 주가 상승률을 보였지만, 10배 오른 종목은 한정적이었다. 이유는 간단하다. 기업마다 만드는 제품이 다르기 때문이다. 케이엠더블유는 소형기지국이라고 불리는 RRH Remote Radio Head가 주력 제품이었다. 통신의 세대가 발전할

◆ 고정자산에 관한 지출 중에서 고정자산의 가치를 증가시키는 지출
◆◆ 야구에서 쓰이는 용어로 10루타를 의미하지만 투자업계에서는 10배 수익률을 낸 종목을 의미

인프라·필수소비재 • 57

| 케이엠더블유 주가 추이

출처: 키움증권 HTS

수록 전파의 직진성이 강화된다. 원래 전파는 파장을 그리면서 나아가는데, 5G처럼 전송 속도가 빠른 주파수의 경우 파장이 매우 짧다. 장파는 높은 건물을 잘 넘어가지만, 단파는 막히기 쉽다. 즉 주파수가 높아질수록 직진성이 강해져 음영지역이 많이 생길 수밖에 없다. 이 같은 점이 RRH와 같은 소형기지국 수요가 늘어난 배경이다. 이처럼 통신 기술의 발달에 따라 수혜를 입는 통신 장비 및 기술이 다르기 때문에 투자자는 이를 잘 파악해야 한다. 또한 국내와 해외의 투자 사이클이 다를 수 있기 때문에 해외 비중이 높은 회사들의 수혜 여부도 잘 살펴봐야 한다.

통신 3사 역시 통신 세대를 거듭할수록 신규 서비스 도입에 따라 가입자당 요금을 올릴 수 있다. 4G에서 5G로 바뀌면서 통신 요금이 올라간 경험을 다들 했을 것이다. 신규 통신 서비스 가입 초반에는 통신사들은 고객 유치를 위한 마케팅비용 및 대규모 인프라 투자로 실적이 부진하지만, 투자사이클이 끝나면 가입자당 매출이 올라가 수익성이 개선되는 효과가 발생한다.

2) 캐시카우를 활용한 신사업 진출

통신사는 내수 중심의 독과점 사업자로 성장성은 낮지만 가입자로부터 매달 상당한 캐시플로우가 유입된다. 캐시플로우가 넉넉한 캐시카우를 바탕으로 배당도 넉넉히 주지만, 성장을 위해 신사업 투자에 적극 나서고 있다. SK텔레콤은 새로운 성장 동력으로 미디어, 엔터프라이즈, 아이버스(AIVERSE), 커넥티드 인텔리전스 등 4대 신사업을 내세웠다. 특히 엔터프라이즈와 아이버스에 집중할 계획이다. 엔터프라이즈는 기업형 클라우드 사업으로 SK텔레콤은 자회사인 SK브로드밴드를 통해 데이터센터를 확장하고 있다. 2022년 기준 수도권에 데이터센터 5곳을 운영하고 있으며 서울과 부산에 총 200MW 이상 규모의 데이터센터 증설을 추진 중이다. 아이버스는 메타버스에 AI를 결합한 개념이다. SK텔레콤은 AI 에이전트를 출시하고 메타버스 플랫폼인 이프랜드(IFland)를 경제 활동이 가능한 개방형 플랫폼으로 전환한다는 목표를 세웠다.

KT는 클라우드·DX, AI·빅데이터, 로봇·모빌리티, 뉴미디어·콘텐츠, 헬스케어·바이오, 부동산·공간·IoT, 금융·핀테크, 뉴커머스를 8대 성장사업으로 선정했다. KT의 사업부는 통신과 디지털 플랫폼으로 나뉘는데, 디지털 플랫폼에 해당하는 8대 성장사업 비중을 확대하겠다는 방침이다. KT 역시 SK텔레콤과 마찬가지로 클라우드 사업에 집중하고 있다. KT의 디지털 플랫폼 사업 중 기업형 클라우드 사업 매출은 매년 두 자릿수 성장하고 있다. KT는 아마존웹서비스(Amazon Web Service, AWS)와 협력을 통해 클라우드에 AI를 접목시켜 멀티클라우드 서비스를 확대한다는 방침이다.

LG유플러스는 스마트홈에서 얻은 가시적인 성과를 바탕으로 스마트팩토리, 스마트모빌리티 등 기업 인프라 사업을 확장할 계획이다. 스마트팩토리 솔루션은 빅데이터 기반 모터진단, 배전반진단솔루션과 AI 기반 지능형영상보안솔루션, 유해 물질을 실시간 모니터링하는 대기환경진단솔루션 등을 포함한다. 스마트모빌리티 부문에서는 2021년 '자율주행 빅데이터 관제센터' '5G 스마트항만'

등을 구축하며 B2B 신사업 레퍼런스를 확대해왔다.

　이처럼 통신사들은 미디어, 클라우드, AI 등 다양한 분야에서 신사업을 펼치고 있는 만큼 투자자는 해당 분야에서 어느 기업이 좋은 실적을 낼 수 있는지 늘 확인해야 한다. 경기방어주가 성장주의 밸류에이션을 받는다면 주가가 큰 폭으로 상승할 수 있기 때문이다.

| 시가총액 상위 기업의 투자 지표

- 실적 및 투자 지표: 2022년 3분기 연환산 기준
- 배당수익률: 2021년 주당 배당금/2022.11.30 기준 주가
- 시가총액: 2022.11.30 기준

(단위: 억 원, 배)

기업명	매출액	영업이익	순이익	PER	PBR	ROE	배당수익률	시가총액
SK텔레콤	150,929	15,594	9,990	11.0	0.95	8.7%	5.3%	109,417
KT	256,906	19,081	14,251	6.9	0.61	8.8%	5.1%	97,656
LG유플러스	139,068	9,529	5,965	8.9	0.66	7.4%	4.5%	52,830
케이엠더블유	1,781	-429	-241	-45.2	4.49	-9.9%	0.0%	10,871
RFHIC	1,073	11	45	137.4	2.27	1.6%	0.7%	6,161
서진시스템	7,127	366	49	124.0	0.96	0.8%	0.9%	6,107
에치에프알	3,631	895	776	5.6	2.42	43.3%	0.0%	4,343
이수페타시스	6,012	1,028	809	5.0	1.90	38.5%	0.0%	4,003
쏠리드	2,656	236	481	6.9	1.51	21.9%	0.0%	3,324
에이스테크	2,362	-354	-290	-8.1	3.10	-38.4%	0.0%	2,341
대한광통신	1,781	-138	-442	-5.0	2.12	-42.3%	0.0%	2,219
세종텔레콤	3,402	-1	-408	-5.0	0.62	-12.4%	0.0%	2,042
이노와이어리스	1,093	165	210	9.7	1.56	16.1%	0.8%	2,038
인스코비	766	5	-62	-29.2	2.85	-9.8%	0.0%	1,797
헥토이노베이션	2,537	317	265	6.7	1.26	18.9%	2.9%	1,770
오이솔루션	792	-83	24	73.2	1.14	1.6%	1.8%	1,748
다산네트웍스	5,392	-390	738	2.2	0.60	27.7%	0.0%	1,604
컨버즈	342	-49	-46	-32.9	7.06	-21.5%	0.0%	1,509
유비쿼스	1,391	319	288	5.1	1.15	22.6%	3.9%	1,470
삼지전자	29,439	906	290	4.9	0.49	10.0%	4.6%	1,421

통신

알뜰폰
- 인스코비
- 아이즈비전

통신사
- SK텔레콤
- LG유플러스
- KT

통신솔루션
- 세종텔레콤
- 수산아이앤티
- 네이블
- 텔코웨어
- 헥토이노베이션
- 엔텔스

통신장비
- 대유플러스
- 백금T&A
- RFHIC
- 케이엠더블유
- 에이스테크
- 기산텔레콤
- 서진시스템
- 에프알텍
- 쏠리드
- 피피아이
- 에치에프알
- 텔레필드
- 대한광통신
- 컨버즈
- 유비쿼스
- 다보링크
- 삼지전자
- 이수페타시스
- 와이어블
- 파이버프로
- 라이트론
- 오이솔루션
- 머큐리
- 휴림네트웍스
- 옵티시스
- RF머트리얼즈
- 파이오링크
- 다산네트웍스
- 코위버
- 이노와이어리스
- CS
- 이지트로닉스
- 우리넷
- 웨이브일렉트로
- 유엔젤
- 알엔투테크놀로지
- 우리로
- 이노인스트루먼트

의료기기

의료기기는 질병 및 상해를 진단, 치료, 경감시킬 목적으로 사용되는 제품이다. 신체의 피부나, 뼈, 장기를 대체할 목적의 기기도 여기에 포함된다. 상장된 의료기기 기업들은 10개 섹터로 분류된다. 혈액, 소변 등을 통해 건강 상태를 점검하는 체외 진단 기업, 임플란트 및 치과 재료 등을 제조하는 치과용 의료기기 기업, 인공 피부 및 뼈 등 인체조직이식재를 만드는 기업, 체내 진단기기 시장에 속하며 영상 진단기기를 만드는 기업, 미용 의료기기를 제조하는 기업, 의료 빅데이터를 관리 및 분석하거나 원격의료 인프라를 제공하는 디지털 헬스케어 기업, 이 밖에 수술용 기구나 환자 응급처치 및 재활에 관련된 의료기기 기업으로 분류할 수 있다.

의료기기 산업에 속한 기업은 총 108곳으로 주식 시장에서 차지하는 비중은 1.4%다. 의료기기 산업은 큰 틀에서 고령화라는 메가 트렌드의 수혜가 기대된다. 이 중 치과용 의료기기, 미용 의료기기, 영상 진단기기 섹터는 최근 급부상하고 있는 안티에이징 시장과 함께 성장할 것으로 기대된다. 디지털 헬스케어 섹터 역시 코로나19로 가속화된 비대면 의료 시장의 개화를 앞둔 상태라 성장 추이를 지켜볼만하다.

체외 진단기기 기업인 에스디바이오센서 SD BIOSENSOR, 씨젠 Seegen 등 몇몇 기업을 제외하고 대부분의 의료기기 기업은 시가총액 1조 원 미만에서 거래되고 있다. 중·소형주가 많은 만큼 투자 대상을 잘 고르면 큰 수익을 얻을 수 있지만, 반대로 크게 손실을 볼 위험도 있다. 첨단 기술 분야인 만큼 투자자는 기업이 만드는 의료기기, 비즈니스 모델 등을 정확히 이해하고 접근해야 한다.

체외 진단기기

1. 체외 진단기기 산업의 개요와 특징, 성장성

의료 진단은 인체를 진단하는 방식에 따라 체내 진단과 체외 진단으로 나뉜다. 체내 진단은 내시경, MRI처럼 몸속을 들여다보며 진단하는 방식이고, 체외 진단은 사람으로부터 채취된 조직, 혈액, 소변 등을 통해 진단하는 방식이다. 체외 진단은 면역화학 진단, 자가혈당측정, 현장 진단, 분자 진단, 혈액 진단, 임상미생물학적 진단, 조직 진단, 지혈 진단 등 8개 분야로 구분된다.

체외 진단기기를 만드는 상장사 대부분은 유전체 분석, 암 진단 등 분자 진단기기나 현장에서 즉각적으로 검사가 가능한 현장 진단기기를 주력으로 생산하고 있다. 특히 상황에 맞추어서 코로나바이러스 유무를 신속하게 검사할 수 있는 현장 진단키트 생산에 집중한 바 있다.

체외 진단 시장은 인구 고령화 및 감염성 질병의 퇴치와 확산 방지를 위한 수요 증가로 꾸준히 성장하고 있다. 특히 현장 진단 분야는 신속성과 편의성, 비용 절감 등 다양한 장점들로 인해 주목받고 있다. 시장 조사 기관 마켓앤마켓 MarketsandMarkets에 따르면 글로벌 체외 진단 시장은 2020년 781억 달러에서 2025년 967억 달러로 연평균 성장률이 4.4%에 달할 것으로 전망된다.

코로나19 진단키트로 국내 체외 진단기기 기업들의 위상이 높아졌지만, 글

| 체외 진단 시장 분류

진단 방식	특징 및 진단 가능 질병
면역 화학적 진단	• 조직 내 항원·항체의 면역 반응을 이용해 각종 종양 마커, 감염성 질환, 갑상선 기능, 빈혈, 알레르기, 임신, 약물남용 등의 매우 다양한 질환 진단과 추적에 이용
자가혈당측정	• 당뇨환자가 혈당 자가 진단에 활용
현장 진단	• 환자 옆에서 즉각 검사가 가능하도록 함으로써 치료 효과를 높이는 데 이용 • 혈액가스 검사, 심근경색 검사, 혈액응고 검사 등에 이용
분자 진단	• 인체나 바이러스 등의 유전자 정보를 담고 있는 핵산 DNA, RNA을 검사하는 것 • 인간 면역결핍 바이러스, 인유두종 바이러스 등을 검사하거나 암유전자, 유전 질환 검사 등에 이용
혈액 진단	• 혈액과 골수를 연구하는 분야로 적혈구, 백혈구, 혈소판, 헤모글로빈 등 혈액세포를 검사하는 전혈구 검사 Complete Blood Count, CBC나 응고 인자 검사에 이용 • 백혈병, 빈혈, 자가 면역 질환 등을 진단하거나 치료 후 추적 및 항응고 치료 모니터링에 이용
임상 미생물학 진단	• 인체내 침입해 병을 일으키는 다양한 미생물 중 질병의 원인균 검출 • 항생체 감수성 검사를 실시해 질병의 원인균 조기 검출
조직 진단	• 유리판 위에 제액을 발라 생체조직을 염색한 후 현미경을 통해 분식함으로써 암 조직이나 세포를 관찰해 진단
지혈 진단	• 출혈 및 혈전과 관련된 검사 등 각종 혈액 질환 진단에 필요한 검사

출처: 퀀타매트릭스 Quantamatrix

로벌 시장에 미치는 국내 기업들의 영향력은 아직 미미하다. 체외 진단은 글로벌 기업인 스위스의 로슈Roche, 미국의 애보트Abbott와 다나허Danaher, 독일의 지멘스Siemens, 미국의 써모피셔Thermo Fisher가 전 세계 시장의 60%가량을 차지하고 있다.

2. 체외 진단기기 기업의 투자 포인트

2020년 체외 진단기기 기업들은 코로나19 진단키트 생산으로 극적인 성장을 이루었다. 이에 따라 에스디바이오센서, 씨젠 등 시가총액이 조 단위인 기업들이 등장했다. 다만 코로나19 진단키트는 라이프사이클이 명확한 제품이다. 즉 코로나19 백신이 나오면서 점차 코로나19 진단키트 수요는 감소할 것으로 예상된다. 이러한 한계 때문에 체외 진단기기 기업들은 수천억 원의 영업이익을 냈지만, PER이 고작 10배 미만으로 형성되어 있다. 체외 진단기기 기업들이 제2의 성장 스토리를 만들기 위해서는 코로나19 진단키트에서 벗어나 다양한 제품 포트폴리오를 갖출 필요가 있다. 향후 주목할 만한 체외 진단기기 기업은 코로나19 진단키트로 벌어들인 자금을 M&A나 신제품 개발을 통해 다양한 제품 포트폴리오를 갖추는 기업이다.

| 질환별 글로벌 체외 진단 시장 추이

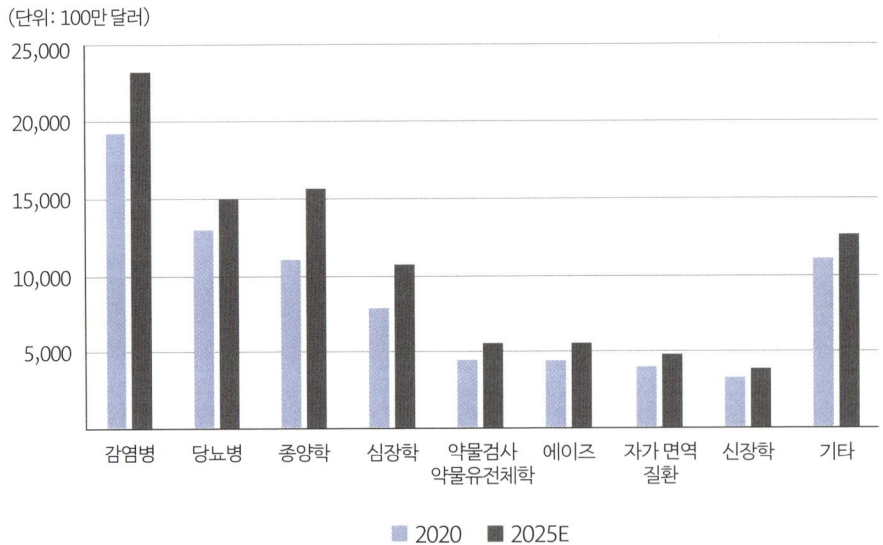

출처: 〈In-VITro Diagnostics Market Global Forecasts 2025〉, 2020, 마켓앤마켓

특히 투자자는 진단기기 시장 중에서도 성장성이 높은 분야에 주목할 필요가 있다. 마켓앤마켓에 따르면 글로벌 체외 진단 시장의 질환별 시장에서 가장 성장성이 높은 분야는 암을 다루는 종양학이다. 종양학 진단기기 시장은 2020년 109억 달러에서 2025년 155억 달러로 연평균 성장률이 7.3%에 달할 것으로 관측된다. 심장학 진단기기 시장 규모는 2025년 107억 달러로 같은 기간 연평균 성장률이 6.3%에 달할 것으로 기대된다. 한편으로 같은 기간 감염병 시장의 성장률(연평균 3.7%)은 높지 않지만, 시장 규모는 231억 원(2025년)으로 모든 질병 중 가장 클 것으로 예상된다.

치과·미용 의료기기와 영상 진단기기

1. 치과·미용 의료기기와 영상 진단기기 산업의 개요와 성장성

치과용 의료기기의 주 생산 제품은 임플란트, 치과 재료, 교정 및 치과 장비 등이다. 특히 치과 진료는 기본적으로 환자의 구강구조를 파악해서 진행되는 만큼 치과용 영상기기 역시 필수 장비다. 이러한 이유로 해당 산업을 알기 위해 치과용 의료기기 기업을 공부하다 보면 자연스럽게 디지털 엑스레이를 생산하는 영상장비 기업을 함께 보게 된다.

한편 미용 의료기기를 만드는 기업도 치과용 의료기기 기업과 전방 산업을 공유한다는 측면에서 관련이 있다. 소득수준의 향상과 고령화의 진행으로 떠오르고 있는 안티에이징 산업이 대표적이다. 미용 의료기기뿐만 아니라 임플란트, 교정, 미백 등 치과용 의료기기도 안티에이징 산업의 혜택을 받고 있다.

1) 치과용 의료기기

아파트 단지가 빼곡히 들어선 신도시 상가에 가장 많이 들어서는 점포는 무엇일까? 지역마다 다르지만 대부분 학원과 병원이다. 특히 병원 중에서도 가장 많이 보이는 곳은 단연 치과다. 보건의료빅데이터개방시스템에 따르면 2020년 4분기 치과의원 수는 1만 8,261곳으로 1년 전에 비해 298곳 늘었다. 그만큼 수요가 많다는 뜻이다. 최근 치과 진료는 치료 목적뿐만 아니라, 예방, 미용의 목적으로도 확대되고 있다. 특히 국민의 소득수준이 높아지면서 교정, 미백 등의 수요가 저 연령층을 중심으로 점차 늘어나고 있는 상황이다.

치과 진료의 주 수요층이라 볼 수 있는 65세 이상 전 세계 인구는 2020년 7억 2,000만 명(비중 9.4%)에서 2060년 15억 4,000만 명(비중 17.8%)으로 2배 넘게 늘어날 것으로 전망된다. 특히 한국, 중국, 인도 등 동아시아 지역에서 고령화 속도가 한층 더 빠르게 진행될 것으로 보인다. 더군다나 해당 국가들은 같은 기간 경제 성장률도 높을 것으로 기대되어 치과 진료 수요 역시 크게 성장할 것으로 보인다. 시장 조사 기관 그랜드뷰리서치Grandviewresearch에 따르면 치과 진료의 대표 항목인 임플란트 시장은 2020년부터 2027년까지 연평균 성장률이 9%에 달할 것으로 전망된다.

국내 임플란트 시장은 2016년 7월부터 보험급여 적용연령이 70세 이상에서

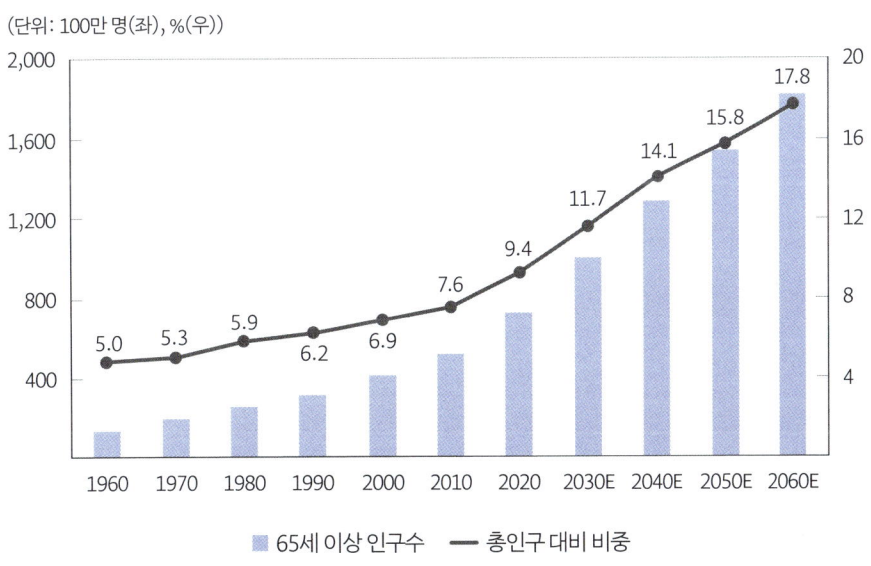

| 글로벌 65세 이상 인구수 및 비중 추이

출처: UN

65세 이상으로 확대되었고 고령화 추세가 빠르게 진행됨에 따라 빠르게 성장할 것으로 기대된다.

2) 영상 진단기기

체내 진단기기는 엑스레이 및 CT 촬영장비, 초음파기기, 내시경 등 영상장비를 말한다. 사람들이 아파서 병원에 가거나 건강검진을 할 때 필수로 접하는 기기들이다. 전체 진단기기 시장에서 체외 진단기기와 체내 진단기기가 차지하는 비중은 비슷하거나 체내 진단기기가 좀 더 큰 것으로 추정된다. 영상 진단기기는 전체 진단기기 시장에서 약 37%의 비중을 차지한다. 재미있는 사실은 코로나19로 인해 2020년 체외 진단기기 시장은 크게 성장한 반면, 체내 진단기기 시장은 다소 위축되었다는 사실이다. 코로나19 진단키트 같은 체외 진단기기 시장은 폭발적으로 성장한 반면, 사람들이 코로나19 감염 가능성 때문에 병원에 가길 꺼리면서 영상 진단기기 수요의 성장세는 상대적으로 주춤했다. 다만 백신 출시 및 치료제 개발로 코로나19 영향력이 약해지면 영상 진단기기 수요는 점차 회복될 것으로 보인다.

시장 조사 기관 SPER 마켓리서치에 따르면 2027년 세계 영상 진단 시장 규모는 360억 달러로 2020년부터 연평균 성장률이 5.9%에 달할 것으로 예상된다. 글로벌 영상 진단기기 기업의 대부분은 유럽과 미국, 일본에 위치하고 있다. 독일의 지멘스, 미국의 제너럴 일렉트릭, 네덜란드의 필립스가 전체 시장의 50% 이상을 점유하고 있다. 국내 영상 진단기기 기업들은 시가총액 1조 원 미만의 중소형주로 구성되어 있다.

3) 미용 의료기기

'꽃중년'은 원래 외모 가꾸기에 많은 관심을 갖는 중년 남성을 뜻하는 말이었으나, 최근에는 지적이고 경제력이 있으면서 외모, 건강 등 자신을 잘 관리하는 중년을 뜻하는 말로 쓰이고 있다. 꽃중년 트렌드 덕분에 피부과나 성형외과를 찾는 남성이 점점 많아지고 있다. 100세 시대를 맞아 젊음을 유지하려는 욕구가 커지면서 안티에이징 시장 역시 빠르게 성장하고 있다. 시장 조사 기관 P&S 인텔리전스에 따르면 글로벌 안티에이징 시장은 2019년 1,915억 달러에서 2030년까지 4,214억 달러로 연평균 성장률이 7.4%에 달할 것으로 전망된다.

2. 치과·미용 의료기기와 영상 진단기기 산업의 투자 포인트

치과용 의료기기와 미용 의료기기 기업들에는 고령화라는 메가 트렌드와 안티에이징이라는 신성장 산업의 수혜가 기대된다. 디지털 영상기기 역시 치과용 의료기기와 함께 성장하는 시장이다. 고령화라는 메가 트렌드로 안티에이징 시장이 커지기 위해서는 소비자들의 소득수준이 높아져야 한다. 이와 같은 이유로 현재 치과용 의료기기 시장과 미용 의료기기 시장이 소득수준이 높은 선진국에서 큰 규모를 형성하고 있다.

성장성 관점에서 본다면 고령화가 진행 중인 중국이나 인도 같은 신흥국 시장

| 주요국 65세 이상 인구 추이

(단위: 100만 명)

구분	한국	미국	중국	인도	일본
2020	8.1	56.1	173.6	90.6	36.2
2050	18.8	85.7	358.9	226.6	38.4
증감	10.7	29.6	185.3	136	2.2
증감률	132%	53%	107%	150%	6%

출처: UN

도 주목해볼 필요가 있다. 두 국가의 고령화가 빠르게 진행되는 것과 동시에 두 국가의 경제 성장률도 글로벌 평균을 상회하고 있기 때문이다. 투자 관점에서는 이머징 국가에 성공적으로 진출하거나 진출을 시도하고 있는 기업에 주목할 필요가 있다. 실제 치과용 임플란트 분야에서 국내 1위 기업인 오스템임플란트는 2021년 중국 시장에서 가파르게 성장하며 주가가 고가 기준으로 3배가량 급등하기도 했다. '슈링크'라는 피부용 의료기기를 만드는 기업인 클래시스^{Classys} 역시 수출 경쟁력이 부각되며 2021년 주가가 2배가량 증가하기도 했다.

디지털 헬스케어

1. 디지털 헬스케어 산업의 개요와 특징, 성장성

디지털 헬스케어란 '디지털Digital'과 '헬스케어Healthcare'의 합성어로 건강관리 분야에서 디지털 기술이 사용되는 것을 뜻한다. 환자들의 진료 기록 같은 의료 빅데이터를 관리하고 분석하는 것, 웨어러블 기기를 통해 환자의 데이터를 수집하고 진단하는 것, 병원에 방문하지 않고 영상을 통해 진료를 받는 것들 모두 디지털 헬스케어 산업에 속한다. 디지털 헬스케어 산업은 높은 성장성을 보이는 IT 산업과 맞물려 매우 빠르게 성장 중이다. 매년 초 미국에서 열리는 세계가전박람회International Consumer Electronics Show, ICES에서 디지털 헬스케어가 2021년 6개 핵심 트렌드에 선정되었을 정도로 주목받고 있다. 게다가 코로나19로 인해 많은 사람이 병원에서 진료를 받기 힘들어지면서 디지털 헬스케어의 필요성은 더욱 커졌다. 미국 헬스케어 전문 기업인 다모 컨설팅Damo Consulting에 따르면 코로나19로 비대면 의료 서비스 이용률이 50배 이상 증가한 것으로 나타났다.

비대면 의료 서비스는 미국과 중국에서 매우 활발히 제공되는 중이다. 미국은 코로나19를 계기로 비대면 진료에 대해 대면 진료와 동등한 수가를 적용하고, 비대면 의료 서비스의 적용 범위를 확대하고 있다. 중국은 인터넷을 통한 진료 서비스를 의료보험 적용 대상에 추가했다. 비대면 의약품 구매도 정부 차원에서 장려하고 있다.

반면에 국내에서는 비대면 의료 같은 적극적인 디지털 헬스케어 서비스는 규제에 막혀 시행되지 못하고 있다. 디지털 헬스케어 관련 기업은 개인병원 **전자의무기록**Electronic Medical Record, EMR*과 병원 **영상정보관리시스템**Picture Archiving Communication System, PACS**을 통해 의료 데이터를 수집하고 분석하는 서비스를 제공하는 곳이 대부분이다.

2. 디지털 헬스케어 산업의 투자 포인트

시장 조사 기관 팩트앤팩터Facts&Factors 연구에 따르면 글로벌 비대면 의료 시장은 2026년 2,559억 달러로 2020년부터 연평균 성장률이 26.5%에 달할 것으로 전망된다. 시장 규모도 크고 성장률도 가파르지만, 넘어야 할 산이 있다. 현행「의료법」에서는 "의료인과 의료인 사이의 원격의료행위만 허용한다"라고 명시되어 있다. 즉 환자는 의료인이 아니므로 의사와 환자 간 원격의료행위는 불법인 셈이다. 이와 같은 이유로 상장된 디지털 헬스케어 기업들 대부분이 의료 빅데이터 관리 및 분석 서비스나 웨어러블 기기를 활용한 환자 데이터 수집 등에 의존하고 있다.

국내에서 디지털 헬스케어 산업이 본격적으로 성장하기 위해서는「의료법」개정이 선행되어야 한다. 일례로 2020년 12월 감염병의 예방 및 관리에 관한 법률 개정 및 제4차 감염병관리위원회 심의·의결로 인해 코로나19 감염 확산 차단을 위한 비대면 의료 서비스가 한시적으로 허용되었다. 만성질환인 고혈압,

---

◆ 환자에 대한 진료 내역을 전자문서 형태로 기록하는 것
◆◆ 디지털 의료영상이미지를 DICOM이라는 국제표준규약에 맞게 저장. 가공. 전송하는 시스템

당뇨, 부정맥 재진 환자에 대한 원격의료 서비스를 허용하는 「의료법」 일부개정안도 발의된 상태다.

국내 디지털 헬스케어 산업의 발전을 위해서는 「의료법」 개정이 최우선이므로 국내 디지털 헬스케어 기업들의 주가는 제도적인 이슈에 상당히 민감하다. 정치권에서 '원격의료' '비대면 진료' 같은 키워드가 담긴 이슈가 나오면 주가가 크게 요동치곤 한다. 디지털 헬스케어 기업의 시가총액이 수천억 원대의 수준이므로 투자자는 높은 변동성을 주의해야 한다.

인체조직이식재

1. 인체조직이식재 산업의 개요와 특징, 성장성

인체조직이식재는 사람에게 이식할 목적으로 제작한 장기나 피부, 뼈 등 생체조직의 대용품을 말한다. 인체조직이식재 개발은 3D 바이오프린팅의 기술 발달로 활발히 이루어지고 있다. 생명공학정책연구센터에 따르면 글로벌 재생의료 시장은 2018년 250억 달러에서 2024년 768억 달러로 연평균 성장률이 19.8%에 달할 것으로 전망된다. 전체 재생의료 시장의 약 40%를 줄기세포치료제 시장이, 29%를 바이오 소재 시장이 차지할 것으로 전망되는 가운데, 인체조직이식재가 속한 조직공학 시장은 14%를 점유할 것으로 보인다. 상장된 인체조직이식재 기업은 척추 임플란트, 인공관절, 피부 및 뼈이식재 등을 제조한다.

2. 인체조직이식재 기업의 투자 포인트

최근 인체조직이식재는 3D 바이오프린팅 기술을 통해 제작된다. 3D 바이오프린팅 기술이란 인체에 적합한 재료 및 살아 있는 세포를 이용해 적층 방식으로 인체조직이식재를 제작하는 기술이다. 바이오잉크는 인체조직이식재 제작에

지역별 글로벌 재생의료 시장 현황 및 전망

(단위: 10억 달러)

지역	2017	2018	2019	2024	연평균 성장률
북아메리카	8.7	10.4	12.4	29.9	19.3%
유럽	6.1	7.3	8.7	20.6	18.9%
아시아-태평양	3.9	4.9	6.0	17.5	23.8%
중동 및 아프리카	2.2	2.6	3.1	7.0	18.0%
남아메리카	0.7	0.9	1.0	1.8	12.6%

출처: 생명공학정책연구센터

사용되는 살아 있는 세포 및 인체에 적합한 소재를 뜻한다. 인체조직이식재 기술의 핵심은 환자에게 이식했을 때 면역거부반응이 발생하지 않는 것이다. 따라서 인체에 적합한 세포를 사용하는 바이오잉크 기술 개발이 매우 중요하다. 투사 판점에서는 바이오잉크 개발을 통해 다양한 지적재산권을 보유한 기업에 주목하는 것이 좋다.

또한, 여타 다른 의료기기 기업과 마찬가지로 해외 시장을 개척하거나 개척할 가능성이 있는 기업에 주목할 필요가 있다. 생명공학정책연구센터에 따르면 2024년 재생의료 시장 규모는 북아메리카, 유럽, 아시아-태평양 순으로 클 것으로 전망되지만, 연평균 성장률은 아시아-태평양 시장이 가장 높을 것으로 보인다.

시가총액 상위 기업의 투자 지표

- 실적 및 투자 지표: 2022년 3분기 연환산 기준 (색이 칠해진 기업은 2021 기준)
- 배당수익률: 2021년 주당 배당금/2022.11.30 기준 주가
- 시가총액: 2022.11.30 기준

(단위: 억 원, 배)

기업명	매출액	영업이익	순이익	PER	PBR	ROE	배당수익률	시가총액
HLB	1,910	-928	-991	-35.1	7.67	-21.8%	0.0%	34,797
에스디바이오센서	31,784	14,091	13,663	2.5	1.04	41.5%	3.8%	34,255
오스템임플란트	10,174	2,122	511	32.3	5.62	17.4%	0.3%	16,488
씨젠	11,408	3,804	3,432	4.6	1.34	29.1%	3.3%	15,877
클래시스	1,267	609	550	21.7	5.92	27.3%	0.4%	11,951
덴티움	3,559	1,166	949	10.3	2.57	25.0%	0.3%	9,752
바이오니아	2,244	208	232	37.1	3.92	10.6%	0.0%	8,595
오스코텍	48	-274	-252	-29.1	18.57	-63.8%	0.0%	7,340
제이시스메디칼	1,071	319	292	18.9	7.86	41.5%	0.0%	5,533
휴마시스	6,394	3,635	3,072	1.8	1.37	76.8%	1.2%	5,477
엘앤씨바이오	504	107	111	48.5	5.68	11.7%	0.2%	5,376
루트로닉	2,386	440	448	11.6	3.45	29.7%	1.0%	5,208
이오플로우	53	-336	-336	-15.0	4.50	-29.9%	0.0%	5,046
바텍	3,875	725	682	7.0	1.40	20.0%	0.3%	4,768
엑세스바이오	12,058	5,631	4,180	1.1	0.65	59.5%	0.0%	4,594
아이센스	2,621	272	201	22.6	1.56	6.9%	0.9%	4,539
엠아이텍	531	143	174	21.4	4.76	22.2%	0.7%	3,721
루닛	66	-457	-	-	174.33	0.0%	0.0%	3,552
인터로조	1,261	313	225	15.7	1.93	12.3%	1.7%	3,535
원텍	511	104	-	-	13.34	0.0%	0.0%	3,442

의료기기

기타 의료기기
- 큐렉소
- 이오플로우
- 시너지이노베이션
- 세종메디칼
- 제이브이엠
- 세운메디칼
- 리메드
- 엠아이텍
- 피제이전자
- 인트로메딕
- 이노테라피
- 네오펙트
- 씨유메디칼
- 플라즈맵

미용
- 클래시스
- 루트로닉
- 이루다
- 하이로닉
- 지티지웰니스
- 제이시스메디칼
- 비올
- 원텍

안과
- 인터로조
- 휴비츠

영상진단기기
- 바텍
- 뷰웍스
- 레이언스
- 제노레이
- 디알젬
- 디알텍
- 뷰노

인체조직 이식재
- 엘앤씨바이오
- 티앤알바이오팹
- 셀루메드
- 엘앤케이바이오
- 코렌텍
- 한스바이오메드
- 비비씨
- 오스테오닉
- 이노시스

체외진단
- 아이톡시
- 셀바스AI
- HLB
- 씨젠
- 휴마시스
- 바디텍메드
- 피씨엘
- 아이센스
- 인바디
- 랩지노믹스
- 마크로젠
- EDGC
- 수젠텍
- 지노믹트리
- 엔젠바이오
- 진매트릭스
- 나노엔텍
- 소마젠
- 클리노믹스
- 제놀루션
- 셀레믹스
- 파나진
- 젠큐릭스
- 피에이치씨
- 디엔에이링크
- 아스타
- 셀바스헬스케어
- 바이오다인
- 미코바이오메드
- 피플바이오
- 진시스템
- 노을
- 지니너스
- 퀀타매트릭스
- 바이오니아
- 엑세스바이오
- 녹십자엠에스
- 디엑스앤브이엑스
- 프리시젼바이오
- 마이크로디지탈
- 에스디바이오센서
- CJ 바이오사이언스

치과
- 오스템임플란트
- 덴티움
- 디오
- 레이
- 나이벡
- 덴티스
- 신흥
- 메타바이오메드
- 솔고바이오
- 석경에이티
- 오스코텍

디지털 헬스케어

의료영상소프트웨어
- 인피니트헬스케어
- 솔본
- 제이엘케이
- 딥노이드
- 루닛

의료정보시스템
- 이지케어텍
- 유비케어
- 비트컴퓨터
- 케어랩스
- 라이프시맨틱스

창상피복재
- 티앤엘
- 원바이오젠

환자감시장치
- 멕아이씨에스
- 메디아나
- 비스토스

제약과 바이오

제약과 바이오 산업은 의약품을 개발하거나 기자재 및 생산 인프라를 제공하는 기업, 동물용 의약품을 만들거나 건강 기능식품을 제조하는 기업을 포함한다. 제약과 바이오 산업은 제약, 바이오, 의약품 인프라, 건강 기능식품, 동물의약품이라는 섹터로 나뉜다. 제약과 바이오 산업에 속한 기업은 총 209곳으로 주식 시장에서 차지하는 비중은 8.1%다. 제약과 바이오 산업은 최근 5년간 주식 시장에서 차지하는 비중이 확대된 산업 중 하나다. 대표적인 성장 산업인 만큼 투자자들이 늘 관심을 가져야 할 산업이다.

   한편 제약사와 바이오 회사를 구분하는 기준은 모호하다. 화학합성의약품을 만들면서 바이오 신약도 개발하는 기업이 점차 늘어나고 있기 때문이다. 그럼에도 투자업계에서는 아직도 제약과 바이오 기업을 구분 짓는 경향이 강하다. 이 책에서는 화학합성의약품을 주로 제조하는 기업을 제약 기업으로 구분했으며, 애초부터 생물학적 방법을 통해 바이오 신약을 개발하는 기업을 바이오 기업으로 분류했다. 의약품 인프라는 제약사와 바이오 신약 개발 회사를 대상으로 비임상시험 용역을 제공하거나 의약품 위탁 생산을 담당하는 기업들을 포함한다. 제약과 바이오 기업에 각종 실험 장비를 제공하는 기자재 기업도 포함되어 있다. 추가로 건강 기능식품, 동물 의약품도 제약과 바이오 산업에 포함시켰다.

제약

1. 제약 산업의 특징

의약품은 제조하는 방식에 따라 화학합성의약품과 바이오의약품으로 나뉜다. 화학합성의약품은 여러 화학 물질을 적절히 배합해 인공적으로 만든 의약품이다. 반면, 바이오의약품은 미생물, 동식물 세포와 같은 살아 있는 생물체를 이용해 만든 의약품이다. 우리가 일반적으로 복용하는 의약품은 화학합성의약품이며, 이를 제조하는 기업을 이 책에서는 제약 섹터로 구분하고 있다.

제약사를 분석한 리포트나 사업보고서를 보면 다양한 종류의 의약품이 등장하는 것을 알 수 있다. 가뜩이나 난해한 용어가 사용되는 분야인데, 의약품을 분류하는 기준까지 복잡하다. 투자자가 알아야 할 의약품의 분류 기준을 추리면 다음 세 가지로 나타낼 수 있다.

1) 완제품 여부: 완제의약품 vs. 원료의약품

먼저 완제품 여부에 따라 완제의약품과 원료의약품으로 나뉜다. 완제의약품은 시판이 가능한 완성된 의약품이며, 완제의약품의 원료가 원료의약품이다. 완제의약품은 내수 판매 비중이 높은 반면, 원료의약품의 대부분은 수출을 통해 매출이 발생한다. 따라서 완제의약품 기업과 원료의약품 기업의 사업 환경은 각기 다르다고 볼 수 있다. 한국제약바이오협회에 따르면 원료의약품 생산 실적은 완제의약품 생산 실적의 11% 정도다. 상장사 중에서도 에스티팜^{ST PHARM}, 엔지켐생명과학 등 소수의 기업만 원료의약품 산업에 종사하고 있다.

2) 처방전 유무: 전문의약품 vs. 일반의약품

처방전의 유무에 따라 전문의약품^{Ethical drug}(ETC라고도 부른다)과 일반의약품^{Over The Counter, OTC}으로 구분하기도 한다. 전문의약품은 처방전이 있어야 구매할 수 있다. 항생제, 혈압약 등이 대표적이다. 반면 해열진통제, 소화제, 감기약, 파스 등은 편의점에서도 구입할 수 있는 일반의약품이다. 완제의약품 중 전문의약품의 비중은 약 80% 이상이다.

3) 신약 여부: 오리지널 vs. 제네릭

의류나 액세서리에는 오리지널 브랜드가 있고 이를 모방한 이미테이션 상품이 있다. 의약품도 이미테이션 상품이 있다. 한 제약사가 특정 성분을 이용해 최초로 개발한 의약품을 '오리지널'이라고 한다.

'제네릭' 의약품은 오리지널 의약품을 따라 만든 약으로 '복제약' '카피약'이라고 불린다. 오리지널 의약품은 일정 기간 특허권이 인정되어 독점판매권을 보장해준다. 특허 기간 만료 후에는 타 제약사에서 오리지널 의약품을 복제한 제네릭 의약품을 출시할 수 있게 되는 시점부터 신약과 복제약 간의 경쟁이 펼쳐진다.

국내 제약사 대부분은 높은 복제약 매출 비중을 보인다. 지금까지 출시된 국내 개발 신약은 총 33종(2021년 10월 기준)에 불과하다. 이런 이유로 투자 관점에서는 장기적으로 신약 개발 경쟁력이 있는 기업에 주목하는 것이 좋다.

국내 개발 신약 허가 현황

번호	제품명	회사명	주성분	효능·효과	허가일자	개발기간
33	롤론티스	한미약품㈜	에플라페그라스팀	호중구감소증 치료제	2021.03.18	-
32	렉키로나주	㈜셀트리온	레그단비맙	코로나19 치료제	2021.02.05	-
31	렉라자정	㈜유한양행	레이저티닙 메실산염일수화물	폐암치료제	2021.01.18	-
30	케이캡정	CJ헬스케어㈜	테고프라잔	위식도역류 질환치료제	2018.07.05	-
29	알자뷰주사액	㈜퓨처켐	플로라프로놀(18F)액	방사성 의약품	2018.02.05	-
28	베시보정	일동제약㈜	베시포비르	만성B형 간염치료제	2017.05.15	-
27	올리타정	한미약품㈜	올무티닙 염산염일수화물	표적 항암 치료제	2016.05.13	-
26	슈가논정	동아에스티㈜	에보글립틴 타르타르산염	경구용 혈당 강하제	2015.10.02	-
25	시벡스트로주	동아에스티㈜	테디졸리드 포스페이트	항균제 (항생제)	2015.04.17	-
24	시벡스트로정	동아에스티㈜	테디졸리드 포스페이트	항균제 (항생제)	2015.04.17	-
23	자보란테정	동화약품㈜	자보플록사신D- 아스파르트산염	퀴놀론계 항생제	2015.03.20	-
22	아셀렉스캡슐	크리스탈 지노믹스㈜	폴마콕시브	골관절염 치료제	2015.02.05	-
21	리아백스주	㈜카엘젬백스	테르토모타이드 염산염	항암제 (췌장암)	2014.09.15	-
20	듀비에정	㈜종근당	로베글리타존 황산염	당뇨병치료제	2013.07.04	2000~2013

번호	제품명	회사명	주성분	효능·효과	허가일자	개발기간
19	제미글로정	㈜LG생명과학	제미글립틴타르타르산염1.5수화물	당뇨병치료제	2012.06.27	1903~2012
18	슈펙트캡슐	일양약품㈜	라도티닙염산염	항암제 (백혈병)	2012.01.05	1901~2012
17	제피드정	JW중외제약㈜	아바나필	발기부전 치료제	2011.08.17	1906~2011
16	피라맥스정	신풍제약㈜	피로나리딘인산염, 알테수네이트	말라리아 치료제	2011.08.17	1900~2011
15	카나브정	보령제약㈜	피마살탄칼륨 삼수화물	고혈압치료제	2010.09.09	1998~2010
14	놀텍정	일양약품㈜	일라프라졸	항궤양제	2008.10.28	1988~2008
13	엠빅스정	SK케미칼㈜	미로데나필염산염	발기부전 치료제	2007.07.18	1998~2007
12	펠루비정	대원제약㈜	펠루비프로펜	골관절염 치료제	2007.04.20	1901~2007
11	레보비르캡슐	부광약품㈜	클레부딘	B형간염 치료제	2006.11.13	1996~2006
10	자이데나정	동아제약㈜	유데나필	발기부전 치료제	2005.11.29	1998~2005
9	레바넥스정	㈜유한양행	레바프라잔	항궤양제	2005.09.15	1992~2007
8	캄토벨정	㈜종근당	벨로테칸	항암제	2003.10.22	1993~2003
7	슈도박신주	CJ제일제당	건조정제슈도모나스백신	농구균예방 백신	2003.05.28	1993~2005
6	아피톡신주	구주제약㈜	건조밀봉독	관절염치료제	2003.05.03	1993~2003
5	팩티브정	㈜LG생명과학	메탄설폰산제미플록사신	항균제 (항생제)	2002.12.27 US FDA 허가 (2003.4.4)	1991~2002

번호	제품명	회사명	주성분	효능·효과	허가일자	개발 기간
4	큐록신정	JW중외제약㈜	발로플록사신	항균제 (항생제)	2001.12.17	1994~2000
3	밀리칸주	동화약품공업㈜	질산홀뮴-166	항암제(간암)	2001.07.06	1995~2001
2	이지에프 외용액	㈜대웅제약	인간상피세포성장인자	당뇨성 족부 궤양치료제	2001.05.30	1992~2001
1	선플라주	SK케미칼㈜	헵타플라틴	항암제(위암)	1999.07.15	1990~1999

출처: 한국신약개발연구조합

한편 오리지널 의약품과 성분 및 약효가 유사하지만, 복용하기 쉽도록 제형을 바꾸거나 효능을 개선시킨 것을 개량신약이라고 한다. 개량신약은 신약을 개발하는 것에 비해 상대적으로 개발 기간이 짧고, 제네릭 의약품보다는 부가가치가 높은 것이 장점이다. 의약품의 분류를 한눈에 보여주는 표를 확인하면 어느

| 의약품의 분류

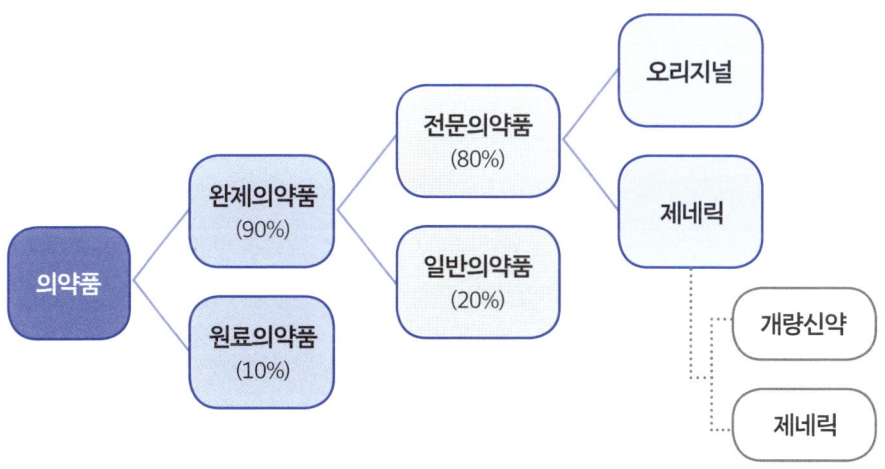

* 괄호 안은 시장 비중

정도 이해할 수 있다.

2. 제약 산업의 투자 포인트

1) 의약품의 종류

2021년 6월 미국 식품의약청 Food and Drug Administration, FDA은 18년 만에 알츠하이머 신약을 승인했다. 해당 신약은 미국 제약사 바이오젠 Biogen과 일본 에자이가 공동 개발한 '아두카누맙'으로 알츠하이머 신약으로는 2003년 이후 처음으로 미국 식품의약청의 승인을 획득했다. 이 같은 소식에 국내 치매치료제를 개발하고 있던 기업들의 주가 역시 함께 부각되었다.

| 신체 기관에 따른 질병

신체 기관	구성 요소	관련 질병
순환기계	심장, 혈액, 혈관, 림프계	고혈압, 고지혈증, 뇌졸중
내분비계	뇌하수체, 갑상샘, 부갑상샘, 이자, 부신, 성선	당뇨, 말단비대증
소화기계	구강, 식도, 위, 간, 소장, 대장, 항문	간염, 위궤양, 위암
신경계	뇌, 척수, 말초신경	치매, 간질, 우울장애
근골격계	척추, 관절, 인대, 치아, 근육, 힘줄	관절염, 골육종, 근위축, 근막동통증후군
호흡계	폐, 기도	감기, 폐렴, 천식, 폐암
배설계	신장, 방광, 요도	신부전, 방광결석
피부계	피부	건선, 습진, 아토피, 탈모
생식계	생식기, 유방	전립선비대증, 유방암, 발기부전, 불임

바이오젠과 직접적인 관계는 없지만, 유사 치료제를 개발하고 있다는 사실에 투자자들의 매수세가 몰린 것이다. 이처럼 특정 치료제 승인 소식, 질환에 대한 정부의 특정 의료비 지원책 및 제도가 뜨거운 이슈로 나오면 관련 기업 주가도 함께 부각될 수 있다.

따라서 투자자는 회사별로 어떤 질환에 대한 의약품을 생산하는지 알아둘 필요가 있다. 신체 기관은 순환기계, 내분비계, 소화기계, 신경계 등으로 구분할 수 있다. 신체 기관에 따른 주요 질병이 다르니 구분지어 알아야 한다.

2) 파이프라인 가치

제약과 바이오 기업에 투자할 때 투자자가 자주 직면하는 단어가 있다. 바로 파이프라인이다. 제약과 바이오업계에서는 연구개발 Research and Development, R&D 중인 신약 개발 프로젝트를 뜻한다.

신약 개발에 집중하는 기업이 많아지면서 제약과 바이오 기업들의 주가는 파이프라인 가치에 큰 영향을 받고 있다. 파이프라인의 가치는 임상시험 단계와 치료제의 시장 규모에 따라 결정된다. 임상시험 단계가 많이 진척될수록 파이프라인의 가치는 높아진다.

치료제의 시장 규모도 중요하다. **적응증**◆이 감기인 신약 후보 물질보단 적응증이 암인 신약 후보 물질이 시장 규모가 더 크므로 파이프라인의 가치를 훨씬 더 높이 평가받는다.

◆ 개발하고 있는 신약 후보 물질이 치료하고자 하는 질환

임상시험 vs. 임상실험

임상시험과 임상실험이라는 용어는 언뜻 보면 큰 차이가 없어 보인다. 많은 사람이 구분 없이 사용하며 제약과 바이오 산업과 관련된 기사에서도 간혹 두 용어의 혼용 사례를 찾아볼 수 있다. 그러나 임상실험은 엄연히 다른 용어다. 약이나 의료기기를 출시하기에 앞서 사람에게 안전한지, 치료 효과는 있는지를 알아보기 위해 실시하는 것을 '임상시험'이라고 한다. '임상실험'은 문자 그대로 사람을 대상으로 각종 실험을 하는 것이다. 생체실험과 같은 부정적인 뉘앙스를 담고 있는 용어로 해석될 수 있어, 정확한 표기인 임상시험을 사용해야 한다.

바이오

1. 바이오 산업의 개요와 특징, 성장성

화학합성의약품은 대량생산이 가능하고 다수의 환자에게 폭넓게 쓸 수 있다는 장점이 있다. 그러나 사람마다 의약품에 반응하는 정도가 다르므로 효과를 보는 사람이 있는 반면, 효과를 보지 못하는 사람도 있다. 경우에 따라 부작용이 발생하기도 한다. 반면 바이오의약품은 환자의 세포를 추출해 치료하거나 면역력을 높여주는 등 부작용은 훨씬 적으면서 치료 효과는 크다. 이러한 강점으로 의약품 시장에서 바이오의약품의 성장세가 가파르다.

한국바이오의약품협회에 따르면 전 세계 바이오의약품 시장 규모는 2012년 1,490억 달러에서, 2019년 2,660억 달러, 2026년에는 5,050억 달러로 연평균 성장률이 9%에 달할 것으로 전망된다. 같은 기간 글로벌 매출 상위 100대 의약품 중에서 바이오의약품 비중은 39%에서 55%로 확대될 전망이다. 다만 바이오의약품은 성장 가능성은 높지만 제조 난이도가 매우 높다. 화학합성의약품에 비해 분자량이 많고 분자구조가 복잡하기 때문이다. 성장성이 높고 기술 진입 장벽도 높다는 특성으로 인해서 주식 시장에서는 바이오의약품을 만드는 기업에 높은 가치를 부여한다. 비록 적자를 기록하고 있음에도 기업가치가 수조 원에 이르는 바이오의약품 관련 기업들이 많은 이유다. 따라서 매출액이나 이익

| 글로벌 바이오의약품 시장 추이

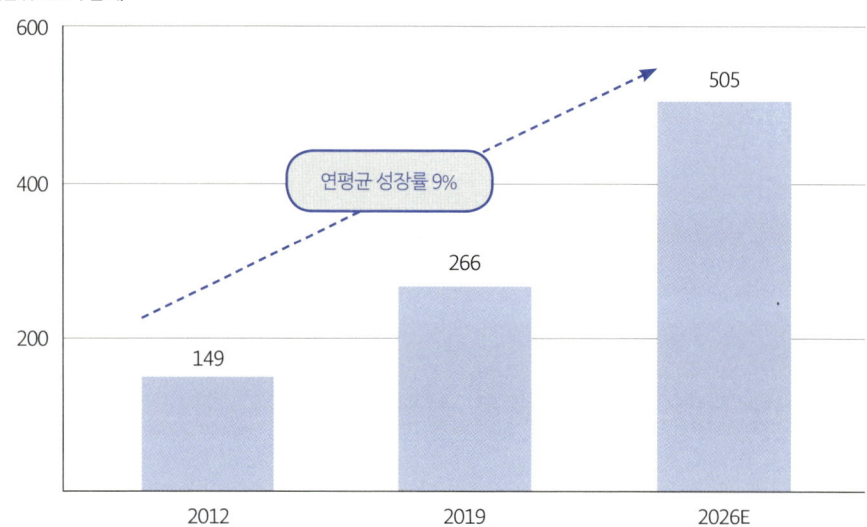

출처: 〈Evaluate Pharma World Preview 2020〉, 한국바이오의약품협회

| 글로벌 100대 의약품 중 바이오의약품 비중 및 추이

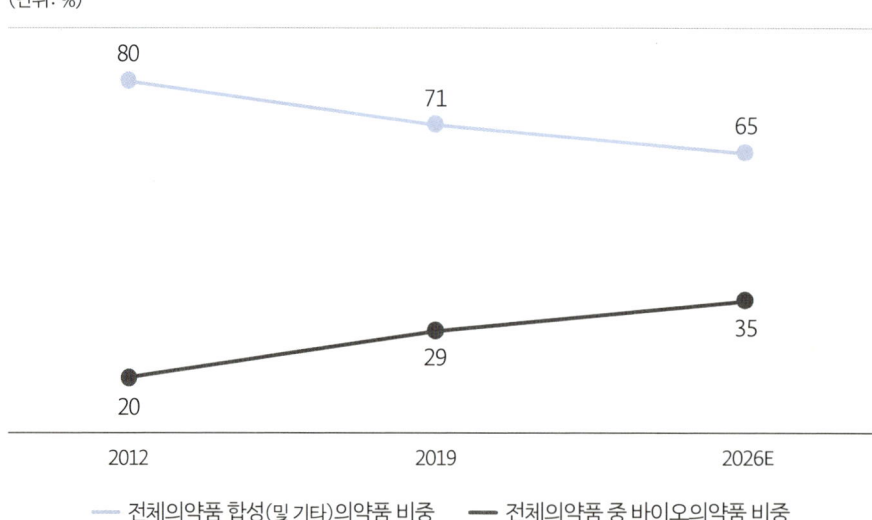

출처: 〈Evaluate Pharma World Preview 2020〉, 한국바이오의약품협회

등 일반적인 기업의 평가 기준을 바이오 기업에 그대로 적용하는 오류를 범해서는 안 된다.

2. 바이오의약품의 종류

자동차를 만드는 것보다 비행기를 만드는 것이 어렵고 비용도 많이 든다. 반면 잘 만든 비행기 한 대는 자동차 수십 대보다 더 큰 부가가치를 창출할 수 있다. 바이오의약품 역시 마찬가지다. 다양한 종류의 바이오의약품 중에서 초창기에 개발된 1세대 바이오의약품인 인슐린, 성장호르몬보다는 세포치료제, 유전자치료제 등 3세대 바이오의약품이 개발 비용이 많이 들고 부가가치도 높다. 다음은 생산 기술에 따라서 세대별로 구분한 바이오의약품의 종류다.

1) 1세대 바이오의약품: 인슐린, 성장호르몬, 백신

미생물에서 배양해 추출한 인슐린, 성장호르몬, 백신 등을 말한다. 여러 생물의 DNA 조각을 하나로 결합시키고 박테리아나, 효모 등 대량 배양이 가능한 미생물에 결합한 DNA 조각을 배양해 생산하는 유전자재조합의약품이다. 1세대 최초의 바이오의약품은 1982년 미국 출신의 일라이릴리사가 만든 '휴물린'이라는 인슐린이다. 1세대 바이오의약품은 분자구조가 단순해 개발하기 쉽고 대량생산이 가능하다는 장점을 가진다.

2) 2세대 바이오의약품: 항체의약품

항체는 외부에서 우리 몸에 침입한 바이러스, 세균 등의 '항원'에 맞서 싸우기 위해 혈액에서 만드는 단백질이다. 항체의약품은 이러한 항체를 동물세포 배양을 통해 생산한 것이다. 처음에는 쥐에서 유래한 항체를 사용했지만, 부작용이 있어 사람에게서 유래한 항체도 사용하고 있다. 항체의약품은 분자구조가 복잡하고 포유동물에서 기원한 동물세포에서만 생산할 수 있어 개발이 어렵고 비용이 많이 든다. 항체의약품에는 암세포를 죽이는 T 세포의 세포독성 활성화를 유지하도록 돕는 면역관문저해제, 하나의 항체로 2곳 이상의 세포에 영향을 미치는 이중항체의약품 등이 속한다.

3) 3세대 바이오의약품: 세포치료제, 유전자치료제

3세대 바이오의약품으로는 세포치료제, 유전자치료제가 대표적이다. 세포치료제는 사람의 세포를 추출해 배양 및 조작한 후 사람의 체내에 주입해 치료하는 치료제다. 세포치료제를 만들 때는 환자의 세포를 직접 추출하거나 다른 사람으로부터 추출한 세포를 사용하기도 한다. 암세포를 죽이는 T 세포를 추출한 후 암세포를 항원으로 인식하는 유전자를 주입해 암세포를 효과적으로 파괴할 수 있는 CAR(키메라 항원 수용체)-T 치료제와 바이러스에 감염된 세포나 암세포를 발견하는 즉시 공격하는 NK(자연살해) 세포의 힘을 키우는 NK 세포치료제가 대표적인 세포치료제다. 최근에는 CAR-T 치료제와 NK 세포치료제의 장점을 결합한 CAR-NK 치료제가 각광받고 있다.

유전자치료제는 환자의 유전적인 결함을 수정하거나 보완해 질병의 원인을 치료하는 치료제다. 유전자를 체내에 직접 주입하면 체내유전자치료, 몸 밖으로 추출한 환자의 세포에 유전자를 도입해 다시 환자의 몸에 주입하면 체외유전자치료다. 대표적인 세포치료제의 예인 CAR-T 치료제는 세포를 몸 밖으로 빼낸 후 유전 물질을 도입하기 때문에 세포치료제인 동시에 유전자치료제이기도 하다.

세포치료제와 유전자치료제 외에 항체약물결합체(Antibody Drug Conjugate, ADC)도 3세대 바이오의약품으로 불린다. 항체약물결합체는 암세포 항원을 찾아 정확히 도달하는 항체의 장점과 암세포를 없앨 수 있는 약물 효과를 결합한 치료제다. 항체약물결합체는 항체의약품의 업그레이드 버전이라고 볼 수 있다.

4) 기타: 마이크로바이옴, 플랫폼, 보툴리눔 톡신과 필러

1세대~3세대 바이오신약을 만드는 기업 외에도 증시에서는 다양한 바이오 관련 기업이 있다. 먼저 마이크로바이옴 치료제를 만드는 기업이다. 우리 몸속의 장내 미생물을 마이크로바이옴이라고 한다. 사람의 장내에 존재하는 미생물의 수는 약 100조 개로 사람의 세포 수보다 2배가량 많다. 숫자만 많은 것이 아니라 사람 유전자의 99%가 장내 미생물에서 결정된다고 한다. 이를 활용해 자연적인 치유 효과를 내는 것을 마이크로바이옴 치료제라고 한다. 마이크로바이옴 치료제는 미생물 기반 의약품이므로 현재 국내 기준으로는 어떤 바이오의약품으로 분류할지 애매한 부분이 있다. 미국의 경우 마이크로바이옴을 '살아 있는 바이오치료 제품Live Biotherapeutic Products, LBP'라고 정의하고 있다.

여러 바이오의약품에 적용해 성능이나 투여 방식을 개선하는 플랫폼 기술을 지닌 기업도 있다. 정맥주사 형태로 투여되는 치료제를 피하주사 방식으로 전환하는 알테오젠Alteogen의 히알루로니다제 플랫폼 기술이 내표적이다. 이 밖에 바이오신약 개발 기업에 연구용 펩타이드 소재 등 바이오 소재를 주력으로 납품하는 기업도 존재한다.

신경 독소인 보툴리눔 톡신이나 다당류인 히알루론산을 활용해 미용 제품 또는 치료제를 개발하는 기업도 있다. 보툴리눔 톡신은 1g의 양으로 100만 명을 살상할 수 있어 생화학 무기로 활용될 정도로 독성이 강한 물질이다. 그러나 보툴리눔 톡신을 희석해 소량만 사용하면 근육을 마비시켜 의료용이나 미용 용도로 사용할 수 있다. 현재 보툴리눔 톡신은 주름을 펴거나 각종 근육 이상이나 다한증 등을 치료하는 목적으로 사용된다. 히알루론산은 사람의 피부 속에 존재하는 다당류의 일종이다. 히알루론산을 피부의 꺼진 부위를 메우거나 도톰하게 채워주는 충전물로 활용하는 것을 히알루론산필러Hyaluronic Acid filler라고 한다.

5) 신약 여부에 따른 바이오의약품의 분류

바이오신약을 개발하는 기업이 있다면 바이오시밀러Biosimilar와 바이오베터Bio-better를 개발하는 기업도 있다. 제네릭을 화학합성신약의 복제약이라고 부르는 것처럼, 바이오시밀러는 일명 바이오 복제약이라고 부른다. 그러나 제네릭과 바이오시밀러의 개발 난이도는 하늘과 땅 차이다. 제네릭을 개발하기 위해서는 시판되는 약과 동등한 약효를 가졌다는 것을 증명하기 위한 생물학적동등성시험만 거치면 된다. 반면 바이오시밀러는 임상 1상과 3상이라는 두 단계의 독립적인 임상시험을 거쳐야 한다. 개발 난이도 외에도 바이오의약품 특징을 비교한 표의 내용처럼 바이오신약에 비해 약가가 저렴한 데다 2030년까지 블록버스터 바이오신약의 특허 만료가 예정되어 있어 성장이 기대되는 분야다.

바이오시밀러가 바이오 복제약이라면, 바이오베터는 기존 바이오의약품의 효능 및 투약 편의성을 개선한 개량형 바이오의약품이다. 그러나 바이오베터 역

| 바이오의약품 비교

특징	바이오신약	바이오시밀러	바이오베터
유사성	오리지널 의약품과 동일	유사하지만 오리지널 의약품과 동일하지 않음	오리지널 의약품보다 우수
개발 비용	약 20억~30억 달러	약 1억~3억 달러	약 2억~5억 달러
약물 개발 기간	약 10~12년	약 5~7년	약 5~7년
규제	지금까지 미국 시장에서 바이오시밀러의 상호교환 가능한 지정이 부족해 보호됨	국가별 별도의 승인 절차 필요	오리지널 의약품보다 우수하므로 별도의호환성 지정 필요 없음
의약품 가격	일반적으로 특허 독점 기간 동안 높은 가격으로 책정	오리지널 의약품 가격의 약 50~80%	안전성 및 효능이 우수해 바이오시밀러 대비 약 20~30% 높음

출처: 프로스트 앤드 설리번Frost&Sullivan

시 화학합성의약품의 개량신약에 비해 개발 난이도가 훨씬 높다. 즉 바이오신약에 준하는 임상시험과 개발 기간이 필요하다.

3. 바이오 기업의 투자 포인트

대부분 적자를 기록하는 바이오 기업이지만, 수천억 원, 수조 원에 달하는 시가총액을 형성하는 이유는 개발하고 있는 신약의 가치 때문이다. 바이오 기업을 평가할 때 파이프라인의 가치를 잘 살펴봐야 하는 이유다. 파이프라인의 가치는 임상시험 단계와 치료제의 시장 규모, 치료제 생산 방식에 따라 결정된다.

1) 치료제의 시장 규모

헬스케어 데이터 전문 기업 아이큐비아IQVIA에 따르면 치료제 시장 규모가 가장 큰 것은 종양, 즉 암 질환이다. 2025년 항암제 시장 규모는 2,730억 달러로 연평균 성장률이 9~12%가량에 달할 것으로 관측된다. 같은 기간 면역계 질환 치료제 시장 규모 역시 1,750억 달러로 항암제 다음가는 규모의 시장을 형성할 것으로 전망된다. 이 밖에 당뇨병 치료제(1,480억 달러), 신경계 질환 치료제(1,430억 달러), 심혈관 질환 치료제(740억 달러) 순으로 치료제 시장 규모가 클 것으로 예상된다. 따라서 투자 관점에서는 시장 규모가 큰 치료제를 개발하는 기업에 주목하는 것이 좋다. 또는 당장은 시장 규모가 크지 않더라도 코로나19 백신처럼 연평균 성장률이 높은 치료제 시장에 속해 있는 기업도 주목해볼 만하다.

한편 항암제라고 해서 무조건 시장 규모가 크다고 볼 수 없다. 사람들이 많이 걸리는 암 질환이 있는 반면, 소수만 걸리는 암 질환도 있기 때문이다. 따라서 실제 바이오 기업에 투자하기 위해서는 구체적으로 어떤 치료제를 만드는지 세세하게 살펴볼 필요가 있다.

| 2025년 글로벌 치료제 시장 규모 상위 15개 분야

순위	치료제	시장 규모 (억 달러)	연평균 성장률 (2021~2025)
1	종양 치료제	2,730	9~12%
2	면역계 질환 치료제	1,750	9~12%
3	당뇨병 치료제	1,480	4~7%
4	신경계 질환 치료제	1,430	3~6%
5	심혈관 질환 치료제	740	1~4%
6	항응고·항혈전제	720	6~9%
7	호흡기관계	680	2~5%
8	진통제	660	3~6%
9	코로나19 백신	460	12~15%
10	인체면역결핍바이러스	430	2~5%
11	위장약	380	5~8%
12	항세균제	280	2~5%
13	눈 관련 치료제	280	3~6%
14	피부 질환 치료제	200	2~5%
15	콜레스테롤 조절제	180	2~5%

출처: 아이큐비아

2) 임상시험 단계

바이오신약을 개발하기 위해서는 사람에게 안전한지, 치료 효과는 있는지 등을 실험하기 위한 임상시험 단계를 거쳐야 한다. 하나의 신약이 개발되기 위해서는 신약 후보 물질 발굴부터 전임상시험, 임상시험(1~3단계), 미국 식품의약청의 승인까지의 절차가 필요하다. 개발 기간은 평균적으로 10년 내외다. 전임상시험

| 임상시험 단계별 성공률

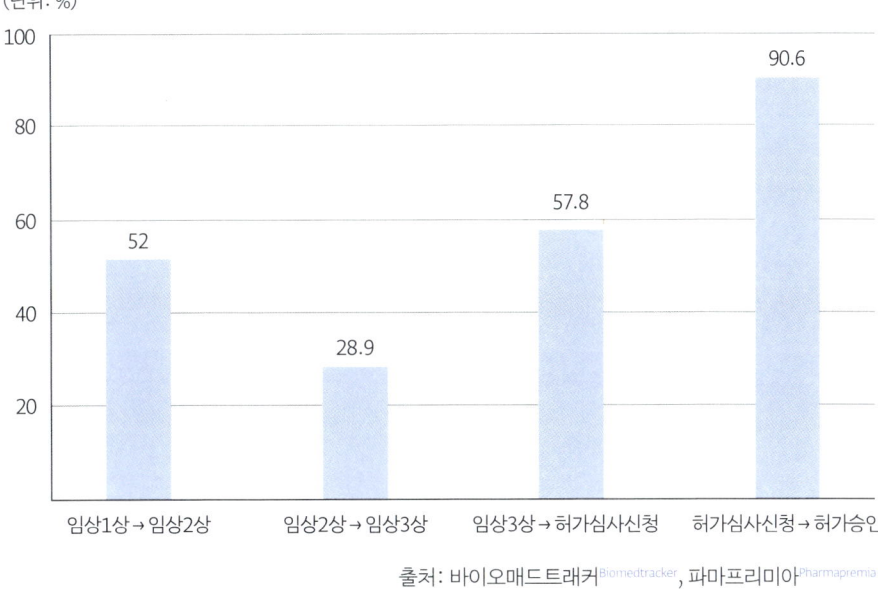

출처: 바이오매드트래커Biomedtracker, 파마프리미아Pharmapremia

은 신약 후보 물질을 사람에 적용하기 앞서 쥐나 원숭이 등 동물에 적용하는 시험이다. 어느 정도의 치료 효과와 안전성이 검증되면 사람을 대상으로 진행하는 임상시험이 진행된다. 개발 중인 신약 후보 물질이 과연 어느 정도 진척되었는지에 따라 바이오 기업의 가치가 달라진다.

   임상시험은 1상, 2상, 3상으로 나눠진다. 임상 1상에서는 일반적으로 신약 후보 물질의 안전성을 테스트한다. 20~100명의 건강한 지원자를 대상으로 시험을 진행하며 성공률은 약 52%다. 치료 효과가 아닌 안전성만 확인하므로 임상 성공률이 높은 편이다. 본격적인 치료 효과 확인은 임상 2상에서 이루어진다. 환자 100~500명을 대상으로 실제 치료 효과가 있는지 입증하는 시험이므로 매우 중요한 단계다. 임상 2상 시험 성공률은 28.9%로 개발 단계 중 가장 낮다. 임상 3상은 대상 환자의 수를 1,000~5,000명까지 늘려 최종적으로 안전성과 치료 효과를 입증하는 단계다. 임상 2상이 성공적으로 마무리되었다면 3상 역시

| 글로벌 헬스케어 관련 콘퍼런스 및 학회

개최 시기(매년)	콘퍼런스 및 학회
1월	JP모건 헬스케어 콘퍼런스
4월	미국암학회 American Association for Cancer Research, AACR
6월	미국임상종양학회 American Society of Clinical Oncology, ASCO
9월	유럽종양학회 European Society for Medical Oncology, ESMO
10월	미국류마티스학회 American College of Rheumatology, ACR
11월	면역항암학회 Society for ImmunoTherapy of Cancer, SITC

* 개최 시기는 연도별로 달라질 수 있음

통과될 가능성이 높다. 임상 3상의 성공률은 57.8%다. 임상 3상이 끝나면 신약 개발사는 미국 식품의약청에 허가심사신청서를 제출하는데, 허가가 승인될 확률은 90% 이상이다.

따라서 임상 2상을 통과하면 바이오신약 기업으로서의 가치가 높아진다. 주가 역시 긍정적으로 반응할 가능성이 매우 높다. 투자 관점에서는 기술력이 있는 바이오 기업 중에서 임상 2상을 진행 중인 기업을 주목하는 것이 좋다.

바이오신약 기업들은 자체적으로 임상시험을 진행하다가 국내·외 대형 제약사에게 **기술이전**◆을 진행하기도 한다. 기술이전 계약은 주로 전임상 단계 및 임상 2상 단계에서 실시된다.

한편 시기별로 신약 개발 기업에 중요한 이벤트가 있다. 미국과 유럽에서 열리는 헬스케어 콘퍼런스와 주요 질병 학회다. 매년 1월에 열리는 JP모건 헬스케어 콘퍼런스는 미국에서 개최되는 제약 바이오 산업계의 최대 행사다. 전 세계

◆ 연구개발로 취득한 권리 또는 기술을 경제적 대가를 받고 양도, 공동연구 등의 방법으로 타 기업에 이전하는 것

헬스케어 기업들과 유수의 기관투자자들이 모여 연구 성과 발표를 하고, 기술이전 계약, 투자 유치 등이 이루어진다. 이 밖에 4월에 열리는 미국암학회, 6월에 개최되는 미국임상종양학회 등 다양한 학회가 존재한다. 해당 콘퍼런스나 학회에 참여하는 기업은 가시적인 연구 성과를 발표할 가능성이 있으니, 투자 관점에서 주목할 필요가 있다.

3) 치료제 생산 방식

얼마나 선진화된 기술을 적용해 치료제를 개발하는지도 알아야 바이오신약 기업의 가치를 더 정확하게 판단할 수 있다. 기업이 항암제를 화학합성 방식으로 개발하는 것보다 세포치료제나 유전자치료제로 구현할 때 더 큰 부가가치를 가진다. 따라서 적응증이나 임상시험 단계가 같더라도 3세대 바이오의약품을 개발하는 기업의 가치가 더 높게 형성될 수 있다.

4) 앞으로 10년, 바이오 기술 트렌드를 주도할 유전자 가위 기술

유전사 가위 기술은 특징 유진자를 자르거나 또는 끌라낸 후 새로운 유전지를 삽입해 교정하는 기술을 말한다. 유전자 가위 기술은 1세대부터 3세대까지 발전한 상태다. '크리스퍼 카스9 CRISPR-Cas9'◆은 가장 진화한 유전자 가위 기술로 유전자 교정을 통한 체세포 유전자 치료나 배아 돌연변이 유전자 교정, 멸종 동물 복원 등에 활용할 수 있다. 다만 최근 부각되는 기술인 만큼 아직 넘어야 할 산이 많다. 학계에 따르면 유전자 가위 기술로 교정할 수 있는 DNA의 범위는 한 번에 하나 정도다. 또한, 단순 유전자 제거 방식은 성공률이 높지만, 교체나 정교한 변형은 성공률이 낮다. 유전자 가위의 분자 크기도 커서 세포 안으로 전달시키기도 힘들다. 현재로서는 체외에서 유전자를 수정한 후 다시 환자에게 주입하

◆ 3세대 유전자 가위 기술로 DNA를 가위 자르듯이 특정 부위를 잘라서 식물, 동물의 육체적인 특징을 바꿀 수 있는 기술

는 방식을 사용한다. 나노입자 등을 활용해 체내 세포 속으로 유전자 가위를 전달하는 기술 개발이 필요한 상황이다.

현재 유전자 가위 기술로 임상을 진행하고 있는 기업은 크리스퍼, 인텔리아^{Intellia}, 에디타스 등이 대표적인 기업이다. 국내에서는 툴젠^{Toolgen}이 유전자 가위 기술 관련 특허를 보유하고 있다.

의약품 인프라

1. 의약품 인프라 산업의 개요와 특징, 성장성

제약 바이오 산업에 속한 대부분의 기업이 의약품을 연구, 개발한다면 몇몇 기업은 이들이 신약을 개발하고 생산하는 것을 돕는다. 구체적으로 신약 개발 기업을 대신해 의약품을 생산하거나 연구개발용역을 제공하며, 연구에 필요한 각종 기자재를 공급하는 기업들이다. 이러한 기업들을 이 책에서는 의약품 인프라 섹터로 분류했다. CMO, CDO, CRO 및 각종 바이오 기자재를 공급하는 기업들이다.

먼저 생산 능력이 부족하거나 생산이 아닌 연구 개발에 집중하고 싶은 신약 개발 기업을 대신해 전문적으로 의약품을 생산하는 것을 의약품위탁생산 Contract Manufacturing Organization, CMO 이라고 한다. CDO Contract Development Organization 는 최적화된 생산 공정을 개발하는 서비스다. 공정 개발 능력이 없는 중소형 제약 바이오 기업을 대상으로 세포주 공정 및 제형 개발 서비스를 제공하는 것이다. CRO Contract Research Organization 는 임상시험수탁기관으로 임상시험을 대행해주는 것을 뜻한다. 신약 개발 기업이 비용 절감을 위해 CRO 기업에 임상시험을 아웃소싱하는 것이다. 정리하면 CMO는 '생산', CDO는 '개발', CRO는 '연구' 대행 서비스다. 세 가지 비즈니스 모델을 한데 묶은 것을 CDMO라 한다.

경영 컨설팅 기업인 프로스트 앤 설리번 Frost&Sullivan에 따르면 글로벌 CDMO 시장은 2021년 기준 128억 달러에서 2025년 203억 달러로 연평균 성장률이 10.1%에 달할 것으로 관측된다. 경쟁력 있는 신약 파이프라인을 확보하기 위해 글로벌 빅파마들은 천문학적인 금액을 M&A에 투자하고 있다. 중소형 바이오 신약 개발사들 역시 연구개발비 지출을 확대하는 상황이다. 이에 따라 비용 절감을 위해 생산은 전문적인 기관에 위탁하는 추세다. 특히 바이오의약품 제조 공정 개발부터 임상시험 및 판매허가신청 등 '끝에서 끝까지 End To End' 모든 서비스를 대행해주는 CDMO 시장이 커지고 있다.

삼성바이오로직스는 CMO 시장에서 생산 능력 1위(4공장 포함 62만 리터)를 차지하고 있다. SK바이오사이언스는 백신 개발에 특화된 CMO 기업으로 아스트라제네카 AstraZeneca와 노바백스 Novavax의 코로나19 백신 생산을 전담하고 있다.

2. 의약품 인프라 산업의 투자 포인트

신약 개발 기업들처럼 CMO, CDO, CRO 기업들도 자체적으로 신약을 개발하기도 하지만, 계약을 맺고 위탁 생산 및 개발, 연구를 진행한다는 점에서 차이점이 있다. 미래 신약 가치가 전부인 신약 개발 기업과는 다르다. 따라서 이들 기업은 주기적으로 글로벌 빅파마들과 공급 계약을 맺는지, 이에 따른 공장 증설 계획이 발표되는지가 중요하다. 중장기적으로는 단순 위탁생산인 CMO보다는 공정 개발을 주도하고 임상 서비스까지 진행해주는 CDMO 사업자로 확장하는 것이 부가가치가 높다. 또한, 3세대 바이오의약품이라고 불리는 세포치료제, 유전자치료제를 생산할 수 있는 역량을 갖추는 것도 중요하다.

건강 기능식품

1. 건강 기능식품 산업의 개요와 특징, 성장성

건강 기능식품은 인체에 유용한 성분이나 원료를 제조, 가공한 식품이다. 보건복지부가 발표한 〈OECD 보건 통계 2019년〉 자료에 따르면 한국인의 기대수명은 82.7년(2017년 기준)으로 일본(84.2년)에 이어 2위다. 그러나 자신이 건강하다고 생각하는 사람의 비율은 29.5%로 OECD 국가 중 가장 낮다. 즉 기대수명은 높지만 건강에 대한 불안감은 크다고 볼 수 있다. 특히 건강 기능식품은 이너뷰티, 피부관리 등 자기관리에 대한 관심이 높아지면서 20~30대 젊은 층의 수요도 늘고 있다. 이러한 이유로 우리나라에서 건강 기능식품 시장은 매년 꾸준히 성장하고 있다. 한국건강기능식품협회에 따르면 2020년 건강 기능식품 시장은 4조 9,805억 원으로 전년 대비 6.6% 성장한 것으로 추정된다. 최근 5년간 건강 기능식품 시장은 연평균 8.8%씩 성장했다.

이처럼 건강 기능식품 산업은 성장성이 높은 산업이지만, 진입장벽이 낮아 수많은 기업이 난립한 상황이다. 〈2020 식품의약품통계연보〉에 따르면 2019년 국내 건강 기능식품 관련 기업은 8만 2,067곳이다. 이 중 판매 기업이 8만 1,559곳으로 99.4%이며, 있고 제조 기업은 508곳으로 0.4%를 차지한다. 기술력과 자본력이 필요한 제조 기업보다는 판매사들이 압도적으로 많다. 제조 기업 역시 연 매

| 가구별 구매 금액 기준 건강 기능식품 시장 규모 추이

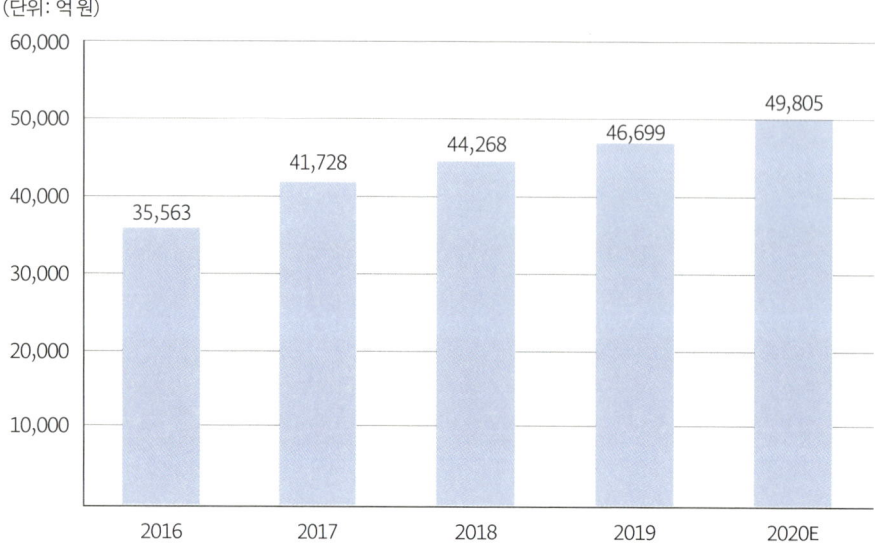

출처: 한국건강 기능식품협회

출 1,000억 원 이상 기업은 5곳(2019년 기준)에 불과하다. 대부분 영세한 기업들이 자리하고 있는 분야다.

현재 시장에서 판매 중인 건강 기능식품의 종류는 350가지가 넘는다. 홍삼, 프로바이오틱스, 비타민이 전체 시장의 60%가량을 차지하고 있다.

2. 건강 기능식품 기업의 투자 포인트

1) 생산 능력

투자 관점에서는 제조 시설을 보유한 기업에 주목할 필요가 있다. 건강 기능식품 판매업은 진입장벽이 낮아 수많은 기업이 난립하는 상황이라 경쟁이 치열하다. 이에 반해 실제 제조를 하는 기업은 소수에 불과하다. 이 중에서 연간 매출 규모가 1,000억 원 이상의 기업이면 더 좋다.

2) 지적재산권과 제조 기술력

다양한 지적재산권 보유 여부는 건강 기능식품 기업의 기술력을 엿볼 수 있는 부분이다. 건강 기능식품의 원료는 고시형 원료와 개별인정형 원료로 구분할 수 있다. 전자는 효능이나 안전성이 검증되어 누구든지 사용할 수 있는 원료다. 고시형 원료로 제조된 건강 기능식품은 전체 시장의 80~90%를 차지하고 있다. 후자는 「건강 기능식품 기능성 원료 및 기준·규격 인정에 관한 규정」에 따라 승인된 원료로 원료를 개발한 기업이 독점적으로 사용할 수 있다(개발사가 지정한 제3자 역시 사용이 가능하다). 개별인정형 원료는 승인 후 6년이 경과하고 해당 원료를 통해 생산된 품목제조신고가 50건 이상이면 고시형 원료로 전환된다. 이런 특성을 고려했을 때 자체적으로 개발한 개별인정형 원료가 많은 기업은 연구개발 역량이 좋다고 볼 수 있다.

건강 기능식품 기업 중에서 프로바이오틱스, 마이크로바이옴 등의 미생물을 통해 바이오신약 개발에 나서는 사례도 있다. 신약 개발이 성공적으로 진척될 경우 바이오신약 기업으로써 재평가를 받을 수 있으므로 어떤 파이프라인을 갖고 있는지 살펴볼 필요가 있다.

3) 해외 진출

내수 시장을 탈피해 수출을 확대하는 기업도 눈여겨볼 만하다. 건강 기능식품 내수 시장은 기술력, 브랜드 파워보단 판매, 마케팅 경쟁으로 치닫고 있다. 과거 건강 기능식품 상장사들의 PER은 20~30배를 형성했으나, 최근 20배 미만으로 낮아졌는데 바로 이런 이유 때문이라고 볼 수 있다. 이런 상황에서 해외 시장을 성공적으로 개척한 기업이 나타난다면 주가 차별화가 나타날 수 있다.

동물의약품

1. 동물의약품 산업의 개요와 특징

동물의약품은 동물에게 투여하는 의약품이다. 구체적으로 소, 돼지, 닭 등 축산 농가에서 기르는 가축들에게 급여하는 사료 첨가제, 질병 예방과 치료를 위한 주사제 및 분말제, 액상제 등이 대표적이다. 동물의약품의 주 수요처가 축산 농가에서 기르는 가축인 만큼, 동물의약품 산업은 축산업과 밀접한 관련이 있다. 2015년부터 2020년까지 최근 5년간 사육하는 육우(젖소 제외를 제외한 소)의 수는 연평균 3.1%, 돼지는 2.2%, 닭은 1.1% 늘었다. 인구가 늘거나 1인당 육류 소비가 커지지 않는 이상 앞으로도 축산 농가에서 기르는 가축의 수는 지금과 비슷할 것으로 보인다. 이러한 이유로 동물의약품 시장의 양적 성장 역시 제한적일 것으로 전망된다.

2021년 6월 기준 동물의약품 기업은 총 862곳이며, 이 중에서 470곳이 제조 기업, 나머지 392곳이 수입 기업이다. 현재 동물의약품은 중소기업 고유업종으로 지정되어 있다. 일부 동물의약품의 원료나 고도의 기술력을 필요로 하는 제품 개발에 한해서만 대기업의 참여가 가능한 상황이다.

동물의약품의 소비처는 유통 채널별로 크게 사료 기업과 축산 농가로 구분할 수 있다. 사료 기업은 제조사에서 직접 공급하는 데 반해, 축산 농가는 약사가

| 가축별 사육가구 및 마릿수 추이

(단위: 1,000마리)

구분	2015	2020	연평균 성장률
육우	2,909	3,396	3.1%
젖소	428	408	-1.0%
돼지	10,187	11,365	2.2%
닭	164,131	173,312	1.1%

출처: 〈가축동향조사〉, 통계청 국가통계포털

운영하는 동물의약품 전문판매점이나 수의사가 운영하는 가축병원에서 공급된다. 유통 채널별 수익성은 전문판매점이나 동물병원이 더 높다.

2. 동물의약품 기업의 투자 포인트

동물의약품 시장의 양적 성장은 둔화된 반면, 질적 성장은 진행 중이다. 과거 '돼지 목살 항생제' 논란이 일어났던 적이 있다. 돼지의 목에 항생제 주사를 놓기 때문에 돼지의 목살에 항생제가 축적된다는 논란이었다. 유언비어로 밝혀졌지만, 항생제를 맞은 돼지에 대한 부정적 인식이 소비자들에게 자리 잡힌 계기가 되었다. 이후 항생제의 대체재 역할을 할 수 있는 백신 위주의 생물학적제제 수요가 늘고 있다. 또한 구제역, 아프리카돼지열병, 조류독감 등 주기적으로 발생하는 전염병도 예방차원의 동물의약품 시장 확대를 촉진하고 있다.

반려동물 시장 확대 역시 동물의약품 기업들에 또 하나의 기회다. 농립축산식품부에 따르면 반려동물과 함께 사는 사람을 뜻하는 '펫팸족$^{Pet+Family}$'이 2019년 1,500만 명으로 전년 대비 500만 명 늘었다. 우리나라 국민 4명 중 1명이 반려동물과 함께 생활하는 것이다. 한국농촌경제연구원 조사에 따르면 국내 반려동물 연관 산업은 2015년 1조 8,894억 원에서 2017년 2조 332억 원, 2027년에는 무려 6조 원까지 성장할 것으로 전망된다. 동물의약품 기업들이 성장하는 반려동물 동물의약품 시장에 성공적으로 진출한다면 주가 차별화가 나타날 가능성이 있다.

한편 동물의약품 기업들은 전염병 이벤트가 발생하면 주가가 급등하는 경향이 있다. 동물의약품 치료제, 백신 수요가 늘어날 것이라는 기대감 때문이다. 다만 현재로서는 발병 가능성을 염두에 두고 백신을 미리 접종하는 상황이며, 막상 전염병에 걸렸다면 이렇다 할 치료제도 없는 상황이다. 따라서 전염병이 유행한다고 동물의약품 기업들의 실적이 좋아지는 것은 아니다. 그럼에도 주가에 영향을 주는 이벤트이니 투자자 입장에서는 알아둘 필요가 있다.

시가총액 상위 기업의 투자 지표

- 실적 및 투자 지표: 2022년 3분기 연환산 기준
- 배당수익률: 2021년 주당 배당금/2022.11.30 기준 주가
- 시가총액: 2022.11.30 기준

(단위: 억 원, 배)

기업명	매출액	영업이익	순이익	PER	PBR	ROE	배당수익률	시가총액
삼성바이오로직스	24,801	7,997	5,075	124.4	7.33	5.9%	0.0%	631,313
셀트리온	23,952	7,686	5,935	41.8	6.04	14.5%	0.4%	247,817
셀트리온헬스케어	20,369	2,614	2,371	43.4	4.69	10.8%	0.4%	102,858
SK바이오사이언스	7,673	3,602	2,787	22.8	3.72	16.3%	0.0%	63,577
SK바이오팜	4,141	476	-484	-119.0	15.07	-12.7%	0.0%	57,639
유한양행	17,493	233	747	57.3	2.23	3.9%	0.7%	42,767
한미약품	13,309	1,620	808	39.9	3.68	9.2%	0.2%	32,211
셀트리온제약	4,215	406	249	100.8	7.16	7.1%	0.0%	25,072
알테오젠	348	-173	41	459.2	12.32	2.7%	0.0%	18,882
대웅제약	12,553	1,081	823	20.8	2.71	13.1%	0.4%	17,090
녹십자	17,021	897	1,085	13.9	1.14	8.2%	1.6%	15,076
에스티팜	2,007	80	110	130.9	4.31	3.3%	0.7%	14,370
휴젤	2,572	911	595	23.8	1.76	7.4%	0.0%	14,157
케어젠	650	302	257	46.0	5.64	12.3%	2.1%	11,828
에이비엘바이오	53	-523	-436	-26.5	20.66	-77.8%	0.0%	11,559
신풍제약	2,002	-329	-298	-38.5	3.39	-8.8%	0.0%	11,471
HK이노엔	8,396	614	449	24.2	0.94	3.9%	0.8%	10,883
일동제약	6,285	-688	-1,814	-5.7	4.43	-78.0%	0.0%	10,292
삼천당제약	1,765	102	-2	-5,158.4	5.70	-0.1%	0.0%	10,234
HLB생명과학	876	-215	-567	-17.8	3.42	-19.2%	0.0%	10,103

제약과 바이오

건강 기능식품
- 비엘팜텍
- 팜스빌
- 비피도
- 휴럼
- 네오크레마
- 씨케이에이치
- 에이치피오
- 알피바이오
- 프롬바이오
- 콜마비앤에이치
- 서흥
- 노바렉스
- 뉴트리
- 에이치엘사이언스
- 코스맥스엔비티
- 쎌바이오텍
- 코스맥스비티아이

동물의약품
- 코미팜
- 씨티씨바이오
- 옵티팜
- 중앙백신
- 이글벳
- 제일바이오
- 우진비앤지
- 대성미생물
- 진바이오텍
- 전진바이오팜
- 애드바이오텍

의약품 인프라

기자재
- 골드퍼시픽
- 제넨바이오
- 서린바이오
- 일신바이오
- 지더블유바이텍
- 대한과학
- 얼라인드

CDMO
- 삼성바이오로직스
- SK바이오사이언스
- 프레스티지바이오로직스
- 바이넥스
- 팬젠

CRO
- 켐온
- 노터스
- 바이오톡스텍
- 에이디엠코리아
- 드림씨아이에스
- 우정바이오
- 씨엔알리서치
- 디티앤씨알오

바이오

기타 바이오의약품
- 인트론바이오
- 크리스탈지노믹스
- 큐리언트
- 내츄럴엔도텍
- 신테카바이오

마이크로바이옴
- 지놈앤컴퍼니
- 고바이오랩
- 제노포커스
- 프로스테믹스

바이오마커
- 에이비온
- 싸이토젠

바이오베터
- 아이진

바이오소재
- 아미코젠
- 펩트론
- 오리엔트바이오
- 애니젠

바이오시밀러
- 셀트리온
- 셀트리온헬스케어
- 선바이오

백신
- HLB테라퓨틱스
- 유바이오로직스
- 진원생명과학
- 셀리드
- 비엘
- 차백신연구소

보톡스와 필러
- 한국비엔씨
- 휴젤
- 메디톡스
- 파마리서치
- 케어젠
- 제테마
- 휴메딕스
- 서울리거
- 바이오플러스

세포치료제
- 차바이오텍
- 지씨셀
- 네오이뮨텍
- 파미셀
- 엔케이맥스
- 안트로젠
- 유틸렉스
- 메디포스트
- 바이젠셀
- 코아스템
- 에스씨엠생명과학
- 테고사이언스
- 바이오솔루션
- 강스템바이오텍
- 바이오에프디엔씨
- 박셀바이오

유전자가위
- 툴젠

유전자치료제
- 제넥신
- 신라젠
- 헬릭스미스
- 올릭스
- 코오롱티슈진

플랫폼
- 알테오젠
- 셀리버리
- 압타머사이언스
- 샤페론
- 인벤티지랩

항체의약품
- 프레스티지바이오파마
- 메드팩토
- 레고켐바이오
- 압타바이오
- 에이비엘바이오
- 이수앱지스
- 앱클론
- 파멥신
- 에이프릴바이오

제약과 바이오

제약

전문의약품

- 유한양행
- 녹십자
- 한미약품
- 신풍제약
- 에스티팜
- 부광약품
- 종근당
- 보령
- 이연제약
- 영진약품
- 한국파마
- 휴온스
- 일양약품
- 제일약품
- 큐라클
- 삼성제약
- 광동제약
- 대원제약
- 하나제약
- 환인제약
- 한독
- 삼진제약
- 경동제약
- 퓨쳐켐
- 일성신약
- 대화제약
- 현대약품
- JW신약
- 대한약품
- 명문제약
- 신일제약
- 삼아제약
- 대한뉴팜
- 안국약품
- 유유제약
- 국제약품
- 신신제약
- 브릿지바이오테라퓨틱스
- 삼일제약
- 고려제약
- 진양제약
- 서울제약
- 지엘팜텍
- 보로노이
- 아이큐어
- HK이노엔
- CMG제약
- HLB제약
- 텔콘RF제약
- SK바이오팜
- 셀트리온제약
- HLB생명과학
- 한올바이오파마
- 삼천당제약
- 유나이티드제약
- 동아에스티
- JW중외제약
- 티움바이오
- 에이프로젠제약
- 카이노스메드
- JW생명과학
- 비보존 제약
- 농구바이오제약
- 테라젠이텍스
- 녹십자웰빙
- 알리코제약
- 위더스제약
- 팜젠사이언스
- 비씨월드제약
- 옵투스제약
- 에이프로젠 H&G
- 한국유니온제약
- 더블유에스아이

원료의약품

- 엔지켐생명과학
- 국전약품
- 경보제약
- 종근당바이오
- 아미노로직스
- 화일약품
- 에스텍파마
- KPX생명과학
- 하이텍팜
- 코오롱생명과학

의약품유통

- 초록뱀헬스케어

일반의약품

- 대웅제약
- 동국제약
- 동화약품
- 일동제약
- 동성제약
- 경남제약
- 조아제약

2장

기초 소재와 산업재

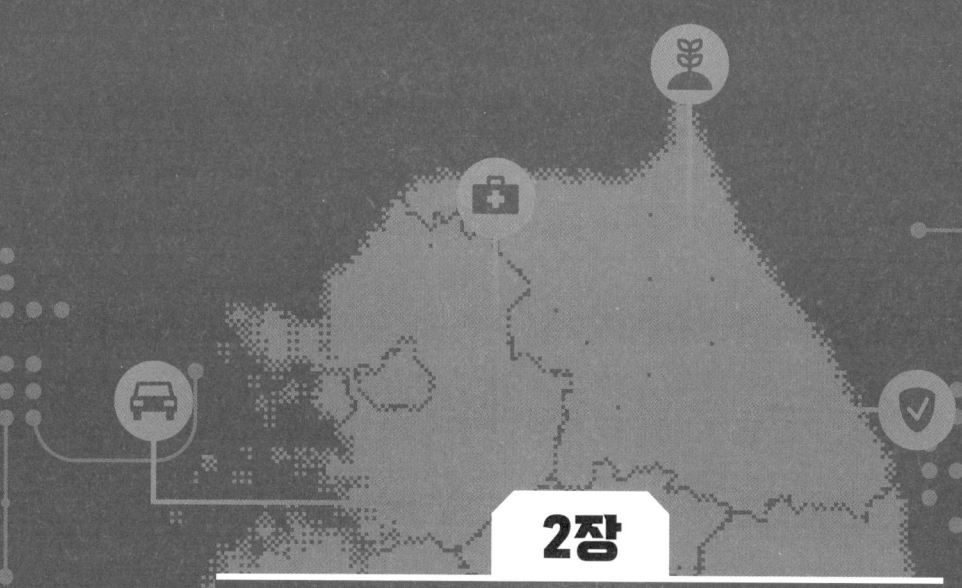
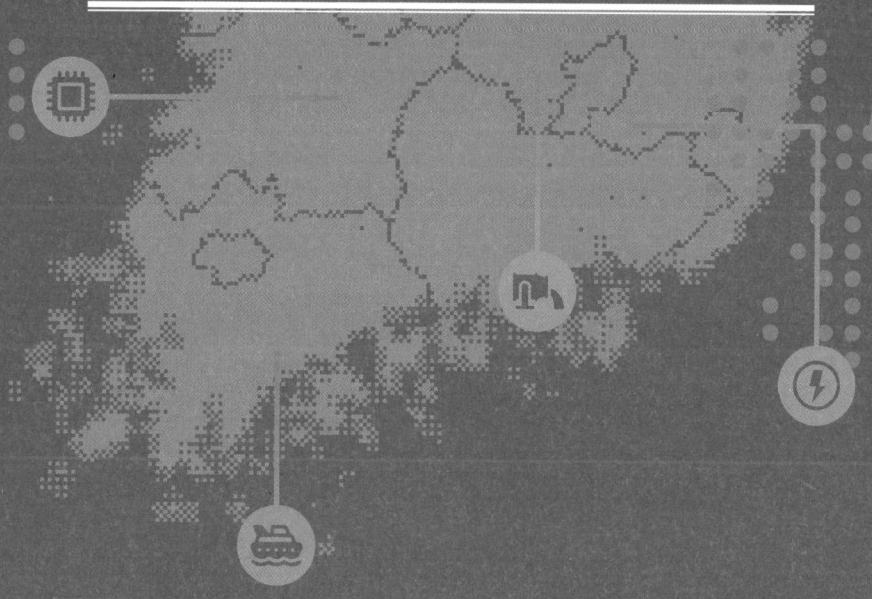

정유와 화학

우리 몸의 70%는 수분으로 이루어져 있다. 그렇다면 우리가 걸치고 있는 것의 대부분은 무엇으로 이루어져 있을까? 바로 석유화학 제품이다. 스마트폰, 의류, 신발, 가방, 지갑 심지어 신용카드까지 우리가 사용하는 품목에 석유화학 제품이 아닌 게 거의 없을 정도다.

석유화학 제품의 기초 소재는 원유를 분류해 생성된 나프타다. 원유를 분별 증류하면 나프타뿐만 아니라 휘발유, 경유, 등유가 나온다. 이렇게 원유를 가공해 다양한 소재 및 연료를 생상하는 것을 정유精油 산업이라고 한다. 이 책에서 기술한 정유와 (석유)화학 산업은 원유를 정제하고 분류해 다양한 에너지 및 각종 석유화학 제품을 만드는 산업으로 볼 수 있다.

정유와 화학 산업에 속한 기업은 총 76곳으로 주식 시장에서 차지하는 비중은 5.3%다. 석유화학 제품은 일상생활의 기초 소재로 전 세계 경기 흐름과 동행하며 시장 사이클의 진폭이 크다. 석유화학 제품은 이미 우리 생활에 없어서는 안 될 필수 제품이 된 만큼 산업 역시 성숙기에 접어든 지 오래다. 또한 경기에 매우 민감한 전형적인 시클리컬 산업이다.

정유와 화학 산업은 크게 정유와 화학 섹터로 구분된다. 땅 속이나 해저에서 시추한 원유를 정제하고 분별하는 영역을 정유, 이를 통해 나온 나프타를 통해 다양한 파생 제품을 만드는 영역을 화학으로 볼 수 있다. 다만 두 섹터가 완전히 구분되는 영역은 아니다. 정유 산업 역시 기초 화학 소재를 생산하기 때문이다.

투자 관점에서는 수요와 공급에 따른 가격이 중요하다. 산업의 형태가 원유 – 나프타 – 기초유분 – 중간원료 – 합성수지 등 기타 화학 제품으로 이어지는 꼬리에 꼬리를 무는 밸류체인으로 형성되어 있기 때문이다. 누군가에게는 제품이고, 누군가에게 원재료로 사용된다. 따라서 제품 가격과 원재료 가격의 차이에 따라 밸류체인상에 위치해 있는 기업들은 손익이 크게 개선되기도, 나빠지기도 한다. 투자자는 투자하는 기업이 밸류체인상 어디에 위치해 있는지, 제품 가격과 원재료 가격의 차이, 즉 스프레드가 어떤 상황인지 알고 투자해야 한다.

정유와 화학

1. 정유와 화학 산업의 개요와 특징

2020년 기준 우리나라는 981만 6,000톤의 에틸렌을 생산해 글로벌 석유화학 시장 4위(점유율 5.1%)를 차지하고 있다. 미국이 20.6%로 1위며, 중국이 16.6%로 그 뒤를 잇고 있다. 산유국인 사우디가 9.1%로 3위다. 우리나라는 기름 한 방울 나지 않는 나라지만, 1970년도부터 정부 주도로 화학 산업을 적극 육성함에 따라 석유화학 강국이 되었다. 2019년 기준 정유와 화학 산업의 총생산액이 약 95조 원으로 국내 제조업 중에서 5위이며, 2020년 기준 수출액이 약 356억 달러로 반도체, 자동차, 일반기계에 이어 4번째로 큰 규모다. 석유화학 제품은 '산업의 쌀'로 불릴 만큼 정유와 화학은 필수 산업임과 동시에 우리나라에 있어서 중요한 기간 산업인 셈이다.

석유화학 제품은 우리의 필수 제품으로 자리 잡았지만 정유와 화학 산업은 경기에 민감하게 반응하는 전형적인 시클리컬 산업이다. 필수 제품인데 경기에 민감하다니 앞뒤가 맞지 않는 것 같다. 이는 정유와 화학 산업이 대규모 장치 산업이기 때문이다. 경기가 좋아지면 석유화학 제품 수요가 늘면서 공급 부족 현상이 발생한다. 이 경우 당연히 화학 기업들은 공급을 늘리기 위해 생산 능력을 확대한다. 일반적으로 화학 기업들의 생산 능력 확대는 여러 기업에서 동시

| 정유와 화학 산업 사이클

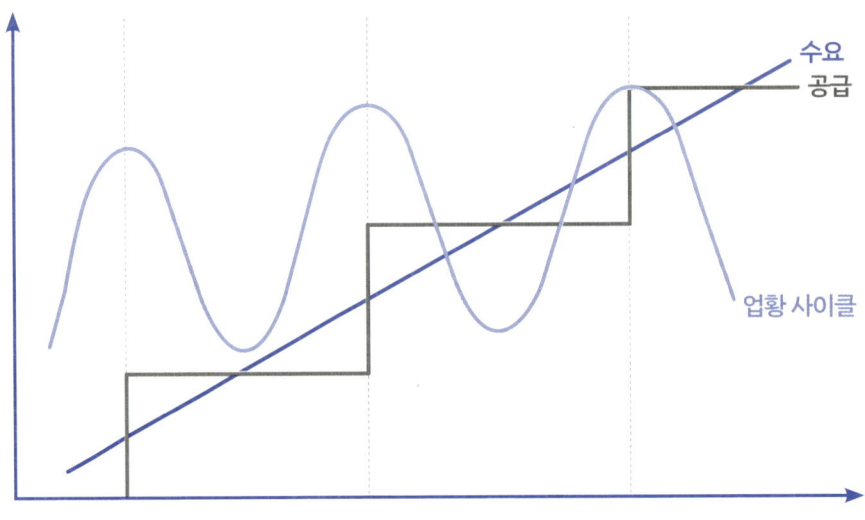

출처: 대신증권

다발적으로 이루어진다. 업황도 좋은데 경쟁 기업이 증설을 하는 것을 보고만 있을 수는 없기 때문이다. 통상 석유화학단지를 조성하기 위해서는 5조 원가량의 설비 투자 금액이 필요하며 시일도 꽤 소요되기 마련이다.

그러나 경기가 영원히 좋을 수는 없다. 증설이 완료될 때쯤 경기가 정점에 달하고 하락하는 국면으로 접어든다. 생산 능력을 확충한 화학 기업들은 공급량을 쏟아내기 시작한다. 결국 수요보다 공급이 많아지며 석유화학제품 가격은 하락하게 된다. 업황에 따라 화학 기업의 손익 변동이 커지는 이유다.

정리하면 정유와 화학 산업은 다음과 같은 사이클을 반복한다. 경기 확장하며 '수요 증가 → 공급 부족으로 제품 가격이 오르며 업황 호조 → 화학 기업들의 증설 → 경기 침체에 따른 수요 감소 → 공급과잉'으로 업황 둔화의 사이클이다. 따라서 화학 기업 투자자는 업황이 부진할 때 매수하고 업황이 최고조에 달할 때 매도하는 기민함이 필요하다.

2. 정유와 화학 산업의 밸류체인

정유는 유전에서 추출한 원유를 실제 사용할 수 있도록 정제하고 각종 연료, 소재들을 추출하는 것을 말한다. 구체적으로는 세 가지 과정으로 이루어지는데, 끓는점을 이용해 분리하는 과정은 '분별 증류', 불순물 제거 등 품질을 향상시키는 과정은 '정제', 각 유분을 제품별로 섞거나 첨가제를 넣는 과정은 '배합'이다. 끓는점이 낮은 순서대로 액화석유가스, 휘발유, 나프타(또는 납사), 항공유, 등유, 경유, 중유, 아스팔트 순으로 분리된다.

휘발유, LPG, 경유 등은 각종 산업현장이나 운송 수단의 주요 원료로 사용되며 나프타는 석유화학 산업의 핵심 소재로 활용된다. 나프타를 통해 다양한

| 석유화학 제품 제조 과정에 따른 품목 분류

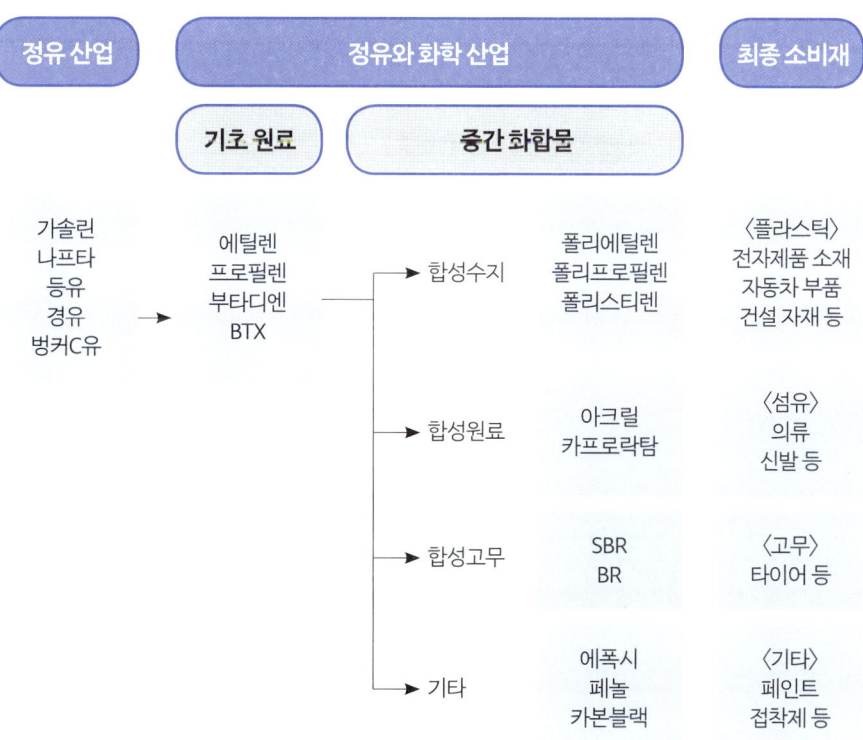

석유화학 제품을 생산하기 위해서는 나프타를 분해하는 설비인 NCC$^{Naphtha\ Cracking\ Center}$가 필요하다. NCC에 나프타를 넣고 분해 후 정제하면 에틸렌, 프로필렌 등 기초유분이 생산된다. 한국석유화학협회에 따르면 NCC에서 생산되는 종류별 기초 유분 비중은 에틸렌 31%, 프로필렌 16%, C4유분(부타디엔 원료) 10%, RPG(벤젠, 톨루엔, 자일렌의 원료) 14%, 메탄이나 수소, LPG 등 기타제품이 29%다.

에틸렌과 프로필렌은 기초유분 중 생산량이 가장 많은 품목으로 유도품 생산 공정을 통해 중간원료뿐만 아니라 합성수지, 합섬원료 등을 생산할 수 있다. C4 유분은 정제 과정을 거쳐 부타디엔이 되는데, 합성고무의 소재로 사용된다. RPG 역시 추가 추출 및 정제를 통해 방향족계인 벤젠, 톨루엔, 자일렌을 생산한다. 이들 제품은 각종 추출 과정을 거쳐 중간 제품으로 만들어진 후 최종적으로 합성수지, 합성원료로 사용된다.

3. 정유와 화학 산업의 투자 포인트

1) 가격

정유와 화학 산업은 성숙기에 진입한 지 오래이며, 글로벌 경제 흐름과 유사하게 성장한다. 따라서 수요와 공급의 불일치에서 발생하는 가격 변동이 무엇보다 중요한 투자 포인트다. 먼저 정유 기업과 화학 기업을 구분해서 볼 필요가 있다. 정유 기업은 국제 유가가 오르는 구간에서 수익성이 개선된다. 정유 기업은 원유를 들여와 정제 과정을 거친 후 생성된 제품을 판매하는데, 시세는 국제 유가와 연동된다. 통상 원재료를 매입해 정제 후 되팔기까지 2개월가량의 시간이 소요된다. 이 기간에 유가가 배럴 당 50달러에서 100달러까지 올랐다고 가정하면, 정유 기업 입장에서는 50달러에 매입한 원유가 팔 때는 100달러까지 올랐으니 가만히 앉아서 돈을 벌게 된 것이다. 이를 래깅^{Lagging} 효과라고 한다.

물론 국제 유가의 방향성만 정유사 수익에 영향을 주는 것은 아니다. 정유 기업은 원유를 정제하는 대가로 석유에 정제마진을 붙여 판매한다. 정제마진은 석유 제품 수요가 많고 적음에 따라 결정되니 결국 업황을 반영한다고 볼 수 있다. 통상 정제마진과 국제 유가의 방향은 같이 움직이는 경우가 많다.

화학 기업은 정유 기업과 다소 반대의 모습을 보인다. 국제 유가가 오르면 원재료인 나프타 가격도 오를 수 있기 때문이다. 물론 기초유분, 중간 제품 등도 함께 오르면 상관없지만, 그렇지 않다면 제품 가격과 원재료 가격의 스프레드가 축소되어 이익이 감소한다. 가장 이상적인 시나리오는 국제 유가가 하락한 상황에서 경기 회복으로 석유화학 제품 수요가 늘어나 가격이 상승하는 상황이다.

화학 밸류체인은 기초유분 - 중간 제품 - 합성수지 등으로 이어지기 때문에 기업마다 상이한 업황을 보인다. 최종 수요처에 따라 에틸렌 업황은 좋지만, 프로필렌 업황은 부진할 수도 있다. 따라서 투자자는 자신이 투자하는 기업이 어느 밸류체인에 속해 있는지, 원재료는 무엇이고 제품은 무엇인지 확인해 봐야 한다.

2) 경쟁사들의 증설

앞서 정유와 화학 산업은 경기 사이클을 두고 수요와 공급의 불일치가 주기적으로 발생한다고 했다. 공급에 영향을 주는 요인은 글로벌 화학 기업들의 증설이다. 따라서 대규모 증설 계획이 있다면 공급과잉 우려를 불러일으킬 수 있으므로 주의해야 한다. 반대로 수요가 회복되어 제품 가격이 오르는 상황에서도 증설 이슈가 없다면 최고의 투자 환경으로 볼 수 있다. 이처럼 정유 기업이나 화학 기업들은 사이클에 따라 실적의 등락이 발생하고 기업의 주가 역시 궤를 같이하므로 투자 관점에서는 장기 투자보다는 사이클 하단에서 매수하고 상단에서 매도하는 전략이 유효하다.

3) 친환경

정유와 화학 산업은 시클리컬 산업으로 여겨지지만, 장기 투자 포인트도 존재한다. 바로 폐플라스틱을 활용한 친환경 사업이다. 글로벌 시장 조사 기관 리서치앤드마켓에 따르면 전 세계 플라스틱 재활용 산업 시장은 2021년 약 455억 달러에서 2026년 약 650억 달러로 연평균 성장률이 7.5%에 달할 전망이다. 플라스틱은 환경 오염의 주범이므로 이를 감축하기 위한 노력은 지속될 수밖에 없다. 스타벅스에서 플라스틱 대신 종이 빨대를 사용하거나 커피전문점 매장에 머물 경우 의무적으로 머그잔을 쓰는 것이 대표적인 사례다.

EU에서는 2021년 7월 3일부터 플라스틱 제품의 유통 및 판매가 금지되고, 라벨링 및 생산자 책임이 강화된다. 또한 페트병은 2025년부터 생산 과정 내 재활용 원료 비율을 의무적으로 25% 이상 함유해야 한다. 포장재 플라스틱의 경우 재활용 비중을 2025년에는 50%, 2030년에는 55%까지 높일 계획이다.

국내 주요 기업의 플라스틱 재활용 사업 관련 현황

기업명	플라스틱 재활용 전략
LG화학	미국 곡물 기업과 협업체 바이오 플라스틱 Poly Lactic Acid, PLA 연 7만 5,000톤 생산
롯데케미칼	화학적 재활용 페트 2030년까지 연 34만 톤 생산
한화솔루션	바다에서 스스로 분해되는 폴리에스테르계 소재 개발 중
코오롱인더스트리	스위스 기업과 리사이클 페트 rPET 칩 제조 사업 진출
삼양사	옥수수 전분 소재 플라스틱 개발
SK지오센트릭	폐플라스틱에서 열분해유 추출해 도시유전화
현대엔지니어링	폐플라스틱으로 고순도 청정수소 생산
GS칼텍스	폐플라스틱 열분해유를 석유 정제 공정에 투입

출처: 각 언론사 취합

글로벌 플라스틱 재활용 흐름에 따라 국내 화학 기업들 역시 팔을 걷어붙였다. 따라서 플라스틱 재활용 분야에서 신소재 개발 등 기술력이 있는 기업은 기업가치를 크게 평가받을 수 있을 것으로 보인다.

시가총액 상위 기업의 투자 지표

- 실적 및 투자 지표: 2022년 3분기 연환산 기준
- 배당수익률: 2021년 주당 배당금/2022.11.30 기준 주가
- 시가총액: 2022.11.30 기준

(단위: 억 원, 배)

기업명	매출액	영업이익	순이익	PER	PBR	ROE	배당수익률	시가총액
LG화학	489,613	35,528	22,246	23.5	1.61	6.8%	1.6%	522,383
SK이노베이션	731,032	48,089	22,131	7.5	0.79	10.5%	0.0%	165,513
S-Oil	401,432	39,569	21,640	4.5	1.19	26.2%	4.4%	98,172
롯데케미칼	219,384	-3,331	2,203	28.5	0.42	1.5%	4.5%	62,895
GS	276,354	49,397	22,209	2.0	0.36	17.9%	4.1%	45,157
금호석유	85,021	14,488	11,731	3.7	0.80	21.4%	6.7%	43,825
효성첨단소재	39,923	3,615	1,811	9.7	2.39	24.6%	2.5%	17,629
금양	2,161	149	154	110.0	10.07	9.2%	0.0%	16,922
롯데정밀화학	24,897	4,452	3,072	5.2	0.72	13.8%	3.7%	16,125
효성티앤씨	95,193	5,227	1,522	10.2	1.19	11.7%	14.0%	15,450
SK케미칼	20,997	4,787	2,103	7.3	0.74	10.2%	3.4%	15,321
코오롱인더	51,808	2,061	1,654	7.6	0.49	6.4%	2.8%	12,631
대한유화	25,450	-1,203	-753	-13.9	0.54	-3.9%	2.2%	10,498
TKG휴켐스	11,761	1,224	908	9.7	1.19	12.3%	4.7%	8,789
태광산업	28,116	37	656	12.6	0.22	1.7%	0.2%	8,239
코스모화학	6,468	448	107	75.1	3.79	5.0%	0.0%	8,052
미원에스씨	6,172	912	816	9.3	2.01	21.6%	1.4%	7,625
유니드	15,166	1,972	1,434	4.6	0.59	12.6%	1.7%	6,666
이수화학	20,555	737	572	11.6	2.17	18.7%	2.1%	6,654
애경케미칼	21,602	1,010	774	6.1	0.63	10.3%	5.7%	4,699

정유와 화학

정유

석유유통
- 이아이디
- 중앙에너비스
- 대성산업
- 흥구석유
- 위즈코프
- 바이온
- 극동유화
- 세기상사

윤활유
- 한국쉘석유
- 미창석유

정유사
- SK이노베이션
- GS
- S-Oil

화학

기타 화학제품
- 한일화학
- 케이피엠테크
- 롯데정밀화학
- 대정화금
- 유니드
- 태경케미컬
- 코스모화학
- 원익큐브
- 송원산업
- 씨큐브
- 엠투엔
- 오공
- 경인양행
- 나노브릭
- 삼영무역
- 나노
- 백광산업
- 이화산업
- 한농화성
- 나노캠텍

합섬원료
- 효성티앤씨
- 휴비스
- 성안
- 레몬
- 태광산업
- 대한화섬
- 티케이케미칼
- 원풍

합성고무
- 금호석유
- 효성첨단소재

합성수지
- 와이오엠
- HRS
- 아셈스
- SH 에너지화학
- SK케미칼
- 영보화학
- 코오롱인더
- 웹스
- 효성화학
- 세우글로벌
- 미원에스씨
- WISCOM
- 국도화학
- 케이디켐
- 코오롱플라스틱
- 진양화학
- 미원홀딩스
- 엔피케이
- 금양
- 진양폴리

합성원료
- TKG휴켐스
- 그린케미칼
- 이수화학
- 동남합성
- 애경케미칼
- 카프로
- KPX케미칼
- 미원화학
- 동성케미컬
- 진양산업

NCC
- LG화학
- 대한유화
- 롯데케미칼

철강과 광물

금속은 단단하고 광택이 있으며 열과 전기가 잘 통하는 물질이다. 금속은 일반적으로 철과 철이 아닌 금속(비철금속)으로 구분한다. 철은 전자기기, 조선, 건설, 가전, 기계, 전선 등 우리 생활에서 안 쓰이는 곳이 없다. 철 외에도 중요한 금속이 있다. 구리, 알루미늄, 아연 등이 대표적이다. 철만큼은 아니지만 다양한 산업에서 핵심 소재로 두루 사용되고 있다. 최근에는 전기차 시장이 급격히 성장하면서 투자 관점에서는 철보다는 리튬, 니켈 등 비철금속이 더 중요해지고 있다.

철강과 광물 산업에 속한 기업은 총 86곳으로 주식 시장에서 차지하는 비중은 2.9%다. 2000년대 세계무역기구 World Trade Organization, WTO에 가입한 중국은 저렴한 인건비와 정부의 보조금을 바탕으로 글로벌 철강 제조 공장으로 부각되었다. 그러나 성장률이 둔화되면서 그간 구축한 설비는 애물단지가 되었고 글로벌 철강 제품 공급과잉을 일으켰다. 이러한 현상 때문에 철강 가격이 구조적으로 약세를 보이며 글로벌 철강 산업이 침체되었다. 철강, 비철금속 기업들은 성장의 돌파구를 2차전지 소재에서 찾고 있다. 리튬, 니켈 등 배터리 소재에 사용되는 금속과 관련한 자원개발 사업에 투자하거나 직접 배터리 소재 사업에 진출하고 있다. 이미 성숙기 산업에 진입한 철강, 비철금속 기업이 2차전지 성장주로 탈바꿈한다면 시장에서 재평가가 이루어질 수 있는 만큼 투자자는 이런 기업을 잘 찾아볼 필요가 있다.

철강과 광물 산업은 다시 철강(제철, 철강제품, 철강공정소재), 비철금속, 상사로 구분된다. 철강은 철광석을 수입해 철강 제품을 제조하거나 생산 과정에서 필요한 소재를 만드는 기업, 고로 및 전기로 기업이 생산한 반제품을 전방 산업에 맞게 다양한 용도로 가공하는 기업이 포함된다. 비철금속은 정광을 수입해 각종 비철금속을 정련, 제련하는 기업과 비철금속 반제품을 가공하는 기업이 속한다. 상사는 광물 등 각종 원자재 및 상품 등을 수입하는 기업이 속한다.

철강

1. 철강 산업의 개요

철강 산업은 대규모 설비 투자가 요구되는 장치 산업이다. 특히 철광석을 녹여 철강 제품을 만드는 제강 기업인 POSCO홀딩스의 연간 자본적지출 금액만 하더라도 3조 원에 달한다. 매년 수조 원의 설비 투자가 필요한 만큼 진입장벽이 높아 일부 대기업들만 철강 산업에 진출한 상황이다. 게다가 장치 산업이기 때문에 대규모 설비에서 발생하는 감가상각비 같은 비용이 상당하다. 특히 철광석을 녹이는 고로 설비의 경우, 가동을 시작하면 15~20년간 수명이 다할 때까지 멈추지 않고 운영된다. 설비 점검을 위한 일시적 가동 중단을 제외하고 고로가 멈추어 있는 시간이 4~5일 이상 지속되면 쇳물이 굳어 버리기 때문이다. 이 경우 고로를 재가동하는 데에만 3~6개월이 소요된다. 달리 말하면 제강 기업은 철강 수요가 적을 때도 고로를 계속 가동해야 하는 운명이다. 수요에 탄력적으로 대응하지 못하기 때문에 철강 제품 가격 변동성이 커질 수밖에 없다. 이러한 점이 철산 산업이 경기에 민감하게 반응하는 이유다.

글로벌 철강 산업은 성숙기에 진입해 세계 경제 성장률과 비슷한 흐름을 보이고 있다. 세계철강협회에 따르면 2021년 전 세계(주요 64개국) **조강*** 생산량은 19억 1,190만 톤으로 전년 대비 약 3.6% 증가했다. 2015년부터 2021년까지

| 2021년 국가별 조강 생산량 점유율

(단위: %)

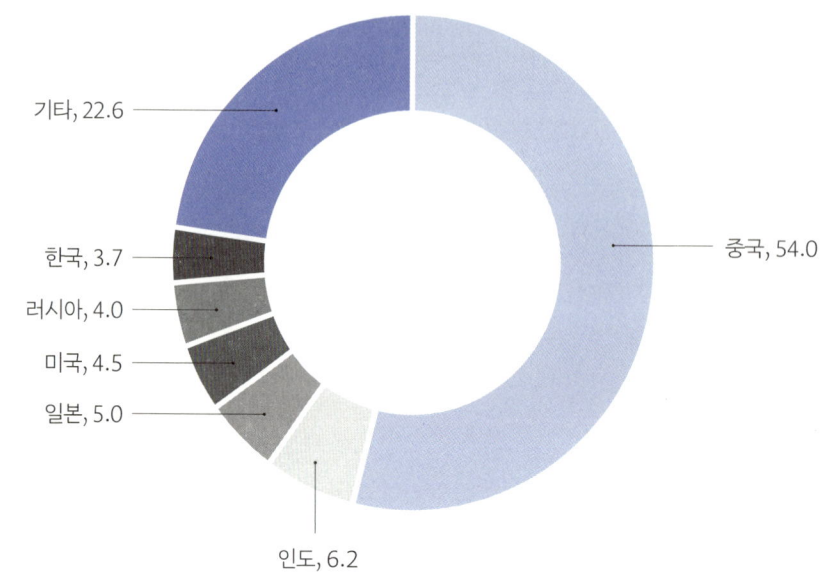

* 상위 64개국 조강 생산량 합산 기준
출처: 세계철강협회

연평균 성장률은 3.1%에 달한다. 국가별 생산량을 살펴보면 중국이 약 54%로 압도적 1위다. 뒤를 이어 인도(6.2%), 일본(5%), 미국(4.5%), 러시아(4%) 순이다. 우리나라는 약 3.7%로 6위를 차지하고 있다. 중국은 2016년만 하더라도 점유율이 49%대였지만, 2018년 50%를 돌파했고 이후 지속적으로 확대하고 있다. 저렴한 인건비와 정부의 적극적인 보조금 정책을 바탕으로 조강 생산량을 급격하게 늘렸다.

철강의 원재료가 되는 철광석의 세계 공급량은 호주의 리오틴토$^{Rio\ Tinto}$, BHP$^{Broken\ Hill\ Proprietary}$ 빌리턴, 포테스큐$^{Fortescue\ Metals\ Group,\ FMG}$와 브라질의 발레^{Vale}가 70%가량을 담당하고 있다.

♦ 보통의 강철 제조 공정에 의해서 만들어진 강괴

2. 철강 산업의 밸류체인

철강 제품을 만드는 과정은 원재료에 따라 철광석을 녹여 철강 제품을 만드는 일관제철과 고철을 재활용하는 전기로제강으로 나뉜다. 일관제철은 철광석을 녹이기 위해 고로를 사용한다. 고로는 1,500℃의 쇳물을 다루는 용광로로 고온의 대형 압력용기라고 볼 수 있다. 철광석을 깊이가 약 100m에 달하는 고로 속에 코크스Cokes, 석회석을 함께 넣고 열을 가하면 코크스가 연소하면서 나오는 일산화탄소에 의해 철광석이 녹아 쇳물이 되는데 이를 용선이라고 한다.

이처럼 철광석을 녹여 용선을 만드는 과정을 제선 공정이라고 한다. 용선은 순도가 높지 않아 생석회, 합금철 등을 투입해 불순물을 제거해주어야 한다. 용강 공정을 통해 불순물을 제거하면 이제 순도 높은 쇳물을 주형에 부어 냉각, 응고시켜 반제품을 만들 차례다. 이를 연속주조기 공정이라고 하며 슬래브Slab, 빌릿Billet, 블룸Bloom 등 다양한 반제품이 탄생한다.

빌릿은 기다란 막대기 형태의 반제품이다. 일관제철 공정을 통해 생산된 빌릿은 선재압연기를 통해 선재로 만들어진다. 선재는 빌릿을 얇고 길게 뽑은 것으로 철선, 강선이 돌돌 말린 제품이다. 선재는 2차 가공을 통해 못, 나사, 철사 등

| 철강 제조 공정(고로)

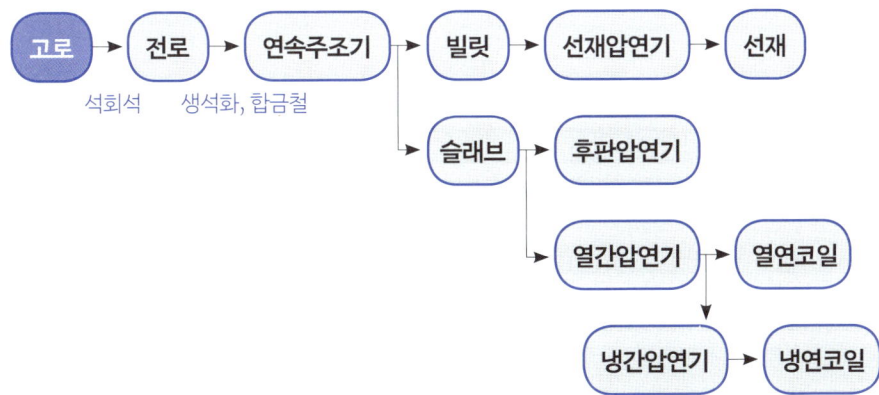

| 철강 제조 공정(전기로)

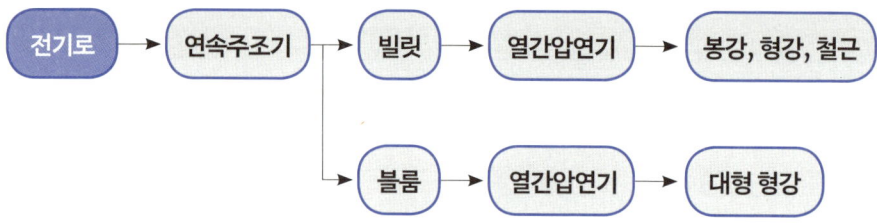

으로 만들어진다. 슬래브는 넓적한 판 모양의 반제품이다. 후판압연기를 거치면 선박의 주요 원재료인 후판이 되며, 연간압연기를 거치면 화장지 형태로 돌돌 말아져 있는 열연코일이 된다. 열연코일은 1,000℃ 이상의 열을 가해 슬래브를 압연한 제품이다. 자동차, 건설, 조선, 산업기계의 소재로 사용된다. 열연코일을 다시 30℃의 저온에서 압연하면 냉연코일이 된다. 냉연코일은 열연코일보다 고급 제품으로 자동차, 가전 등에 사용된다.

전기로제강 공정은 말 그대로 고로가 아닌 전기로를 사용하며, 투입되는 원재료도 철광석이 아닌 고철이다. 고철을 전기로에 넣고 열을 가하면 고철이 녹는다. 철광석이 아니므로 불순물을 제거해주는 공정은 따로 필요 없다. 이후 과정은 고로와 비슷하다. 연속주조기 공정을 통해 빌릿과 블룸을 생산한다. 블룸은 빌릿처럼 막대기 모양의 반제품이다. 차이가 있다면 크기다. 블룸은 중대형 형강의 소재로 쓰인다. 형강은 특정 단면 형태(ㄱ, ㄷ, I, H, T)로 만들어진 철강 제품으로 주로 철골구조용으로 사용된다. 전기로 공정을 통해 생산된 빌릿은 열간압연기를 통해 봉강, 형강, 철근 등으로 재탄생한다. 고로와 전기로 모두 비슷한 반제품을 생산하지만 최종 제품이 사용되는 전방 산업에서 차이가 있다. 고로 공정을 통해 생산된 열연코일은 주로 자동차, 가전 등의 산업에서 고품질 철강 제품으로 쓰인다. 반면 전기로를 통해 생산된 빌릿, 블룸은 건설, 조선, 산업기계 등에 사용된다.

기술적 난이도가 높고 투자 금액이 큰 것은 고로다. 국내에서는 POSCO홀딩스, 현대제철이 고로 시설을 보유하고 있다. 전기로 기업으로는 동국제강, 세아베스틸, 한국철강, 대한제강 등이 있다.

3. 철강 기업의 투자 포인트

1) 제품 가격과 원재료 가격의 스프레드

철강 기업의 수익성은 제품 가격과 원재료 가격의 스프레드에 의해 결정된다. 제강 기업의 핵심 원재료는 철광석과 고철, 고로를 가열할 때 사용하는 석탄이다. 제강 기업들은 원재료 가격이 오르면 시차를 두고 제품 가격에 이를 반영해 수익성을 유지해왔다. 글로벌 경기가 회복되는 국면에서 철강 제품 수요가 많아지고 덩달아 원재료 가격과 제품 가격이 오르는 원리다.

그러나 글로벌 금융위기 이후 세계 경제 성장률의 둔화, 중국 기업들의 공급 과잉으로 철강 기업들의 제품 가격 전가는 좀처럼 쉽게 이루어지지 않고 있다. 이러한 점이 철강 기업들의 실적이 정체되고 주가가 장기적으로 부진한 이유다.

2) 친환경 철강사로 변신

전 세계가 친환경 시대로 빠르게 전환하고 있다는 점은 철강 산업에는 부담이다. 카이스트에서 개발한 '한국형 통합평가모형 2.0'에 따르면 국내 철강 산업의 온실가스 배출량은 2018년 기준 약 1억 100톤으로 전체 산업 분야의 약 39%를 차지했다. 전 산업 통틀어 가장 많은 배출량이다.

포스코는 '수소환원제철' 기술 개발에 매진하고 있다. 이 기술의 핵심은 철강 제품을 생산할 때 석탄 대신 수소를 활용하는 것이다. 현재 포항에서 상용 가동 중인 '파이넥스FINEX'가 이에 해당한다. 포스코는 파이넥스의 수소 농도를 단계적으로 높여나갈 계획이다. 현대제철 역시 고유의 수소 기반 공정 융합형 철강 생산체제인 '하이큐브$^{Hy-Cube}$'를 구축하고 2030년까지 저탄소 고급판재를 생산할 계획이다. 더불어 전기로를 통해 철광석을 녹여 자동차 강판 등 고급 철강 제품을 생산할 수 있는 '신 전기로$^{Hy-Arc}$' 기술도 개발하고 있다. 전기로는 고로 대비 탄소배출량이 25% 수준에 불과해 탄소중립 사회로 가기 위한 좋은 대안이 될 수 있다.

3) 2차전지, 수소전지차 밸류체인 합류

만성적인 공급과잉에서 벗어나기 위해 철강 기업들은 신사업에서도 돌파구를 찾고 있다. 포스코는 2차전지 소재인 양극재, 음극재 생산부터 실리콘 음극재 양산 기술 등을 개발하고 있다. 2023년에는 포스코인터내셔널과 포스코에너지를 합병해 액화천연가스 관련 사업을 일원화할 계획도 세우고 있다.

현대제철은 고강도, 초경량 신소재를 통해 미래 모빌리티 시대를 대비하고 있다. 그룹사 모태가 자동차 기업이므로 이에 걸맞은 소재 개발에 나선 것이다. 전기차가 무거운 배터리를 싣고 다녀야 하는 문제점을 개선하기 위한 '핫스탬핑 공법'을 적용한 경량화 소재를 개발하고 있다. 또한 수소전지차의 핵심 부품인 연료전지 금속분리판도 양산을 시도하고 있다. 동국제강도 고부가가치를 지니는 컬러강판 생산 능력을 키우고 있으며, 컬러강판을 가공해 방화문 등을 직접 제조하는 사업을 확대하고 있다.

비철금속

1. 비철금속 산업의 개요

비철금속은 말 그대로 철을 제외한 모든 금속을 뜻한다. 철만큼은 아니어도 구리, 아연, 알루미늄, 납은 다양한 분야에 두루 쓰이는데 이를 4대 비철금속이라 한다. 구리는 인류가 가장 먼저 사용한 금속으로 청동기 시대를 이끈 장본인이다. 얇게 펴지는 성질이 뛰어나고 강도도 적당해 전선, 파이프, 건축재 등 거의 모든 분야에 사용된다. 이러한 이유로 구리 가격을 경기의 비로미터로 사용하기도 한다. 아연은 철의 부식을 막는 용도로 사용된다. 자동차, 가전제품에서 사용되는 아연도금강판이 대표적이다. 알루미늄 역시 잘 부식되지 않는다. 또한 가공이 쉽고 가벼우며 강도도 높다. 이 같은 특성 때문에 알루미늄 새시, 음식료의 내외장재로 사용되기도 한다. 납은 청백색의 푸르스름한 물질이다. 과거 페인트 성분으로 쓰였지만 인체에 유해하다고 알려지면서 현재 자동차의 축전지로 사용된다.

    4대 비철금속 외에 최근 중요성이 부각되는 금속이 있다. 바로 니켈이다. 니켈은 스테인리스 스틸의 원료로 많이 사용되는 금속이다. 전기차 시대가 도래하면서 최근에는 2차전지의 양극재 소재로 니켈이 많이 쓰이고 있다. 이처럼 최근 사용성이 부각되는 니켈, 주석을 합쳐 6대 비철금속이라 부르기도 한다.

| 비철금속과 전방 시장

이름	설명	주요 사용처
구리 Cu	· 열 전도율이 높음 · 얇게 잘 늘어나는 성질인 연성이 뛰어남 · 다른 금속을 첨가해 합금으로 사용(청동, 황동) · 경기회복을 가장 먼저 반영	· 전선, 파이프, 건축재 및 내장자재, 소전(동전)의 재료 · 건설(30%), 장비(31%), 인프라(15%)
아연 Zn	· 아연도금을 통해 철의 부식을 방지하는 역할 · 아연도금강판은 자동차, 가전 등에 사용	아연도금강판(50%), 놋쇠 및 청동(17%), 기타 도금(17%) 등
알루미늄 Al	· 가볍고 강하며, 독성이 없음 · 잘 부식되지 않고, 가공이 쉬움 · 전기가 잘 통하고, 열 전도율이 높음 · 저온에 강하며, 빛과 열을 잘 반사함	음식료 및 담배 내외장재, 알루미늄 새시
납 Pb (연)	· 부식에 강하고 전기전도가 낮음 · 전 세계 납 생산량의 약 70%는 자동차용 축전지로 사용	· 자동차용 축전지(배터리, 80%) · 탄약, 방사선 차폐 시설
니켈 Ni	· 공기 및 습기에 대해 철보다 안정해 잘 산화되지 않으며 알칼리에도 잘 침식되지 않음	전기통신재료, 열교환기, 충전용 배터리 등

비철금속 산업은 철과 마찬가지로 대규모 설비 투자가 요구되는 장치 산업이다. 비철금속은 자동차, 전기전자, 건설 등 다양한 산업의 기초 소재로 사용되므로 경기에 크게 영향을 받지 않는다. 단 런던금속거래소 London Metal Exchange, LME 같은 국제 거래소에서 규격화 상품으로 거래되어 투기 수요에 노출되어 있다. 비철금속의 제품 가격은 국제 거래소 시세를 따른다. 따라서 비철금속 기업의 주가 역시 국제 거래소 금속 가격 등락에 영향을 받는다.

비철금속의 최대 소비국은 중국이다. 2021년 우리나라의 구리, 아연, 납의 국가별 수출량은 중국이 약 5억 5,390만 톤으로 전체의 약 94.6%를 차지한다. 2위인 호주(1,933만 톤), 3위인 일본(1,026만 톤)에 비해 압도적으로 많다. 따라서 중국의 경기, 인프라 투자 규모는 비철금속 업황에 큰 영향을 미친다. 비철금속의 원재료인 광물은 철강과 마찬가지로 호주 수입 비중이 크다. 2021년 광물의 수입량은 호주가 약 11억 2,137만 톤으로 약 24.6%를 차지했으며, 페루 9억 9,257만 톤(21.8%) 칠레 4억 918만 톤(9%) 순으로 수입량이 많다.

2. 비철금속 산업의 밸류체인

비철금속 산업은 철강 산업과 마찬가지로 자연 상태의 광물을 매입해 제련·정련 과정을 거쳐 순도가 높은 비철금속을 생산 및 가공한 후 전방 시장으로 이어지는 밸류체인을 갖고 있다. 국내 기준으로 구리는 LS그룹의 자회사 LS니꼬동제련(비상장)이 호주, 칠레 등 광산 기업들로부터 구리정광을 수입한 후 제련 과정을 거쳐 순도가 높은 구리 제품인 전기동을 생산한다. 이를 풍산 같은 1차 가공 기업이 매입해 압연, 압출, 단조 등의 가공을 거친 후 신동 제품을 만들어 다양한 전방 산업에 공급하는 구조다.

아연은 영풍 그룹에서 생산한다. 고려아연(시장 점유율 50% 내외)과 관계사인 영풍(30% 내외)이 국내 아연 시장의 80%가량을 점유하고 있다. 영풍 그룹은 이 연정광을 매입한 후 제련·정련부터 1차 가공까지 도맡아 수직계열화를 이루고 있다. 또한 직접 아연도금강판 등 가공품을 생산해 전방 시장에 공급하고 있다. 납(연) 역시 아연과 비슷한 밸류체인을 형성하고 있다.

알루미늄은 국내 제련 기업이 없다. 오직 미국의 알코아Alcoa에서 전량 수입에 의존하고 있다. 알코아가 알루미늄 잉곳을 만들면 국내 1차 가공 기업들이 이를 수입해 알루미늄판, 호일, 압연 제품 등을 만든다. 1차 가공 기업은 알루미늄 새

| 비철금속 밸류체인

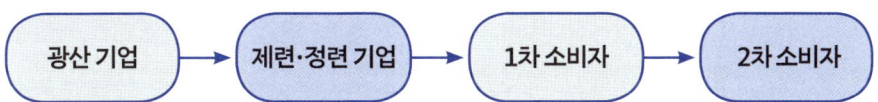

시, 포장재, 콘덴서 등을 만드는 2차 가공 기업에 납품한다.

3. 비철금속 산업의 투자 포인트

1) 비철금속의 가격

일반적으로 비철금속 기업들의 실적은 비철금속 가격이 오를 때 개선된다. 국제 거래소에서 거래되는 비철금속 가격에 따라 제품 가격이 변하기 때문이다.

실제 비철금속 제련 기업의 수익구조는 이보다 더 복잡하다. 비철금속 제련 기업의 수익성을 결정짓는 요인은 외부 요인과 내부 요인으로 나눌 수 있다. 먼저 외부 요인으로 TC·RC와 정광 가격이 있다. 정광 가격은 제련 기업이 수입하는 광물의 가격이다. TC는 Treatment Charge, RC는 Refining Charge의 약자로 제련, 정련 수수료다. 정광 가격은 런던금속거래소에서 거래되는 비철금속 시세에 연동된다. TC·RC는 비철금속의 수급 상황, 기업들의 경쟁 강도에 영향을 받지만 이 역시 런던금속거래소 시세와 무관하지 않다. 두 요인 모두 런던금속거래소의 비철금속 시세에 영향을 받는 것이다. 또한 비철금속 시세가 오르는 구간에서는 과거 저가에 매입한 원재료가 매출원가에 투입되는 측면도 수익성 개선에 한몫을 한다.

내부 요인은 부산물, 프리메탈^{Free Metal}이 대표적이다. 프리메탈은 제련 기업이 매입한 정광에 포함된 비철금속 함유량이다. 가령 아연정광을 매입했는데, 아연이 50% 포함되어 있다면 프리메탈 비율은 약 50%다. 일반적으로 프리메탈 비율은 50%로 간주한다. 부산물은 말 그대로 부수적으로 얻어지는 비철금속이다. 아연정광에 아연만 있는 것이 아니라 납, 금, 은 등 다양한 부산물도 추출된다. 즉 제련 기업의 기술력에 따라 프리메탈보다 더 많은 양의 비철금속을 추출할 수 있고, 다양한 부산물도 획득할 수 있다. 특히 부산물의 경우 사실상 원가

| 제련·정련 기업 수익구조

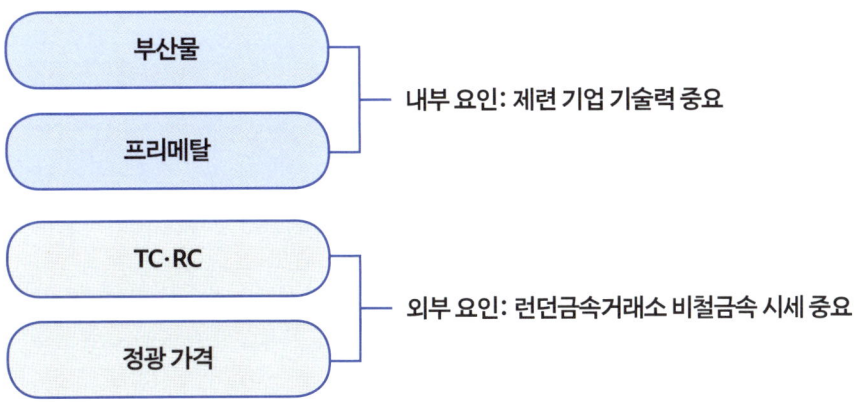

가 없기 때문에 수익성에 크게 기여한다. 이러한 이유로 고려아연은 아연을 제련하는 기업이지만 금, 은 가격에 따라 실적과 주가가 영향을 받는다.

2) 2차전지 소재 사업으로의 확장

비철금속 산업은 성숙기에 진입한 지 오래다. 또한 수요는 꾸준한 가운데 국제 시세소 시세에 따라 큰 변동성을 보인다. 외부 환경에 영향을 크게 받고 성장과는 거리가 있는 산업으로 투자자들에게 매력적으로 다가가기 힘들다. 이에 따라 비철금속 기업들은 돌파구가 될 신사업을 찾고 있다. 고려아연은 2022년 6월 LG화학과 합작사 켐코CHEMCO를 설립해 2차전지 전구체 사업에 뛰어들었다. 차세대 전기차 배터리용 NCMA(니켈·코발트·망간·알루미늄) 전구체 전용 라인을 구축해 연간 전구체 2만 톤과 리사이클 6,000톤 규모의 생산 능력을 확보할 계획이다.

풍산 역시 2차전지 소재 사업에 출사표를 던졌다. 2022년 8월 현재 풍산은 산업통상자원부 소재부품기술개발 국책과제를 수행 중이다. 연구내용은 '전기차 고전압 릴레이용 고내구 접점 및 아크 챔버 소재기술 개발'이다. 이를 통해 전기차 고전압 릴레이에 적용되는 동합금 소재의 고내구 전기 접점을 개발하고 있다. 풍산홀딩스는 자회사 풍산디에이케이를 통해 2차전지 핵심 소재인 **리드탭**[*]을 양산해 LG에너지솔루션에 납품 중이다.

비철금속 기업은 다양한 소재를 추출하고 가공할 수 있는 기술력이 있는 만큼 향후 2차전지 등 신성장 산업에서 두각을 나타낼 수 있다. 비철금속 기업이 2차전지 소재 기업으로 시장에서 인식된다면 주가 역시 재평가를 받을 수 있는 점을 투자자는 잘 고려해야 한다.

◆ 전지 내부의 전극에 연결하는 단자의 일종

시가총액 상위 기업의 투자 지표

- 실적 및 투자 지표: 2022년 3분기 연환산 기준
- 배당수익률: 2021년 주당 배당금/2022.11.30 기준 주가
- 시가총액: 2022.11.30 기준

(단위: 억 원, 배)

기업명	매출액	영업이익	순이익	PER	PBR	ROE	배당수익률	시가총액
POSCO 홀딩스	868,369	76,438	53,084	4.8	0.47	9.7%	5.7%	253,291
고려아연	112,433	11,039	7,266	17.2	1.47	8.6%	3.2%	125,138
현대제철	278,011	26,646	16,297	2.8	0.24	8.7%	2.9%	45,238
포스코 인터내셔널	392,092	8,737	5,721	5.2	0.73	14.2%	3.3%	29,610
LX 인터내셔널	191,981	10,152	5,920	2.7	0.67	24.8%	5.6%	15,969
영풍	43,699	1,890	2,244	6.3	0.38	6.0%	1.3%	14,092
동국제강	85,993	8,361	7,318	1.8	0.40	22.3%	2.9%	13,122
KG스틸	39,654	3,437	2,106	4.3	0.68	15.9%	1.1%	9,071
풍산	42,160	2,532	1,901	4.5	0.47	10.4%	3.3%	8,519
세아제강 지주	37,749	5,005	2,751	2.6	0.46	17.5%	1.0%	7,206
세아베스틸 지주	42,728	1,664	1,475	4.7	0.36	7.8%	7.8%	6,903
고려제강	20,719	1,445	1,444	3.8	0.33	8.6%	1.3%	5,486
에이프로젠	789	-945	-805	-6.4	4.44	-68.9%	0.0%	5,182
동일산업	5,170	375	372	12.2	1.08	8.8%	2.1%	4,547
세아제강	18,288	2,216	1,612	2.6	0.53	20.0%	2.3%	4,254
포스코 엠텍	3,538	127	103	41.1	3.72	9.0%	0.8%	4,248
삼아 알미늄	3,062	203	170	21.1	2.64	12.5%	0.6%	3,581
남선 알미늄	2,340	-68	298	11.0	1.06	9.6%	0.0%	3,292
대한제강	22,756	2,300	1,181	2.7	0.48	17.6%	3.1%	3,192
조선내화	7,920	303	397	8.0	0.46	5.8%	5.7%	3,168

철강과 광물

비철금속

동합금
- 서원

산화철
- EG

아연 제련, 정련
- 고려아연
- 영풍

아연말
- 한창산업

알루미늄
- 남선알미늄
- 조일알미늄
- 알루코
- 대호에이엘
- 삼아알미늄

알루미늄 제련, 정련
- 삼보산업

전기동
- 풍산

표면처리
- 에이프로젠
- 케이피티유
- 파버나인

합성운모
- 크리스탈신소재

황동
- 대창
- 국일신동
- 이구산업

자원개발과 무역
- 포스코인터내셔널
- LX인터내셔널
- 현대코퍼레이션
- GS글로벌
- STX
- 에스아이리소스

제철
- 현대제철
- 대한제강
- 동국제강
- 한국철강
- KG스틸
- KISCO홀딩스
- 세아베스틸지주
- POSCO홀딩스

철강공정소재

내화물
- 조선내화
- 동국알앤에스
- 한국내화

생석회
- 태경산업
- 태경비케이

탈산제
- 피제이메탈

철강과 광물

철강제품

강관
- 세아제강지주
- 세아제강
- 한국주철관
- 동양철관
- 휴스틸
- 유에스티
- 하이스틸
- 코센

봉강
- 동일산업
- 동일철강

석도강판
- TCC스틸
- SHD

선재
- 고려제강
- 한국선재
- DSR
- 세아특수강
- DSR제강
- 영흥
- 제이스코홀딩스
- 만호제강
- 대호특수강
- 동일제강

스테인리스
- 현대비앤지스틸
- 대양금속
- 황금에스티
- 티플랙스
- 쎄니트

열연강판
- 부국철강
- 삼현철강
- 문배철강
- 한일철강
- 동양에스텍
- 대동스틸

냉연강판
- 경남스틸
- 동국산업
- 금강철강
- 대창스틸

주강
- 한국주강

철강포장
- 포스코엠텍

철스크랩
- 휴먼엔

컬러강판
- 포스코스틸리온
- 디씨엠
- 아주스틸

탄소강
- 광진실업

특수강
- 원일특강

형강
- 한국특강
- 화인베스틸

조선과 운송

지구 면적의 70%는 물로 덮여 있다. 그만큼 바다는 인간의 역사에서 중요한 역할을 담당했는데, 15세기부터 시작된 대항해시대가 대표적인 사례다. 대항해시대란 포르투갈, 스페인, 네덜란드, 영국 등 항해술이 발달한 유럽 국가들을 중심으로 아프리카, 아메리카, 아시아 등 신항로를 개척하며 눈부신 발전을 이룬 시기를 말한다. 오늘날에도 바다는 여러 부분에서 우리 삶과 밀접하게 연관되어 있다. 특히 글로벌 경제 관점에서는 무역의 70%가 바다를 통해 이루어진다. 배를 만드는 조선 산업, 배를 운영하는 해운 산업 역시 바다에 기반을 두고 있다. 화물 운송을 담당하는 물류 기업들도 항만하역, 보관 업무를 겸하기 때문에 해운업과 연관이 있다. 이 책에서는 이러한 연관성에 기인해 조선과 해운, 물류 산업을 한데 묶어 조선과 운송으로 정의했다.

조선과 운송 산업에 속한 기업은 총 51곳으로 주식 시장에서 차지하는 비중은 2.3%다. 2008년 글로벌 금융위기 이후 글로벌 고성장 사이클이 막을 내린 가운데 국내 조선사들은 중국과의 경쟁, 해양플랜트 등 오프쇼어 분야에서 큰 손실을 보면서 주가가 부진했다. 그러나 코로나19 팬데믹 이후 물동량이 많아지면서 해상 운임이 상승했고 이는 선박 발주로 이어진다는 점에서 호재를 맞이하고 있다. 특히 러시아의 우크라이나 침공으로 유럽의 천연가스 조달 경로가 해상 운송으로 바뀌면서 국내 조선사들에도 기회가 생겼다.

국내 상장된 해운사는 HMM을 포함해 5곳에 불과하다. 항만하역, 화물운송 서비스를 제공하는 물류와 항만 업체들은 총 19곳이다. 조선사는 현대중공업, 대우조선해양, 삼성중공업 같은 조선 빅3와 현대미포조선, HJ중공업 같은 중형 조선사로 구분된다. 이밖에 선박용 엔진, 블록, 탱크 등 다양한 기자재를 납품하는 기업도 존재한다.

1. 해운 산업의 개요와 특징

해운은 선박으로 사람을 태우거나, 각종 화물을 실어 나르는 등 운송 서비스를 제공하는 산업이다. 전 세계 물동량의 70%가 바다에서 이루지는 만큼, 해운 산업은 글로벌 경기와 떼려야 뗄 수 없는 관계다. 경기가 회복되면 선박 수요는 늘고 불황이 찾아오면 자연스레 수요가 줄어든다.

특히 해운 산업은 호황과 불황에 따라 큰 수익 편차를 보인다. 이는 수요와 공급의 불일치가 다른 어떤 산업보다 더 심하기 때문이다. 배 한 척을 만들기 위해 적어도 2~3년의 시간이 소요된다. 그렇다고 해서 선주들이 2~3년을 내다보고 선박을 발주할 수는 없다. 당장 3개월 후 세계 경제 상황도 알 수 없는데, 그보다 더 오랜 기간을 내다보는 것은 상식적으로 불가능하다.

즉 선박 발주량이 많아지는 시점은 경기 회복 조짐이 점차 보이면서 물동량이 많아지고 나서다. 문제는 충분한 선박이 공급되기까지 2~3년의 시간이 소요되다 보니 남아 있는 모든 배를 가동할 수밖에 없다는 사실이다. 이러한 경우에는 상당 기간 운임이 천정부지로 치솟게 되어 해운사들의 영업실적이 크게 개선된다.

특히 운송 산업의 구조상 영업 레버리지 효과가 크다. 배에 화물을 딱 1개 싣거나, 100개를 꽉 채워 싣거나 운항하는 거리는 같다. 연료비는 비슷하지만 운

글로벌 10대 컨테이너선사 선복량 순위

(단위: TEU)

순위	해운사	현재 선복량	점유율	발주량
1	MSC	428만 7,933	17.0%	108만 9,808
2	머스크	427만 5,542	16.9%	31만 9,100
3	CMA CGM	319만 4,930	12.7%	46만 867
4	코스코	293만 2,559	11.6%	58만 5,272
5	하팍로이드	174만 3,983	6.9%	41만 5,120
6	원	153만 1,510	6.1%	32만 1,692
7	에버그린	147만 7,644	5.9%	60만 7,406
8	HMM	81만 9,790	3.2%	16만 1,088
9	양밍	66만 2,047	2.6%	5만 9,300
10	짐	31만 9,064	1.7%	31만 520

출처: 알파라이너(2022년 1월 기준)

임 차이가 크다는 의미다. 코로나19 팬데믹으로 전 세계 무역이 중단되다시피 하다가 갑작스레 경기가 회복되자 물동량이 급증했다.

   이러한 이유로 HMM이 급격한 턴어라운드를 보이며 주가가 저가 대비 약 15배 이상 급등 했다. 반대로 경기가 꺾이는 시점에는 과거에 발주했던 선박들이 인도되어 해운 기업들은 공급과잉 사태를 겪는다. 이 경우 해운 기업들은 적자를 면하기 힘들다.

   이처럼 해운 산업은 주기적으로 호황과 불황을 반복해 겪을 수밖에 없다. 이는 그만큼 구조조정이 많이 발생한다는 의미와 같다.

   2021년 기준 **선복량**˙ 기준 글로벌 1위 해운사는 스위스의 MSC다. MSC의 선복량은 약 428만 4,728TEU (1TUE=20피트 컨테이너)로 2020년까지 머스크에

이어 2위였지만 공격적인 선박 발주로 1위로 올라섰다. 덴마크 머스크사의 선복량은 약 428만 2,840TEU이며, 3위는 프랑스의 CMA CGM으로 약 316만 7,922TEU 규모의 선대를 운용하고 있다. 국내 최대 해운사인 HMM은 선복량 약 81만 9,790TEU로 8위다.

2017년 2월만 하더라도 상위 10개 기업의 합산 점유율은 약 68.5%였지만, 2022년 1월 기준 약 84.6%까지 상승했다. 구조조정을 겪으면서 상위권 해운사 중심으로 시장이 재편되었기 때문이다.

우리나라 역시 2017년 한진해운이 파산한 아픔을 겪은 바 있다. 살아남은 해운사들은 호황 때 승자 독식을 누리며 어마어마한 흑자를 바탕으로 하위권 기업과 더욱 격차를 벌릴 수 있다. 향후 상위권 해운사들과 하위권 해운사들의 점유율 격차는 더욱 벌어질 것으로 보인다.

2. 해운 산업 투자 시 꼭 알아야 하는 선박의 종류, 단위

1) 용도에 따른 선박의 분류

선박은 실어 나르는 물건에 따라 종류가 나뉜다. 선박은 크게 컨테이너선, 탱커선, 벌크선, 오프쇼어로 구분된다. 컨테이너선은 화물을 담은 컨테이너를 실어 나르는 역할을 하는 선박이다. 네모반듯한 컨테이너에 싣는 화물은 TV, 가전, 생활용품 등 일반적으로 사용하는 공산품이 많다. 컨테이너 하나를 택배 차량이 크게 확대된 형태라고 생각하면 이해가 쉽다. 주로 완제품을 취급하는 만큼 선진국 경기에 수요가 좌우되는 경향이 있다.

탱커선은 주로 액체 연료를 실어 나르는 선박이다. 유조선, 석유제품운반선,

♦ 선박에 적재할 수 있는 중량톤수

화학제품운반선, 셔틀 탱커 등이 있다. LNG선도 넓게 보면 탱커선이라고 볼 수 있다. LNG는 상온에서는 기체 상태이므로 영하 161℃ 이하로 냉각시켜 액체로 만들어야 한다. 높은 기술력이 요구되는 냉각 과정이므로 일반 탱커선에 비해서 LNG선의 부가가치가 높다.

벌크선은 광물, 곡물 등을 운반하는 선박이며, 건화물선이라 부르기도 한다. 건화물은 파손되거나 변질이 될 우려가 적어 포장하지 않고 그대로 적재하는 화물이다. 신경 쓸 게 적어 여러모로 운송하는 데 수고가 덜 드는 품목이다. 건화물은 인프라 투자와 밀접한 관련이 있기 때문에 원자재 수요가 많은 신흥국 경기를 판단하는 데 사용되기도 한다. 건화물 운임지수가 오르면 신흥국 경기가 좋아진다고 판단할 수 있다는 뜻이다.

마지막으로 오프쇼어는 해양유전, 해양플랜트에 사용되는 선박이다. 바다에서 유전이나 가스를 개발하기 위해 육지의 플랜트가 바다로 옮겨진 형태라고 보면 이해하기 쉽다. 에너지 개발 수요와 밀접한 관련이 있기 때문에 국제 유가가 오르면 오프쇼어 발주가 늘어난다.

2) 소유 여부에 따른 선박의 분류

컨테이너 1만 5,000개를 넘게 실을 수 있는 초대형 컨테이너선 1척 가격은 약 2,000억 원에 달한다. 고부가가치 초대형 LNG선 가격은 무려 3,000억 원이 넘는다. 아무리 글로벌 상위 선사라도 이처럼 초고가의 선박을 서슴없이 구매하기는 힘들다. 따라서 은행에서 대출을 통해 선박을 구매하거나 아예 다른 선사가 운용하는 배를 빌리기도 한다. 해운사가 자가로 보유한 선박을 사선, 빌린 선박은 용선이라고 한다.

해운 산업이 경기에 상당히 민감하므로 해운사들은 용선을 적절히 활용하는 것이 중요하다. 경기 회복으로 갑자기 주문이 물밀듯이 들어오면 현재 보유한 선단으로 감당이 안 될 수 있다. 이 경우 선박을 빌려 대규모 선단을 꾸려 영업력 제고에 나설 수 있다.

반대로 업황이 급격히 꺾이는 시점에서는 과도한 용선은 해운사들에 독이 될 수 있다. 선박을 빌리는 이자 비용보다 운임이 더 낮아지게 되면 역마진이 발생할 수 있기 때문이다. 정리하면 용선 비중이 높다는 것은 그만큼 레버리지 효과가 크다는 의미다. 호황일 때는 돈을 긁어모을 수 있지만 불황이 찾아오면 자칫 경영상의 위험에 빠질 수 있다.

한편 대주주의 경영스타일에 따라 해운사별로 용선, 사선 비중이 다르기도 한데 상장사 HMM과 KSS해운이 대표적이다. 해운사 영업 비용에서 가장 큰 비중을 차지하는 것은 연료비 같은 운항 비용이다. 전체 영업 비용에서 40% 내외를 차지한다.

운항비(또는 화물비)를 제외하고 HMM은 용선료가 많다. 반면 KSS해운은 상대적으로 감가상각비 비중이 크다. 감가상각비는 KSS해운이 보유한 선박에서 나오는 회계상 비용이다. 반면 HMM의 감가상각비는 용선료의 절반에도 미치지 못한다. 앞의 내용을 정리하면 KSS해운은 다소 보수적이며 안정적인 영업 방식으로 운영하는 회사라고 볼 수 있으며, HMM은 다소 공격적인 영업 방식을 펼치고 있다.

3) 운항 규칙성에 따른 선박의 분류

마지막으로 운항 규칙성에 따라 선박을 분류하기도 한다. 우리가 출퇴근하는 버스나 지하철처럼 정기적으로 운항하는 선박을 정기선이라고 하며, 대체로 일감이 있을 때만 운항하는 선박을 부정기선이라고 한다. 일반적으로 정기선은 컨테이너선을 뜻하며, 부정기선은 벌크선, 탱커선인 경우가 많다.

해운 관련 용어

간혹 해운이나 조선 관련 기사나 리포트를 보면 외계어처럼 보이는 단어가 종종 등장하는 것을 알 수 있다. 선박의 크기에 따라 '아프라막스' '수에즈막스'라는 용어를 붙이기도 하며, 적재량을 뜻하는 용어로 DWT $^{Deal\ Weight\ Tonnage}$, TEU, CBM $^{Cubic\ Meter}$ 등을 사용한다. 먼저 '파나막스' '수에즈막스' 등은 운하의 이름이다. 선박의 크기에 따라 운하 이름을 붙이는 것은 해당 운하를 통과할 수 있는 가장 큰 선박이란 뜻이다. 적재량 단위가 상이한 것은 선박의 종류에 따라 적재량을 측정하는 방식이 다르기 때문이다. 컨테이너선은 몇 개의 컨테이너를 실을 수 있는지가 중요하므로 20피트 컨테이너 1개 단위인 TEU를 사용한다. 1만 5,000TEU급 선박이란 컨테이너를 1만 5,000개 실을 수 있다는 의미다. DWT는 재화중량톤수로 광물이나 곡물을 얼마큼 적재할 수 있는지 알려주는 톤 단위다. 주로 벌크선에 사용된다. CBM은 가로, 세로, 높이가 각각 1m인 부피를 환산하는 톤 단위다. DWT와 함께 주로 탱커선에 사용된다.

| 선박 크기별 명칭 및 적재량

드라이벌크선	DWT	탱커선	DWT
GP $^{Gneral\ Purpos}$	0~20,000	Small Tanker	0~30,000
핸디사이즈	20,000~39,000	MR $^{Medium\ Range}$	30,000~50,000
핸디막스	40,000~60,000	LR1 $^{Long\ Range1}$	60,000~80,000
수프라막스	50,000~60,000	파나막스	
파나막스	60,000~80,000	LR2 $^{Long\ Range2}$	80,000~120,000
케이프사이즈	100,000~180,000	아프라막스	
VLOC(철광석전용선)	200,000~	수에즈막스	100,000~160,000
		VLCC	200,000~300,000
		ULCC	300,000~

3. 해운 기업의 투자 포인트

1) 운임 지수

해운사 실적에 가장 큰 영향을 미치는 지표는 뱃삯, 즉 운임이다. 컨테이너선의 경우 상하이 컨테이너선 운임지수인 SCFI와 중국 컨테이너선 운임지수 CCFI가 중요하다. SCFI는 상하이거래소 Shanghai Shipping Exchange, SSE에서 2005년 12월 7일부터 상하이 수출컨테이너 운송 시장의 15개 항로의 스팟 운임을 반영한 운임지수다. CCFI는 중국 교통부가 주관하고 상하이 항운교역소가 집계하는 중국발 컨테이너선 운임지수다. 1998년 1월 1일을 1,000으로 산정하며 중국의 항구를 기준으로 11개의 주요 루트별 운임을 산정하고 있다.

벌크선의 경우 발틱운임지수 Baltic Dry Index, BDI가 중요하다. 선탁, 철광석, 시멘트 등 원자재를 싣고 26개 주요 해상 운송 경로를 지나는 선적량 1만 5,000톤

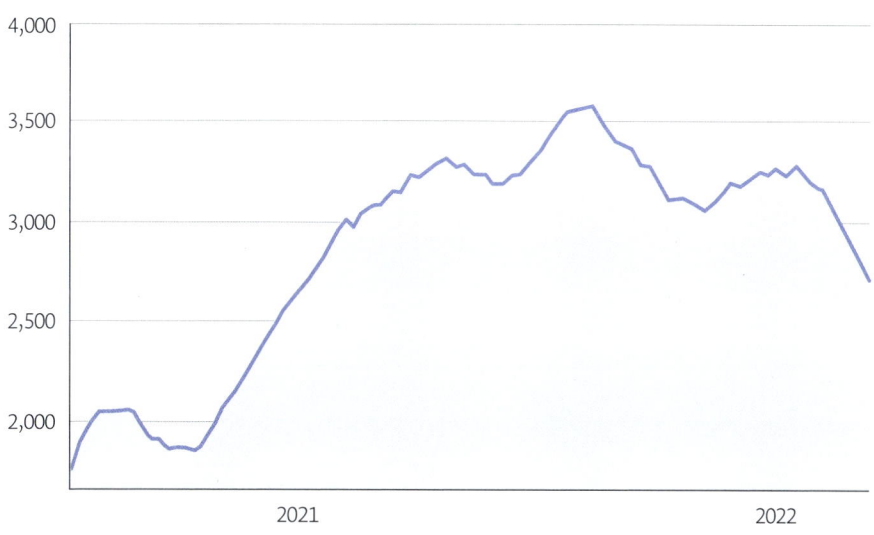

| CCFI 추이

출처: 상하이거래소

| SFCI 추이

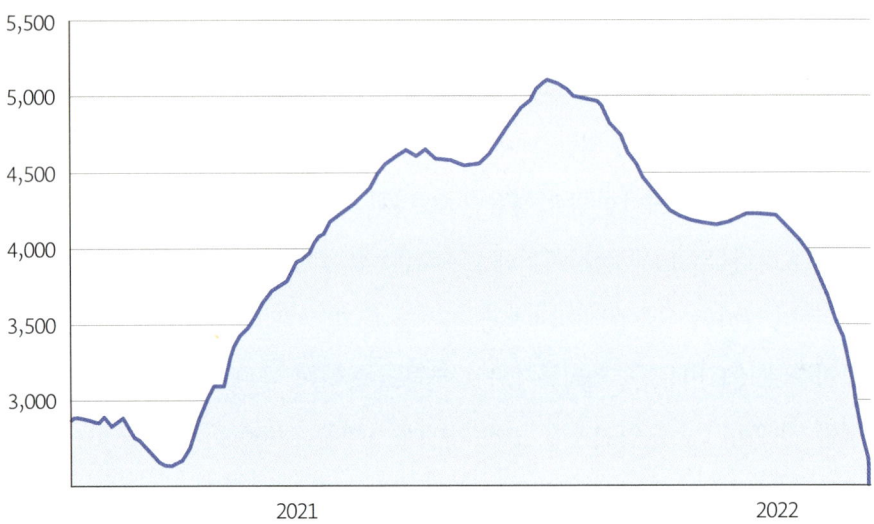

출처: 상하이거래소

| BDI 추이

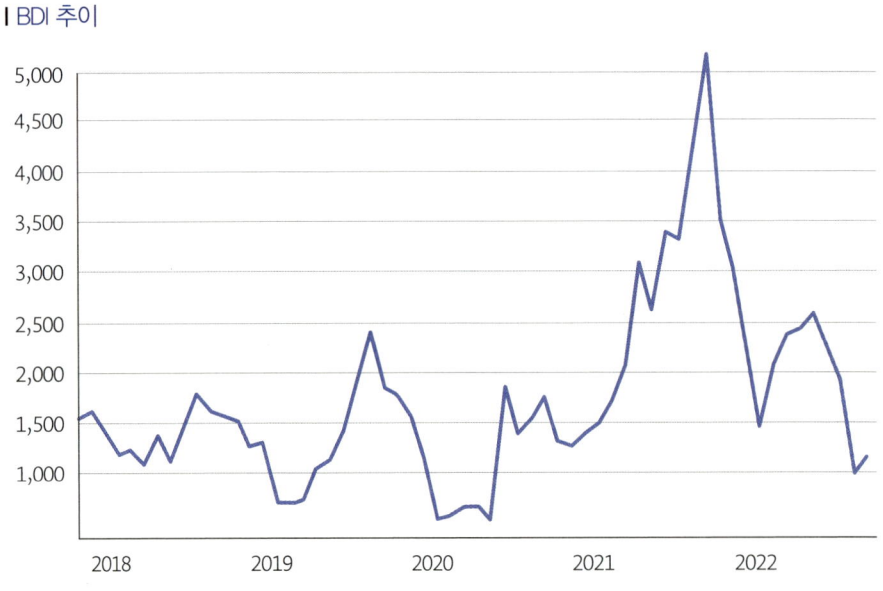

출처: 인베스팅닷컴

이상 선박의 화물 운임과 용선료 등을 종합해 산정하는 지수다. 탱커선 운임지수는 운송량이 가장 많은 유조선 운임지수인 World Scale, WS을 참조한다. WS는 영국의 월드스케일협회에서 매년 1월과 7월, 2회에 걸쳐 발표하고 있는 유조선 용선 지수다. 세부적으로는 원유 유조선 운임지수, 석유 제품선 운임지수로 구분된다. HMM은 컨테이너선, 대한해운은 벌크선 등 각 해운사별로 주력 선종이 다르므로 투자자는 투자하는 기업에 따라 어떤 운임지수를 봐야 할지 잘 선택해야 한다.

한편 벌크선과 탱커선의 경우 운반하는 원자재 가격이 오르면 운임 역시 오를 가능성이 있으므로 원자재 가격 추이도 중요하다.

2) 장기계약 비중

운임이 치솟는다 하더라도 모든 해운 기업에 득이 되는 것은 아니다. 장기공급계약 여부에 따라 실적이 운임에 민감하거나 그렇지 않은 기업으로 나뉘기 때문이다. 해운 산업에서 장기공급계약이란 일정 기간 이상 정해진 운임으로 화물을 꾸준히 운송하는 것을 말한다. 업황에 상관없이 꾸준한 수익을 창출할 수 있어 안정적인 실적을 만드는 데 도움이 되지만, 업황이 턴어라운드하는 시점에는 상대적으로 수혜 강도가 덜하다.

HMM의 경우 장기공급계약 비중이 약 30~40% 수준이지만, 계약 기간이 보통 1년이다. 이에 따라 코로나19 팬데믹 이후 물동량이 폭발적으로 증가하는 데에 따른 수혜를 다른 해운사보다 톡톡히 누렸다. 주가 역시 천정부지로 치솟으며 '흠슬라(HMM과 테슬라의 합성어)'라는 명칭도 얻었다. 반면 대한해운, 팬오션 등 상대적으로 장기공급계약 비중이 높고, 갱신 기간도 긴 기업들은 상대적으로 소외되었다. 이후 해운업황이 꺾이면서 HMM은 주가 상승폭의 상당 부분을 반납했지만, 타 기업들의 주가 하락 폭은 미미했다.

| 주요 해운 3사 주가 상승률 추이

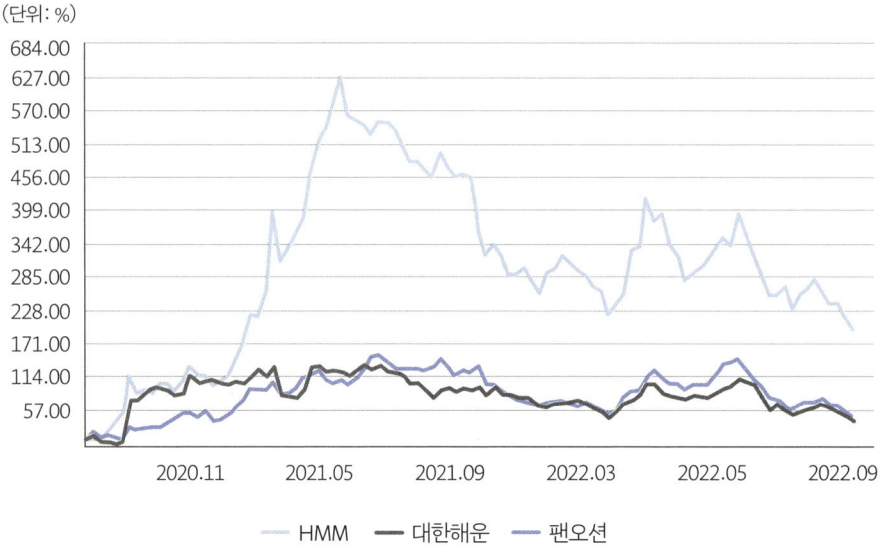

출처: 네이버증권

3) 4자 물류 시스템

호황과 불황의 진폭이 큰 해운 산업의 특성상 구조조정을 통해 글로벌 상위권 해운사들의 입지는 더욱 강화되고 있다. 코로나19 이후 찾아온 호황으로 운임이 치솟자 글로벌 해운사들은 어마어마한 돈을 벌어들였고, 해당 자금을 바탕으로 과감한 투자에 나서고 있다. 단순히 선단을 늘리는 것보다는 고객사의 공급망 일부, 또는 전부를 아웃소싱하는 '제4자 물류Fourth Party Logostics, 4PL' 시스템을 구축하고 있다.

2021년 머스크는 세계 최대 소비재 기업인 유니레버Unilever의 물류사업을 운영하는 파트너십 계약을 체결했다. 2022년부터 2026년까지 유니레버의 해상 운송뿐만 아니라 항공 운송까지도 담당할 예정이다. 추가로 풀필먼트 기업인 비저블SCM과 HUUB를 연달아 인수했다. 해상 운송은 물론 항공, 육상 운송까지 담당한다는 계획이다. 장기적으로 해운사들의 서비스는 해상 운송을 넘어 종합 물류 회사로 도약을 꿈꾸고 있는 셈이다. 투자자는 투자하는 현재 해운사가 어떤 준비를 하고 있는지, 다음 호황이 찾아왔을 때 어떤 성장 기회를 노릴 것인지 살펴봐야 한다.

조선

1. 조선 산업의 개요와 특징

해운이 선박을 운영하는 산업이라면 조선은 선박을 만드는 산업이다. 우리나라는 오래전부터 조선과 관련이 깊다. 16세기 유럽에서 대항해시대가 본격화된 시기에 우리나라에서는 임진왜란을 겪으며 철갑선인 거북선이 탄생했다. 현대라는 대한민국 굴지의 기업을 만든 고故 정주영 회장이 1971년 유럽의 수주를 따내기 위해 당시 거북선이 새겨진 500원짜리 지폐 한 장을 꺼내 보인 일화는 조선업계에서 유명하다. 이후 우리나라는 일본을 제치고 글로벌 조선 시장에서 줄곧 1위를 차지했다. 2015년 이후 수주량 기준으로 한국과 중국이 엎치락뒤치락하고 있지만 고부가가치 선박은 여전히 한국 조선사들의 몫이다.

글로벌 무역에 사용되는 선박의 가격은 최소 수백억 원에서 수천억 원에 달한다. 그만큼 선박 하나를 만드는 데는 많은 비용과 시간이 투입된다. 또한 선박은 실내 공장에서 만드는 것이 아니라 야외 도크에서 만들어지며, 수많은 노동력을 필요로 한다. 2021년 선박 발주가 많아지며 국내 조선사들의 일감이 늘어나자 인력난에 처한 조선사들을 다룬 기사가 종종 뜨기도 했다. 노동집약적인 조선 산업의 특징을 잘 보여주는 대목이다. 따라서 인건비 측면에서 우위에 있는 중국이 조선 산업에서 점차 두각을 나타내고 있으며, 국내 조선사들은 부가가치가 높은 선박에서 견고한 입지를 다지고 있다.

조선 산업 역시 해운 산업과 유사한 산업 사이클을 지닌다. 일반적으로 해운 산업이 조선 산업에 선행한다. 일감이 몰려들어 운임이 오르면 선박 수요는 늘어난다. 선박 발주가 몰리면서 조선사들의 일감 역시 늘어나게 된다. 그러나 선박이 인도되는 시점까진 2~3년의 시차가 발생할 수밖에 없다. 막상 선박이 인도되는 시점에는 공급과잉으로 조선 산업이 침체를 겪을 수 있는 것이다. 이처럼 조선 산업은 수요와 공급의 불일치가 지속적으로 나타나 호황과 불황의 진폭이 매우 크다.

2. 조선 산업의 성장성

산업통상자원부에 따르면 2022년 상반기 한국의 선박 수주 실적은 약 979만 CGT로 글로벌 전체 발주량 중 45%를 차지했다. 중국은 약 935만CGT로 43%를 기록했다. 금액 기준으로는 한국이 약 265억 달러로 47%, 중국이 약 223억 달러로 약 40%다. 수주량 대비 국내 조선사들이 수주한 선박의 단가가 중국보다 높다는 의미다. 이는 한국 조선 산업에서 생산하는 선박들이 대부분 LNG선처럼 고부가가치 선박 비중이 높기 때문이다.

산업은행 기술리서치센터에 따르면 한국은 컨테이너선과 LNG선, LPG선에서 경쟁력을 갖고 있다. 중국 조선사들은 이보다 부가가치가 낮은 벌크선과 탱커선에 집중하고 있다. 조선해운 관련 전문 조사 기관인 클락슨Clackson에 따르면 2021년 10월 기준 중국의 벌크선 수주 비중은 약 64.1%, 컨테이너선은 약 55.9%다. 반면 한국은 전체 발주된 LNG선의 약 87.1%를 수주해 사실상 이 시장을 독과점하고 있다.

2000년대 초반 중국을 중심으로 신흥국 경제가 크게 발전하면서 글로벌 교

2018~2022 상반기 수주 실적 추이

(단위: 만 CGT)

구분		2018	2019	2020	2021	2022
글로벌 발주	발주량	1,893	1,550	964	3,049	2,153
	금액(억 달러)	383	374	187	658	560
한국 수주 (비중)	수주량	664(35%)	388(25%)	133(14%)	1,084(36%)	979(45%)
	금액(억 달러)	128(33%)	93(25%)	34(18%)	281(43%)	265(47%)
중국 수주 (비중)	수주량	620(33%)	592(38%)	508(53%)	1,452(48%)	935(43%)
	금액(억 달러)	103(27%)	105(28%)	87(47%)	274(42%)	223(40%)

출처: 산업통상자원부

국가별 수주 선종 점유율

(단위: %)

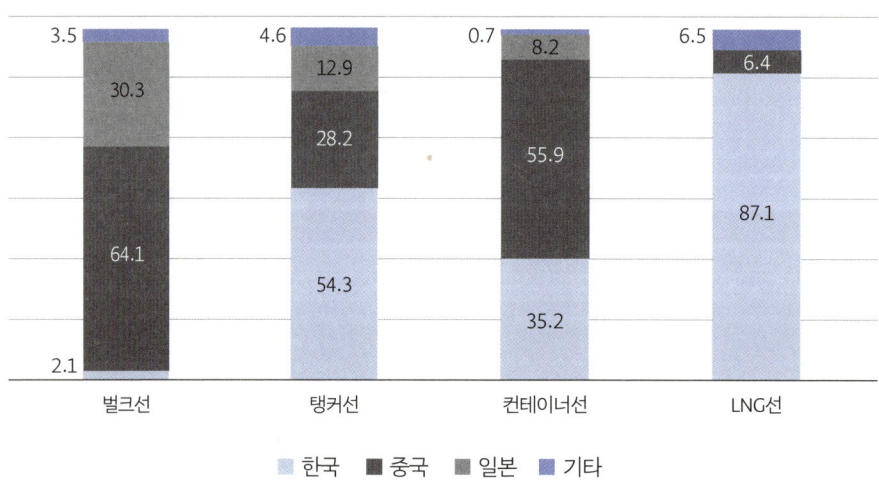

출처: 메리츠증권, 클락슨(2021년 10월 기준)

| 한·중·일 선종별 경쟁력 평가

구분	내용
벌크선	중국 > 일본 ≥ 한국
탱커선	중국 ≥ 한국 ≥ 일본
컨테이너선	한국 > 중국 ≥ 일본
LNG선·LPG선	한국 > 일본 ≥ 중국

출처: 산업은행 산업기술리서치센터

역량이 늘었고 덩달아 선박 발주도 급증했다. 그러나 글로벌 금융위기를 겪으면서 전 세계 경제는 저성장 국면에 접어들었으며, 중국 조선사들을 중심으로 공급과잉 이슈가 겹치면서 조선 산업 역시 장기 불황에 빠졌다. 다만 코로나19 팬데믹 이후 조선 업황은 개선될 것으로 보인다. 해운 조사 전문 기관인 MSI Maritime Strategies Internationl에 따르면 2021년 이후 노후선박 교체 수요가 증가할 것으로 전망된다. 통상 선박의 수명은 25년 내외로 2000년대 초반부터 대량으로 인도된 선박의 폐선 시기 역시 2020년 이후이기 때문이다. 또한 각국의 환경규제가 강화됨에 따라 친환경 선박 수요도 증가할 것으로 기대된다.

3. 조선 산업의 투자 포인트

1) 신조선가, 중고선가 추이

해운 업황의 바로미터가 운임이라면, 조선 산업은 신조선가다. 신조선가는 선박 건조 가격을 말하며, 이를 바탕으로 만든 지수를 신조선가 지수라고 한다. 자동차로 비유하자면 신차 가격인 셈이다. 조선업계에서 가장 대표적인 신조선가

| 클락슨 신조선가 지수

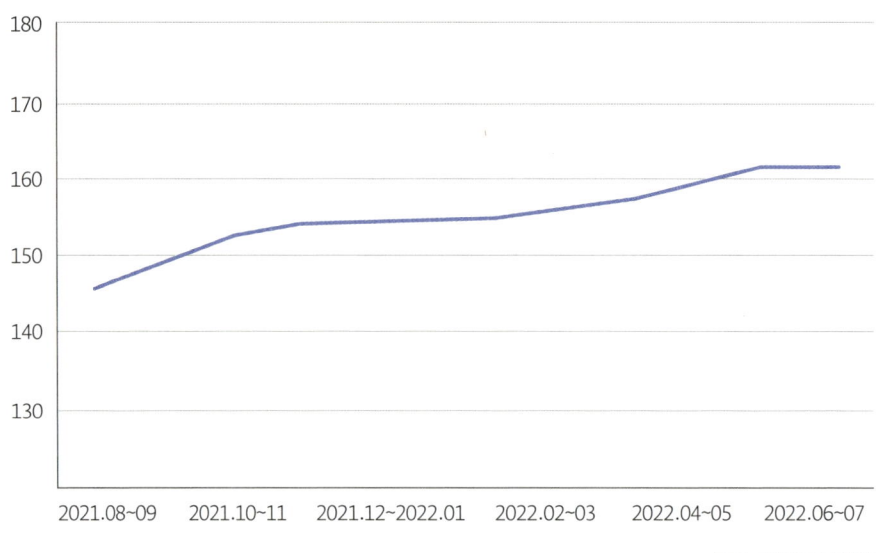

출처: 일간조선해양

지수는 클락슨에서 발표하는 지수다. 클락슨 신조선가 지수는 1998년 전 세계 선박 건조 가격 평균을 100으로 기준을 잡고 이를 지수화한 것으로 높을수록 선박 가격이 많이 올랐다는 의미다. 2022년 7월 현재 클락슨의 신조선가 지수는 161.5다. 2021년부터 꾸준히 높아지는 추세다.

신조선가가 있다면 중고선가도 있다. 말 그대로 중고 선박의 거래 가격이다. 일반적으로 신조선가가 중고선가보다 높은 것은 당연하다. 조선 산업의 호황기에는 신조선가와 중고선가의 차이가 줄어든다. 특히 선박의 수급이 타이트한 경우 중고선가가 신조선가보다 일시적으로 높게 거래되는 경우도 있다. 2021년 하반기부터 반도체 수급 부족 이슈로 신차 출고가 지연되자 자동차업계에서도 일부 중고차들이 신차 가격보다 비싸게 거래되는 경우가 발생한 것과 비슷하다.

2) LNG선

2022년 2월 러시아가 우크라이나를 침공하면서 미국과 유럽 등 서방국가들은 러시아에 강력한 경제제재를 단행했다. 러시아도 이에 질세라 유럽에 천연가스 공급을 점진적으로 중단하면서 에너지 가격이 천정부지로 뛰었다. 유럽의 러시아산 천연가스 의존도는 약 40%에 달한다. 러시아의 천연가스 공급 중단으로 유럽은 빠른 속도로 가스 공급망을 다변화하고 있다. 미국이나 카타르로부터 LNG를 수입하는 것이 대표적이다.

바다 건너에서 LNG를 들여오기 위해서는 선박이 필요하다. 이에 따라 유럽은 FSRU(액체 상태의 LNG를 기화해 육상에 공급하는 기능을 갖춘 특수 선박) 인수 기지를 늘리고 있다. 추후 해외에서 수입해온 LNG를 액화시켜 저장한 뒤 발전소나 가정에 공급해주는 LNG 터미널도 도입할 계획이다. 이 같은 유럽의 탈러시아 정책은 LNG선 생산에 강점을 갖고 있는 국내 조선사들에 기회로 작용하고 있다.

3) 친환경 선박

국제해사기구 International Maritime Organization, IMO는 2020년 1월부터 세계 모든 선박에 대해 기존 황함유량 규제치를 3.5%에서 0.5%로 낮추는 규제를 시행했다. 일반적으로 선박의 연료는 벙커C유가 쓰인다. 원유에서 휘발유, 등유, 경유를 증류하고 난 다음 얻어지는 것이 벙커C유다. 벙커C유는 화석연료이므로 연소되면 탄소를 비롯해 다양한 유해 물질이 배출된다. 특히 벙커C유에 함유된 황산화물 SOx은 휘발유보다 1,000~3,000배나 많다. 이것이 친환경 선박의 도입이 시급한 이유다.

황산화물을 줄이는 방법은 크게 세 가지로 나뉜다. 먼저 선박에 탈황 장치를 장착하는 방법이다. 기존 선박에도 설치할 수 있고, 황산화물뿐만 아니라 미세먼지 역시 줄일 수 있는 장점이 있다. 다만 탈황 장치 설치 비용이 발생하고 화물선적 공간이 줄어드는 문제가 있으며 국가별로 탈황 장치 설치 선박 입항을 거부하는 곳도 있다. 두 번째는 저유황유를 사용하는 방법이다. 탈황 장치 설치

황산화물 규제 대응방법의 종류와 장단점

대응방법	장점	단점
탈황 장치 장착	・고유황유 사용 가능 ・대부분의 기존 선박 설치 가능 ・황산화물뿐만 아니라 미세먼지 저감 가능	・탈황 장치 장착 비용 발생 ・별도의 설치 공간으로 화물선적 공간 감소 ・탈황 장치 종류에 따라 입항을 거부하는 국가도 있음(노르웨이, 독일, 벨기에 등)
저유황유 사용	・대부분의 선박에 사용 가능 ・엔진개조 및 추가적인 장비 설치 등 물리적 조정 불필요 ・탈황 장치 설치 및 선박 건조에 비해 초기 투자 비용 부담 없음	・수요 증가에 따라 유가(연료비) 상승 리스크 보유 ・연료전환 및 기존 엔진 적용에 따른 품질보증 문제 발생 가능성
대체연료 사용 (LNG 추진선)	・대기환경 규제를 충족시킬 수 있는 이상적인 방안 ・기존 연료 대비 높은 열량으로 연료비 절감 가능	・LNG선 건조 비용에 대한 부담 ・현재 급유 설비 등 LNG 벙커링 인프라시설 부족

출처: 현대중공업

와 달리 추가 비용이 들지 않으며 기존 선박에도 적용할 수 있다. 그러나 수요 증가에 따라 연료비 상승 이슈가 있으며, 아무래도 새로운 연료를 적용함에 따라 발생하는 문제도 예상된다. 마지막으로는 대체연료를 사용하는 선박을 도입하는 방식이다. 대표적으로 LNG 추진선이 있다. LNG 추진선이란 LNG를 연료로 운항하는 선박이다. 다만 기존 선박에 적용할 수 없다는 단점이 있으며, 현재 LNG 급유를 담당하는 LNG 벙커링선 인프라가 부족하다는 한계가 있다. 다만 이는 국내 조선사들에 기회로 작용할 전망이다.

최근 현대중공업, 대우조선해양, 삼성중공업은 이 중 연료 선박을 적극적으로 수주하고 있다. 이 중 연료 추진선은 기존 선박의 연료인 벙커C유와 LNG나 LPG를 연료로 함께 사용하는 선박이다. 자동차로 치면 화석연료와 전기를 섞어 사용하는 하이브리드인 셈이다. 현대미포조선은 과거 LNG 벙커링선을 건조한 경험을 바탕으로 신규 수주에 적극 나서고 있다. 2021년부터 본격적으로 개화하고 있는 LNG 추진선, LNG 벙커링선 시장에서 국내 조선사들의 활약 정도에 따라서 앞으로의 기업가치 상승이 결정될 것으로 보인다.

시가총액 상위 기업의 투자 지표

- 실적 및 투자 지표: 2022년 3분기 연환산 기준
- 배당수익률: 2021년 주당 배당금/2022.11.30 기준 주가
- 시가총액: 2022.11.30 기준

(단위: 억 원, 배)

기업명	매출액	영업이익	순이익	PER	PBR	ROE	배당수익률	시가총액
HMM	195,020	113,852	113,427	1.0	0.50	51.8%	2.7%	109,056
현대중공업	88,471	-7,920	-7,104	-14.8	1.93	-13.1%	0.0%	105,196
현대글로비스	260,140	16,780	10,868	6.1	0.99	16.3%	2.2%	66,188
삼성중공업	61,566	-7,756	-6,820	-6.7	1.02	-15.1%	0.0%	45,848
현대미포조선	35,542	-1,314	269	128.3	1.51	1.2%	0.0%	34,550
팬오션	64,776	8,531	7,791	3.7	0.58	15.7%	1.9%	28,813
대우조선해양	47,667	-17,128	-17,129	-1.2	2.28	-190.6%	0.0%	20,493
CJ대한통운	121,646	3,993	2,018	10.0	0.55	5.5%	0.0%	20,166
선광	1,718	352	195	42.8	2.46	5.7%	0.3%	8,336
대한해운	15,695	2,836	2,339	3.0	0.40	13.5%	0.0%	6,910
HSD엔진	7,357	-401	-472	-11.4	2.39	-21.0%	0.0%	5,373
한국카본	3,446	220	25	208.6	1.31	0.6%	1.3%	5,231
세방	13,136	525	584	8.8	0.54	6.1%	0.8%	5,107
흥아해운	1,515	226	-169	-23.1	2.96	-12.8%	0.0%	3,907
HJ중공업	17,047	-882	-1,252	-2.9	0.95	-32.3%	0.0%	3,689
동성화인텍	4,110	234	114	29.3	2.30	7.8%	3.1%	3,348
세진중공업	3,908	-10	-52	-63.5	2.09	-3.3%	2.6%	3,331
STX엔진	5,205	43	-63	-50.4	1.17	-2.3%	0.0%	3,164
한진	28,304	1,166	-23	-135.0	0.24	-0.2%	2.9%	3,057
KSS해운	4,197	629	694	3.2	0.47	14.7%	3.6%	2,214

조선과 운송

고속버스

고속버스
- 천일고속
- 동양고속

운송

물류와 항만
- 유성티엔에스
- 삼일
- 현대글로비스
- 한솔로지스틱스
- CJ대한통운
- 인터지스
- 한진
- 서호전기
- 선광
- 토탈소프트
- 세방
- 케이엘넷
- 동방
- SG&G
- KCTC
- 국보
- 유수홀딩스
- 한익스프레스
- 태웅로직스

조선사
- 삼성중공업
- HJ중공업
- 대우조선해양
- 현대중공업
- 현대미포조선

해운

해운
- HMM
- 대한해운
- 팬오션
- KSS해운
- 흥아해운

조선기자재

기타기자재
- 엔케이
- 동방선기
- 한라IMS
- 일승

보냉재
- 한국카본
- 동성화인텍

선박용 크레인
- 오리엔탈정공
- 상상인인더스트리

선박용 탈황설비
- 티에스넥스젠

선체
- 세진중공업
- 메디콕스

엔진
- STX중공업
- 인화정공
- HSD엔진
- 케이에스피
- STX엔진
- 에스앤더블류
- 케이프

통신장비
- 대양전기공업
- 삼영이엔씨

건설과 플랜트

건설은 건물이나 시설 등을 새로 짓는 것을 말한다. 플랜트는 발전 및 담수, 석유화학, 해양 설비, 환경 설비 등 각종 산업 시설을 의미한다. 플랜트는 건설을 통해 지어진 건물의 한 형태라고 볼 수 있다. 그럼에도 건설 산업이라 통칭하지 않고 굳이 '건설과 플랜트' 산업으로 부르는 이유는 주 수요처와 전방 시장이 다르기 때문이다.

플랜트 건설 수요는 주로 해외에서 발생한다. 플랜트 수요에 가장 큰 영향을 미치는 요인은 에너지 가격, 즉 국제 유가다. 일반적으로 유가가 오르면 산유국은 플랜트 발주를 늘려 국내 건설사들의 일감이 늘어난다. 플랜트 외 국내 주택 및 인프라 건설 시장은 정부와 민간의 주택 공급 계획, 사회간접자본 투자와 같은 정책적인 측면의 영향을 받는다. 이러한 점이 투자 관점에서 국내 건설 시장과 해외 플랜트 시장을 구분해서 봐야 하는 이유다. 그럼에도 대형건설사가 국내 건설, 해외 플랜트라는 양 시장을 모두를 담당하고 있다는 차원에서 건설과 플랜트 한 산업으로 묶었다.

건설과 플랜트 산업에 속한 기업은 총 172곳으로 주식 시장에서 차지하는 비중은 4%다. 2014년을 기점으로 국제 유가가 하락하면서 플랜트 발주가 감소한 가운데 국내 주택 분양 실적도 2015년을 기점으로 감소하고 있다. 2022년부터 아파트 가격이 급락하고 분양시장의 열기가 식고 있어 향후 주택 부문에서 건설사들의 실적 개선은 기대하기 힘들다. 사우디의 네옴시티 건설 프로젝트 같은 해외 건설 시장에서 따내는 의미 있는 수주의 여부가 중요하다.

건설과 플랜트 산업은 크게 건설과 플랜트설비와 관리로 나뉜다. 건설은 주택이나 상업 시설, 도로, 교량 등을 건설하는 것을 말하며 유관 섹터로는 건축자재, 설계와 감리, 부동산개발과 관리가 있다. 플랜트설비와 관리는 플랜트를 짓거나 점검 및 플랜트 기자재를 만드는 기업을 포함한다. 추가로 폐기물을 처리하거나 수거한 폐기물을 활용해 발전 사업을 하는 폐기물처리와 발전 섹터도 포함하고 있다.

건설

1. 건설 산업의 개요

인적이 드문 곳만 아니면 대한민국 어딜 가든지 수많은 건물을 마주할 수 있다. 서울 남산 정상에서 내려다보면 성냥갑처럼 빼곡히 들어선 건물들이 장관처럼 펼쳐져 있다. 수많은 건물만큼이나 국내 건설사 수도 많다. 대한건설협회에 따르면 2022년 1월 기준 국내에 등록된 건설사의 수만 1만 4,264곳이다. 삼성물산, 현대건설, GS건설 등 대형건설사도 존재하지만 공공성과 지역성이 강한 까닭에 특정 기업의 점유율이 높지 않다.

건설은 발주처에 따라 공공과 민간 건설로 구분된다. 공공은 관급공사로 정부 및 공공기관이 발주처다. 민간 건설은 부동산 개발을 전문으로 하는 시행사나 민간단체가 발주처다. 일반적으로 공공기관보다는 민간 기업의 물량이 수익성이 좋다. 공사 종류에 따라서는 건축과 토목으로 구분할 수 있다. 건축은 다시 주거용과 비주거용으로 나뉘는데, 주거용은 아파트, 빌라, 단독주택 등이다. 비주거용은 백화점, 할인마트 등 상업 시설, 플랜트 등 공업 시설 등이 있다. 토목공사는 도로, 교량, 터널, 지하철, 상하수도 등을 인프라 건설을 뜻한다. 일반적으로 토목은 공공기관, 건축은 민간이 주도하는 경향을 띤다. 토목공사의 경우 공공기관의 사회간접자본 예산에 따라 수요가 발생하기 때문이다.

| 건설의 분류

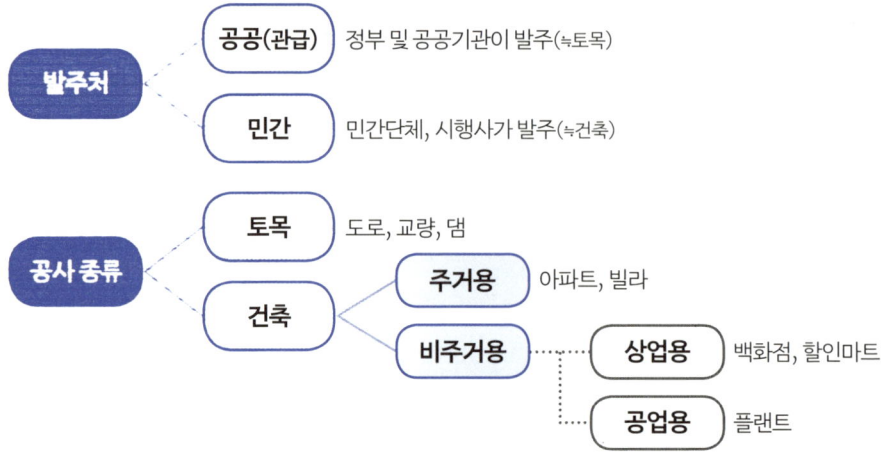

| 건설의 사업 형태

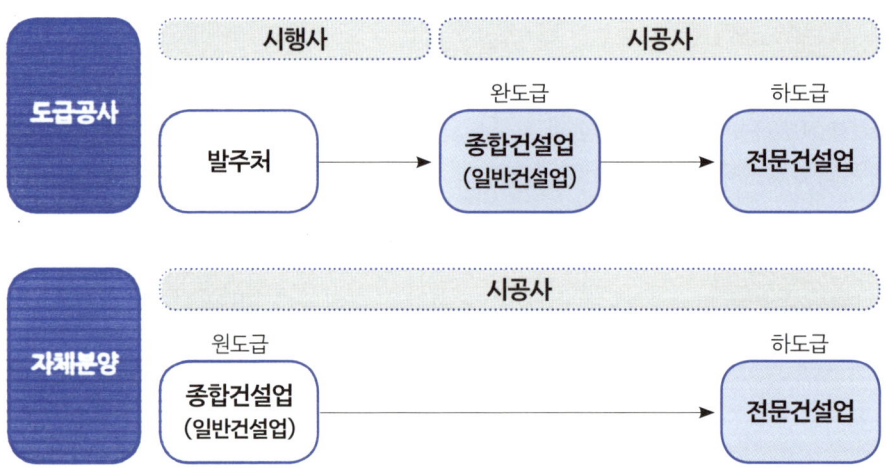

건설 산업은 사업의 형태에 따라 도급공사와 자체분양으로 나뉜다. 도급공사는 시행사와 시공사로 나뉜 형태다. 시행사는 디벨로퍼라고 하는데 부지 선정, 건축 허가, 설계, 자금 마련 등을 담당하는 주체다. 시공사는 시행사의 계획대로 건물만 짓는다. 일반적으로 시행사는 건설사들이다. 반면 자체분양은 건설사가

시공사 역할뿐만 아니라 시행사 역할까지 담당한다. 따라서 도급공사에 비해 자체분양의 수익성이 매우 높다. 물론 분양이 실패했을 때 감당하는 리스크도 클 수밖에 없다. 한편 시행사는 원도급과 하도급으로 구분되는데, 원도급은 주택, 상업 시설 등을 짓는 종합 건설업자이며, 하도급은 엘리베이터, 상하수도 설비 등을 담당하는 전문건설사다.

한편 시행사가 의도한대로 공사가 잘 진행되고 있는지 관리, 감독하는 주체는 감리회사이며, 일반적으로 감리회사가 건축물 설계까지 담당한다.

2. 건설사와 건설자재 기업이 돈을 버는 방법

건설사는 어떻게 돈을 벌까? 당연히 아파트나 빌라 등을 지어 분양(매각)해 돈을 번다. 그런데 매출을 인식하는 시점은 구체적으로 언제일까? 계약 시점일까, 공사를 완공한 시점일까? 만일 계약 시점이나 공사를 완공한 시점에 매출액을 인식한다면 실적이 매우 들쑥날쑥할 것이다. 1년에 진행하는 공사 건수도 적을뿐더러 공사기간도 길기 때문이다. 이처럼 수주 산업에 종사하는 기업은 매출액을 진행률 관점에서 인식한다. 쉽게 말해 1,000억 원 규모의 공사가 30% 진행되었다면 300억 원을 매출액으로 인식하는 것이다.

공사는 다음과 같은 순서로 진행된다. 주택(아파트)의 경우 기초 및 골조공사, 마감공사, 기계공사 순이다. 기초공사는 터를 판 후 파일을 세우는 작업이다. 파일은 말뚝 모양의 시멘트 2차 가공품으로, 인장력 보강 및 약한 지반이나 하중이 큰 건축물에 사용된다. 이후 지하층부터 지상까지 골조공사를 진행한다. 철근을 세우고 콘크리트를 붓는데 고체로 굳을 때까지 형태를 잡아줄 거푸집이 필요하다. 예전에는 거푸집으로 나무 합판을 사용했지만, 요즘은 알루미늄 폼으로 대체하고 있다. 콘크리트는 시멘트, 모래, 자갈과 물을 배합해 만든다.

골조를 완성하면 아파트 내외부를 마감하는 공사에 들어간다. 목재 소재, 대리석 등으로 바닥공사를 하며, 외벽 창틀을 지지하는 창호, 내장벽면 공사, 화장실 타일, 도기 등을 부착한다. 이후 싱크대, 레인지 후드, 선반 등 주방기기, 붙박이장, 드레스 룸 화장대 등 가구도 설치된다. 마감공사가 진행되면서 상하수도 설치 등 기계공사도 함께 진행된다. 이처럼 건설에 필요한 건설자재는 투입되는 시점에 매출이 발생한다.

3. 건설 산업의 투자 포인트

주택을 짓기 위해서는 인허가가 필요하다. 주택 착공에 대한 인허가를 받으면 2년에서 3년 정도 지난 후 분양 및 착공에 들어간다. 따라서 분양 건수 및 착공 면적은 건설 및 건설자재 기업 실적의 선행 지표다. 앞서 살펴본 것처럼 건설사는 진행률에 따라 매출액을 인식한다. 특히 공사의 전반기보다는 하반기에 진행률이 높아져 매출액이 증가한다. 건설자재는 투입되는 시점에 실적이 발생한다. 따라서 기초 및 골조공사 기업들의 실적이 먼저 좋아지고 뒤따라 마감공사, 기계공사 기업들의 실적이 증가한다. 이에 주택 분양 건수와 투입 시점에 따른 건자재 실적 사이클을 알고 있다면 투자하는 데 큰 도움이 된다.

주택 분양 물량은 기본적으로 수요와 공급에 따라 달라지지만, 정부 정책이 무엇보다 중요하다. 문재인 정부는 부동산 가격 안정화를 위해 대출 규제 및 세금 정책으로 강하게 규제했지만, 오히려 부작용만 낳았다. 이에 따라 이후로는 2021년 주택 공급을 늘리는 정책으로 선회했다. 여당과 야당 모두 부동산 가격을 안정시키기 위해 공급 확대 공약을 내세우고 있는 만큼, 향후 주택 건설 물량은 늘어날 수 있다.

플랜트설비와 관리

1. 플랜트설비와 관리 산업의 개요

건설사들에 국내 주력 시장은 주택이다. 그러나 해외로 눈을 돌리면 다르다. 해외에서는 발전 및 담수, 석유화학, 해양 설비 등 플랜트 수주에 집중하고 있다. 해외건설협회에 따르면 2021년 전체 해외 건설 수주액 306억 달러 중 약 58.5%인 179억 달러가 산업 설비, 즉 플랜트에 집중되었다. 국가별 수주 비중은 중동이 36.7%, 아시아 30.2%, 유럽 15% 순이다. 산유국 비중이 높아 국제 유가가 올라야 수주 여건이 개선된다. 과거 서부텍사스유(West Texas Intermediate, WTI)가 배럴당 100달러를 상회하던 시절, 국내 건설사들의 해외 건설 수주액은 600억 달러를 넘겼다. 그러나 2015년 들어서 국제 유가가 빠르게 하락하면서 해외 건설 수주액 역시 감소했다.

2. 플랜트설비와 관리 산업의 투자 포인트

플랜트 수주 실적이 늘어나기 위해서는 무엇보다 국제 유가 동향이 중요하다. 유가가 상승하면 산유국에서 플랜트 발주를 늘리기 때문이다. 국내 대형건설사

| 서부텍사스유 가격 변동 추이

출처: 네이버금융, 뉴욕상업거래소 New York Mercantile Exchange, NYMEX

| 해외 건설 수주액 추이

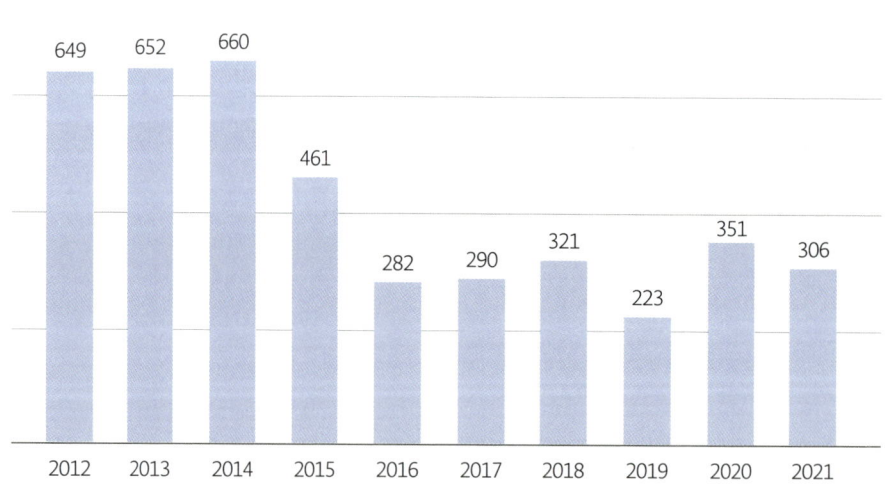

출처: 해외건설협회

들의 플랜트 수주가 늘면 기자재를 납품하는 기업 역시 일감이 늘어난다. 국내 상장사가 생산하는 플랜트 기자재는 산업용 계측기, 배열 및 폐열을 회수하는 배열회수보일러, 황산화물을 감소시키는 탈황 설비 등이 대표적이다.

다만 유가가 올라도 국내 건설 기업들의 해외 플랜트 수주는 예전만 못할 수 있다. 과거 공격적인 수주의 부작용으로 대규모 손실을 본 사례가 있기 때문이다. 국내 대형건설사들은 2010~2012년 사이에 적극적으로 수주전을 펼쳤다. 경쟁이 치열해지면서 저가 수주 역시 배제하지 않았다. 플랜트 역시 진행률로 매출액을 인식한다. 진행률의 기준점은 건설 원가다. 건설사들은 착공 전에 예상 건설 원가를 설정한다. '1조 원 규모 플랜트라면 원가가 8,000억 원 정도 들겠지'라고 가정하는 것이다. 그런데 생각보다 공사가 지연되고 기술적 난제를 맞닥뜨리면서 예상보다 원가가 더 투입될 수도 있다. 치열한 경쟁으로 수주를 따냈기 때문에 예상과 달리 원가가 더 들면 금세 적자가 난다. 이에 따라 국내 엔지니어링 기업 몇몇은 대규모 적자에 자본까지 잠식되는 상황에 놓이기도 했다. 이러한 혹독한 시련을 겪으면서 이제는 국내 건설사들이 수익성 중심의 경영을 펼치고 있다.

구조적으로 석유화학 플랜트 발주가 감소하는 부분도 있다. 코로나19 팬데믹 이후 미국, 유럽 등 서방국가들은 친환경 산업에 대한 대대적인 투자를 진행하고 있다. 자동차 기업들은 내연기관에서 빠르게 전기차 생산으로 전환하고 있으며, 여러 국가가 탄소를 배출하지 않는 친환경 에너지 사용을 장려하고 있다. 향후 탄소배출량을 일정 수준으로 줄이지 않으면 국가별로 어마어마한 탄소세를 내야 한다. 이러한 점이 장기적으로 화석연료를 사용하거나 환경에 유해한 물질을 생산하는 각종 화학 시설 발주가 줄어들 수 있는 배경이다.

건설사들의 돌파구는 친환경 설비다. 수소연료전지나 풍력 설비, 태양광 발전소, 수처리 설비 등이 좋은 예다. 원자력 발전 역시 성장 동력으로 꼽을 수 있다. 장기적으로 원전 비중을 줄이려는 우리나라와 달리 미국, 중국, 유럽 일부 국가는 원자력 산업을 정책적으로 육성하고 있다. 화석연료에서 친환경 에너지로 가는 과도기에서 발생하는 에너지 부족 현상을 해결할 수 있는 대안이기 때문이다. 따라서 투자 관점에서는 원전 관련 플랜트나 기자재를 만드는 기업들을 잘 지켜볼 필요가 있다.

폐기물처리와 발전

1. 폐기물처리와 발전 산업의 개요

코로나19 팬데믹으로 흥한 대표적인 산업은 언택트다. 코로나19로 집안에서 생활하는 시간이 늘어나면서 게임, OTT 플랫폼 등 비대면 주력 산업이 활성화되었다. 그런데 언택트와 전혀 상관없지만 호황을 맞이한 분야가 있다. 바로 폐기물처리 산업이다. 의료폐기물이 넘쳐나면서 이를 처리하는 폐기물처리 기업의 일감이 늘었다는 후문이다.

사실 폐기물처리 산업의 성장은 뜬금없는 일이 아니다. 2018년 중국이 폐기물 수입을 전면 금지하면서 국내 폐기물처리 수요가 크게 늘었다. 또한 전 세계적인 **ESG**♦ 열풍으로 폐기물처리 규제가 강화되면서 관련 산업이 커지고 있다. 업계에 따르면 국내 폐기물 처리 시장 규모는 2018년 약 16조 7,000억 원에서 2021년 약 19조 400억 원, 2025년에는 약 23조 7,000억 원으로 커질 전망이다.

국내에 상장된 폐기물 기업들은 시가총액 1조 원 미만의 중소형주로 분류된다. 그렇다고 아무나 들어갈 수 있는 만만한 시장은 아니다. 폐기물은 상업 시설

♦ Environment, Social, Governance의 앞글자를 딴 용어로 기업에 친환경, 사회적 책임, 지배 구조 등을 고려해야 한다는 책임감을 부여하는 의미로 사용됨

과 공업 시설, 관공서 등에서 주로 배출된다. 즉 폐기물처리 기업을 운영하려면 안정적으로 폐기물이 배출될 수 있는 좋은 지역을 확보하는 것이 중요하다. 위치만 좋다고 모든 문제가 해결되는 것도 아니다. 대표적인 기피 시설이다 보니 지자체가 지역 주민들을 설득하는 것도 어렵다. 앞으로 환경 규제가 강화되는 만큼 신규 사업자들의 진출은 더욱 어려워질 것으로 보인다.

2. 폐기물처리와 발전 산업의 투자 포인트

일반적으로 폐기물은 매립, 소각 등의 방법으로 처리한다. 소각하는 과정에서 발생하는 열 에너지를 이용해 스팀을 생산해 판매하는 업체도 있다. 또한 건설 폐기물을 수거해 재활용하는 곳, 산업현장에서 오염수를 정화하는 기업도 존재한다. 종사하는 분야는 다르지만, 모두 환경과 관련이 있다는 점에서 장기적으로 지켜볼 만한 투자 대상이다. M&A의 대상이 되거나 연관 사업에 진출해 몸값을 높일 수 있기 때문이다.

실제 폐기물을 수집, 처리하며 스팀, 바이오중유를 생산 판매하는 KG ETS가 2021년 하반기 매물로 나왔다. 2021년 11월 기준 현대엔지니어링, 에코비트 등 대어급 원매자들이 KG ETS에 러브콜을 보내고 있는 상황이다. SK에코플랜트 역시 2021년에만 9곳의 폐기물처리 기업을 인수하면서 몸값을 올리고 있다. 현대엔지니어링은 2023년에 상장될 예정이며, 에코비트 ECORBIT, SK에코플랜트는 모두 IPO를 계획하고 있다. 향후 대어급 환경설비 기업의 상장과 맞물려 폐기물처리 관련 기업들의 가치가 부각될 수 있다.

연관 사업에 진출해 몸값을 높이는 경우도 가능하다. 실제 인선이앤티의 경우 본업의 경쟁력을 통해 폐배터리 재활용 사업에 진출했다. 폐배터리 재활용이란 수명이 다한 배터리에서 코발트, 니켈, 리튬 등 핵심 소재를 회수한 후 배터리 제조사에 판매하는 사업이다. 전기차 시장이 커질수록 성장할 수밖에 없는 분야이므로 투자자들은 폐기물처리 기업들의 향후 행보를 눈여겨봐야 한다.

시가총액 상위 기업의 투자 지표

- 실적 및 투자 지표: 2022년 3분기 연환산 기준
- 배당수익률: 2021년 주당 배당금/2022.11.30 기준 주가
- 시가총액: 2022.11.30 기준

(단위: 억 원, 배)

기업명	매출액	영업이익	순이익	PER	PBR	ROE	배당수익률	시가총액
삼성물산	422,788	22,215	17,840	12.8	0.89	7.0%	3.4%	228,002
두산에너빌리티	129,701	9,614	301	355.3	1.33	0.4%	0.0%	106,917
삼성엔지니어링	96,282	5,951	4,825	10.0	1.87	18.8%	0.0%	48,118
현대건설	203,361	6,919	6,681	6.8	0.56	8.3%	1.5%	45,656
쌍용C&E	18,234	1,567	659	45.7	1.95	4.3%	7.4%	30,080
한전기술	5,003	182	203	114.2	4.40	3.8%	0.4%	23,161
KCC	66,433	4,844	-2,767	-7.7	0.42	-5.5%	2.9%	21,194
대우건설	96,496	7,176	5,022	4.2	0.57	13.5%	0.0%	21,155
GS건설	109,959	6,354	5,004	4.0	0.40	10.0%	5.6%	20,026
DL이앤씨	74,435	6,463	4,827	3.4	0.36	10.8%	3.2%	16,193
한전KPS	14,101	831	656	23.7	1.32	5.6%	3.5%	15,525
동화기업	11,121	838	241	54.6	1.92	3.5%	0.0%	13,173
아이에스동서	24,010	4,514	2,496	4.2	0.75	17.8%	3.5%	10,550
한일시멘트	14,201	970	691	12.3	0.60	4.8%	4.4%	8,519
에코프로에이치엔	1,679	273	212	38.2	10.89	28.5%	0.6%	8,112
HDC현대산업개발	33,805	258	-170	-42.8	0.25	-0.6%	5.4%	7,283
코오롱글로벌	48,004	2,445	1,473	4.8	0.98	20.3%	1.8%	7,084
KCC글라스	13,333	1,331	933	7.0	0.46	6.6%	5.9%	6,548
SK디앤디	7,391	1,619	1,436	3.5	0.72	20.2%	3.5%	5,093
태광	2,194	318	314	15.0	1.00	6.6%	0.6%	4,717

건설과 플랜트

부동산개발과 건물관리
- SK디앤디
- 한국토지신탁
- 한국자산신탁
- 서부T&D
- 해성산업
- 이스타코
- 신라섬유

폐기물처리와 발전
- 인선이엔티
- KG ETS
- 코엔텍
- 와이엔텍
- KC그린홀딩스
- 지엔원에너지
- 에코바이오
- 이엔코퍼레이션
- 지엔씨에너지
- 에스에이티
- 유네코

설계와 감리
- 도화엔지니어링
- 에쓰씨엔지니어링
- 한국종합기술
- 한미글로벌
- 희림
- 유신

건축자재

기타
- KCC글라스
- 우진아이엔에스
- 한국석유
- TKG애강
- 중앙디앤엠
- 스페코
- 프럼파스트
- CSA 코스믹
- 뉴보텍
- 하이드로리튬

레미콘과 부재료
- KH건설
- SG
- HLB글로벌
- 보광산업
- 유진기업
- 홈센타홀딩스
- 삼일씨엔에스
- 부산산업
- 동양파일
- 모헨즈
- 서산

내외장재
- 유니드비티플러스
- LX하우시스
- 벽산
- 일신석재
- 에스와이
- 라이온켐텍
- 이건홀딩스
- 국영지앤엠
- 에스폴리텍

시멘트
- 쌍용C&E
- 한일시멘트
- 한일현대시멘트
- 삼표시멘트
- 아세아시멘트
- 동양
- 성신양회
- 고려시멘트
- 유니온

페인트
- KCC
- 삼화페인트
- 노루페인트
- 강남제비스코
- 노루홀딩스
- 조광페인트

목재
- 동화기업
- 성창기업지주
- 이건산업
- 한솔홈데코
- SUN&L

욕실
- 대림B&Co
- 대림통상
- 와토스코리아

홈네트워크
- HDC랩스
- 코콤
- 코맥스
- 현대에이치티

거푸집
- 금강공업
- 삼목에스폼
- 덕신하우징
- 다스코
- 제일테크노스
- 원하이텍

골조
- NI스틸

건설과 플랜트

플랜트설비와 관리

기타
- 대창솔루션
- 케일럼
- 영풍정밀
- 에너토크
- 제이엔케이히터
- 삼영엠텍
- 세원이앤씨

EPC
- 두산에너빌리티
- SGC이테크건설
- 삼성엔지니어링

설계
- 한전기술

정비
- 한전KPS
- 일진파워
- 한전산업
- 오르비텍
- 금화피에스시
- 수산인더스트리

피팅밸브
- 태광
- 조광ILI
- 성광벤드
- 비엠티
- 하이록코리아
- 아스플로
- 디케이락

계측장비
- 우리기술
- 우진

열교환기
- SNT에너지
- 큐로
- 비에이치아이

환경설비
- KC코트렐
- CNT85
- 자연과환경
- 비디아이

건설

건축
- HDC현대산업개발
- KCC건설
- 한국테크놀로지
- HL D&I
- 아이에스동서
- 서한
- 코오롱글로벌
- 범양건영
- DL건설
- 화성산업
- 동원개발
- 신세계건설
- 금호건설
- 국보디자인
- 서희건설
- 이화공영
- 태영건설
- 남화토건
- 자이에스앤디
- 대원
- 계룡건설
- 까뮤이앤씨
- 동부건설
- 상지카일룸
- 진흥기업
- 삼일기업공사
- 일성건설
- 웰크론한텍
- 한신공영
- 신원종합개발
- 성도이엔지
- 누리플랜
- 세보엠이씨
- KD

대형건설
- 삼성물산
- 대우건설
- 현대건설
- HDC
- GS건설
- DL이앤씨

토목
- 삼부토건
- 남광토건
- 동신건설
- 삼호개발
- 동아지질
- 우원개발
- 특수건설

해저케이블
- KT서브마린

기계

기계는 사람이 힘을 가하지 않더라도 에너지를 공급하면 정해진 일을 수행하는 장치로 여러 부품이 조합된 것을 말한다. 기계는 지렛대, 도르래, 축바퀴처럼 단순한 것부터 자동차, 항공기, 로켓 등 복잡한 것도 포함된다. 사실 타 산업으로 분류되는 반도체 장비, 디스플레이 장비 역시 기계의 일종이다. 다만 이 책에서는 전방 산업, 비즈니스 모델, 주가 흐름의 동질성 등을 고려해 기계 산업을 건설기계, 공작기계, 항공우주와 방위 산업, 일반기계로 분류했다.

기계 산업에 속한 기업은 총 94곳으로 주식 시장에서 차지하는 비중은 1.7%다. 기계 산업 전체의 성장성은 글로벌 경제 성장률과 비슷하다. 모든 산업에 두루 사용되므로 글로벌 경기 동향의 바로미터로 볼 수 있다. 또한 설비 투자 성격이 강하므로 각국의 인프라 투자 시 수요가 늘어나는 경향이 있다. 단, 기계 산업 하부 섹터 간 성장성은 상이하다. 항공우주와 방위 산업체 기업들은 최근 글로벌 우주 시장이 본격적으로 개화하며 향후 성장성을 높게 평가받고 있으며, 러시아와 우크라이나의 전쟁으로 무기 수출이 가시화되고 있다. 자동화기기 기업들은 글로벌 기업들의 무인공장 투자에 따른 산업용 로봇 수요 증가로 가파르게 성장할 것으로 예상된다. 잘만 하면 미래의 텐배거 종목도 찾을 수 있는 만큼 투자자들이 큰 관심을 두어야 할 산업이다.

기계 산업은 기계의 종류에 따라 건설기계, 공작기계, 일반기계, 항공우주와 방위 산업 섹터로 구분했다. 건설기계는 불도저, 굴축착기, 로더, 지게차, 기중기 등 건설 현장에서 사용되는 기계를 말한다. 공작기계는 선반, 밀링, 라우터, 그라인더 등이며, 항공우주와 방위 산업은 항공기 및 위성 발사체 부품을 제조하거나 각종 무기를 만드는 기업들이 속한다. 이 밖에 사출금형, 자동화기기 등을 만드는 기업은 일반기계로 분류했다.

기계

1. 기계 산업의 개요와 특징, 성장성

1) 건설기계

건설기계는 불도저, 굴축착기, 로더, 지게차, 기중기 등 건설 현장에서 사용되는 기계를 말한다. 건설기계 수요는 글로벌 인프라 투자 규모에 영향을 받는다. 특히 도로 및 철도 등 사회간접자본 투자와 밀접한 관계가 있다. 글로벌 건설기계 시장은 2012년부터 규모가 축소되다가 2016년 인도, 중국 등 신흥국의 인프라 투자로 인해 성장세로 돌아섰다. 그러나 2020년 코로나19 확산으로 일시적으로 건설기계 수요가 감소했다. 2021년부터는 백신 보급 확산 및 각국 정부의 과감한 재정 정책으로 다시금 성장했다.

시장 규모가 가장 큰 나라는 미국, 중국, 일본이다. 2020년 기준 중국 건설기계 시장 규모는 479억 달러, 일본 420억 달러, 미국 418억 달러를 형성했다. 다만 건설기계 수요는 변동성이 커 단기간만 보고 시장 규모 순위를 단정 지을 수는 없다. 2019년만 하더라도 미국 건설기계 시장 규모가 555억 달러로 1위, 중국은 353억 달러로 3위를 차지했다. 연도별로 차이는 있지만 미국, 일본, 중국이 가장 큰 건설기계 시장임은 분명하다. 한국은 100억 달러 미만의 시장 규모를 형성하고 있다.

글로벌 50대 건설기계 제조 기업들의 연도별 매출 추이

(단위: 100만 달러)

연도	2011	2012	2013	2014	2015	2016	2017	2018	2019	2020
매출	181,840	186,166	163,363	159,089	153,371	129,501	162,217	184,503	202,727	191,587
증감률	19.8%	2.4%	-12.2%	-3.0%	-16.2%	-2.9%	25.3%	13.7%	9.9%	-5.5%

* 산업 차량(지게차) 및 터널굴진기 Tunnel Boring Machine, TBM를 제외한 실적임
출처: 〈옐로 테이블 탑 50 Yellow Table Top 50〉 자료 및 각사 보도자료 종합

주요 국가별 건설기계 시장 규모 추이

(단위: 100만 달러)

국가	2019	2020	증감(%)
미국	55,538	41,876	-13,662(-24.6%)
일본	46,749	42,071	-4,678(-30.7%)
스웨덴	19,496	18,592	-904(-4.6%)
독일	12,100	10,798	-1,302(-10.8%)
중국	35,318	47,964	27,354(35.8%)
한국	9,139	9,454	315(3.4%)
핀란드	5,148	5,754	606(3.4%)
전 세계	202,717	191,587	11,139(-5.5%)

출처: 〈옐로 테이블 탑 50〉 자료 및 각사 보도자료 종합

 글로벌 건설기계 1위는 미국의 캐터필러사(2020년 기준 약 16.2%)다. 2위는 일본의 고마쓰, 3위는 중국의 사니다. 한국 기업들은 10위권 내외 순위를 기록하고 있다. 2021년 현대중공업은 두산인프라코어를 인수, 사명을 현대두산인프라코어로 변경했다. 현대건설기계와 현대두산인프라코어가 합병한다면 세계 5위권

으로 순위가 올라갈 수 있다.

국내 건설기계 기업들은 일찍이 글로벌 시장에 진출했다. 두산밥캣, 현대건설기계, 현대두산인프라코어는 매출의 최소 80% 이상을 수출로 벌어들인다. 두산밥캣은 북미와 유럽권 판매 비중이 높으며, 현대건설기계와 현대두산인프라코어는 중국과 북미, 인도 및 브라질 등 신흥 시장에서 골고루 매출을 올리고 있다. 국내 주요 굴삭기 기업들의 주요 품목은 굴착기, 휠로더다. 휠로더는 토목공사 현장에서 흙이나 모래, 골재 등을 퍼 담아 옮기는 장비를 말한다.

2) 공작기계

공작기계는 기계의 기계라고 불린다. 이는 공작기계가 기계를 만드는 데 필요한 금속을 가공하는 기계이기 때문이다. 대표적으로 선반, 밀링, 라우터, 그라인더 등이 있다. 선반은 가공할 소재를 회전시키며 깎거나 파내는 기계이며, 밀링은 다수의 절삭 날로 평면, 곡면 등을 자르는 기계다. 라우터 역시 절삭과 관련된 기계이며, 그라인더는 연삭기라고도 하며 가공물의 면을 정밀하게 가공하는 기계다.

공작기계는 자동차, 항공우주, 의료, 반도체, 건설 등 다양한 산업에 걸쳐 사용된다. 전 세계적으로 200여 개 이상의 공작기계 제조 기업이 있다. 한국공작기계 산업협회에 따르면 생산 금액 기준 2020년 중국이 193억 달러를 기록, 1위(점유율 28.5%)이며 뒤를 이어 독일(14.5%), 일본(13.8%)이 자리하고 있다. 한국은 39억 7,100만 달러를 생산해 5위다.

비즈니스 컨설팅 전문기관 얼라이드 마켓 리서치(Allied Market Research)에 따르면 공작기계는 선반, 밀링, 라우터, 그라인더 순으로 시장 규모가 크다. 반면 성장률은 밀링이 가장 높을 것으로 전망된다. 밀링 시장은 2019년부터 2026년까지 연평균 약 7.1%씩 성장할 것으로 관측된다. 같은 기간 선반, 라우터, 그라인더 시장은 약 5~6% 내외의 성장률을 기록할 것으로 보인다.

| 글로벌 공작기계 종류별 시장 규모 추이

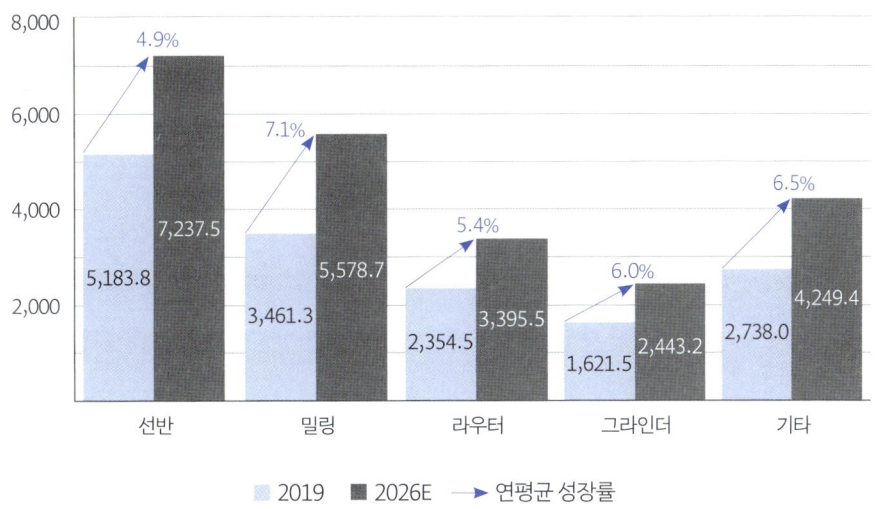

출처: 대성하이텍, 얼라이드 마켓 리서치

3) 일반기계

공작기계, 건설기계 등 특정 영역에만 쓰이는 기계도 있지만 사실 대부분의 기계는 산업 전반에 두루 사용된다. 이처럼 쓰임새가 특정 영역에 국한되지 않는 다양한 기계를 이 책에서는 일반기계로 분류했다. 주로 공장의 자동화기기 및 컨베이어시스템, 전자제품의 케이스 제조 틀로 사용되는 금형, 지하철 등 전동차 그리고 산업현장에서 사용되는 각종 부품 및 소재가 대표적이다. 제조 품목에 따라 전방 산업이 다르므로 해당 기업이 어떤 제품을 만드는지, 최종 수요처가 어디인지 잘 살펴봐야 한다.

4) 항공우주와 방위 산업

항공우주 산업은 지구의 대기와 우주 공간에서 움직이는 비행 물체를 연구, 설계 및 제조하는 일체의 사업을 뜻한다. 우리에겐 항공우주보단 우주항공이 익숙

하지만, 엄밀히 따지면 'Aerospace'라는 영어 단어에서 알 수 있듯이 항공우주가 맞는 표현이다. 비행기를 더 높고 빠르게 만들면 우주선이 되는 것처럼 항공과 우주는 떼려야 뗄 수 없는 관계다. 실제로도 많은 기업이 항공과 우주 비즈니스를 동시에 진행하고 있다.

항공우주는 그 어떤 산업보다 최첨단 기술력이 요구되는 분야로 경제적, 사회적, 군사적으로도 매우 중요한 산업이다. 과거 냉전 시대 미국과 러시아는 우주 탐사 경쟁을 벌이면서 막대한 자본과 인력을 쏟아 부었다. 그러나 오늘날에는 스페이스 X와 블루오리진Blue Origin, 버진갤럭틱Virgin Galactic 등 민간 기업이 우주 관광 시대를 열기 위해 경쟁하고 있다.

항공우주 산업의 주도권이 정부에서 민간으로 이전되며 자연스레 경제적 이익에 초점이 맞추어지는 상황이다. 실제 2020년 우주 시장 규모의 약 80%가 상업적 분야에 집중되었다. 한국개발연구원에 따르면 2020년 글로벌 우주 경제 규모는 약 4,470억 달러로 전년 대비 4.4% 성장했다. 미국 투자 은행 모건스탠리는 우주 시장 규모가 2040년까지 11조 달러, 뱅크오브아메리카와 메릴린치는 시장 규모가 27조 달러까지 성장할 것으로 내다봤다. 불과 20년 안에 24~60배까지 커질 수 있다는 분석이다.

항공우주 시장은 크게 위성제작, 지상 장비, 발사시스템, 위성 서비스 분야로 나눌 수 있다. 위성제작은 위성 및 위성 부품을 제작하는 분야이며, 지상장비는 지상 네트워크 및 통신방송 장비로 위성과 발사체와 신호를 송수신하는 분야다. 발사 시스템은 발사체를 만들거나 서비스를 제공하는 것이며, 위성시비스는 위성통신, 원격탐사, 위성항법 등의 분야를 아우른다. 이 중 시장 규모가 큰 것은 위성제작과 지상장비 분야다.

우리나라는 〈제3차 우주개발진흥기본계획〉을 토대로 항공우주 산업 발전 로드맵을 제시하고 있다. 주요 추진 전략은 우주발사체 기술 자립, 인공위성 활용서비스 및 개발 고도화, 우주탐사 시작, 한국형 위성항법시스템Korea Positioning

System, KPS 구축, 우주혁신 생태계 조성, 우주 산업 육성과 우주일자리 창출 등이다. 이 중에서 사업비가 집중된 분야는 우주발사체와 인공위성 분야다. 추가로 2021년 5월 한미 미사일 지침 협정이 폐기되면서 민간의 기술로 우주발사체 개발이 가능해졌다. 기존에는 사거리 800km를 초과하는 로켓 개발, 대륙간탄도미사일의 개발도 불가능했다. 이에 따라 자체 우주발사체 기술 개발이 본격화될 전망이다.

한편 국내 항공우주 기업 대부분은 전투기, 유도무기, 자주포 제작 등 방위 산업도 병행하고 있다. 오히려 방위 산업의 매출 비중이 더 크다. 사실 로켓과 미사일은 한 끗 차이다. 발사체에 사람을 태우면 우주선, 폭발물을 실으면 대륙간탄도미사일인 셈이다. 즉 방위 산업은 매출을 발생시키며 유입되는 캐시카우를 활용해 우주 발사체 기술 개발을 진행하고 있다.

3. 기계 산업의 투자 포인트

1) 글로벌 인프라 투자

건설기계, 공작기계 등 대부분의 기계 수요는 글로벌 설비 투자, 인프라 투자와 밀접하게 연관되어 있다. 일반적으로 설비 투자 증가율은 글로벌 경제 성장률과 동행한다. 중국의 세계무역기구 가입으로 자유무역이 활발히 진행되며 신흥국 중심으로 크게 성장했던 2004년부터 2007년까지 글로벌 설비투자 증가율은 꾸준히 10%를 웃돌았다. 그러나 글로벌 금융위기 여파로 2009년에는 설비 투자 증가율이 마이너스로 전환했으며, 이후 저성장 시대를 맞아 한 자릿수 성장과 하락을 반복했다. 2021년 코로나19 기저 효과로 설비 투자는 10% 넘게 성장했지만, 2022년에는 미국의 긴축과 러시아-우크라이나 전쟁, 중국의 제로코로나 정책 등으로 크게 둔화할 것으로 전망된다.

경기가 회복될 때 기업들은 앞다퉈 설비 투자를 단행한다. 호황이 찾아왔을 때 늘어난 수요를 감당하기 위해서다. 다만 경쟁사를 너무 의식하면 다소 과잉 투자를 진행하기도 한다. 경쟁사는 생산 능력을 2배로 늘리는데 우리 회사만 소극적으로 나선다면, 호황이 찾아왔을 때 점유율 격차가 크게 벌어질 수 있기 때문이다. 이렇게 구축된 설비는 불황이 찾아왔을 때는 기업들에 부메랑이 되어 돌아온다. 실제 설비 투자 증가율이 경제 성장률보다 변동성이 큰 이유다. 기계 기업들은 대표적인 경기 민감형 기업으로 호황과 불황 간 실적과 주가의 차이가 크다.

2) 스마트팩토리, 로봇

기계 산업에 속해 있다면 일반적으로 투자자들의 관심을 받기 어렵지만 자동화 기기를 만드는 기업은 다르다. 스마트팩토리, 로봇 관련 기업으로 분류할 수 있기 때문이다. 2021년 11월 삼성전자는 태스크 포스(Task Force, TF)였던 로봇 부문을 사업부로 격상시켰으며, 2022년 CES에서 다양한 휴머노이드 로봇을 선보였다. 8월에는 2030년까지 100% 무인 공장 설립을 계획하고 있다고 밝히기도 했다. 로봇에 대한 관심은 삼성전자뿐만이 아니다. 2021년 6월 현대차는 미국 로봇 전문 기업인 보스턴 다이내믹스를 인수했다. LG전자 역시 국제로봇학회 '유비쿼터스 로봇 2021'에 참가해 자유롭게 이동할 수 있는 통합배송로봇을 공개하기도 했다.

시장 조사 기관 리서치앤마켓에 따르면 글로벌 로봇 시장은 2020년 약 478억 달러에서 2025년 약 1,889억 달러로 연평균 성장률 32%에 달할 것으로 전망된다. 로봇 시장은 공장이나 물류 현장에서 쓰이는 산업용 로봇, 가정이나 기관 등 다양한 곳에서 서비스 용도로 쓰이는 서비스용 로봇, 의료 현장에서 쓰이는 의료용 로봇으로 구분된다. 2025년까지 산업용 로봇 시장이 가장 클 것으로 전망되며, 서비스용 로봇 역시 빠르게 성장할 것으로 전망된다.

분야별 글로벌 로봇 시장 전망

(단위: 10억 달러)

분야	2020	2025E	연평균 성장률
산업용	28.8	96.6	27%
서비스용	12.3	80.5	46%
의료용	6.7	11.8	12%

* 산업용 로봇 시장 규모는 제조 및 물류 시장 합산, 의료용 로봇 시장 규모는 수술용 로봇 시장 한정
출처: 리서치앤마켓, 현대차 그룹

로봇 시장이 빠르게 성장하는 배경은 비용 절감과 생산성 향상이다. 코로나 19 팬데믹 이후 41년 만에 높은 인플레이션이 찾아오면서 인건비 역시 크게 상승했다. 기업들은 자연스레 비용을 낮추면서도 생산성을 오히려 높일 수 있는 자동화기기에 대한 투자를 늘렸다. 요즘 거리를 걷다 보면 심심치 않게 로봇이 직접 커피를 내려주거나 치킨을 튀겨주는 가게를 발견할 수 있다. 본격적으로 로봇이 사람을 대체하는 분야가 늘어나고 있는 상황이다. 이에 따라 증시에서 로봇 관련 기업에 대한 관심이 커지고 있다. 기계 산업에서는 자동화기기나 서비스용 로봇을 제조하는 기업이나 핵심 부품인 감속기, 구동모터, 인버터, 모션 제어 시스템을 만드는 기업을 종종 찾아볼 수 있다. 서비스용 로봇이나 의료용 로봇 사업에 진출한 기업들은 기계 산업 외 생활가전이나 반도체, 디스플레이 장비 산업에서도 찾아볼 수 있으니 참고해야 한다.

3) 지구는 좁다 '우주로'

항공우주 산업의 마지막 종착역은 우주여행, 우주탐사 분야다. 미지의 세계를 개척한다는 관점에서 천문학적인 부가가치가 예상된다. 하지만 가장 먼저 항공우주 분야에서 성장성이 가시화되는 분야는 저궤도 위성이다. 위성은 고도에 따

| 위성 궤도별 주요 특징

구분	저궤도	중궤도	정지 궤도
위성 고도	250~2,000km	2,000~36,000km	36,000km
평균 통신 지연율	25ms	140ms	500ms
공전 주기	88~127분	127~1,440분	1,440분(24시간)
위성 수 (2021.05.01 기준)	3,328기	139기	560기
대표 사업자	스페이스 X, 원웹 등	SES	인말새트 Inmarsat, 나사 NASA 등
위성 무게	150kg	700kg	3,500kg

출처: 참여 과학자 모임 Union of Concerned Scientists, UCS, 한화투자증권 리서치센터

라 저궤도, 중궤도, 정지궤도, 고궤도로 나뉜다. 저궤도 위성은 타 위성에 비해 지표면에서 가까우므로 전파의 전송 거리가 짧다. 이러한 점이 저궤도 위성이 통신 분야에서 적극적으로 활용되는 이유다.

  우리나라는 인터넷 강국이다. 지하철에서도 와이파이를 통해 실시간 스트리밍 영상을 문제없이 볼 수 있을 정도다. 그러나 오지 산간에서는 아직 음영 지역이 많다. 인터넷 강국으로 꼽히는 우리나라도 아직 완벽하지 않은데, 다른 나라는 말할 것도 없다. 글로벌 인터넷 보급률은 약 60% 정도다. 여전히 많은 신흥국이 인터넷의 혜택을 제대로 받지 못하고 있다. 선진국이라도 농어촌 지역, 산간 지방에서는 여전히 인터넷 접속에 어려움을 겪고 있다. 지상의 기지국을 늘려도 음영 지역을 커버하는 데는 한계가 있다. 이러한 이유로 저궤도 위성이 새로운 대안으로 떠오르고 있다.

  통신 기술의 진화도 저궤도 위성의 역할을 키운다. 5G에서 6G로 넘어오면 속도도 속도지만, 도심 항공 모빌리티 Urban Air Mobility, UAM와 통신을 위해 지상에서

위로 10km 지점까지 원활한 서비스가 가능해야 한다. 자율주행 선박 역시 저궤도 위성 통신 없인 도입되기 어렵다.

    스페이스 X, 원웹 등 글로벌 메이커들은 저궤도 위성을 앞다투어 쏘아 올리고 있다. 스페이스 X는 2027년까지 자체 저궤도 위성인 스타링크 1만 2,000기를 구축할 계획이다. 이후 보완을 위해 약 3만 기를 추가 발사할 계획도 갖고 있다. 2022년 6월 기준 발사된 위성은 2,706기다. 스타링크를 통해서 일반 사용자에게 100Mbps 다운로드 및 20Mbps의 업로드 속도를 서비스할 예정이다. 스페이스 X는 2025년까지 미국에만 가입자 약 4,000만 명을 확보한다는 목표다. 영국의 원웹은 스타링크보다 더 높은 1,200km 궤도에 위성을 구축하고 있다. 고도가 높아 커버리지 영역이 더 넓다. 1단계에서 648기 위성을 구축할 계획이며, 최종적으로 7,020기의 위성을 운영할 계획이다. 한화솔루션이 원웹 지분 약 8.8%를 보유하고 있으며, 인텔리안테크가 원웹에 위성용 안테나를 납품하고 있다.

4) 러시아 전쟁의 나비효과 '국방비 증액'

러시아와 우크라이나의 전쟁은 글로벌 국방비 증액이라는 나비효과를 불러일으켰다. 가뜩이나 미국과 중국이 패권 전쟁을 벌이며 군비 경쟁을 펼치고 있었는데, 유럽과 인도·태평양 국가까지 가세한 것이다. 전 세계가 냉전 종식 후 30여년 만에 군비 경쟁 시대로 접어들었다. 바이든 행정부는 2023년 국가안보 예산으로 전년 대비 8.1% 늘어난 약 8,000억 달러를 배정했다. 미국은 9·11테러 사건 이후 지속적으로 국방비를 늘리고 있다.

    유럽도 본격적으로 국방비 증액에 나섰다. 2022년 3월 유럽연합 27개국 정상은 러시아의 우크라이나 침공을 계기로 EU 차원의 국방비 증액을 대폭 늘리기로 합의했다. 2024년까지 국내총생산 대비 국방비 2% 달성을 목표로 독일, 프랑스, 덴마크, 이탈리아, 스웨덴 등이 구체적인 계획을 밝혔다. EU 국가 대부

2021 유럽 주요 국가 GDP 대비 국방비

(단위: %)

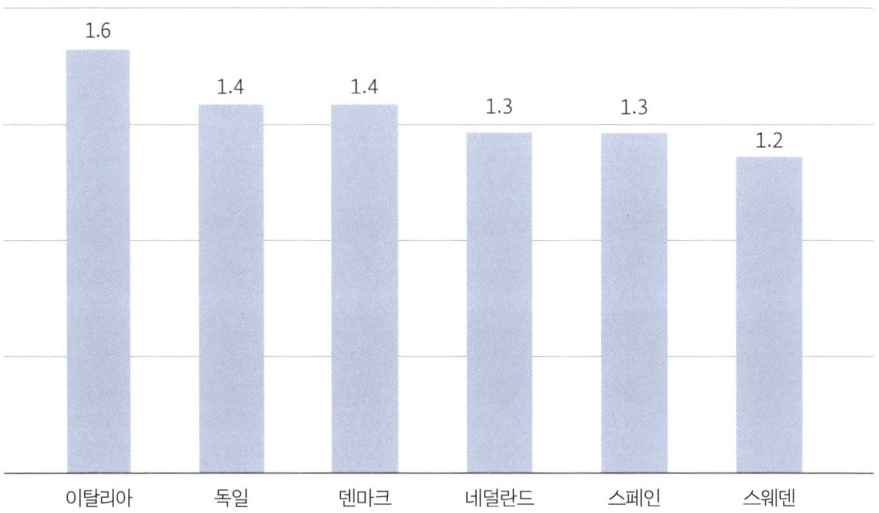

출처: 스톡홀름국제평화연구소 Stockholm International Peace Research Institute, SIPRI 군사비 지출 데이터베이스

한국 방산 수출 규모 추이

(단위: 억 달러)

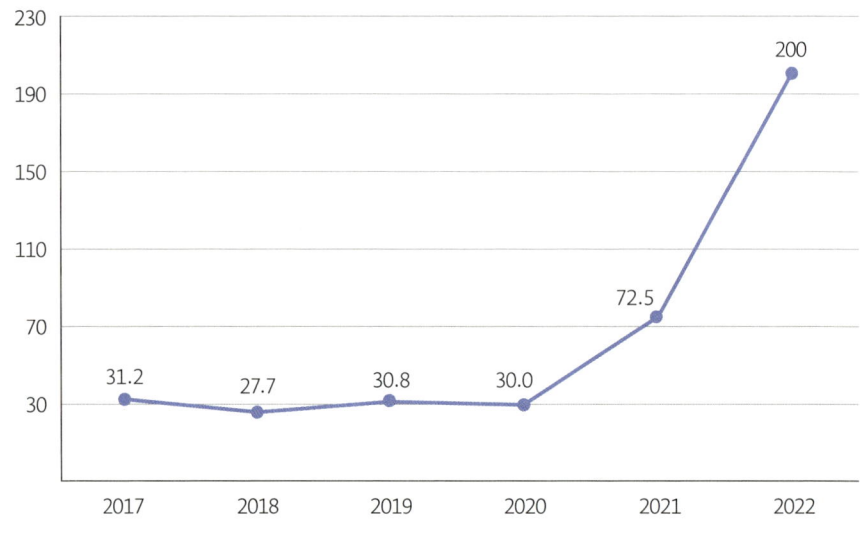

* 수주 기준. 2022년은 목표치
출처: 언론보도 종합

분은 국방비 지출이 GDP 대비 1.5% 이하로 목표 달성을 위해서는 30%가량의 국방비 증액이 필요하다.

아시아-태평양 지역도 마찬가지다. 중국은 2022년 국방비를 전년 대비 7.1% 늘렸으며, 일본은 2차세계대전 태평양 전쟁 이후 처음으로 국방비가 GDP 대비 1%를 넘겼다. 호주 역시 2021년 42억 달러였던 국방비를 2022년 6% 이상 늘렸다.

국내 방산 기업들의 수출에 청신호가 켜진 것이다. 2022년 1월 LIG넥스원, 한화시스템, 한화디펜스가 아랍에미리트와 35억 달러 무기 수출 계약을 맺었으며, 2월에는 이집트에 K9 자주포 판매 계약을 체결했다. 8월에는 폴란드에 K2 전차, K9 자주포 등 20조 원 규모의 수출을 성사하기도 했다. 2022년 우리나라의 방산 수출 규모는 역대 최고 수준인 170억 달러를 달성했다. 글로벌 국방비 증액 기조가 장기적으로 이어질 수 있다는 점을 감안한다면 투자 관점에서는 중장기적으로 경쟁력 있는 방산 기업을 주목할 필요가 있다.

시가총액 상위 기업의 투자 지표

- 실적 및 투자 지표: 2022년 3분기 연환산 기준
- 배당수익률: 2021년 주당 배당금/2022.11.30 기준 주가
- 시가총액: 2022.11.30 기준

(단위: 억 원, 배)

기업명	매출액	영업이익	순이익	PER	PBR	ROE	배당수익률	시가총액
한국항공우주	27,150	912	1,296	36.5	3.40	9.3%	0.4%	47,275
한화에어로스페이스	59,955	2,800	1,849	19.9	1.20	6.0%	1.0%	36,757
두산밥캣	79,995	9,751	4,832	7.4	0.70	9.5%	3.4%	35,639
현대로템	30,437	1,176	1,097	31.7	2.53	8.0%	0.0%	34,762
한화시스템	20,790	395	-90	-240.2	0.99	-0.4%	1.4%	21,726
LIG넥스원	21,859	1,761	1,834	11.1	2.14	19.3%	1.3%	20,350
현대두산인프라코어	45,554	2,780	3,762	4.4	1.02	23.5%	0.0%	16,395
현대엘리베이	20,788	417	1,432	8.5	1.06	12.5%	2.7%	12,163
현대건설기계	32,353	1,137	997	11.8	0.80	6.7%	2.0%	11,801
인텔리안테크	2,053	112	198	34.5	3.79	11.0%	0.1%	6,823
다원시스	2,418	-843	-818	-7.4	2.17	-29.5%	0.3%	6,014
레인보우로보틱스	145	19	20	283.4	11.25	4.0%	0.0%	5,542
디와이피엔에프	868	-152	-131	-33.6	5.31	-15.8%	0.2%	4,393
현대무벡스	2,278	159	134	32.0	2.82	8.8%	0.8%	4,272
SIMPAC	7,560	1,605	1,147	3.3	0.63	18.9%	3.4%	3,815
진성티이씨	5,190	506	447	7.9	1.67	21.1%	1.3%	3,541
휴림로봇	462	-70	-22	-154.4	4.63	-3.0%	0.0%	3,439
로보티즈	251	-17	–	-55,294.0	3.70	0.0%	0.0%	3,096
삼익THK	3,330	239	207	13.2	1.34	10.1%	2.3%	2,741
쎄트렉아이	789	-46	246	11.0	1.98	17.9%	0.5%	2,712

기계

일반기계

금형, 몰드
- 일야
- 우진플라임
- 에이테크솔루션
- 서연탑메탈
- 나라엠앤디
- 모델솔루션
- 기신정기

철도차량
- 현대로템
- 다원시스

승강기
- 현대엘리베이
- 해성티피씨

기타기계
- 협진
- 한신기계
- 일진다이아
- 쎄노텍
- 디와이피엔에프
- 제일연마
- 팬스타엔터프라이즈
- 케이피에프
- 조선선재
- 한일진공
- 파라텍
- 포메탈
- EV수성
- 카스
- 동일고무벨트

자동화기기
- 유일로보틱스
- TPC
- 코닉오토메이션
- 뉴로메카
- 아진엑스텍
- 엠투아이
- 알에스오토메이션
- 에스엠코어
- 에스피시스템스
- 휴림로봇
- 레인보우로보틱스
- 로보스타

줄자
- 코메론

밸브
- 에쎈테크
- 화성밸브메론

보일러
- 부스타

건설기계

굴착기
- 현대두산인프라코어
- 두산밥캣
- 현대건설기계
- 혜인

유압기계
- 디와이파워
- 현대에버다임
- 수산중공업
- 대모
- 테라사이언스

중장비 하부주행체
- 진성티이씨
- 대창단조
- 흥국
- 동일금속

중장비 감속기
- 우림피티에스

전기배선
- 프리엠스

항공우주와 방위 산업

방산시스템
- 한화시스템
- 에이트원
- 빅텍
- 휴니드
- 아이쓰리시스템
- 퍼스텍

전투기
- 한국항공우주

항공기자재
- 한화에어로스페이스
- 켄코아에어로스페이스
- 어스앤에어로스페이스
- 아스트
- 하이즈항공

유도무기
- LIG넥스원
- 휴센텍

위성시스템 및 소프트웨어
- 쎄트렉이이
- 제노코

공작기계

- SIMPAC
- 화천기공
- 와이지-원
- 신진에스엠
- 에이비프로바이오
- 화천기계
- 넥스턴바이오
- 스맥
- 삼익THK
- 에이치케이
- 이엠코리아
- 한국정밀기계
- 서암기계공업
- 대성하이텍

3장

IT

반도체

전기가 잘 통하는 물질을 도체라고 하며, 잘 통하지 않는 물질을 부도체라고 한다. 반도체는 말 그대로 도체와 부도체의 중간 정도의 물질이다. 정확히 표현하면 반도체는 전기의 통로가 될 수도, 되지 않을 수도 있는 물질이다. 반도체는 '산업의 쌀'이라고 불릴 만큼 각종 산업에 매우 중요한 기초 소재다. 특히 인공지능, 클라우드, 자율주행 전기차, 메타버스 등 4차 산업이 성장하면서 반도체의 사용범위가 나날이 늘어나고 있다. 국내 증시에서도 반도체 산업의 시가총액 비중이 꾸준히 확대되고 있다. 시장 조사 기업인 IDC에 따르면 전 세계 반도체 시장 규모는 2025년 6,000억 달러로 연평균 성장률이 5.3%에 달할 것으로 관측된다.

우리나라는 반도체 강국이다. 시가총액 1~2위 기업이 모두 반도체 기업이며, 삼성전자, SK하이닉스를 기반으로 형성된 밸류체인에 속한 기업들도 수두룩하다. 반도체 산업에 속한 기업은 총 150곳으로 주식 시장에서 차지하는 비중은 21.8%다. 단일 산업으로는 국내 주식 시장에서 가장 크며, 다양한 전방 산업을 두고 있기 때문에 투자 관점에서 매우 중요하다. 이러한 점이 국내 주식 시장에 투자한다면 반도체 산업에 대해서 제대로 알아야 하는 이유다.

이 책에서는 반도체 산업을 먼저 비즈니스 모델에 따라 반도체 제조, 팹리스, IP, 디자인하우스, OSAT^{outsourced Semiconductor Assembly and Test}로 구분했다. 추가로 반도체 제조에 필요한 반도체 소재, 반도체 장비 섹터를 포함시켰으며, 완성된 반도체를 유통하는 반도체유통 기업도 따로 분류했다. 같은 반도체 업체라도 어떤 섹터에 속하는지에 따라 업황, 전방 산업, 투자 포인트 등이 다르다.

반도체

1. 반도체 산업의 개요와 특징

1) 반도체의 종류와 성장성

IT 관련 뉴스를 보다 보면 종종 시장 조사 기관에서 발표하는 글로벌 반도체 기업 순위를 접한다. 여기서 빼놓지 않고 등장하는 반가운 이름이 있는데, 삼성전자와 SK하이닉스다. 특히 삼성전자는 주력 부문인 D램, 낸드플래시 부문에서 줄곧 가장 높은 점유율을 기록하고 있다. 그렇다면 삼성전자가 글로벌 반도체 1위 기업일까?

이는 절반은 맞고 절반은 틀린 말이다. 삼성전자가 1위를 차지하고 있는 분야는 메모리 반도체이기 때문이다. 반도체는 크게 메모리 반도체와 시스템 반도체로 나뉜다. 메모리 반도체는 단순히 데이터 저장 기능을 담당하지만 **시스템 반도체***는 PC 및 스마트폰의 두뇌, 그래픽, 오디오, 이미지, 통신 신호를 해석하는 등 매우 다양한 역할을 수행한다. 빵을 예로 들면 메모리 반도체는 비교적 단순한 식빵, 시스템 반도체는 각양각색의 케이크를 만들 수 있다. 메모리 반도체 산업은 비교적 단순하고 종류가 적기 때문에 소품종 대량생산에 적합하다. 반면

---

* 정보를 처리, 연산, 추론하는 반도체. 우리나라에서 비메모리 반도체라고 부르지만, 정확한 표현은 시스템 반도체

복잡하고 다양한 시스템 반도체 산업은 다품종 소량 생산 중심이다. 이러한 이유로 메모리 반도체 시장에서는 삼성전자, SK하이닉스, 마이크론 등 몇몇 기업이 같은 품목을 놓고 경쟁하는 데 반해 시스템 반도체 시장에서는 인텔, 퀄컴, 엔비디아, AMD, 브로드컴 등 무수히 많은 기업이 서로 다른 영역에서 경쟁하고 있다.

비슷한 제품을 놓고 경쟁하는 메모리 반도체 시장은 수요와 공급의 불일치가 주기적으로 발생한다. 공급이 제한적인 상황에서 수요가 늘어나면 반도체 가격은 상승하고 메모리 반도체 기업들의 실적은 개선된다. 반면 설비 투자가 늘어 반도체 공급이 수요를 초과하면 반도체 가격이 하락해 메모리 반도체 기업들의 실적은 타격을 입는다. 이처럼 메모리 반도체 시장은 상승과 하락을 반복하는 사이클을 갖고 있다.

관련 기업들의 주가 역시 업황 사이클에 따라 형성되는 특징을 보인다. 과거 메모리 반도체 기업이 10곳 남짓 되던 시절에는 반도체 사이클의 진폭이 매우 심했다. 공급과잉이 발생하면 선두 기업들이 반도체 가격을 대폭 낮추며 공격적인 가격 경쟁을 유도했기 때문이다. 규모가 작고 원가경쟁력, 기술력이 부족한 기업들은 이를 버티지 못하고 파산했는데, 이처럼 공급과잉 시기에 어느 한 기업이 파산할 때까지 공격적인 가격 경쟁을 펼치는 것을 치킨게임이라고 한다. 현재 메모리 반도체 시장은 치킨게임에서 살아남은 소수 몇몇 기업만 존재한다. 그러나 이제는 대부분의 기업들이 원가경쟁력과 기술력, 자본력을 갖추고 있어서 섣불리 치킨게임을 벌일 수 없는 상황이다. 따라서 과거에 비해 메모리 반도체 사이클의 진폭은 작게, 기간도 짧게 나타나고 있다.

시스템 반도체 시장은 경기를 크게 타지 않는다. 각자 경쟁하는 분야가 달라, 전방 시장 현황에 따라 각기 다른 영향을 받는다. 특히 시장 수요를 예측해 제품을 만든 후 재고를 쌓아놓고 파는 메모리 반도체와 달리 먼저 주문을 받고 생산하는 시스템이다. 이러한 점이 시스템 반도체 시장에서는 수요와 공급의 불일치는 웬만해서는 발생하지 않는 이유다.

정리하면 메모리 반도체 시장은 호황과 불황을 반복하는 사이클이 있으며 시스템 반도체 시장은 사이클 없이 비교적 안정적인 편이다. 전체 반도체 시장의 점유율을 100%로 봤을 때, 메모리 반도체가 30%, 시스템 반도체가 70% 정도를 차지한다. 따라서 아무리 메모리 반도체 시장에서 높은 지위를 갖고 있더라도 진정한 글로벌 반도체 기업이 되기 위해서는 시스템 반도체 시장에서 의미 있는 점유율을 기록할 필요가 있다. 삼성전자가 '시스템 반도체 비전 2030'을 내세우고 2030년까지 약 171조 원을 시스템 반도체에 투자한다고 밝힌 것도 이러한 이유다.

2) 반도체 비즈니스 모델

반도체를 만들기 위해서는 먼저 반도체 회로를 설계해야 한다. 이후 설계된 도면에 따라 반도체를 만들며, 완성된 반도체는 각종 IT 기기에 탑재될 수 있도록 조립 및 포장(이하 패키지), 테스트 과정을 거치게 된다. 반도체 제조 공정을 세 단계로 구분하면 '설계' '제조' '패키지 및 테스트'다. 설계부터 제조까지의 공정을 반도체 전공정이라고 하며, 완성된 반도체를 포장하고 테스트하는 공정을 후공정이라 한다.

반도체 설계를 담당하는 기업을 팹리스라고 한다. 팹리스를 직역하면 '공장이 없다'라는 뜻이다. 설계를 전문적으로 수행하고 생산은 생산 전문 기업에 위탁하기 때문에 지어진 이름이다. 팹리스 기업이 설계한 도면대로 반도체를 제조하는 회사를 파운드리Foundry라고 부른다. 패키지 및 테스트를 담당하는 후공정 기업을 OSAT라 한다. 그리고 팹리스, 파운드리, OSAT가 하는 업무를 모두 수행하는 기업도 있는데, 이를 IDM Integrated Device Manufacturer, 종합반도체회사라고 한다. 삼성전자와 SK하이닉스는 대표적인 IDM 기업이다.

그럼 IDM 사업자가 반도체 비즈니스 모델 중에서 최고일까? 그건 아니다.

메모리 반도체와 시스템 반도체 비교

구분	메모리 반도체	시스템 반도체
기능	정보 저장	정보 처리, 연산, 추론
종류	D램, 낸드플래시	CPU, GPU, PMIC, CIS 등
전체 시장 규모 대비	30%	70%
생산 방식	소품종 대량생산	다품종 주문형 생산
비즈니스 모델	IDM	팹리스, 파운드리, OSAT 등 분업화
경기 영향	반도체 가격에 따라 호황과 불황 반복	비교적 안정적

반도체 비즈니스 모델

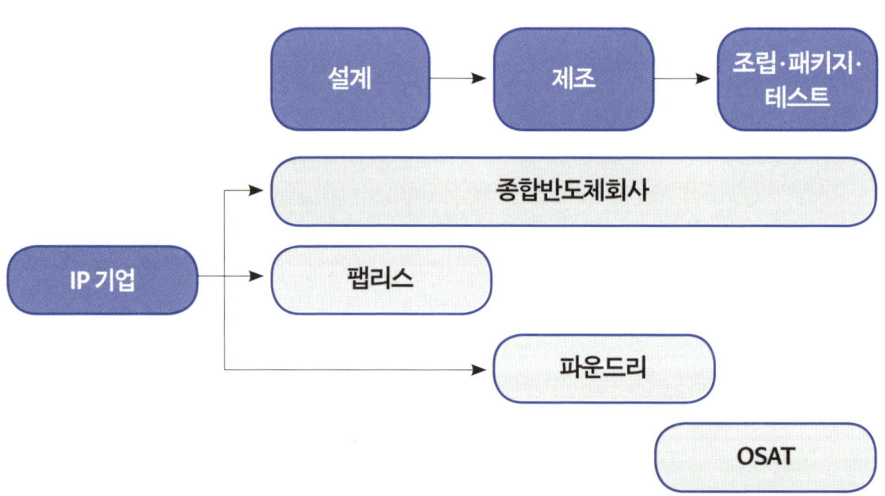

삼성전자와 SK하이닉스가 IDM 비즈니스 구조를 갖게 된 이유는 두 기업이 메모리 반도체 시장에 역량을 집중하고 있기 때문이다. 비교적 구조가 단순하고 소품종 대량생산 체제이므로 메모리 반도체 사업자는 주로 IDM 형태를 띤다. 하나의 기업이 설계, 제조, 조립·패키지·테스트까지 담당해도 큰 문제가 없다.

그러나 시스템 반도체는 구조가 복잡하며 종류도 다양하다. 이러한 이유로 설계는 엔비디아, AMD, 퀄컴, 제조는 TSMC, OSAT는 ASE, 암코어 등 분업화 체제로 구축되었다.

이 밖에 파운드리, IDM, 팹리스를 대상으로 이미 설계된 반도체 회로 등을 제공하는 IP^{Intellectual Property} 기업, 팹리스와 파운드 간 가교 역할을 하는 디자인 하우스 기업도 있다.

2. 반도체 제조 산업의 투자 포인트

1) 반도체 제조: 미세화와 트랜지스터 구조

반도체 제조와 유통 섹터는 삼성전자, SK하이닉스 등 IDM, 상장사 유일의 순수 파운드리 기업인 DB하이텍이 포함된다. 이 밖에 완성된 반도체를 유통하는 기업도 존재하지만 규모가 작고 단순 유통 산업에 종사하는 곳이 대부분이라 투자 관점에서 중요도는 낮다고 볼 수 있다. 따라서 반도체 제조와 유통에 관련해 투자하려면 삼성전자와 SK하이닉스, DB하이텍을 중심으로 보는 것이 좋다. 반도체 제조 기업에 투자하기 위해서는 반도체 제조 기술력과 반도체 시장의 업황을 잘 봐야 한다.

반도체 제조 기술력의 키워드는 미세화와 트랜지스터로 볼 수 있다. 반도체에서 미세화란 얼마나 회로를 얇게 그릴 수 있느냐에 관한 것이다. 즉 미세화 공정은 반도체 회로의 선 폭을 줄여 한 장의 웨이퍼에 더 많은 반도체 칩을 만들 수 있는 과정이다. 웨이퍼의 사이즈는 똑같은데 더 많은 반도체 칩을 생산할 수 있으니, 당연히 생산성이 높아진다. 또한 선 폭이 줄어들기 때문에 전력 소모도 덜해지며, 성능도 향상되는 장점이 있다.

트랜지스터는 반도체 칩에서 전원을 켜고 끄는 스위치 역할을 한다. 미세화

| 미세화 공정의 이해

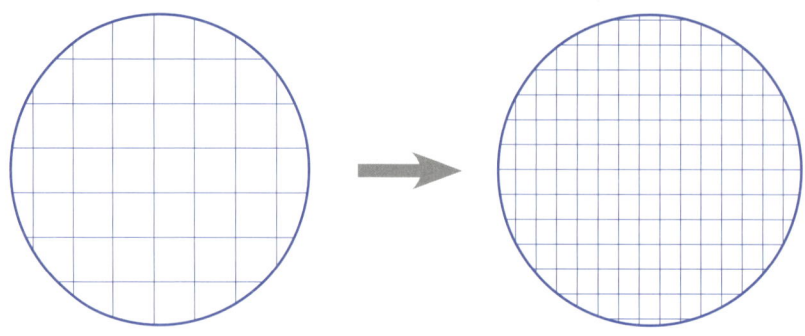

* 회로를 얇게 새기면 같은 크기의 웨이퍼에서 더 많은 반도체 칩을 생산할 수 있음

공정이 진행되면서 트랜지스터 역시 작아졌는데, 너무 작아지다 보니 스위치 역할을 제대로 수행할 수 없게 되었다. 이에 따라 트랜지스터가 잘 작동하도록 구조를 변형하는 기술이 개발되고 있다.

메모리 반도체 업황을 판단하는 지표는 반도체 가격이 대표적이다. 특히 D램과 낸드플래시 가격은 메모리 반도체 산업의 현주소를 직접적으로 보여주는 지표다. 대만의 반도체 시장 조사 기관인 디램익스체인지 DRAMeXchange 사이트에 방문하면 D램, 낸드플래시 등 주요 메모리 반도체 현물 가격을 확인할 수 있다. 다만, 시스템 반도체는 규격화되어 있는 품목이 아니기 때문에 참고할 만한 시장 가격이 없다.

2) 반도체 팹리스, OSAT: 고객사 낙수 효과

엔비디아, 퀄컴, AMD 등 미국 팹리스 기업들 대부분은 시가총액 100조 원이 넘는 초대형주다. 반면 국내 팹리스 기업들은 시가총액 1조 원 미만의 중소형주가 대부분이다. 또한 디스플레이, 차량용, 이미지센서, 멀티미디어, 모바일기기 등 각자 주력 분야가 다르다. 따라서 팹리스 기업을 평가할 때는 일관적인 잣대를 들이대서는 안 된다. 자신이 투자하는 팹리스 기업이 설계하는 반도체의 종류가 무엇인지, 고객은 누구인지, 전방 산업의 성장성은 어떠한지 등을 다각도로 따져봐야 한다.

국내 OSAT 기업들 역시 시가총액 1조 원 미만의 중소형주가 대다수다. 국내 팹리스와 다른 점은 삼성전자, SK하이닉스와 끈끈한 협력 관계를 갖고 있다는 점이다. 메모리 반도체 중심의 산업 구조인 탓에 후공정 역시 삼성전자나 SK하이닉스가 직접 담당하는 경우가 많았다. 그러나 최근 삼성전자가 시스템 반도체 역량을 강화하면서 OSAT 업체에 위탁하는 물량이 많아지고 있다. 따라서 OSAT 업체 중에서 시스템 반도체 패키징, 테스트 물량을 확대하는 업체에 주목할 필요가 있다.

미세화 공정이 한계에 봉착하면서 패키징 기술 경쟁력이 강화되는 부분도 눈여겨봐야 한다. 30나노에서 20나노로 가는 것보다 3나노에서 2나노 공정으로 가는 것이 훨씬 어렵고 더 많은 비용이 소요된다. 특히 10나노 이하 **노광 공정**◆에서는 극자외선Extreme UltraViolet, EUV 장비가 사용되는데, 1대당 가격이 약 2,000억 원에 달한다.

돈만 있다고 EUV 장비를 조달할 수 있는 것도 아니다. 전 세계에서 EUV 장비를 만들 수 있는 곳은 네덜란드의 ASML뿐이다. 이러한 미세화 공정의 한계를 극복하기 위해 반도체업계는 OSAT에서 대안을 찾고 있다. 선진화된 패키징 방법으로 반도체의 성능을 개선하는 것이다. 가령 서로 다른 반도체 칩을 하나의 패키지로 구현하는 SiPSystem in Package를 적용하면 크기와 비용을 줄일 수 있고 성능 역시 개선시킬 수 있다. OSAT 기업별로 구현할 수 있는 패키징 기술이 다르므로 이 점을 잘 살펴봐야 한다.

◆ 빛을 이용해 실리콘 웨이퍼에 전자 회로를 새기는 공정

'나노'는 얼마나 작을까?

반도체 관련 기사를 접하면 심심치 않게 등장하는 용어가 있다. 바로 '나노'다. 나노는 정확히 나노미터로 길이를 나타내는 단위다. 나노는 고대 그리스어로 '난쟁이'를 뜻하는 '나노스nanos'에서 유래되었다. 그렇다면 나노는 얼마나 작은 단위일까? 밀리미터의 1/1,000이 마이크로미터, 마이크로미터의 1/1,000이 바로 나노미터다. 1나노는 머리카락 굵기의 1/10만 수준이다. 육안으로 도저히 확인할 수 없는 크기다. 현재 삼성전자는 3나노 수준의 미세화 공정을 진행하고 있다. 어떻게 보면 반도체 기술력의 진보 수준은 실로 대단하다고 볼 수 있다.

반도체 미세화 공정 단위

기호	영문 명칭	한글 명칭	단위
m	meter	미터	$1m$
cm	centi	센티미터	$10^{-2}m$
mm	milli	밀리미터	$10^{-3}m$
μm	micro	마이크로미터	$10^{-6}m$
nm	nano	나노미터	$10^{-9}m$
pm	pico	피코미터	$10^{-12}m$
fm	femto	펨토미터	$10^{-15}m$
am	atto	아토미터	$10^{-18}m$

출처: 삼성전자반도체이야기

반도체 장비와 소재

1. 반도체 장비와 소재 산업의 개요

IDM이나 파운드리 기업들이 반도체를 만들기 위해서는 이에 걸맞은 장비와 소재가 필요하다. OSAT 기업들 역시 마찬가지다. 패키징을 하기 위한 각종 부품, 테스트를 위한 장비가 필수다. 반도체 제조 공정에 쓰이는 장비를 전공정 장비, 제조된 반도체 웨이퍼를 칩 단위로 자른 후 패키징하고 테스트하는 데 쓰이는 장비를 후공정 장비라고 한다. 반도체 장비 시장 규모는 전공정이 70%, 후공정이 30% 정도 차지한다. 후공정 장비는 대부분 국산화가 이루어진 상태다. 반면 부가가치가 큰 전공정 장비는 여전히 미국, 일본, 유럽 기업들에 의존하고 있다. 최근 증착, 식각Etcher 등 주요 전공정에서 국내 기업들의 점유율이 확대되고 있다.

1) 반도체 전공정

반도체는 지구 지각에서 가장 많은 원소인 규소로 만든다. 백사장을 가득 메운 모래가 반도체의 원료인 셈이다. 반도체를 만들기 위해서는 먼저 원판 형태의 웨이퍼를 만들어야 한다. 규소를 녹여 잉곳(규소봉)을 만들고 이를 균일한 두께의 얇은 웨이퍼로 잘라낸다. 잘라낸 웨이퍼를 거울처럼 연마하면 이제 본격적인 반도체 회로를 새기는 공정에 들어간다.

반도체 제조 공정은 크게 '산화' '감광액도포' '노광' '현상' '식각' '이온주입' '증착' '세정·연마' '금속배선' 공정으로 구분된다. 웨이퍼에 산화막을 입히고 그 위에 빛에 반응하는 감광액^{Photoresist}을 도포한다. 노광장비에서 나온 빛이 반도체 회로가 새겨진 포토마스크를 통과하면 감광액에 반도체 회로 패턴이 구현된다. 이후 현상액으로 패턴 외 나머지 부분을 제거한 후 식각공정을 통해 불필요한 막을 없앤다. 남아 있는 감광액을 스트립 공정으로 제거한 후 이온주입 공정을 통해 전기적 특성을 만든다. 이후 증착 공정을 통해 또다시 절연막, 전도성막 등을 입히고 세정 및 연마 공정을 거친 후 위의 작업을 수차례 반복한다. 정리하면 반도체를 제조하는 공정은 각종 막을 입히고, 그 위에 감광액을 도포한 후 회로를 새기고 깎는 작업을 반복하는 것이다. 이와 같은 반복 과정이 끝나면 최종적으로 회로에 알루미늄선을 연결시키는 금속 배선 공정이 진행되며 비로소 하나의 반도체가 완성되는 것이다.

이러한 반도체 제조 공정을 숙지한 투자자들은 반도체 제조 공정에 쓰이는 주요 장비 및 소재와 이를 만드는 기업들의 리스트를 알아둘 필요가 있다.

| 주요 반도체 전공정 밸류체인

공정	장비	소재
웨이퍼	· 고순도 흑연: 티씨케이	· 실리콘 부품 – 잉곳: SKC 솔믹스, 월덱스, 하나머티리얼즈
산화막	원익IPS	원익QnC, 램테크놀러지
감광액 도포		동진쎄미켐, 이엔에프테크놀로지
노광		· 블랭크마스크: 에스엔에스텍 · 펠리클: 에프에스티
현상		동진쎄미켐, 이엔에프테크놀로지, 램테크놀러지

공정		장비	소재
식각		· 식각: 주성엔지니어링, 테스, 참엔지니어링 · 스트립: 피에스케이	· 식각액: 솔브레인, 동진쎄미켐, 네패스, 한솔케미칼, 이엔에프테크놀로지, 램테크놀러지 · 실리콘 부품: SKC 솔믹스, 월덱스, 하나머티리얼즈 · 세라믹 부품: 티씨케이, 원익 QnC, 월덱스, 하나머티리얼즈
이온 주입		이온임플란터베리지(미국)	· 세라믹 부품: 티씨케이, 원익 QnC
증착		· LP-CVD: 유진테크 · PE-CVD: 원익IPS, 테스 · ALD: 주성엔지니어링	· 특수가스: OCI머티리얼즈, 원익머티리얼즈, 하나머티리얼즈 · 전구체: 디엔에프, 솔브레인, 메카로 · 실리콘 부품: 하나머티리얼즈 · 세라믹 부품: 원익QnC, 하나머티리얼즈
세정 및 연마		· 세정: 제우스, 코디엠 · 연마: 케이씨텍	· CMP 슬러리^{Slurry}: 케이씨텍, 솔브레인
금속 배선			· 도금액: 네패스, 한솔케미칼
기타	가스 스크루버	유니셈	
	칠러	유니셈, 에프에스티, GST	
	중앙약품공급	에스티아이, 한양이엔지, 씨앤지하이테크	
	이송	제우스, 싸이맥스	
	진공펌프	엘오티베큠	
	설비	· 클린룸: 성도이엔지, 한양이엔지, 엑사이엔씨, 케이엠 · 배관 설비: 엘오티베큠 유니셈, 에스티아이	
	세정 및 코팅	아이원스, 코미코, 미코	

주요 반도체 전공정 장비 설명

장비	설명
고순도 흑연	반도체 실리콘 잉곳을 생산하는 성장 장비용 부품
화학증착기상 Chemical Vapor Deposition, CVD	서로 다른 가스의 화학반응으로 형성된 입자들을 반도체 표면에 떨어뜨려 절연막이나 전도성 박막을 형성시키는 장비. CVD는 PE-CVD(플라즈마 화학증착장비)와 LP-CVD(저압 화학증착장비)로 구분. PE-CVD는 웨이퍼 표면에 가스를 공급한 뒤 열과 플라즈마를 이용해 화학적 반응을 일으켜 증착. 일반적으로 D램의 경우 LP-CVD, 낸드플래시의 경우 PE-CVD 적용
원자증착기상 Atomic Layer Deposition, ALD	CVD에서 진보된 방식으로 원자 정도의 두께로 박막을 형성하는 장비
식각	노광 공정으로 실리콘 기판에 회로를 새긴 후 불필요한 부분을 선택적으로 제거하는 공정. 식각 장비는 건식 식각 장비(Dry Etcher)와 습식 식각 장비(Wet Etcher)로 구분. 건식 식각 장비는 용액을 사용하지 않고(최근에는 플라즈마 사용) 기판 표면에서 물질을 제거하는 장비. 용액을 사용하는 습식 식각 장비에 비해 불량률이 낮고 정밀 작업이 가능
화학적 기계적 연마 Chemical Mecanical Polishing, CMP	웨이퍼를 평평하게 연마하는 장비
가스 스크루버 Gas Scrubber	반도체 공정을 수많은 화학반응을 일으키는데, 이때 발생하는 유해가스를 조절해주는 장비
칠러 Chiller	반도체 전공정에서 웨이퍼와 주변 온도를 일정하게 유지해 공정효율을 개선하는 장비. 주로 열 발생이 많은 식각 공정에서 사용
중앙약품 공급 시스템	반도체 전공정에 필요한 다양한 화학 소재를 공급하는 시스템
클린룸 Clean room	먼지가 없는 극도로 청정한 공간. 먼지뿐만 아니라 온도, 습도, 압력도 조절 가능. 일반적으로 반도체 팹(FAB)은 슈퍼 클린룸이라고 불림
진공펌프	불순물을 없애기 위해 가스 주입 전 기기 내부를 진공상태로 만들어 주는 장비
스트립 Strip	식각 공정이 끝난 후 감광액을 제거하는 장비

| 주요 반도체 전공정 소재 설명

소재	설명
블랭크마스크	노광 공정의 핵심 부품 소재인 포토마스크의 원재료. 패턴이 형성되기 전의 마스크
페리클 Pellicle	반도체 노광 공정에 사용하는 포토마스크를 대기 중의 먼지 등 오염으로부터 보호해 주는 얇은 보호막
식각액 Echant	노광 및 현상 공정을 통해 패턴을 형성한 후 노출된 금속막 부분에 화학반응을 이용, 식각해 패턴을 만드는 소재
실리콘 부품	온도 변화에 따른 기계적 및 물리적 성질 변화가 적어 주로 식각 공정에 많이 사용되는 소재. 실리콘 링(플라즈마 밀도를 균일하게 또는 정확하게 유지시켜 주며 웨이퍼 및 ESC, 전극 등을 보호하는 역할), 실리콘 일렉트로드(가스가 골고루 분사될 수 있게 돕는 부품) 등이 대표적
세라믹 부품	실리콘, 알루미늄, 타이타늄^{Ti}, 지르코늄^{Zr} 등과 같은 금속원소가 산소, 탄소, 질소 등과 결합해 만든 소재(석영^{Quartz}, 탄화규소^{SiC}, 알루미나^{Al2O3}, 질화알루미늄^{AlN} 등)에 열을 가해 강도가 생기도록 한 제품으로 내열성, 고강도, 내식성 등이 우수함. 고집적도를 위한 선폭 미세화에 따른 고밀도 플라즈마 환경의 도입과 건식 에칭$^{dry\ etching}$, 플라즈마 세척$^{plasma\ cleaning}$과 같은 공정이 도입되면서 세라믹 소재 수요가 늘고 있음
특수가스	주로 증착 공정에 사용되며, 삼불화질소^{NF3}, 모노실란^{SiH4}, 고순도 암모니아^{NH3}, 디실란^{Si2H6}이 대표적
전구체	반도체 웨이퍼에 미세회로를 만들 때 금속박막을 입히기 위한 화합물. 불화아르곤 노광 공정 시 32nm 공정까지가 한계. 이를 극복하기 위해 듀얼패터닝^{DPT}, 쿼더러플패터닝^{QPT} 등 전구체를 활용한 공정 도입
CMP 슬러리	CMP 공정에 사용되는 연마재

2) 반도체 후공정

전공정을 마친 웨이퍼는 곧바로 테스트를 거친다. 여러 가지 검사를 통해 회로가 잘 새겨졌는지, 불량 칩은 없는지 판별하는 공정이다. 웨이퍼 테스트를 통과하면 패키징 공정을 수행한다. 웨이퍼를 칩 단위로 자르고 **기판**$^{Substrate♦}$에 놓고 칩과 기판을 전기적으로 연결해준다. 이후 습기, 열, 물리적 충격으로부터 반도

♦ 반도체와 전자 제품의 메인보드 간 전기적 신호 전달 및 외부 환경으로부터 보호해주는 판

체 칩을 보호하기 위한 몰딩 공정, 제품번호를 새기는 마킹 공정, 마지막으로 전자기기의 메인보드와 기판을 전기적으로 연결하는 와이어, 솔더볼을 부착하면 패키징 공정이 끝난다. 완성된 반도체 패키지는 잘 작동하는지 최종적으로 테스트를 거친 후 출하된다. 정리하면 반도체 후공정은 '웨이퍼 테스트' '패키징' '패키징 테스트' 공정 순으로 진행된다.

반도체 후공정에 쓰이는 장비는 테스트, 웨이퍼를 자르거나 제품 번호를 새기는 레이저 장비, 반도체 칩이나 웨이퍼를 이송하는 이송 장비, 패키지를 테스트하는 장비 등 다양하다. 소재 역시 마찬가지로 테스트에 쓰이는 소모품, 패키징 공정에 사용되는 각종 기판, 솔더볼 등 다양하다. 투자자들은 반도체 후공정에 쓰이는 주요 장비 및 소재와 이를 만드는 기업들의 리스트도 알아둘 필요가 있다.

주요 반도체 후공정 밸류체인

공정	장비	소재
웨이퍼 테스트	· 프로브 카드: 티에스이, 마이크로프랜드, 와이아이케이 · 분류 및 이송: 한미반도체	
패키징	· 절단: 이오테크닉스, 한미반도체 · 디스펜서&다이본더: 프로텍	· 솔더볼: 덕산하이메탈, 휘닉스 소재 · 골드와이어: 엠케이전자 · 기판: 대덕전자, 심텍, 해성디에스
최종 검사	· 메모리 테스터: 유니테스트, 디아이, 인텍플러스, 엑시콘, 와이아이케이, 네오셈 · 테스트 핸들러: 테크윙, 제너셈, 제이티, 미래산업	· 비메모리 테스트 소켓: 리노공업, ISC · 메모리 테스트 소켓: 마이크로컨텍솔, 오킨스전자

| 주요 반도체 후공정 장비 및 소재 설명

장비	설명
메모리 테스터	메모리 반도체를 최종적으로 검사하는 장비로 번인 테스터, SSD 테스터, 메모리 컴포넌트 테스터 등
테스트 핸들러	테스트를 위한 적절한 온도 마련 및 반도체를 테스트 위치로 이송시키며, 테스트와 전기적으로 연결되어 있는 소켓에 소자 혹은 모듈을 자동적으로 꽂거나 빼고, 테스터와 통신해 테스트 결과에 따라 소자 혹은 모듈의 불량여부를 판정해 그 결과에 따라 등급별로 자동 분류해 수납시키는 핸들링 장치
프로브 카드	웨이퍼 상태에서 웨이퍼 내에 제작된 칩의 전기적 동작 상태를 검사하기 위해 가는 선 형태의 프로브 핀(Probe Pin)을 일정한 규격의 회로기판에 부착한 카드. 프로브 핀이 웨이퍼에 생성된 칩 내부의 패드(Pad)에 접촉하면서 메인 테스트 장비로부터 받은 신호를 전달하고 칩에서 출력되는 신호를 감지해 다시 메인 테스트 장비에 전달하는 역할 수행
솔더볼	반도체 칩과 기판, 반도체 기판과 전자제품의 메인보드를 전기적 특성으로 연결해주는 볼 형태의 부품
골드와이어	반도체 칩과 기판, 반도체 기판과 전자제품의 메인보드를 전기적 특성으로 연결해주는 와이어 형태의 부품
기판	반도체와 전자제품의 메인보드 간 전기적 신호 전달 및 외부 환경으로부터 보호해주는 역할을 하는 부품

2. 반도체 장비와 소재 산업의 투자 포인트

1) 반도체 설비 투자 규모와 스케줄

반도체 장비, 소재 기업들의 업황은 반도체 설비 투자 규모 및 스케줄에 영향을 받는다. 특히 반도체 장비 기업들에 미치는 영향이 더 크다. 반도체 장비 수요는 평상시에는 유지, 보수 중심이며, 반도체 제조사들의 대규모 설비 투자 시 늘어난다. 따라서 반도체 장비 기업에 투자하기 위해서는 IDM이나 글로벌 파운드리 기업들의 설비 투자 동향을 잘 살펴봐야 한다.

반도체 소재는 공장이 완공된 이후 본격적으로 수요가 발생한다. 순번을 따지자면 반도체 장비, 반도체 소재 기업순으로 실적이 증가한다. 주가 역시 반도체 장비 기업이 먼저 오르며 시차를 두고 반도체 소재 기업의 주가도 움직이는 것이 일반적이다. 실적 안전성 측면에서는 반도체 장비 기업보단 반도체 소재 기업이 우위에 있다. 설비 투자와 상관없이 공장을 돌리는 동안에는 반도체 소재 수요는 계속 발생하기 때문이다. 주가 변동성 역시 반도체 소재 기업이 반도체 장비 기업에 비해 덜하다.

2) 반도체 종류

어떤 반도체 제조 공정에 쓰이는 장비, 소재인지도 중요하다. 메모리 반도체의 주요 양산 품목은 D램과 낸드플래시로 나뉘는데, 각각에 사용되는 주력 장비가 다르다. 가령 증착 공정에서 D램은 LP-CVD, 낸드플래시의 경우 PE-CVD 장비가 주로 사용된다. 장비가 달라지는 만큼 소재에도 변화가 있을 수밖에 없다.

주요 고객사가 메모리 반도체 기업인지, 시스템 반도체 기업인지도 중요하다. 메모리 반도체와 시스템 반도체 업황이 항상 같지 않기 때문이다. 일례로 2021년 발생해 전 사업에 파장을 미치는 반도체 공급 부족 이슈는 시스템 반도체 분야다. 메모리 반도체의 경우 수요 둔화로 2021년 하반기부터 반도체 가격 하락이 진행되었다. 이 경우 메모리 반도체 장비, 소재 기업보다는 시스템 반도체 관련 기업들이 유망하다고 볼 수 있다. 국내 반도체 장비, 소재 기업들은 대부분 삼성전자, SK하이닉스에 종속되어 있어 메모리 반도체 매출 비중이 높다. 다만 한미반도체, 이오테크닉스, 리노공업 등 몇몇 반도체 장비, 소재 기업들은 시스템 반도체가 주력이라 전 세계 다양한 파운드리, OSAT 기업과 거래 관계를 맺고 있다.

시가총액 상위 기업의 투자 지표

- 실적 및 투자 지표: 2022년 3분기 연환산 기준(색이 칠해진 기업은 2021 기준)
- 배당수익률: 2021년 주당 배당금/2022.11.30 기준 주가
- 시가총액: 2022.11.30 기준

(단위: 억 원, 배)

기업명	매출액	영업이익	순이익	PER	PBR	ROE	배당수익률	시가총액
삼성전자	3,083,323	529,372	418,706	8.9	1.11	12.5%	2.3%	3,713,205
SK하이닉스	493,261	129,273	92,737	6.7	0.90	13.5%	1.8%	618,802
리노공업	3,269	1,436	1,274	20.5	5.38	26.2%	1.5%	26,141
한솔케미칼	8,767	1,958	1,429	16.7	3.26	19.6%	1.0%	23,804
DB하이텍	16,460	7,532	6,078	3.3	1.25	38.5%	1.0%	19,802
동진쎄미켐	14,203	1,982	1,609	10.5	2.39	22.8%	0.3%	16,890
솔브레인	10,959	2,076	1,790	9.3	2.16	23.3%	0.9%	16,576
LX세미콘	22,014	3,838	2,896	4.9	1.51	30.7%	6.2%	14,264
원익IPS	8,636	451	822	16.9	1.57	9.3%	1.1%	13,891
한미반도체	3,683	1,331	1,249	10.6	3.37	31.8%	2.2%	13,255
티씨케이	3,177	1,248	944	13.1	3.12	23.8%	1.3%	12,387
HPSP	918	452	–	–	23.21	0.0%	0.0%	12,240
대덕전자	13,007	2,110	1,804	6.4	1.38	21.7%	1.3%	11,465
심텍	17,615	3,935	2,855	3.7	1.71	46.2%	1.5%	10,544
고영	2,651	430	525	18.6	3.11	16.7%	0.8%	9,749
이오테크닉스	4,271	861	862	10.0	1.61	16.0%	1.3%	8,636
파크시스템스	1,074	267	249	32.7	7.20	22.0%	0.2%	8,128
SFA반도체	7,245	762	623	11.9	1.52	12.8%	0.0%	7,384
해성디에스	8,277	1,897	1,614	4.4	1.70	38.3%	1.4%	7,166
원익QnC	7,405	1,227	750	9.4	1.87	19.8%	0.6%	7,071

반도체

디자인하우스
- 가온칩스
- 에이디테크놀로지

반도체유통
- 유니퀘스트
- 매커스
- 한양디지텍
- 유니트론텍

반도체제조
- 삼성전자
- KEC
- SK하이닉스
- 오디텍
- DB하이텍

IP
- 오픈엣지테크놀로지
- 칩스앤미디어

OSAT
- SFA반도체
- 윈팩
- 네패스
- 아이윈플러스
- 두산테스나
- 바른전자
- 하나마이크론
- 에이티세미콘
- 엘비세미콘
- 네패스아크
- 아이텍
- 티에프이
- 시그네틱스
- 엘비루셈
- 에이팩트

반도체소재

노광
- 동진쎄미켐
- 영창케미칼

블랭크마스크
- 에스앤에스텍

식각
- 하나머티리얼즈
- 솔브레인
- 이엔에프테크놀로지
- 티씨케이
- 램테크놀러지
- 미코
- 비씨엔씨
- 월덱스

증착
- 한솔케미칼
- 초록뱀이앤엠
- 원익머트리얼즈
- 제이아이테크
- 디엔에프
- 케이엔더블유
- 오션브릿지

쿼츠
- 원익QnC

테스트부품
- 리노공업
- 타이거일렉
- 오킨스전자
- 마이크로컨텍솔
- ISC
- 샘씨엔에스

패키지부품
- 빛샘전자
- 비케이홀딩스
- 심텍
- KX하이텍
- 대덕전자
- 피에스엠씨
- 해성디에스
- 성우테크론
- 엠케이전자
- 티엘비
- 덕산하이메탈
- 아비코전자

히터블록
- 메카로

팹리스

액츄에이터
- 동운아나텍

이미지센서
- 알파홀딩스
- 픽셀플러스

카메라
- 넥스트칩

디스플레이
- LX세미콘
- 엘디티
- 아나패스
- 이미지스
- 티엘아이

메모리
- 제주반도체
- 피델릭스

모바일기기
- 지니틱스
- 하이딥
- 알에프세미

오디오
- 엔시트론

인포테인먼트
- 텔레칩스
- 다믈멀티미디어

MCU
- 어보브반도체
- 에이디칩스

반도체

반도체장비

검사
- 넥스틴
- 펨트론
- 파크시스템스
- 유니테스트
- 와이아이케이
- 바이옵트로
- 마이크로프랜드
- 오로스테크놀로지
- 고영
- 티에스이
- 테크윙
- 디아이
- 엑시콘
- 네오셈
- 제이티
- 미래산업

결함제거
- HPSP

설비
- 원익홀딩스
- 케이씨
- 한양이엔지
- 시스웍
- 케이엠
- 엑사이엔씨
- 원방테크
- 위드텍

세정과 코팅
- 젬백스
- 코미코
- 뉴파워프라즈마
- 제우스
- 더코디
- 이큐셀

스트립
- 피에스케이

식각
- 에이피티씨

약품공급
- 에스티아이
- 씨앤지하이테크

연마
- 케이씨텍

웨이퍼이송
- 싸이맥스
- 3S
- 라온테크
- 에스비비테크

중고
- 서플러스글로벌

증착
- 원익IPS
- 유진테크
- 주성엔지니어링
- 테스
- 예스티
- 러셀
- 지오엘리먼트

진공
- 엘오티베큠
- 엔투텍

패키징
- 한미반도체
- 이오테크닉스
- 프로텍
- 인텍플러스
- 피에스케이홀딩스
- 코세스
- 네온테크
- 제너셈
- 레이저쎌

환경제어
- 에프에스티
- 한솔아이원스
- 지앤비에스엔지니어링
- 유니셈
- GST
- 저스템

디스플레이

디스플레이는 정보를 시각적으로 표현하는 장치다. 주위를 둘러보면 TV, 스마트폰, PC, 태블릿 PC 등 수많은 전자기기에 탑재되어 있는 디스플레이를 볼 수 있다. 한때 디스플레이는 반도체와 함께 국내 제조 산업의 위상을 높였던 품목이었다. 그러나 정부 지원을 등에 업은 중국 디스플레이 기업들이 공격적으로 시장에 침투하면서 국내 디스플레이 산업은 어려움을 겪고 있다.

디스플레이 산업에 속한 기업은 총 71곳으로 주식 시장에서 차지하는 비중은 0.7%다. 중국산 디스플레이의 저가 공세로 국내 디스플레이업계의 고전이 지속되고 있다. 국내 디스플레이업계의 양대 산맥인 LG디스플레이, 삼성디스플레이는 해결책으로 OLED$^{Organic\ Light\ Emitting\ Diode}$ 같은 고부가가치 제품을 내세워 중국 기업과 기술 격차를 벌리고 있다. 투자 관점에서도 차세대 디스플레이 기술과 맞물려 성장할 수 있는 기업에 주목해야 한다.

디스플레이는 공장 하나를 짓는 데만 수조 원이 투입될 정도로 자본 집약적인 산업이다. 이러한 이유로 국내에서 디스플레이 패널을 제조하는 기업은 LG와 삼성에만 있다. 디스플레이 패널을 제조하는 상장사는 사실상 LG디스플레이뿐이다. 삼성디스플레이는 삼성전자의 자회사로 현재 비상장 기업이기 때문이다. 디스플레이 산업에서는 LG디스플레이, 삼성디스플레이를 중심으로 디스플레이 제조 공정 장비를 만드는 기업과 소재 기업들, 디스플레이 패널 부품을 만드는 기업들의 관계를 잘 살펴봐야 한다.

디스플레이

1. 디스플레이 산업의 개요와 특징

한국디스플레이산업협회에 따르면 2020년 글로벌 디스플레이 시장 점유율은 한국이 약 36.9%로 1위, 중국이 약 36.2%로 2위다. 한국은 2004년을 기준으로 17년째 글로벌 디스플레이 시장 1위를 지켜오고 있다. 그러나 디스플레이 시장 점유율 변화를 보면 마냥 웃을 수만은 없다. 2015년 약 14.1%에 불과한 중국의 점유율이 한국의 점유율 딕밑까지 추격했기 때문이다. 대대적인 중국 정부의 지원으로 성장한 중국 디스플레이 기업들은 양적으로 곧 1위를 거머쥘 것으로 보인다.

중국의 추격에 대한 해결책은 OLED 같은 최첨단 디스플레이 시장에서 찾을 수 있다. 한국디스플레이산업협회에 따르면 글로벌 OLED 시장의 경우 2020년 생산 능력 기준 한국이 약 78%를 차지하고 있다. 중국의 맹추격이 예상되지만, 아직까진 국내 기업들의 입지가 굳건한 상황이다. 특히 애플이 아이폰에 OLED 디스플레이 탑재 비중을 높이고 있고, 메타버스로 성장하는 VR기기 역시 OLED가 탑재될 수 있다. 경쟁이 과열된 LCD$^{Liquid\ Crystal\ Display}$ 시장에 비해 OLED 시장의 성장 여력은 충분하다.

LG디스플레이와 삼성디스플레이는 다음 세대의 디스플레이도 준비하고

| 국적별 디스플레이 시장 점유율 추이

(단위: %)

국적	2015	2016	2017	2018	2019	2020
한국	45.2	45.8	44.4	42.6	40.2	36.9
중국	14.1	17.6	21.0	25.0	29.2	36.2
대만	24.6	21.3	22.9	24.5	21.9	22.6
일본	15.4	14.3	10.8	6.7	5.9	3.6
기타	0.6	0.9	0.9	1.2	0.9	0.7

출처: 옴디아, 한국디스플레이산업협회

있다. 대표적으로 **QD**◆와 마이크로·미니 LED가 있다. QD를 활용한 디스플레이는 앞서 살펴본 QLED가 있다. 향후 QD는 QD OLED, QNED 형태로 발전할 전망이다. QD OLED는 기본적으로 OLED와 같은 구조이지만, 발광층으로 파란색 유기물만 사용하며 QD **컬러필터**Color filter◆◆를 추가했다. QNED Quantum dot Nanorod LED는 QD OLED에서 발광층을 아예 Nanorod LED로 바꾼 것이다. 발광층으로 유기물이 아닌 매우 작은 LED를 사용했다는 점에서 OLED와 다르다.

마이크로·미니 LED는 기존 LED **백라이트유닛**◆◆◆을 매우 작은 LED로 대체한 것이다. 100~200μm(마이크로미터) 크기의 LED를 탑재해 기존 LED 광원에 비해 명암비를 개선했다. 그럼에도 여전히 LCD 디스플레이기 때문에 OLED만큼의 성능은 나오지 않다는 평가다. 다만 이런 상황에서도 지속해서 마이크

◆ 퀀텀닷이라고도 부르며, 빛을 내는 나노미터 단위의 반도체 결정
◆◆ 디스플레이에서 다양한 색을 구현할 수 있도록 하는 광학필름. 백색광원에서 화소 단위로 빨강, 초록, 파랑 3가지 색을 추출한 후 조합하여 다양한 색을 연출함
◆◆◆ LCD는 스스로 빛을 낼 수 없기 때문에 뒤에서 빛을 비추어주는 광원

로·미니 LED를 개발하는 이유는 여전히 LCD가 전체 디스플레이 시장에서 큰 비중을 차지하고 있고, 기존 LCD 라인 제조 공정을 바꾸지 않아도 된다는 장점이 있기 때문이다.

QD를 활용한 디스플레이, 마이크로·미니 LED는 LG디스플레이보다는 삼성디스플레이가 적극적이다. 대면적 OLED 시장에서는 이미 LG디스플레이가 시장을 선점했기 때문이다. 시장 조사 기관 옴디아에 따르면 2021년 1분기 9인치 이상(노트북, TV) OLED 패널 시장 점유율을 LG디스플레이가 약 84.4%를 차지했다.

2. 디스플레이의 종류

10년 전만 하더라도 TV의 대세는 LED TV였다. 하지만 얼마 지나지 않아 올레드 TV가 출시되었으며, 최근에는 QLED TV가 올레드 TV의 아성에 도전하고 있다. 얼핏 보면 디스플레이의 종류가 상당히 많은 것처럼 느껴진다. 사실 이런 다양한 디스플레이의 종류는 제조사의 마케팅 전략에서 나왔다고 해도 과언이 아니다. 실제 우리가 사용하는 디스플레이는 크게 LCD와 OLED 두 가지로 구분할 수 있다.

LCD는 '액정표 시장치'로 액체와 고체 중간의 특징을 지닌 액정의 상태 변화를 통해 화면에 정보를 표시하는 디스플레이다. LCD는 분자배열 시간 탓에 반응 속도가 느리고, 스스로 빛을 내지 못해 광원이 필요하며, 컬러필터를 통해 색상을 구현한다. 반면 OLED는 '유기발광다이오드'라는 말 그대로 스스로 빛을 내는 유기물로 구현된 디스플레이다. 유기물에 전류가 흐르면 구동하는 방식인데 빨간색, 녹색, 청색 등의 유기물이 스스로 빛을 내기 때문에 광원이 필요 없으며, 서로 다른 색상을 조합해 다양한 색을 연출할 수 있다. 액정이 없어 반응 속도도 빠르다. 정리하면 스스로 빛을 낼 수 있는지 없는지에 따라 OLED와 LCD로 구분할 수 있다.

이런 관점에서 LCD TV, LED TV, QLED TV는 사실상 같은 LCD TV에 포함된다고 볼 수 있다. LED TV는 LCD TV와 동일한 구조에 백라이트유닛만 LED를 사용한 것이다. 현재 상용화된 QLED TV 역시 LED BLU 위에 **퀀텀닷**Quantum Dot, QD◆ 필름을 얹어 광원의 성능만을 개선한 것이다.

LCD와 OLED에 대해서 좀 더 알아보자. LCD는 화면을 표시하기 위해 BLU, 컬러필터가 필요하다. 들어가는 품목이 많다 보니 디스플레이의 두께가 두꺼워질 수밖에 없다. 반면 OLED는 LCD에 필요한 이 두 가지가 들어가지

| LCD와 OLED의 발광 원리

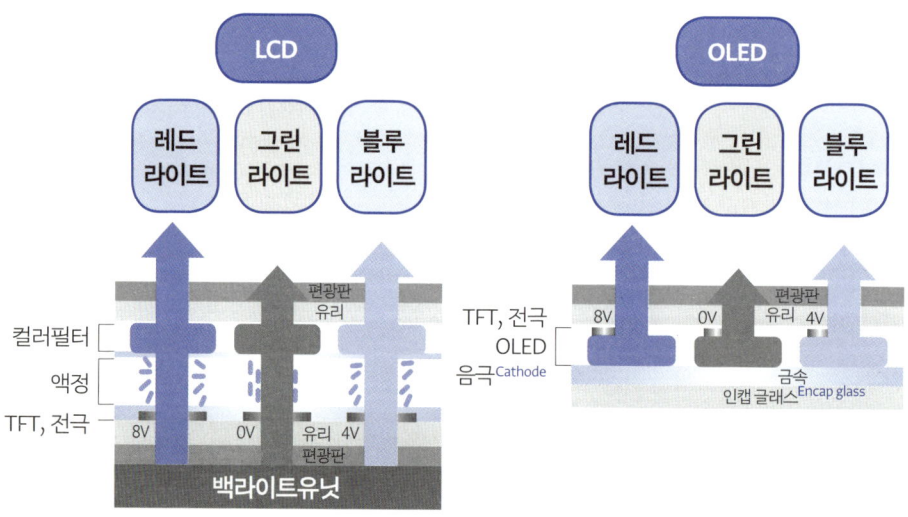

출처: LG디스플레이 블로그

◆ 지름이 2~10nm(1cm/100만)인 무기물 초미세 반도체 입자로 전류를 받으면 OLED 소재처럼 스스로 빛을 발산해 입자의 크기로 색을 표현함

| LCD와 OLED의 성능 비교

	LCD	OLED
색재현율	70%	110%
명암비	3,000:1	10,000:1
응답 속도	4ms	0.001ms
시야각	180도	프리 뷰 앵글
두께	0.8mm	0.05mm
소비 전력	100%	65%

출처: 신한금융투자

않는다. 디스플레이가 휠 때까지 최대한 얇게 만들 수 있는 이유다. 또한 유기물이 직접 빛을 내기 때문에 화질이보다 선명하고 응답 속도, 시야각 측면에서 LCD에 유리하다. 물론 OLED가 무조건 좋은 것은 아니다. LCD에 비해 만들기가 어려우므로 가격이 비싸다.

3. 디스플레이 제조 공정

디스플레이를 만들기 위해서는 먼저 TFT라는 반도체가 필요하다. 박막트렌지스터$^{Thin\ Film\ Transistor,\ TFT}$란 디스플레이 픽셀^{Pixel}♦들의 빛을 조절하는 반도체다. TFT를 만드는 공정을 결정화 공정이라고 한다. LCD 디스플레이를 만든다면 TFT와 함께 컬러필터 역시 제조해야 한다. 이후 완성된 컬러필터와 TFT 기판

♦ 2차원 화상에서 이미지를 이루는 가장 작은 단위인 작은 점. 화소라고도 함

사이에 액정을 넣고 합치는데 이를 셀 공정이라고 한다. 다음으로는 디스플레이가 구동할 수 있도록 PCB, 편광판, BLU 등 다양한 부품을 부착해 모듈을 만든다. 디스플레이 모듈이 완성되면 제대로 작동하는지 최종 검사를 진행한다.

OLED는 LCD에 비해 제조 공정이 간단하다. 컬러필터와 액정이 필요 없기 때문에 해당 공정을 건너뛸 수 있다. OLED에서 추가되는 공정은 유기물 증착과 봉지 공정이다. 증착 공정은 완성된 TFT에 빨강$^{Red, R}$, 초록$^{Green, G}$, 파랑$^{Blue, B}$ 발광 물질을 증착하는 공정이다. 증착은 두 가지 방식으로 진행되는데 먼저 미세 마스크$^{Fine\ Metal\ Mask,\ FMM}$로 R, G, B를 각각의 픽셀에 수평으로 증착하는 'RGB 수평 픽셀 방식'이다. 두께를 얇게 만들 수 있고, 색 재현성이 뛰어나지만 대형화가 어렵고 생산수율이 낮아 중소형 패널에 적합한 방식이다. 다음으로는 R, G, B를 수직으로 적층해 백색광을 구현한 후 컬러필터를 통과시켜 다양한 색을 구현하는 WOLED$^{White\ OLED}$ 방식이 있다. 성능은 RGB 수평 픽셀 방식에 비해 떨어지지만 생산수율이 높고, 큰 면적의 화면을 만들 수 있다는 장점이 있다.

LG디스플레이는 초창기 OLED TV를 WOLED 방식으로 구현했다. 이후 WOLED 방식의 단점을 극복하기 위해 RGBW을 도입했다. RGBW$^{RGB\ White}$는 백색은 컬러필터 없이 바로 통과시키는 방식으로 전력 소모가 낮고 기존 WOLED 방식 대비 발광효율이 더 높다. 사실 LG디스플레이가 구현한 WOLED, RGBW는 완벽한 OLED라고 보기에는 다소 애매한 점이 있다. 컬러필터를 여전히 사용하기 때문이다. 타 디스플레이 기업이 RGB 수평 픽셀 방식으로 OLED 구현에 성공하지 않는 이상 컬러필터를 삽입하는 OLED 방식이 앞으로도 주를 이룰 것으로 보인다.

유기물 증착이 끝나면 내용물을 보호하는 캡슐처럼 유기물을 씌우는 봉지 공정^{Encapsulation}이 진행된다. 발광층은 유기물이기 때문에 산소와 수분에 취약하다. 따라서 외부환경에 발광층이 노출되지 않도록 잘 보호해야 한다. 일반 OLED를 제조할 때는 유리로 유기물을 감싸는 글래스 봉지 공정을, 플렉시블

| LCD와 OLED 공정 비교

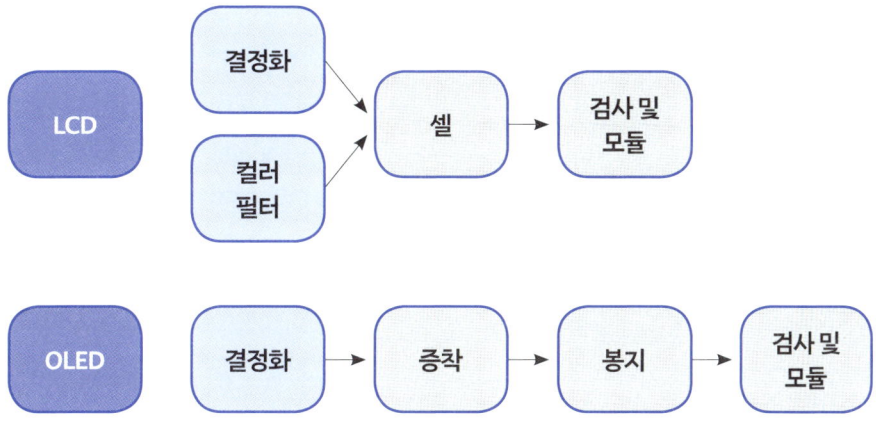

^{Flexible} OLED를 제조할 때는 무기물과 유기물을 번갈아 증착하는 박막 봉지 공정을 진행한다. 봉지 공정이 끝나면 LCD 제조 공정과 마찬가지로 디스플레이가 잘 작동하는지 검사한다.

한편 접거나 휠 수 있는 플렉시블 OLED를 제조할 땐 일반 OLED 공정 앞뒤로 산난한 공정이 추가된다. 플렉시블 OLED는 유리기판 대신 폴리이미드^{Polyimide, PI}를 사용한다. 구부러질 수 있어 증착, 봉지를 진행할 때까진 밑에 유리기판을 덧대어 놓는다. 따라서 OLED 유리기판 위에 PI를 도포하는 공정과 봉지 공정이 끝난 뒤 덧댄 유리기판을 분리하는 공정이 추가된다.

과거 LCD 공정에 주력하던 디스플레이 장비 및 소재, 부품 기업들은 OLED 쪽으로 선회한 상태다.

다음은 OLED 주요 공정에 해당하는 장비, 소재를 만드는 기업들을 정리해놓은 표다. 원익IPS, 케이씨텍 등 반도체 장비 기업이 종종 포함되어 있는데, 이들 기업은 디스플레이 장비 사업도 병행하므로 포함시켰다.

주요 OLED 장비 및 소재 밸류체인

공정	구분	장비	소재
PI 기판	PI Curing	원익IPS, 비아트론	
결정화	세정	에스티아이, DMS, 케이씨텍	
	증착	· PE CVD: 원익IPS, 주성엔지니어링, AP시스템 · 스퍼터: 아바코	· 박막제: 와이엠씨
	ELA	AP시스템	
	열처리	원익IPS, 비아트론	
	식각	원익IPS, , DMS, 위지트, 아이씨디, 인베니아	· 박리액: 엘티씨
	증착	에스에프에이, 케이피에스, 포인트엔지니어링, 에스엔유, 선익시스템, 야스, 위지트	· 유기재료: 덕산네오룩스, 덕산테코피아
	봉지	원익IPS, AP시스템, 주성엔지니어링, 아바코, 에스엔유	· 봉지재: 이녹스첨단소재
	LLO Laser Lift Off	AP시스템, 필옵틱스, 이오테크닉스	
기타	물류, 자동화	에스에프에이, 톱텍, 아바코, 로체시스템즈, 인베니아	
	AOI Automatic Optical Inspection /Repair	HB테크놀로지, 참엔지니어링, 케이맥, 힘스, HB솔루션	
	디스펜서, 스크라이버	에스에프에이, 미래컴퍼니, 탑엔지니어링, 로체시스템즈	
후공정	레이저 커팅	이오테크닉스, 디아이티, 필옵틱스, 제이스텍, 로체시스템즈, 힘스	
	어태처 attacher, 엣지 그라인더	에스에프에이, 미래컴퍼니, 탑엔지니어링	
	본딩 테스트	톱텍, 동아엘텍, 제이스텍, 영우디에스피, 파인텍	
	라미네이팅	에스에프에이, 톱텍, AP시스템, 제이스텍, 아바코	

주요 OLED 장비 및 소재 용어 설명

종류	설명
PE CVD 장비	플라즈마를 활용한 화학적 증착 방식으로 주로 절연막과 보호막을 증착할 때 사용하는 장비
스퍼터	물리적 증착 방식으로 금속을 증착할 때 사용하는 장비
ELA Eximer Laser Anealing 장비	레이저를 이용해 비정질실리콘을 폴리실리콘으로 변환하는 장비. 5.5세대 중소형 패널 결정화 공정 대부분에 사용
열처리 장비	고해상도 디스플레이 구현을 위한 TFT를 제조할 때 이온을 활성화시키기 위해 500도 이상 열을 가하는 장비
식각 장비	식각을 통해 유리기판 위에 트랜지스터 회로를 새기는 장비
LLO 장비	봉지 공정이 완료된 후 최초에 덧댄 글래스를 제거하는 장비
AOI 장비	빛의 광량의 차이를 통해 결함의 유무를 분석하는 비접촉 검사 장비
스크라이버 장비	마더글라스에서 제조된 디스플레이 패널을 잘라 분리하는 장비
레이저 컷팅 장비	디스플레이 제조 공정 중 절단, 가공에 쓰이는 장비
어태처	디스플레이 패널과 각종 모듈 등을 부착시키는 장비
엣지 그라인더 장비	디스플레이 패널 전단면을 균일하게 연마해주는 장비
본딩 장비	인쇄회로기판과 디스플레이 패널을 합착시키는 장비
라미네이팅 장비	디스플레이 패널과 커버글라스를 합착시키는 장비

디스플레이에서 말하는 '세대 Generation'는 무엇일까?

중소형 OLED '8세대' 전환… 삼성·LG, 연내 투자계획 가시화 – 전자신문

디스플레이 관련 기사를 보면 빠지지 않고 등장하는 용어가 있다. 바로 '세대(G)'다. 디스플레이는 처음부터 TV, PC, 스마트폰 규격에 맞게 제작되지 않는다. 매우 큰 디스플레이를 만들어 각각의 제품에 맞게 잘라 쓰는 형식이다. 이렇게 디스플레이 패널의 기초가 되는 글래스를 '마더글라스'라고 한다. 디스플레이에서 말하는 세대는 이 마더글라스의 사이즈를 의미한다. 세대의 숫자가 높을수록 마더글라스의 크기는 커진다. 가령 7세대 마더글라스의 경우 가로 1,950mm, 세로 2,250mm의 크기다. 이 마더글라스를 잘라 42인치 8매, 47인치 6매를 생산할 수 있다. 일반적으로 5세대까지는 중소형 디스플레이용이며, 6세대 이후부터는 TV 등 대형 디스플레이 제작에 사용된다.

세대별 마더글라스 크기 추이

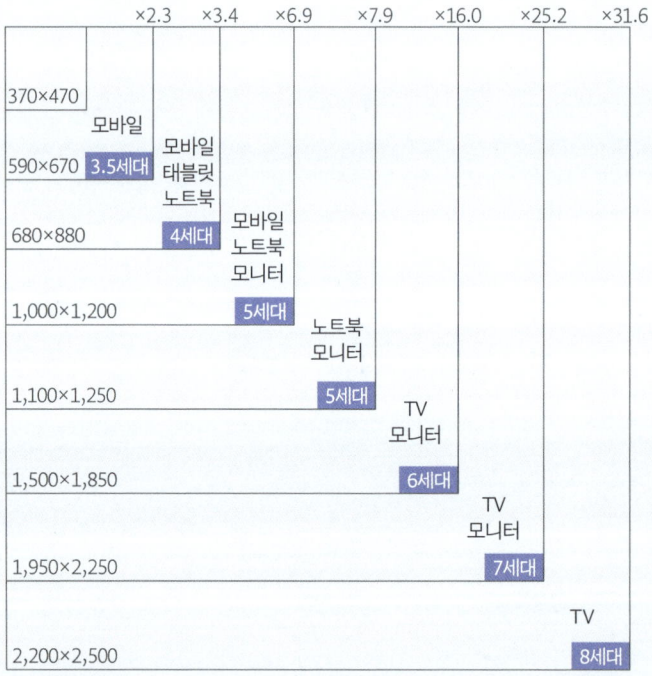

출처: LG디스플레이 블로그

4. 디스플레이 산업의 투자 포인트

1) 디스플레이 패널 가격

디스플레이 패널 가격은 디스플레이 업황을 판단할 수 있는 바로미터다. 전방 산업인 TV, 스마트폰, PC, 노트북 수요가 늘면 디스플레이 패널 가격에 긍정적으로 작용한다. 다만 수년간 중국 디스플레이 기업들의 공격적인 증설로 인한 공급 물량 확대로 LCD 가격은 장기적으로 하락 추세다. OLED 패널 가격은 좀 다르게 볼 필요가 있다. 처음 OLED TV 출시되었을 때는 가격이 수천만 원에 달했다. OLED 패널 제조 가격이 그만큼 비쌌기 때문이다. 그러나 대량생산에 따른 원가절감과 생산수율 향상으로 OLED 패널 가격은 합리적인 경제성을 띨 정도로 하락했다. 2021년 기준 전체 디스플레이 시장에서 LCD의 비중은 약 70% 이상이다. 따라서 아직 OLED 시장은 가격보다는 물량 확대가 더 중요한 상황이다. 투자자는 사이클을 타는 LCD 업황을 잘 모니터링하면서 장기적으로는 OLED 패널 비중을 높여가는 디스플레이 패널 기업에 투자하는 것이 좋다.

2) 디스플레이 설비 투자 스케줄

반도체와 마찬가지로 디스플레이 장비, 소재 기업들의 업황은 디스플레이 패널 기업의 설비 투자 규모 및 스케줄에 영향을 받는다. 디스플레이 패널 제조사가 대규모 설비 투자를 확정하면 먼저 장비 발주가 시작된다. 이 시점의 이후가 디스플레이 장비 기업들이 돈을 버는 구간이다. 공장이 완공되고 가동이 시작되면 본격적으로 소재 수요가 발생한다. 일정 부분 시차를 두고 디스플레이 장비 기업과 소재 기업의 실적이 좋아진다고 볼 수 있다. 실적 안전성 측면에서는 디스플레이 소재 기업이 장비 기업보다 좋다. 소재는 공장을 돌리는 한 지속적으로 수요가 발생하지만, 장비는 대규모 설비 투자가 없다면 유지, 보수 일감밖에 없기 때문이다. 따라서 주가 변동성도 소재 기업보다는 장비 기업이 크다.

또한 디스플레이 장비, 소재 기업 중에서 OLED 같은 첨단 디스플레이 기술과 관련된 기업에 관심을 두는 것이 좋다. 국내 LCD 산업은 중국에 밀려 점차 설 자리를 잃어가고 있기 때문이다. 혹은 생각을 바꿔서 디스플레이 굴기를 펼치고 있는 중화권 기업에 납품하는 장비, 소재 기업을 찾아보는 것도 방법이다.

시가총액 상위 기업의 투자 지표

- 실적 및 투자 지표: 2022년 3분기 연환산 기준
- 배당수익률: 2021년 주당 배당금/2022.11.30 기준 주가
- 시가총액: 2022.11.30 기준

(단위: 억 원, 배)

기업명	매출액	영업이익	순이익	PER	PBR	ROE	배당수익률	시가총액
LG디스플레이	276,567	-7,317	-9,985	-5.2	0.41	-8.0%	4.5%	51,704
에스에프에이	16,849	2,022	1,013	14.2	1.33	9.3%	2.9%	14,364
덕산네오룩스	1,748	478	428	22.6	3.08	13.7%	0.0%	9,659
미래나노텍	4,823	197	-57	-113.8	3.02	-2.7%	0.5%	6,450
이녹스첨단소재	5,493	1,232	1,141	5.1	1.52	29.7%	1.2%	5,826
스마트솔루션즈	169	22	-611	-5.5	54.55	-993.7%	0.0%	3,353
덕산테코피아	1,070	117	125	24.4	1.68	6.9%	0.0%	3,060
아바텍	738	-52	-32	-94.6	2.20	-2.3%	0.0%	3,012
톱텍	2,391	-255	-311	-9.6	0.98	-10.2%	0.0%	2,996
AP시스템	5,239	825	957	3.0	1.08	35.5%	1.3%	2,911
풍원정밀	456	28	49	53.7	3.37	6.3%	0.0%	2,609
HB솔루션	1,599	252	353	7.1	1.93	27.1%	0.0%	2,508
아바코	1,821	72	121	19.9	1.53	7.7%	1.9%	2,404
선익시스템	495	-68	-296	-6.2	3.24	-52.3%	0.0%	1,832
GRT	4,729	583	468	3.9	0.25	6.5%	0.0%	1,819
미래컴퍼니	1,358	151	217	8.1	1.37	16.8%	0.5%	1,769
아이씨디	1,361	-30	60	27.5	0.98	3.6%	2.2%	1,657
HB테크놀러지	1,648	57	987	1.6	0.63	39.7%	1.0%	1,572
디이엔티	452	5	30	50.7	5.68	11.2%	0.0%	1,536
디에스케이	497	-119	-58	-25.4	1.06	-4.2%	0.0%	1,462

디스플레이

디스플레이부품

광학필름
- 오성첨단소재
- 엘엠에스
- 미래나노텍
- GRT
- 상보
- 세진티에스
- 신화인터텍

기타부품
- 예선테크
- 유아이디
- 제이엠티

도광판
- 삼진엘앤디
- 유테크
- 아이컴포넌트
- 코이즈

모듈부품
- 인지디스플레
- 파인디앤씨
- 한국컴퓨터

디스플레이소재
- 핌스
- 피엔에이치테크
- 와이엠씨
- 덕산네오룩스
- 엘티씨
- 덕산테코피아
- 이엠앤아이
- 이녹스첨단소재

디스플레이패널
- LG디스플레이

디스플레이장비
- AP시스템
- 케이피에스
- HB솔루션
- 미래컴퍼니
- 톱텍
- 선익시스템
- 아바텍
- 디에스케이
- 아이씨디
- 넥스트아이
- 아바코
- 케이엔제이
- 디아이티
- 엘아이에스
- DMS
- 티로보틱스
- 야스
- 한송네오텍
- 에스엔유
- 나래나노텍
- 비아트론
- 참엔지니어링
- 동아엘텍
- 로체시스템즈
- 신도기연
- 영우디에스피
- 힘스
- HB테크놀러지
- 위지트
- 디바이스이엔지
- 제이스텍
- 에프엔에스테크
- 디이엔티
- 에스에이티이엔지
- 파인텍
- 포인트엔지니어링
- 이엘피
- 에스프에이
- 베셀
- 스마트솔루션즈
- 인베니아
- 풍원정밀
- 트윔
- 엔젯
- 프로이천

모바일기기와 카메라

모바일기기란 이동하면서 편리하게 사용할 수 있는 중소형 IT 기기를 말한다. 대표적으로 스마트폰, 태블릿 PC 등이 있다. 모바일기기 산업에 속한 상장사는 핸드폰(주로 스마트폰)에 들어가는 각종 부품을 만든다. 카메라는 사진, 영상을 찍는 기기다. 카메라 산업에 속하는 상장사는 디지털카메라 관련 부품, 모듈을 만든다. 상장된 카메라 관련 기업은 완성품보다는 스마트폰이나 자동차에 탑재되는 카메라 모듈과 관련된 밸류체인에 속한다. 한마디로 모바일기기와 카메라 산업에 속한 기업은 완성품이 아닌 부품을 만들어 완성품을 취급하는 고객사에 납품하는 B2B 기업들이다.

모바일기기와 카메라 산업에 속한 기업은 총 81곳으로 전체 시가총액의 0.7%를 차지한다. 기업 수는 적지 않지만, 시가총액 비중은 미미하다. 이는 모바일기기와 카메라 산업의 특징이다. 국내에서 모바일기기와 카메라 부품을 만드는 기업은 삼성전자라는 큰 고객사에 종속되어 있다. 2009년 애플의 아이폰을 시작으로 스마트폰 대중화 바람이 불면서 모바일기기와 관련된 밸류체인들이 형성되기 시작했다. 갤럭시S 시리즈를 중심으로 삼성전자도 본격적으로 스마트폰 시장에 뛰어들면서 관련 산업은 호황을 맞았다. 그러나 2014년에 들어 주요 소비국 시장에서 스마트폰 보급률이 50%를 넘기면서 스마트폰 시장 경쟁이 과열되었다. 삼성전자 역시 2017년을 기점으로 스마트폰 출하량이 줄었고, 급기야 LG전자 역시 2021년 스마트폰 사업을 중단한다고 밝히면서 관련 업계 역시 구조조정을 맞았다. 최근 5년간 모바일기기와 카메라 산업의 시가총액 비중은 점차 줄어들고 있다. 스마트폰 시장이 성숙기에 진입한 지 오래되었고 삼성전자라는 최상위층 기업이 있기 때문이다.

돌파구는 자동차 시장에서 찾고 있다. 가장 먼저 팔을 걷어붙인 곳은 카메라 부품 기업이다. 첨단운전자보조시스템Advanced Driver Assistance Systems, ADAS을 장착한 자동차가 늘어난 데다 자율주행 자동차 시장도 커지고 있어 카메라 수요가 늘고 있기 때문이다. 과거 카메라 산업은 모바일기기의 한 섹터에 불과했지만, 이젠 점차 스마트폰의 그늘에서 벗어나고 있다. 이 책에서도 모바일기기와 카메라 산업을 분리한 이유다. 카메라 외에도 인쇄회로기판 같이 다양한 부품사들이 자동차 시장으로 전방 산업을 확대하고 있다.

모바일기기 산업의 세부 섹터는 주로 탑재되는 부품 종류에 따라 인쇄회로기판, 터치스크린, 통신부품, 내외장재, 차폐 소재, 액세서리, 케이스, 스피커와 리시버로 구분했다. 카메라 산업은 액추에이터, 렌즈, 광학필터 등 카메라의 주요 구성품을 기준으로 분류했으며, 이를 조합해 모듈을 만드는 기업도 추가했다.

모바일기기와 카메라

1. 모바일기기와 카메라 산업의 개요와 특징, 성장성

모바일기기는 휴대하기 편한 소형 IT 기기다. 2000년대 초반 모바일기기는 '휴대전화'라고 부를 정도로 그 역할이 단순했다. 그러나 2009년 애플의 아이폰을 시작으로 스마트폰은 모바일기기를 단순 휴대전화가 아닌 내 손안의 컴퓨터로 인식하게 만들었다. 사실 스마트폰의 원조는 PDA다. PDA는 Personal Digital Assistant의 약자로 직역하면 '개인용 디지털 단말기'다. 당시 PDA를 사용하는 사람은 한정적이었다. 바쁜 사업가가 일정을 기록하는 용도로 사용한 것이 전부였다. 그러던 것이 전화 기능을 탑재한 스마트폰이 출시되면서 새로운 전성기를 맞기 시작했다.

시장 조사 기관 IDC에 따르면 글로벌 스마트폰 시장은 2015년까지 두 자릿수 이상의 성장률을 기록했다. 그러나 주요 소비국에서 스마트폰 보급률이 정점에 달하자 성장이 둔화되기 시작했다. 2016년 글로벌 스마트폰 출하량은 약 14억 7,300만 대로 정점을 찍었으며, 2020년에는 코로나19 여파로 약 13억 대를 밑돌았다. 2021년 글로벌 스마트폰 출하량은 전년 대비 약 7.4% 성장한 13억 7,000만 대를 웃돌았다. 2016년 이후 스마트폰 시장의 성장은 정체된 모습이다.

| 글로벌 스마트폰 출하량 추이

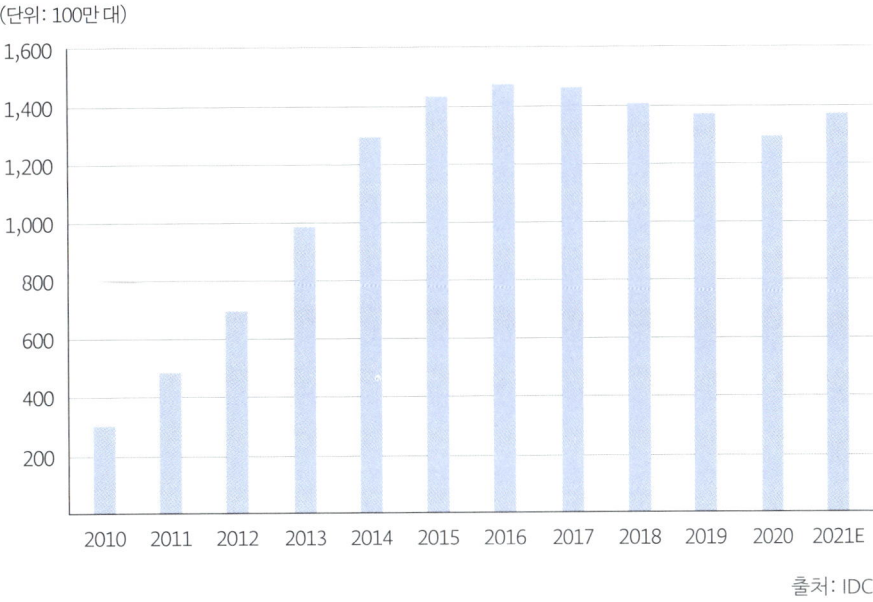

출처: IDC

　반면 경쟁은 격화되고 있다. 2014년만 하더라도 글로벌 점유율 10% 미만이었던 중국 기업들이 내수 시장을 빨아들이면서 시장지배력을 확대했다. 중국 기업들의 선전에 가장 큰 영향을 받은 곳은 삼성전자. 2013년 스마트폰 시장 점유율 30%를 넘겼던 삼성전자는 중국 기업들의 성장세에 눌려 20%대 초반의 시장 점유율을 보이며 주저앉았다. 시장 조사 기관 캐널리스에 따르면 삼성전자의 2021년 3분기 스마트폰 시장 점유율은 23%다. 예전에 비해 점유율이 많이 하락했지만, 출하량 기준으로는 여전히 글로벌 1위를 유지 중이다.

　다만 스마트폰 시장의 성장세가 꺾이고 삼성전자의 점유율이 하락하면서 모바일기기 및 카메라 부품 기업들의 업황도 기울었다. 게다가 프리미엄 부품의 경우 삼성그룹의 계열사인 삼성전기가 담당하고 있으므로 업황이 둔화된 상황에서 중소형 부품사의 상황은 더 악화되었다. 특히 중국 기업들의 저가공세까지 겹친 터치스크린 패널 관련 기업들은 구조조정이 불가피했다. 과거 괄목할 만한

| 주요 메이커별 글로벌 스마트폰 시장 점유율 추이

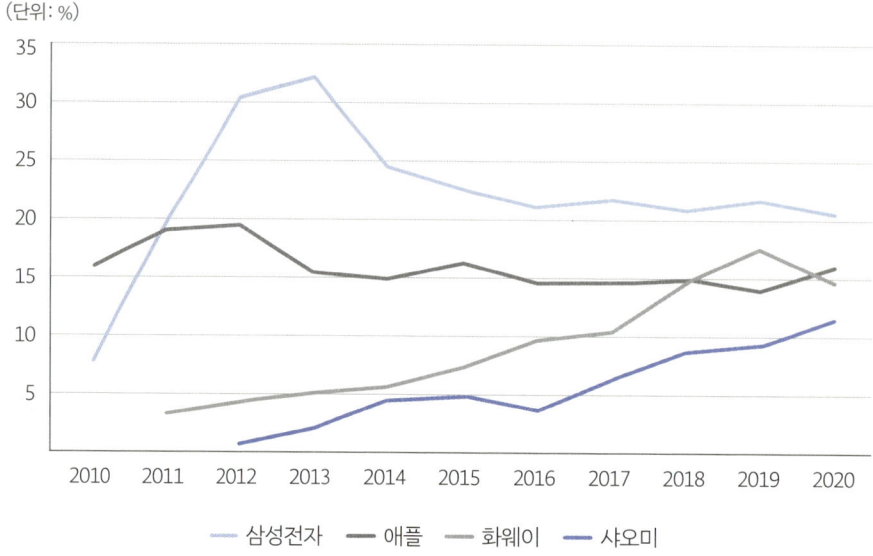

* 출하량 기준
출처: IDC

실적 성장세를 보여주었던 여러 기업이 상장폐지되거나 외국계 기업에 인수되었다. 현재 남아 있는 모바일기기 및 카메라 관련 기업들 역시 예전에 비해 실적이 둔화된 상태다.

2. 모바일기기 부품의 종류

모바일기기는 케이스부터 카메라 모듈, 디스플레이 모듈 등 외장재와 PCB, 통신부품, 터치스크린 패널 등 다양한 내장재로 구성되어 있다. 제품을 중심으로 구분한 모바일기기 산업의 섹터 분류는 다음과 같다.

모바일기기에서 가장 큰 섹터는 인쇄회로기판 PCB이다. PCB란 Printed

Circuit Board의 약자로 전자부품이 탑재된 판이다. 부품 간 전기가 통하게 해주는 판으로 사람으로 치자면 혈관과 같은 역할이다. PCB는 경성^{Rigid} PCB와 연성^{Flexible} PCB로 구분할 수 있는데, 경성 PCB는 스마트폰의 메인보드와 같은 역할이다. 스마트폰용 경성 PCB를 HDI^{High Density Interconnection}라고 부르기도 한다. 연성 PCB는 디스플레이 모듈, 카메라 모듈, 안테나 등에 탑재된다. 연성 PCB는 연성을 뜻하는 Flexible의 앞글자 F를 따서 FPCB라고 부른다. PCB는 모든 전자기기에 탑재되기 때문에 관련 기업들 역시 매출의 다변화를 위해 노력 중이다. 2021년 비에이치는 전장용 FPCB 시장에 진출하기 위해 약 500억 원을 투자한다는 뉴스가 나오기도 했다. 구체적으로 전기차 배터리 케이블용 FPCB를 생산한다는 계획이다.

디스플레이 모듈 섹터는 터치스크린 패널을 포함해 각종 디스플레이에 탑재되는 부품을 만드는 기업이 포함되어 있다. 터치스크린 패널은 기술변화가 가장 심했던 분야 중 하나다. 과거에는 디스플레이 패널에 필름 형태의 터치스크린 패널을 부착하는 외장형 방식이 많이 사용되었다. 현재는 터치스크린 패널을 디스플레이 패널 안쪽에 글래스나 셀에 부착하는 내장형이 대세를 이루고 있다. 빛 반사가 적고 더 얇게 만들 수 있는 장점이 있기 때문이다. 내장형은 디스플레이 기업이 디스플레이 모듈 공정에서 직접 수행하므로 터치스크린 패널 모듈 기업들의 일감도 점차 줄어드는 결과를 낳았다.

통신부품 섹터는 통신 안테나, 무선통신 부품 등을 만드는 기업이 포함된다. RF 부품은 SAW 필터와 듀플렉서로 나눠지는데, SAW^{Surface Acoustic Wave Filter} 필터는 이동통신 시스템에서 통신에 필요한 특정 주파수만을 선택적으로 통과시키는 부품이다. 듀플렉서는 휴대폰의 안테나 뒤에 위치해 송신호와 수신호를 분리해주어 하나의 안테나를 통해 송신과 수신이 모두 가능하도록 하는 부품이다.

이 밖에 모바일기기의 하부 섹터로는 금속부품, 키 버튼, 고무 부품 등 다양한 내외 부품을 만드는 내외장재, 핸드폰에서 발생하는 전자파 차단 부품 및 소재를 만드는 차폐 소재와 핸드폰 충전기, 핸드폰 브라켓, 블루투스 스피커 등 핸드폰 주변기기를 제작하는 액세서리, 휴대폰 케이스, 음성 관련된 부품인 스피커와 리시버 등이 있다.

3. 카메라 부품의 종류

카메라는 렌즈, 액추에이터, 광학필터, 이미지센서 등으로 구성되어 있다. 카메라 산업의 세부 섹터 역시 해당 제품으로 중심으로 분류할 수 있다.

카메라 렌즈는 유리나 플라스틱 소재로 만들어진다. 빛을 모아 촬영한 피사체를 이미지센서에 투영시키는 역할을 한다. 액추에이터는 카메라 렌즈 밑에 위치해 있으며 모터를 통해 상하좌우로 움직일 수 있다. 액추에이터는 피사체의 초점과, 촬영 시 흔들림을 보정해주는 장치로 나뉜다. 자동으로 초점을 잡아주는 장치를 AFA$^{Auto\ Focus\ Actuator}$라고 하며, 손 떨림 보조 장치는 OIS$^{Optical\ Image\ Stabilization}$라고 부른다. 광학필터는 빛에서 가시광선만 통과시키는 필터로 실제 색을 구현하는 기능을 수행한다. 이미지센서는 피사체의 정보를 읽어 전기적인 영상신호로 변환해주는 반도체다. 참고로 카메라 산업 밸류체인에 속한 이미지센서 제조 기업은 반도체 팹리스 기업이다. 해당 기업들의 리스트는 반도체 산업에서 찾아볼 수 있다. 카메라 모듈은 렌즈, 액추에이터, 광학필터, 이미지센서 등을 조립해 만든 완성품이다.

4. 모바일기기와 카메라 산업의 투자 포인트

모바일기기와 카메라 산업은 이미 성숙기에 진입한 지 오래다. 따라서 투자자는 투자하고자 하는 모바일기기, 카메라 관련 기업은 차별화된 투자 포인트를 알아야 한다.

1) 폴더블폰

먼저 기술 발전의 혜택을 받는 기업이어야 한다. 글로벌 스마트폰 시장의 양적 성장은 오래전 막을 내렸다. 질적 성장은 이어지고 있는데, 대표적으로 질적 성장을 하는 곳은 폴더블폰 시장이다. 삼성전자가 폴더블 스마트폰인 갤럭시Z 시리즈를 출시하면서 관련 시장이 본격적으로 성장하고 있다. 시장 조사 기관 스트래티지애널리틱스에 따르면 글로벌 폴더블폰 출하량은 2021년 약 700만 대에서 2022년 약 1,720만 대로 2배 넘게 성장할 것으로 보인다. 그럼에도 전체 스마트폰 시장에서 차지하는 비중은 약 1.2%에 불과하다. 향후 성장 여력이 충분한 셈이다. 따라서 폴더블 스마트폰에 들어가는 핵심 부품을 만드는 기업은 눈여겨볼 만하다. 폴더블폰 관련 부품을 생산하는 기업을 정리한 표를 확인하면 좋다.

| 폴더블폰 관련 기업 |

기업명	폴더블 관련 부품	설명
PI 첨단 소재	베이스 필름	디스플레이 하단부를 지지하고 보호하는 폴리이미드 필름
비에이치	기판	OLED 디스플레이용 FPCB
SKC, 코오롱인더	커버윈도우	경도를 보완하기 위한 하드 코팅 투명 폴리이미드 필름
세경하이테크	보호 필름	디스플레이를 물리적 충격에서 보호하는 역할. 커버윈도우 위에 부착
KH바텍	힌지	폴더블폰용 힌지

2) 고객사·전방 산업 다변화

고객사가 다변화되어 있는 기업도 주목할 필요가 있다. 국내 모바일기기 부품 기업 대부분은 삼성전자에 종속되어 있다. 최상위층 기업과 거래하는 입장이므로 같은 부품을 만드는 협력사끼리 단가 경쟁이 치열하다. 따라서 삼성전자 외 애플, 중화권 기업 등 매출처가 다변화되어 있는 기업이 시장에서 높게 평가받는다.

새로운 시장을 개척하는 기업도 좋은 투자 대상이다. 최근 카메라 관련 기업들이 앞다퉈 진출하고 있는 자동차 시장이 대표적이다. 자동차 시장은 스마트폰 시장보다 약 4~5배가량 크다. 탑재되는 카메라의 단가도 스마트폰에 비해 훨씬 높다. 미래가 유망한 새로운 시장을 잘 개척한다면 스마트폰 부품주에서 자동차 전장 부품주로 재평가를 받을 수 있다.

한편 매년 1월 미국 라이베이거스에서 열리는 소비자가전박람회Consumer Electronics Show, CES는 최신 IT 제품, 기술 트렌드가 공개되는 글로벌 최대 IT 행사이다. 증시에서는 CES에서 공개되는 기술 또는 제품과 관련이 있는 기업들이 종종 부각되니 잘 살펴볼 필요가 있다. 직접 CES에 참여해 기술을 공개하는 기업도 종종 있으니 투자자들은 잘 모니터링할 필요가 있다.

시가총액 상위 기업의 투자 지표

- 실적 및 투자 지표: 2022년 3분기 연환산 기준
- 배당수익률: 2021년 주당 배당금/2022.11.30 기준 주가
- 시가총액: 2022.11.30 기준

(단위: 억 원, 배)

기업명	매출액	영업이익	순이익	PER	PBR	ROE	배당수익률	시가총액
SK네트웍스	100,276	1,425	387	27.0	0.46	1.7%	2.8%	10,474
비에이치	15,806	1,489	1,702	5.3	1.59	30.1%	1.0%	8,995
드림텍	13,929	1,083	897	7.3	1.46	20.1%	3.1%	6,517
엠씨넥스	11,816	210	483	11.0	1.61	14.7%	1.7%	5,303
파트론	12,626	670	486	10.6	1.05	9.9%	4.0%	5,167
인탑스	11,882	1,487	1,181	4.3	0.80	18.4%	1.6%	5,134
자화전자	3,054	40	19	258.4	1.29	0.5%	0.0%	4,884
이엠텍	4,552	466	420	11.0	1.70	15.5%	0.5%	4,617
유티아이	418	-7	41	99.8	6.06	6.1%	0.2%	4,047
KH바텍	4,147	394	563	6.3	1.39	22.1%	2.0%	3,528
코리아써키트	16,579	1,454	881	3.8	0.71	18.5%	0.0%	3,390
제이앤티씨	1,734	-354	-376	-8.7	0.82	-9.5%	0.0%	3,268
이랜텍	10,141	820	734	4.4	1.15	26.0%	0.8%	3,237
와이엠티	1,314	60	58	49.4	2.13	4.3%	0.4%	2,855
에스에이엠티	25,882	862	605	4.6	0.77	16.8%	7.2%	2,765
하이비젼시스템	1,616	81	134	20.1	1.46	7.3%	0.8%	2,690
모다이노칩	4,166	383	154	17.4	0.73	4.2%	0.0%	2,671
인터플렉스	4,961	363	329	7.8	1.20	15.3%	0.0%	2,578
나무가	5,144	341	371	6.5	1.91	29.3%	0.0%	2,416
아모텍	2,078	-171	43	53.3	1.20	2.2%	0.0%	2,295

모바일기기와 카메라

카메라

광학필터
- SBW생명과학
- 옵트론텍

렌즈
- 유티아이
- 코아시아옵틱스
- 세코닉스
- 노블엠앤비
- 엘컴텍
- 지나인제약
- 삼양옵틱스

모듈
- 엠씨넥스
- 이즈미디어
- 파트론
- 캠시스
- 파워로직스
- 덕우전자
- 하이비젼시스템
- 탑엔지니어링
- 코아시아
- 나무가

액츄에이터
- 자화전자
- 하이소닉
- 바이오로그디바이스
- 해성옵틱스
- 재영솔루텍
- 아이엠
- 액트로

모바일기기

내외장재
- KH바텍
- 와이제이엠게임즈
- 파인테크닉스
- 서원인텍
- 에스에이엠티
- 유아이엘
- 앤디포스
- 파인엠텍
- 에스코넥

스피커와 리시버
- 이엠텍
- 블루콤

악세서리
- 알에프텍
- 에이치앤비디자인
- 장원테크
- 하인크코리아

안테나
- 아이씨에이치

유통
- SK네트웍스

차폐소재
- 노바텍
- 성우전자
- 솔루에타
- 아모센스

케이스
- 인탑스
- 이랜텍
- 슈피겐코리아

터치스크린
- 제이앤티씨
- 이라이콤
- 에스맥
- 멜파스
- 세경하이테크
- 육일씨엔에쓰
- 디스플레이텍
- 크루셜텍
- 일진디스플

통신부품
- 와이팜
- 기가레인
- 와이솔
- 소니드
- 모다이노칩
- 케스피온
- 아모텍

PCB
- 드림텍
- 이브이첨단소재
- 비에이치
- 디에이피
- 코리아써키트
- 엔피디
- 인터플렉스
- 뉴프렉스
- 와이엠티
- S&K폴리텍
- 디케이티
- 태성
- 시노펙스
- 씨유테크

IT 서비스

IT는 Information Technology의 약자로 정보 기술이다. IT에서 말하는 정보는 데이터인데 IT 산업은 데이터를 수집, 가공, 저장, 검색, 송수신하는 모든 기술 기반 산업을 의미한다. 매우 광범위하므로 통신, 반도체, 인터넷 등 특정 산업은 IT에서 분리해 따로 살펴볼 필요가 있다. 이 책에서는 상장 기업의 구성 및 시가총액 비중을 고려해 IT 서비스를 중심으로 IT 하드웨어, 소프트웨어 기업을 한데 묶어 IT 서비스 산업으로 정의했다.

IT 서비스 산업에 속한 기업은 총 141곳으로 주식 시장에서 차지하는 비중은 1.4%다. 과거 IT 서비스 산업은 인터넷의 대중화, 디지털 전환과 함께 2000년대 초에 호황을 맞았으나, 낮은 진입 장벽과 성장률 둔화로 수익성이 점차 낮아지고 있다. 대기업 계열사들은 그룹 기반 수요로 캐시카우를 창출하고 있으며, 중소기업들은 관공서, 금융권을 중심으로 단가 경쟁을 벌이고 있다. 투자자는 클라우드, 빅데이터, 인공지능 솔루션 등 차세대 먹거리에서 두각을 나타내는 기업에 주목할 필요가 있다.

IT 서비스 산업은 컴퓨터 및 주변기기 등을 만드는 기업이 속한 IT 하드웨어 섹터, IT 하드웨어에서 구동되는 다양한 소프트웨어를 만드는 기업이 속한 소프트웨어 섹터, IT 하드웨어와 소프트웨어를 바탕으로 고객에게 디지털 솔루션을 제공해주는 기업이 속한 SI 서비스 섹터로 구분된다. 추가로 사이버 보안 섹터도 있는데, 원래 소프트웨어에 포함되어야 하지만, 기업의 구성 및 성장성을 고려해 따로 분류했다.

IT 서비스

1. IT 서비스 산업의 개요

한국IT서비스산업협회에 따르면 IT 산업은 하드웨어, 소프트웨어, 서비스로 구분된다. 하드웨어는 컴퓨터이며, 네트워크 장비나 단말기 및 소프트웨어는 윈도우를 뜻한다. 오피스365처럼 단말기에서 구동되는 애플리케이션 및 서비스는 하드웨어와 소프트웨어를 통해 고객에게 맞는 IT 솔루션을 제공해주는 것을 뜻한다. IT 하드웨어를 만드는 국내 기업은 삼성전자, LG전자 등이 대표적이다. 다만 국내 기업은 PC 및 컴퓨터 주변기기를 주로 다루고 있으며, 네트워크 장비는 주로 해외 제품에 의존하고 있다.

소프트웨어는 오피스365 같은 사무용 애플리케이션, 기업의 재고관리나 물류 시스템에 활용되는 프로그램, 빅데이터 및 인공지능을 활용한 챗봇, 음성비서, 이상 탐지, 예측 솔루션 등이 있다. 대부분의 기업은 오라클, SAP 등 글로벌 IT 소프트웨어 브랜드를 사용하지만 일부 인공지능 솔루션의 경우 소프트웨어 진흥법에 따라 대기업의 참여가 제한되기도 한다. IT 서비스는 기업에 필요한 최적의 정보 시스템을 조언해주는 IT 컨설팅, 기업의 IT 시스템 기획, 개발부터 구축 및 운영까지 도맡는 SI(시스템 통합)가 대표적이다. 국내 IT 서비스 기업 대부분은 SI 사업에 집중하고 있다. 삼성SDS, LG CNS 등 대기업 계열사는 그룹

| 국내 ICT 시장 전망

(단위: 10억 원)

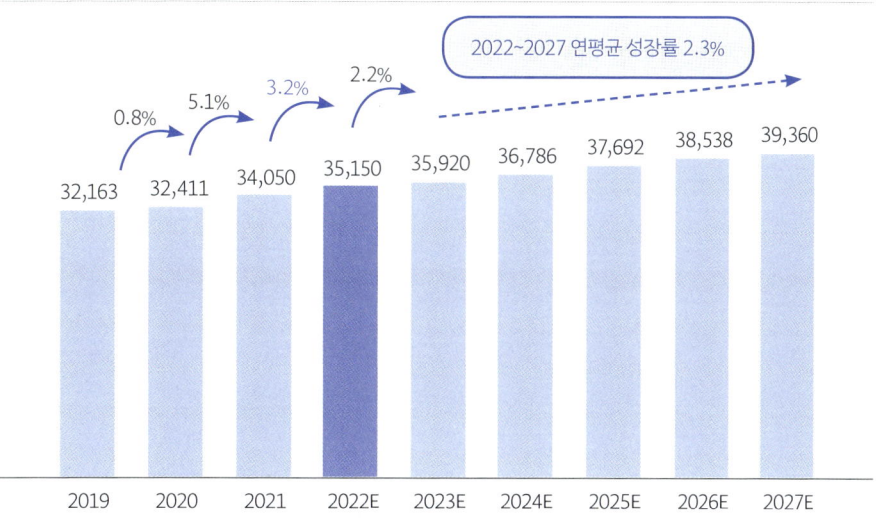

* 기업용 ICT 시장만을 의미. 개인용 ICT 시장, 반도체 및 통신장비 시장 제외
출처: 날리지리서치그룹 Knowledge Research Group, KRG

사 기반으로 안정적인 영업 활동을 펼치고 있으며, 중소기업의 경우 공공기관, 금융권을 대상으로 치열한 경쟁을 펼치고 있다.

IT 인프라 투자는 주력 고객사인 공공기관, 금융권의 예산이 집중되어 있는 하반기에 주로 발생한다. IT 서비스 기업 역시 상반기보다 하반기에 매출이 집중되는 경향이 있다.

2. IT 서비스 산업의 성장성

2000년대 초반의 IT 서비스 산업은 인터넷의 대중화와 공공기관 및 기업의 디지털화로 유례없는 성장을 맞았다. 그러나 IT 서비스 보급률이 정점에 달하면서 2010년 들어서부터는 성숙기 산업에 진입했다. 부가가치가 높은 네트워크 장비, 소프트웨어는 대기업 및 해외 기업이 장악하고 있는 상황에서 중소기업들은 단가 경쟁을 이어가고 있다. IT 시장 조사 기관 날리지리서치그룹에 따르면 2021년 국내 ICT 시장 규모는 34조 500억 원에 달했다. 기업들의 IT 관련 지출이 가장 집중된 분야는 클라우드다. 2021년 전체 IT 예산에서 클라우드가 차지한 비중은 12%에 달했다. 지출 규모가 전년 대비 15.5% 증가했다. 투자 2순위는 빅데이터 구축, 3순위는 인공지능^{AI} 기술 접목이다. 향후 국내 ICT 시장은 2022년부터 2027년까지 연평균 2.3%씩 성장할 전망이다.

3. IT 서비스 산업의 투자 포인트

1) 클라우드 사업을 바라보는 두 가지 시선

시시각각 발생하는 빅데이터를 효율적으로 관리하고 활용하기 위해서는 서버 구축이 필수다. 그러나 기업 자체적으로 서버를 마련하려면 전산실이나 데이터센터가 필요하다. 대기업이 아니고서는 투자 및 관리 비용의 부담이 클 수밖에 없다. 따라서 필요한 만큼 서버를 임대해서 사용하는 클라우드 서비스가 확장되고 있다. 그런데 어떤 클라우드 서비스를 사용할지, 해당 서버에 이전할 수 있는 데이터나 애플리케이션은 무엇인지 파악하는 과정은 IT 전문 기업이 아니면 막막할 수 있다. 이에 따라 기업별 맞춤형 클라우드 서비스를 제공하고 운영 및 관리까지 담당하는 MSP^{Managed Service Provider} 서비스가 IT 서비스 기업들의 차세대 먹거리로 부상하고 있다. 삼성SDS를 비롯한 LG CNS, SK 등 대기업들이 클라우드 MSP 사업에 집중하고 있다. 다만 아마존의 AWS, 마이크로소프트의 애저^{Azure}, 구글 클라우드, 네이버 클라우드 등 클라우드 전문 기업들의 서비스를 재판매하는 것에 지나지 않는다는 지적이 있다. 과거 SI 사업에서 크게 벗어나지 않는다는 해석이다. 투자자는 클라우드 MSP 사업이 IT 서비스 기업들의 신성장동력으로 자리할지, 또 하나의 SI 사업이 될지 지켜볼 필요가 있다.

2) AI를 활용한 소프트웨어 시장

코로나19로 콜센터 내에서 집단 감염이 발생하자 콜센터 공간을 폐쇄하는 일이 종종 발생했다. 이를 계기로 기업들은 고객 상담 서비스를 챗봇, 음성 AI 비서로 대체하고 있다. AI 솔루션 전문 기업 마인즈랩에 따르면 국내 AI 콜센터 시장 규모는 2024년 1,441억 원 규모로 2020년부터 연평균 성장률이 28.5%에 달할 것으로 전망된다. 음성봇과 챗봇 시장은 콜센터뿐만 아니라 ARS, AI 스피커, 키오스크 등 다양한 분야에서 성장할 것으로 전망된다. 글로벌 AI 음성봇, 챗봇 시장은 2020년부터 2024년까지 연평균 27.7%씩 성장해 129억 달러 규모의 시장을 형성할 것으로 관측된다.

| 글로벌 음성봇 및 챗봇 시장 규모 추이

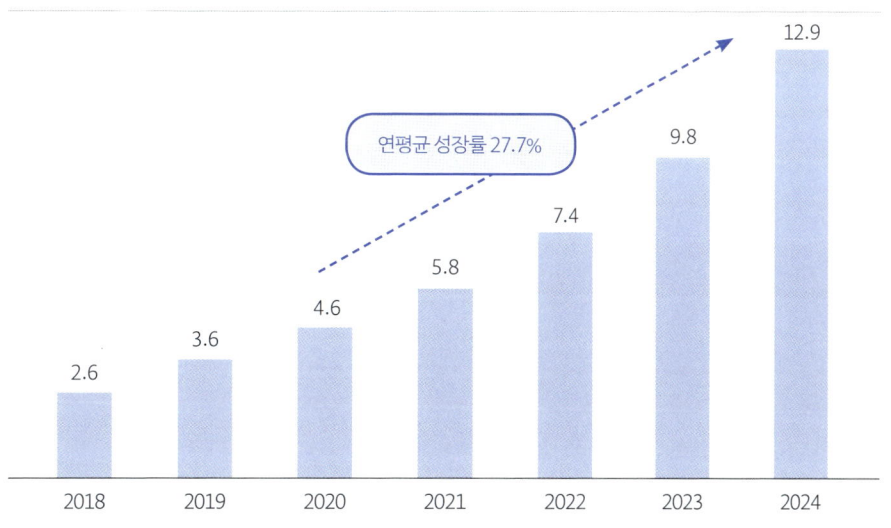

출처: 마켓앤마켓, 마인즈맵

초기 AI 기술은 챗봇, 음성봇으로 활용되고 있지만, 향후 수많은 데이터가 쌓이면 고부가가치 영역으로 확대될 것으로 보인다. AI의 핵심은 데이터다. 얼마나 많은 데이터를 학습하느냐에 따라 AI가 더욱더 정교해질 수 있다. 따라서 AI를 학습시킬 수 있는 데이터를 수집하고 가공, 처리하는 작업이 무엇보다 중요하다. 이것이 AI 시장이 성장하기 앞서 관련 데이터를 수집, 가공하는 시장 성장이 선행될 수밖에 없는 이유다. 한국 IDC에 따르면 국내 AI 데이터 시장 규모는 2020년 274억 원에서 2024년 528억 원으로 92.7% 성장할 것으로 전망된다. 이에 따라 투자자들은 관련 소프트웨어를 만드는 기업들도 눈여겨볼 필요가 있다.

사이버 보안

1. 사이버 보안 산업의 개요

사이버 보안이란 정보 통신과 관련된 디지털 공격에서 시스템을 안전하게 보호하는 것을 말한다. 구체적으로는 인터넷에 연결된 컴퓨터, 스마트폰, 서버, 네트워크 등 사이버 공간에서 허가되지 않은 접근, 데이터 도난, 공격, 무단 조작으로부터 보호하는 것을 의미한다. 사이버 보안 시장은 크게 정보 보안 시스템의 개발과 이를 바탕으로 서비스를 제공하는 것으로 나뉜다. 정보 보안 시스템은 네트워크 보안 시스템, 정보 유출 방지 시스템, 암호인증 시스템, 보안관리 시스템 등으로 구분된다. 정보 보안 서비스는 보안 컨설팅 및 유지 관리, 보안관제, 클라우드 보안 서비스, 모바일 케어 서비스 등이 대표적이다.

사이버 보안의 주요 고객층은 관공서와 금융권이다. B2B 비즈니스 특성상 결산 시기에 맞추어 재계약 및 IT 예산 집행이 이루어지므로 하반기에 수요가 집중된다. 과거 사이버 보안 시장은 기업들의 IT 예산 규모에 따라 업황이 형성되었지만, 디지털 인프라 확장 및 전 산업 영역에 걸쳐 **디지털 트랜스포메이션**♦이 진행됨에 따라 경기에 대한 영향은 점점 낮아지는 흐름이다. 국내 시장은 대기

♦ 디지털 기술을 모든 비즈니스 영역에 통합시켜 고객 서비스 방식을 근본적으로 바꾸기 위해 적용하는 프로세스

업 계열사 중에서 유일한 사이버 보안 회사인 SK쉴더스가 시장 점유율 30% 내외로 1위를 기록하고 있으며, 안랩이 뒤를 잇고 있다. 국내 사이버 보안 시장은 내수 중심이다. 국내 사이버 보안 시장이 꾸준히 성장함에 따라 엑소니어스, 세일포인트 등 글로벌 기업의 국내 시장 진출이 가속화되고 있어 향후 치열한 경쟁이 예상된다.

2. 사이버 보안 시장의 성장성

스마트폰의 대중화와 사물인터넷의 등장, 나아가 자율주행, 인공지능 등 ICT 산업의 비약적인 발전과 더불어 사이버상의 공격도 기하급수적으로 늘고 있다. 금융기관들의 개인정보 유출 사건은 주기적으로 발생하고 있으며, **랜섬웨어**◆ 공격으로 글로벌 기업들의 시스템이 마비되는 일이 종종 발생하고 있다. 특히 미국에서는 송유관 운영 회사인 콜로니얼 파이프라인을 대상으로 한 '다크사이드 DarkSide' 랜섬웨어 공격 여파로 미국 동남부 지역 휘발유 공급이 일시적으로 중단되었다. 이 사건으로 미국 정부는 18개 주에 비상사태를 선언하기도 했다. 이처럼 IT 시스템과 운영 시스템이 결합되는 제조 분야를 대상으로 사이버 공격이 증가하고 있어 사이버 보안 시장은 꾸준히 성장할 것으로 전망된다.

랜섬웨어 감염, 개인정보 유출 등 사이버 공격에 대한 피해 규모가 커지자 정보 보안 관련 제도도 강화되고 있다. 특히 2021년 12월 「정보보호산업의 진흥에 관한 법률」 개정 시행에 따라 일정 규모 이상의 기업에 정보 보호 현황 공시 및 체계적인 보안 시스템을 갖추어야 할 의무가 생겼다. 이에 따라 사이버 보안 시장은 꾸준히 성장할 것으로 전망된다.

◆ 시스템을 잠그거나 데이터를 암호화해 사용할 수 없도록 하는 악성 프로그램

기업 침해사고 유형별 비중

(단위: %)

구분	2018	2019	2020
랜섬웨어	56.3	54.1	59.8
악성코드	47.7	39.5	42.7
해킹	4.4	13.7	6.6
애드웨어, 스파이웨어	12.1	6.6	4.0
내부 인력에 의한 중요 정보 유출	3.9	1.1	1.6
도스DoS, 디도스DDoS 공격	2.5	0.8	4.1

출처: 한국인터넷진흥원

인피니티 리서치 마켓에 따르면 국내 사이버 보안 시장은 2021년 4조 8,606억 원에서 2025년 8조 1,800억 원으로 연평균 13.9%씩 성장할 것으로 전망된다. 특히 기업들이 자체 서버보다는 클라우드 서비스 사용을 늘리고 있으므로 클라우드 보안 시상이 대폭 성장할 것으로 관측된다.

국내 사이버 보안 시장 추이

(단위: 억 원)

구분	2021	2022	2023	2024	2025	연평균 성장률
사이버 보안	48,606	54,533	61,646	71,130	81,800	13.90%
클라우드 보안	5,928	7,113	9,484	13,041	16,597	29.35%
모바일 보안	597	691	799	925	1,072	15.76%

출처: 인피니티 리서치 마켓 2022 보고서

3. 사이버 보안 산업의 투자 포인트

1) 사이버 보안 공격 이슈

사이버 보안 관련 기업은 해킹, 랜섬웨어, 디도스 등 주요 사이버 공격 이슈 발생 시 부각되는 경향이 있다. 사이버 보안에 대한 경각심 및 니즈가 커질 것이란 관심 때문이다. 블록체인 기반 가상자산 시장이 커지면서 거래소를 해킹하거나 랜섬웨어 공격으로 주요 기관들의 IT 시스템을 마비시킨 후 가상자산을 갈취하는 범죄가 늘고 있다. 따라서 투자자는 해당 이슈로 주목받는 사이버 보안 기업 중에서 장기적으로 성장할 만한 기술력을 보유한 기업을 잘 선별할 필요가 있다.

2) 클라우드, 블록체인 등 신규 사업 진출

클라우드 시장은 사이버 보안 산업의 새로운 먹거리다. 인피니티 마켓 리서치에

| 국내 랜섬웨어 피해 금액

(단위: 1,000억 원)

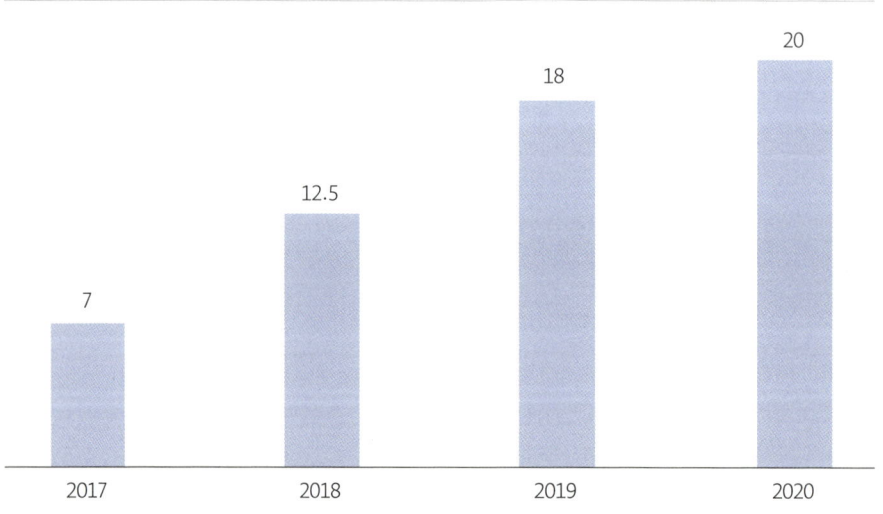

출처: 한국랜섬웨어침해대응센터(2020년)

따르면 2021년 클라우드 보안 시장은 7,113억 원에서 2025년 1조 3,041억 원으로 연평균 29.3%씩 급성장할 것으로 전망된다. 코로나19로 원격근무가 확산되면서 관공서 및 기업들의 클라우드 서비스 이용이 대폭 늘었다. 글로벌 보안 기업 맥아피McAfee에 따르면 클라우드 서비스에 대한 사이버 공격 횟수도 증가했다고 한다. 2020년 1월부터 4월까지 무려 630% 늘었다. 정부 역시 공공부문 클라우드 시스템 전환을 위해 2025년까지 1조 6,000억 원을 투입하는 만큼 클라우드 보안 시장은 꾸준히 성장할 것으로 전망된다.

블록체인 보안 시장 역시 급성장할 전망이다. 금융위원회 금융정보분석원Financial Intelligence Unit, FIU에 따르면 2021년 국내 가상자산 시장 규모는 55조 2,000억 원이며 하루 평균 거래액은 11조 3,000억 원으로 나타났다. 가상자산은 비트코인 같은 주요 가상자산의 가격 변동에 따라 변동성이 심하지만 수년간 계속 시장 규모가 성장하고 있다. 또한 블록체인을 기반으로 한 NFT 시장 규모도 커지고 있어 가상자산 해킹을 차단하는 보안에 대한 수요는 더욱 커질 전망이다. 국내 주요 사이버 보안 기업들은 가상자산, NFT 등 디지털자산을 안전하게 보관, 거래, 관리힐 수 있는 보안 시스템 개발에 집중하고 있다.

시가총액 상위 기업의 투자 지표

- 실적 및 투자 지표: 2022년 3분기 연환산 기준
- 배당수익률: 2021년 주당 배당금/2022.11.30 기준 주가
- 시가총액: 2022.11.30 기준

(단위: 억 원, 배)

기업명	매출액	영업이익	순이익	PER	PBR	ROE	배당수익률	시가총액
삼성에스디에스	169,213	8,728	9,592	10.3	1.21	11.7%	1.9%	98,657
현대오토에버	25,659	1,107	899	33.9	2.13	6.3%	0.6%	30,441
더존비즈온	3,128	540	377	29.0	2.41	8.3%	1.3%	10,923
다우데이타	99,488	8,899	925	11.6	1.05	9.0%	1.1%	10,762
포스코 ICT	9,883	773	604	17.7	2.66	15.0%	0.7%	10,673
다우기술	93,865	8,199	2,854	3.3	0.43	13.3%	2.9%	9,332
안랩	2,251	235	128	53.5	2.79	5.2%	1.6%	6,849
롯데정보통신	9,701	211	156	23.0	0.86	3.8%	3.0%	3,587
한글과컴퓨터	2,797	315	603	5.9	1.05	18.0%	0.0%	3,529
신도리코	3,477	15	671	5.2	0.36	6.9%	4.3%	3,478
상상인	6,960	1,144	905	3.8	0.44	11.7%	1.6%	3,430
쿠콘	650	198	11	295.1	2.50	0.8%	0.3%	3,220
대아티아이	1,096	101	79	34.4	2.54	7.4%	0.0%	2,706
신세계 I&C	5,261	355	390	6.3	0.90	14.1%	1.7%	2,477
알서포트	477	77	143	15.3	2.49	16.2%	1.0%	2,184
웹케시	865	210	112	18.7	2.15	11.5%	0.7%	2,089
한국정보인증	813	118	59	35.4	1.23	3.5%	2.4%	2,072
아시아나 IDT	1,871	84	60	30.1	1.15	3.8%	3.1%	1,809
윈스	1,040	241	215	8.3	1.09	13.1%	3.9%	1,788
DB	3,882	222	219	7.6	0.55	7.2%	0.0%	1,678

IT 서비스

사이버 보안

- 싸이버원
- 안랩
- 한컴위드
- 드림시큐리티
- 윈스
- 라온시큐어
- 이스트소프트
- 케이사인
- 아톤
- 파수
- 이글루
- 소프트캠프
- 지니언스
- 네오리진
- 시큐브
- 휴네시온
- 세토피아
- 지란지교시큐리티
- 에스에스알
- SGA솔루션즈
- SGA

컨택센터

- 효성ITX
- KTcs
- KTis
- 이씨에스
- 브리지텍
- 한솔인티큐브
- 엠피씨플러스

SI

- 삼성에스디에스
- 솔트웨어
- 웨이버스
- 에스넷
- 현대오토에버
- 다우기술
- 포스코 ICT
- 롯데정보통신
- 다우데이타
- 상상인
- 신세계 I&C
- 지어소프트
- 아시아나IDT
- DB
- 큐로컴
- 오상자이엘
- 인성정보
- 이니텍
- 콤텍시스템
- 오픈베이스
- 비케이탑스
- 아이티센
- 링네트
- 나무기술
- 링크제니시스
- 대신정보통신
- 소프트센
- 케이씨에스
- 데이타솔루션
- 아이크래프트
- 정원엔시스
- 미래아이앤지
- 쌍용정보통신
- 인지소프트
- 오파스넷
- 광무

IT하드웨어

복합기
- 신도리코

자동화기기
- 한국전자금융
- 에이텍티앤
- 케이씨티
- 푸른기술
- 한네트
- 로지시스
- 씨아이테크
- 센트럴인사이트

프린터
- 잉크테크
- BNGT
- 딜리
- 아이디피
- 파커스
- 디지아이

PC
- 이트론
- 에이텍
- 제이씨현시스템
- 메디프론
- 피씨디렉트
- 주연테크
- 율호
- 한국정보공학
- 앱코
- 엔에스엔

POS
- 에이루트
- 빅솔론

IT 서비스

소프트웨어

교통
- 대아티아이
- 에스트래픽
- 에스디시스템
- 시티랩스

영상분석
- 씨이랩
- 핀텔
- 이노뎁

기타 소프트웨어
- 브레인즈컴퍼니
- MDS테크
- 모아데이타
- 디모아
- 모코엠시스
- 인포뱅크
- 산돌
- 투비소프트
- 알서포트
- 이루온
- 키네마스터

오피스
- 한글과컴퓨터
- 폴라리스오피스

인증
- 한국정보인증
- 인포바인
- 한국전자인증

데이터와 AI
- 알체라
- 코난테크놀로지
- 바이브컴퍼니
- 엑셈
- 에프앤가이드
- 솔트룩스
- 비플라이소프트
- 플리토
- 비투엔
- 위세아이텍
- 비트나인
- 엠브레인
- 마인즈랩

전자문서
- 포시에스

핀테크
- 쿠콘
- 웹케시
- 핑거

디지털전환
- 이노룰스
- 아이티아이즈

ERP
- 아이퀘스트
- 영림원소프트랩
- 더존비즈온
- 핸디소프트
- 비즈니스온

스마트팩토리
- 엠로
- 티라유텍
- 이삭엔지니어링

인터넷

플랫폼이란 기본적으로 '평평하고 높이 솟은 지역 또는 구조물'이라는 뜻을 갖고 있다. 공간을 지칭할 때 플랫폼은 기차를 타고 내리는 장소, 강의나 공연을 할 때 쓰이는 연단이나 강당을 의미하기도 한다. 플랫폼은 다양한 뜻이 존재하지만 많은 사람이 모여 있거나 왕래하는 공간이라는 점에서 공통점을 찾을 수 있다. 이러한 점이 특정 온라인 공간에서 수많은 사람을 대상으로 다양한 서비스를 제공하는 사업자를 인터넷 플랫폼이라고 하는 이유다. 인터넷 플랫폼은 수많은 유저가 모이고 활동하는 사이트, 애플리케이션이다. 특정 산업에 국한되지 않고 콘텐츠, 광고, 미디어, 모빌리티, 게임 등 수많은 영역에 진출해 비즈니스를 펼칠 수 있다는 의미다. 따라서 이 책에서는 국내 인터넷 플랫폼 대표 기업이라고 할 수 있는 네이버와 카카오의 비즈니스 구조, 성장성, 투자 포인트 등에 대해 다루는 것으로 인터넷 플랫폼 산업 설명을 갈음하고자 한다. 플랫폼 기업 외에는 데이터센터 서비스를 제공하는 인터넷 인프라 기업도 존재한다.

인터넷 산업에 속한 기업은 총 11곳으로 시가총액 기준 주식 시장에서 차지하는 비중은 2.6%다. 2020년 코로나19 팬데믹 사태로 비대면 서비스의 수요가 폭발하면서 플랫폼 기업들의 시가총액은 크게 증가했다. 그러나 리오프닝 시작으로 비대면 특수가 사라지고 미국 연방준비은행의 강력한 긴축 정책으로 인터넷 플랫폼 기업들은 주가는 크게 조정 받았다. 그러나 네이버와 카카오 모두 금융, 커머스, 콘텐츠 부문에서 여전히 괄목할 만한 성장세를 보여주고 있으며, 적극적으로 해외 시장에 문들 두드리는 등 성장 스토리는 아직 끝나지 않았다. 투자자 입장에서 인터넷 플랫폼 기업들을 주목해야 하는 이유다.

인터넷

1. 인터넷 산업의 개요와 특징

4차 산업혁명의 핵심은 IT 기술의 결합과 산업 간의 경계가 허물어지는 데에 있다. 이를 가장 대변해주는 것이 인터넷 플랫폼 기업의 비즈니스 모델이다. 사실 산업은 소매업, 서비스업, 광업, 건설업 등 특정 사업의 형태를 지칭하는데, 인터넷 플랫폼은 딱히 하나의 산업으로 정의할 수 없다. 인터넷 플랫폼이란 매개체를 기반으로 다양한 사업을 진행하기 때문이다. 국내에서는 네이버와 카카오가 플랫폼 기업의 대표주자라고 할 수 있다. 인터넷 플랫폼이 모체인 네이버는 광고, 커머스, 웹툰, 금융, 클라우드를 전략 사업으로 추진하고 있다. 모바일 메신저로 시작한 카카오는 광고, 뮤직, 게임, 웹툰, 커머스, 모빌리티, 금융 등 다양한 영역에서 서비스를 확장하고 있다.

두 기업의 사업 전략은 캐시카우를 바탕으로 다양한 영역에서 비지니스를 확장하는 전략이다. 두 기업 모두 포털이나 메신저에서 창출되는 광고수익, 또는 뮤직이나 게임에서 꾸준히 캐시카우를 창출한다. 이를 바탕으로 핀테크, 콘텐츠, 클라우드 등 신사업에 투자하고 있다. 투자한 신사업이 성공적으로 안착하면 캐시카우로 바뀌고, 이를 바탕으로 또 다른 영역에 투자하는 선순환구조를 이루고 있다.

인터넷 플랫폼 기업은 다양한 산업에 진출해 있고, 제조업이 아닌 주로 도소매 서비스업에 해당하는 비즈니스를 영위하는 까닭에 경기에 크게 상관없다. 단 네이버나 카카오 모두 포털이나 메신저 기반 광고수익 비중이 크기 때문에 광고 경기에 영향을 받는다.

2. 인터넷 산업의 성장성

네이버의 사업부는 크게 서치 플랫폼, 커머스, 핀테크, 콘텐츠, 클라우드 및 기타로 구분된다. 서치 플랫폼은 네이버 포털을 활용한 광고 비즈니스로 네이버의 캐시카우를 담당하고 있는 분야다. 커머스는 네이버쇼핑, 스마트스토어가 포함되며, 핀테크는 네이버페이가 핵심이다. 콘텐츠에서는 네이버웹툰, 스노우 등을 서비스하며, 클라우드 및 기타에서는 기업형 클라우드 서비스와 AI 서비스인 클로바 등 신사업이 포함되어 있다.

카카오의 사업부는 먼저 플랫폼과 콘텐츠로 나뉜다. 플랫폼은 톡비즈, 포털, 플랫폼 기타로 구분된다. 콘텐츠는 스토리, 게임, 미디어, 뮤직으로 이루어져 있다. 톡비즈는 카카오톡 메신저를 통한 광고수익, 선물하기 등의 서비스이며, 포털은 사이트 '다음Daum'에서 진행하고 있는 디플레이 광고, 검색 광고 서비스다. 플랫폼 기타는 모빌리티, 카카오프렌즈, 페이 등 다양한 사업으로 구성된다. 게임은 카카오게임즈의 퍼블리싱 서비스, 뮤직은 멜론 사이트를 통한 음원 서비스, 스토리는 카카오엔터 및 웹툰 서비스인 픽코마Piccoma로 구성되어 있다.

최근 3년간 사업부별 매출 비중 변화를 보면 두 기업이 어느 분야에 집중하는지 알 수 있다. 네이버의 경우 서치 플랫폼의 비중은 53%에서 48%로 줄어든 반면, 커머스(21%→22%), 핀테크(13%→14%), 콘텐츠(8%→14%)는 각각 비중이 커졌다. 특히 콘텐츠 비중이 크게 늘어난 것은 글로벌 웹툰 기업 인수 및 일본 등

| 카카오 사업부별 매출 비중

(단위: %)

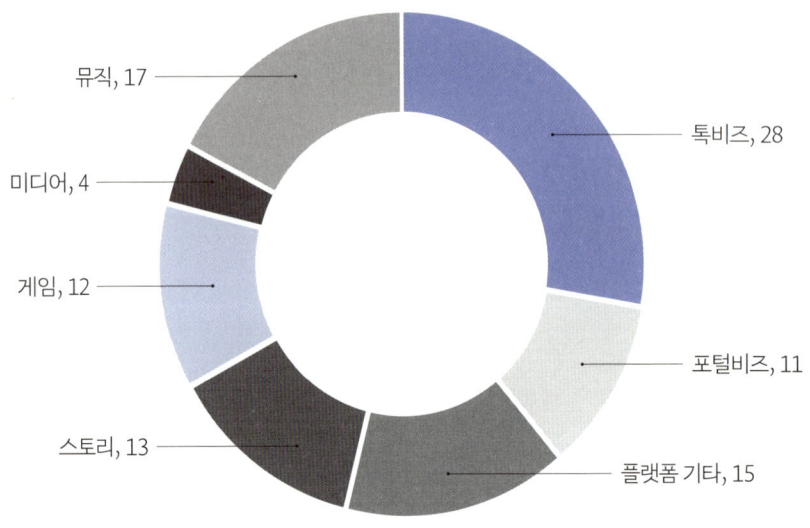

출처: 카카오(2020년 기준)

| 카카오 3분기 누적 사업부별 매출 비중

(단위: %)

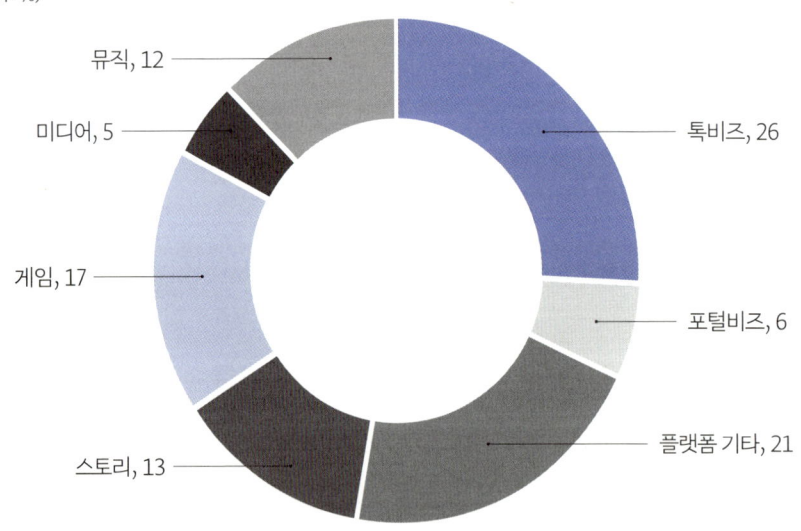

출처: 카카오(2022년 기준)

| 네이버 사업부별 매출 비중

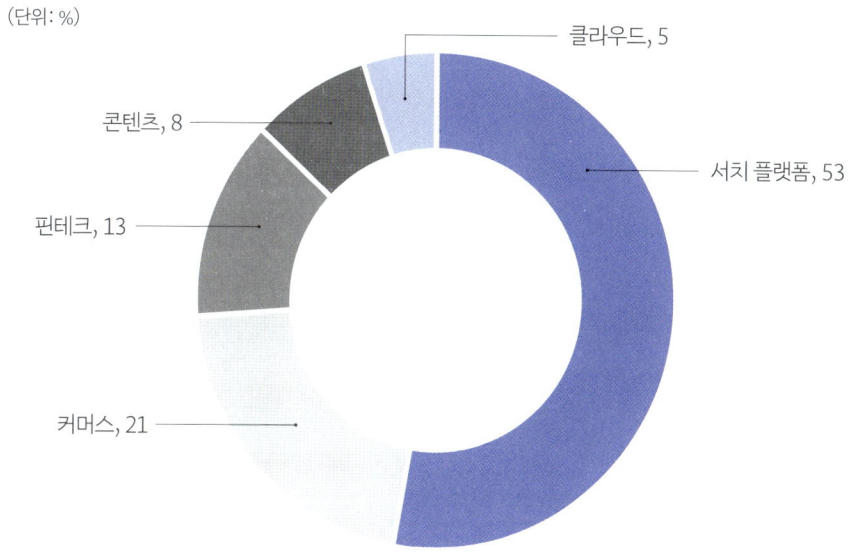

출처: 네이버(2020년 기준)

| 네이버 3분기 누적 사업부별 매출 비중

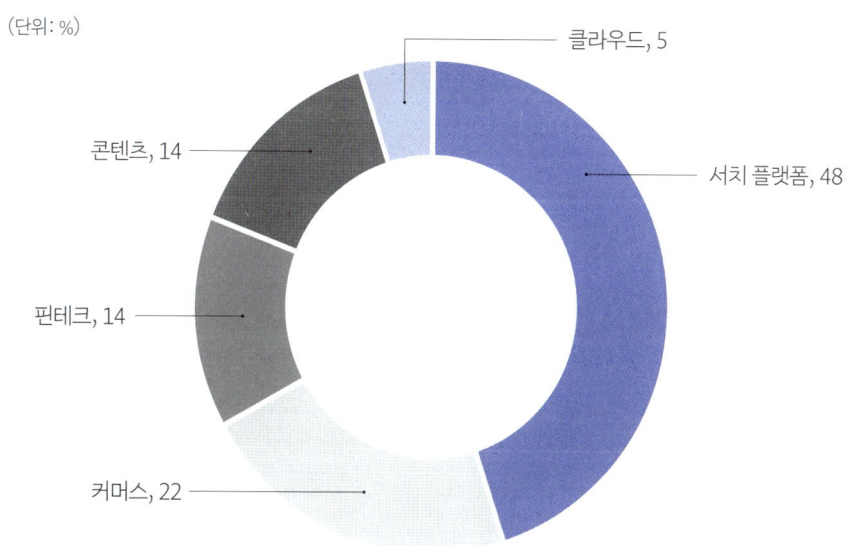

출처: 네이버(2022년 기준)

해외 이용자가 늘어난 덕이다.

카카오는 포털 비중(11%→6%)은 크게 축소된 반면 플랫폼 기타(15%→21%)와 게임(12%→17%)은 크게 늘었다. 플랫폼 기타는 블록체인 모빌리티, 페이 결제 및 금융 서비스 등 카카오의 신사업이 집중된 사업부인 만큼 매출 성장세가 타 사업부에 비해 빠르다.

3. 인터넷 플랫폼 기업의 투자 포인트

1) 플랫폼 기업들의 영원한 숙제, 해외 진출

국내에서 네이버는 포털 부문, 카카오는 모바일 메신저 부문에서 독점적 지위를 누리고 있다. 그러나 구글, 페이스북처럼 글로벌 플랫폼 기업이 되기 위해선 갈 길이 멀다. 네이버, 카카오 모두 국내 중심의 사업을 펼치고 있기 때문이다. 플랫폼 기업으로서 다양한 영역으로 비즈니스를 확장할 수는 있지만, 내수 시장의 한계가 명확한 만큼 해외 진출은 불가피한 상황이다.

네이버는 일찍이 해외 비즈니스에 성공한 경험을 갖고 있다. 국내에서는 조명받지 못했던 라인^{Line} 메신저가 가까운 나라 일본에서 국민 메신저로 자리 잡았으며, 동남아 시장까지 영역을 확대했다. 라인은 그 성장성을 인정받아 2016년 7월 미국의 뉴욕증권거래소에 상장했다. 2020년에는 야후재팬과 합병을 통해 Z홀딩스 통합 법인을 출범했으며, 본격적으로 글로벌 시장 공략에 나설 것으로 보인다.

이 외에도 네이버는 스노우, 제페토, 웹툰 등 걸출한 글로벌 서비스를 내놓은 바 있으며, 긍정적 평가를 이끌었다. 최근엔 북미 왓패드와 유럽 AI 연구소 인수 등 여러 파트너와 해외 포트폴리오를 구축했다. 일본 및 동남아 시장에서 머물지 않고 북미, 유럽 시장 역시 공략할 계획이다. 네이버는 2027년까지 글로벌 이용자 10억 명을 확보하고 매출 15조 원을 돌파하겠다는 목표다. 2022년 10월에는 북미 최대 개인 간 거래 플랫폼인 포시마크Poshmark를 16억 달러에 인수한다고 밝혔다. 포시마크는 미국판 당근마켓으로 8,000만 명의 사용자를 보유하고 있다. 포시마크 사용자의 80%가 **MZ 세대**♦인 만큼 네이버는 웹툰과 왓패드를 중심으로 스토리 및 엔터테인먼트 사업과 연계도 염두해 두고 있다.

카카오는 글로벌 비즈니스 분야에서 후발주자인 만큼 먼저 일본을 거점으로 해외 비즈니스를 키운다는 전략을 세웠다. 이미 일본에서 웹툰 서비스를 제공하고 있는 카카오픽코마를 중심으로 다양한 서비스를 제공한다는 계획이다. 북미를 포함한 서구권 시장 공략 움직임도 활발하다. 카카오는 북미 웹툰 플랫폼 타파스Tapas, 웹소설 플랫폼 래디쉬Radish, 세계 최대 아시아 판타지 웹소설 플랫폼 우시아월드Wuxiaworld를 차례대로 인수해 북미 시장 1위를 노리고 있다. 이를 바탕으로 카카오엔터테인먼트는 2024년까지 글로벌 거래액을 3배까지 성장시킨다는 계획이다. 추가로 인수한 굵직한 웹툰, 웹소설 플랫폼에서 파생된 IP를 활용, OTT부터 TV, 스크린용 콘텐츠도 제작한다는 계획이다.

2) 플랫폼 규제 흐름

네이버, 카카오 등 특정 플랫폼 기업들의 독과점 지위가 강화되면서 이를 규제하기 위한 움직임도 커지고 있다. 21대 국회에서 발의된 '온라인 플랫폼 중개거래의 공정화에 관한 법률안'(이하 온라인 플랫폼 공정화법)이 대표적이다. 해당 법률안은 플랫폼과 입점 기업 간 중개거래계약서 작성·교부 의무화, 계약해지 및 서비스 제한 관련 플랫폼의 사전통지 의무화, 플랫폼의 입점기업에 대한 불공정행위 기준 및 분쟁조정 절차, 손해배상책임 명시, 공정거래위원회의 플랫폼 불공정행위에 대한 조사 권한 규정 등의 내용을 담고 있다. 윤석열 정권이 들어서면서 플

♦ 밀레니얼 세대와 Z세대를 합쳐 부르는 말로, 1980년대 초부터 2000년대 초에 출생한 세대를 가리키는 용어

랫폼 규제는 '정부 규제'에서 '자율 규제'로 선회하는 듯했으나, 2022년 10월 데이터센터 화재 사건에 따른 카카오톡 서비스 장애로 규제의 목소리가 다시 커지고 있다.

　이미 유럽과 미국은 우리나라보다 한발 앞서 규제 움직임을 보여주고 있다. 유럽연합은 지난 2020년 7월부터 온라인 플랫폼과 입점 기업 간의 거래를 규율하는 공정성·투명성 규칙을 시행하고 있다. 미국 역시 2021년 6월 '플랫폼 반독점 패키지 5대 법안'이 미 하원에서 발의했다. 이 법안은 거대 플랫폼 기업들이 잠재적 경쟁자를 선제적으로 인수해 시장지배력을 유지하는 것을 방지하는 데 목적이 있다. 인터넷 플랫폼 규제는 전 세계적 흐름으로 시간의 문제이지 결국 피할 수 없을 것으로 보인다. 플랫폼 규제 법안이 시행되면 네이버나 카카오 등 시장지배력이 높은 독과점 사업자는 비즈니스 확장에 제약이 생길 수밖에 없다. 플랫폼 기업 입장에서는 여러모로 해외 진출이 시급한 상황이다.

시가총액 상위 기업의 투자 지표

- 실적 및 투자 지표: 2022년 3분기 연환산 기준(색이 칠해진 기업은 2021 기준)
- 배당수익률: 2021년 주당 배당금/2022.11.30 기준 주가
- 시가총액: 2022.11.30 기준

(단위: 억 원, 배)

기업명	매출액	영업이익	순이익	PER	PBR	ROE	배당수익률	시가총액
NAVER	78,761	13,194	9,313	32.9	1.30	3.9%	0.3%	306,772
카카오	71,184	5,866	15,539	16.2	2.19	13.6%	0.1%	251,169
아프리카TV	3,105	916	734	13.5	4.14	30.7%	0.8%	9,886
사람인에이치알	1,500	472	334	9.8	1.91	19.4%	2.1%	3,269
케이아이엔엑스	1,051	262	246	10.3	1.78	17.3%	1.0%	2,528
가비아	2,295	393	189	7.7	1.27	16.5%	0.7%	1,455
리파인	588	210	-	-	1.03	0.0%	0.0%	1,386
원티드랩	475	85	86	14.6	3.09	21.1%	0.0%	1,265
줌인터넷	257	44	2	478.2	2.84	0.6%	0.0%	911
THE E&M	434	23	-83	-7.5	0.82	-11.0%	0.0%	619
플랜티넷	314	15	43	10.5	0.65	6.2%	4.0%	450

인터넷

인터넷 인프라
- 케이아이엔엑스 · 플랜티넷
- 가비아

플랫폼

구인구직
- 원티드랩 · 사람인에이치알

금융서비스
- 리파인

대형플랫폼
- NAVER · 카카오

인터넷 방송
- 아프리카TV · THE E&M

포털
- 줌인터넷

4장

소비재 1

음식료

유튜브 콘텐츠 중 전 세계적으로 인기를 끄는 키워드가 있다. 바로 '먹방'이다. 말 한마디 없이 먹음직한 음식을 맛있게 먹기만 하면 되는 콘텐츠지만 전 세계적으로 시청자들의 호응을 얻고 있다. 평범한 사람이라면 도저히 먹을 수 없는 대량의 음식을 혼자 순식간에 먹어 치우는 장면을 보는 것도 매우 흥미롭다. 사람들은 이렇게 먹방 콘텐츠를 보는 것도 좋아하지만, 반대로 본인의 식사는 건강을 위해 1일 1식을 하기도 하며, 백반보다는 샐러드로 끼니를 때우는 경우도 많다. 이렇듯 음식은 단순히 생존하기 위해 섭취하는 것에서 문화, 즐거움, 건강이라는 개념까지 더해져 그 의미가 확장된 지 오래다.

음식료 산업에 속한 기업은 총 100곳으로 시가총액 비중은 2.4%에 불과하다. 이미 성숙기에 진입한 지 오래인 데다 내수 중심의 시장을 형성하고 있으므로 증시에서 차지하는 비중이 낮다. 반면 음식료는 필수소비재인 만큼 경기와 상관없이 꾸준히 수요가 발생하는 안정적인 산업이다.

이 책에서는 음식료 산업을 일반식품업, 농업, 축산업, 수산업, 주류, 담배 총 6가지로 분류했다. 일반식품업은 곡물을 수입하거나 해당 곡물 등 원부자재를 바탕으로 가공식품을 만드는 기업을 포함한다. 농업은 작물에 쓰이는 비료, 농약과 종자를 만드는 기업, 축산업은 닭·돼지·소 등 사육부터 도축·판매까지 담당하는 기업, 수산업은 원양 어업부터 각송 수산물을 가공하는 기업을 포함한다. 음료 및 주류업은 음료와 주류 및 소주의 원료인 주정을 만드는 기업이 해당한다.

음식료

1. 음식료 산업의 개요와 특징

우리가 살아가는 데 가장 중요한 것은 의식주 중 '식食', 즉 먹는 것이다. 음식료 산업은 인간의 생존과 가장 직접적으로 연관된 기초 산업이다. 6·25 전쟁 이후 한국에서 산업화의 씨를 뿌린 산업이 음식료 산업이다. 전쟁으로 초토화된 나라에서 시급하게 해결해야 할 부분이 국민의 먹고사는 문제였다. 따라서 '삼백三白 산업(제당·제분·면방직)'을 제도적으로 육성하기 시작했으며, 삼성 그룹의 모태인 제일제당은 여기에서 탄생했다.

음식료는 우리나라 제조업의 근간을 이룬 산업이지만 현재 국내 식량 자급률은 심각하다. 곡물 기준 2020년 국내 식량 자급률은 20.2%에 불과하다. 밀은 99.5%를 수입에 의존하고 있으며, 콩(92.5%)과 소고기(63.2%) 역시 대부분 해외에서 들여온다. 문화와 건강을 위해 여유롭게 음식을 즐기고 있는 것에 비하면 음식료 원부자재 자급률은 초라한 수치다. 이는 우루과이라운드와 세계무역기구 출범으로 값싼 해외 농산물이 유입되었기 때문이다.

국내 음식료 기업 역시 밀, 콩, 옥수수, 설탕 등 거의 대부분의 원부자재를 수입에 의존하고 있다. 따라서 국내 음식료 기업의 수익성은 국제 곡물 시세에 민감하며, 원달러 환율에 직접적인 영향을 받는다. 또한 국내 음식료 산업은 내수

| 식료품 생산자물가지수 추이

출처: 통계청

중심이다. 저출산이란 구조적인 사회 현상 탓에 향후 국내 인구는 꾸준히 줄어들 것으로 예측된다. 장기적으로 내수 식품 판매량의 감소가 불가피한 상황이다. 이에 따라 국내 음식료 기업은 물가 상승률에 맞추어 꾸준히 판매 가격을 올리거나 신제품 출시로 판매량 감소의 돌파구를 마련하고 있다. 몇몇 해외 진출에 성공한 기업들은 수출이 확대되면서 차별화된 실적을 보이기도 한다.

음식료 산업은 성숙기에 접어든 지 오래기 때문에 경쟁 강도가 낮다. 과점 형태를 보이고 있으며 산업 내 몇몇 기업 간 신제품 경쟁이 펼쳐지고 있다. 다만 유통 기업들이 **밀키트**◆, **HMR**◆◆ 등 PB 상품을 출시하며 음식료 기업과 직접 경쟁하는 등 산업 간 경계가 허물어지고 있다.

◆ 식사(Meal)와 키트(Kit)의 합성어로, 완성된 요리가 아닌 식재료와 양념이 포장된 제품
◆◆ Home Meal Replacement의 약자로, 조리가 되어 있어 간단하게 데워서 먹을 수 있는 제품

2. 음식료 산업의 세부 분류

음식료 산업은 담배를 제외하고 일반식품업, 농업, 축산업, 수산업, 주류업 총 5가지로 구분된다. 또한 각각의 섹터 내에서 밸류체인상 1차 가공 기업과 2차 가공 기업으로 구분된다.

1) 일반식품

마트에 가면 매대를 꽉 채운 가공식품들이 즐비해 있다. 이 책에서는 이러한 가공식품을 만드는 기업을 일반식품 기업으로 정의했다. 식용유, 마가린부터 과자, 아이스크림, 음료, 라면까지 상장된 음식료 기업은 제각각 다양한 제품을 만든다. 밸류체인상으로는 1차 가공 기업과 2차 가공 기업으로 다시 구분할 수 있다.

  1차 가공 기업은 해외에서 밀, 원당, 옥수수 등을 수입해서 밀가루, 설탕, 전분 등 가공식품의 원부재료를 만드는 기업이다. 1차 가공 기업은 소비자에게 직접 제품을 판매하기도 하지만 2차 가공 기업에 납품하기도 한다.

2) 농업

농업은 비료와 농약, 종자를 만드는 기업이 해당한다. 국내 비료 수요의 절반 정도는 농협경제지주 회사를 통해 입찰 방식으로 농가에 공급된다. 농협에서 매년 필요 비료 수요를 파악하고 경쟁 입찰로 각 회사별 공급 물량을 선정하는 방식이다. 비료의 주요 원재료는 암모니아, 요소, 염화칼륨 등인데 모두 해외에서 수입된다.

  과거 비료 가격은 농협 주도하에 경쟁 입찰 방식으로 정해졌지만, 2022년 원재료 가격의 인상 정도를 반영해 결정되는 방식으로 바뀌었다. 또한 가격에 대한 반영 시점을 연 단위가 아닌 분기 단위로 조정하기로 했다. 이에 따라 비료 기업들은 3개월마다 농협과 비료 공급 계약 공시를 하고 있다. 다만 농가들의 원가 부담을 감안해 농협은 비료 기업들과 협의를 통해 적절히 비료 가격을 조절한다. 농협을 통한 판매 외에도 비중은 적지만 원예용 비료는 자체 판매를 통해 매출을 발생시킨다. 이와 같은 이유로 비료 기업의 대부분이 비료부문을 캐시카우로 두고, 다양한 사업을 시도한다.

종자 기업은 종자를 육성하고 신품종을 개발·보급하는 기업이다. 내수 중심의 비료 산업과 달리 기술력이 있으면 얼마든지 해외 진출이 가능한 분야다. 상장사 중에서는 농우바이오, 아시아종묘가 대표적인 종자 기업이다. 특히 농우바이오의 경우 미국, 중국, 터키 등 다양한 지역에 해외 법인을 두고 있다. 기후변화에 따른 식량 안보 문제가 커지면서 앞으로 기술력 있는 종자 기업이 부각될 가능성이 높은 상황이다.

3) 축산업

기존의 축산업은 사료를 농가에 공급하거나 닭이나 돼지 등을 도축 및 유통, 이를 통해 가공식품을 만드는 기업으로 나뉘었다. 그러나 현재 축산업과 관련한 상장 기업들은 대부분 계열화가 완성된 상태다. 계열화란 사료 공급부터 사육, 도축 및 유통, 가공까지 전체 밸류체인을 한 기업이 도맡는 것을 뜻한다. 사육은 계열화된 기업이 농가와 계약을 맺고 가축의 새끼와 사료를 공급하고, 농가는 위탁 사육을 하는 형태로 진행된다.

계열화는 수입개방에 대비해 영세한 농가들로 구성된 우리나라가 축산업 경쟁력을 강화하기 위해 생겨난 비즈니스 모델이다. 2009년 「축산법」과 「농지법」이 개정되며 계열화 기업이 등장할 수 있는 발판을 마련했고 이후 M&A를 통해 대부분의 기업들이 사육부터 가공까지 계열화를 이룬 상황이다. 축산업 역시 내수 기반의 산업으로, 기르는 닭, 돼지 가격이나 원재료인 사료 가격에 따라 실적이 결정되는 구조다.

4) 수산업

수산업의 비즈니스 모델은 크게 원양어업과 수산물 유통 및 가공으로 구분된다. 원양어업은 연안이나 근해에서 잘 잡히지 않는 어종을 먼바다에 나가서 잡아 오는 것을 말한다. 주력 어종은 참치다. 과거 동원산업, 사조산업은 원양어업에 주력했지만, M&A 같은 몸집 불리기를 통해 수산물 유통 및 가공 사업에 진출하며 축산업과 마찬가지로 계열화를 이루고 있다.

5) 음료와 주류

음료와 주류 섹터에 속한 기업 대부분은 주류를 만드는 기업이다. 대표 음료 제조 기업인 롯데칠성 역시 맥주와 소주 브랜드를 각각 보유하고 있다. 국내 주류 시장은 크게 소주와 맥주 시장으로 구분되는데, 2019년부터 소주 시장이 맥주 시장을 추월했다. 소주 시장에서는 진로 브랜드를 보유한 하이트진로가 2021년 기준 약 60%가 넘는 점유율로 1위이며, '처음처럼'을 앞세운 롯데칠성이 약 10%대 점유율을 기록하고 있다. 소주는 지역별 선호 브랜드가 뚜렷해 오랜 기간 기업별 점유율이 고착화된 상태다. 맥주 시장의 경우 비상장사인 오비맥주가 시장의 절반을 차지하고 있으며, 하이트진로가 약 30%대, 롯데칠성은 한 자릿수를 기록하고 있다.

음료와 주류 섹터에서 대부분은 주정 기업이다. 주정의 90%는 소주의 원료로 사용된다. 주정 기업은 대한주정판매를 통해 소주 제조 기업에 주정을 납품한다. 대한주정판매는 주정의 구입과 판매를 위한 목적으로 1972년 설립된 법인으로, 국내 주정 회사들이 지분을 나눠 갖고 있다. 특이한 점은 주정 기업들이 보유한 대한주정판매 지분 비율대로 공급 비중이 결정된다는 점이다. 지분율 1위인 창해에탄올(지분 19.8%), 진로발효(16.8%) 순으로 공급 비중이 높다.

3. 음식료 기업의 투자 포인트

1) 원재료와 제품 가격의 스프레드

식품의 주요 원재료인 곡물은 대부분 수입에 의존하고 있다. 따라서 국제 곡물 가격, 원달러 환율이 실적에 미치는 영향이 크다. 곡물 가격과 환율이 오르면 수입 가격이 올라 음식료 기업 실적에 부정적이다.

다만 1차 가공 기업과 2차 가공 기업에 미치는 영향은 각각 다르다. 밀가루나 설탕 등을 만드는 1차 가공 기업은 곡물가 상승분을 제품 가격에 반영시키기 때문에 오히려 곡물 가격이 오르는 구간에서 수익성이 좋아진다. 사료 기업이나 원양어업 기업 역시 곡물가나 어가가 오르면 실적에 긍정적이다. 단, 음식료 기업 대부분이 2차 가공 기업이거나 수입부터 유통, 가공까지 담당하는 계열화 기업이 많기 때문에 원자재 가격이 오르면 좋아지는 기업은 한정적이다.

| 미국 옥수수 선물 시세 추이

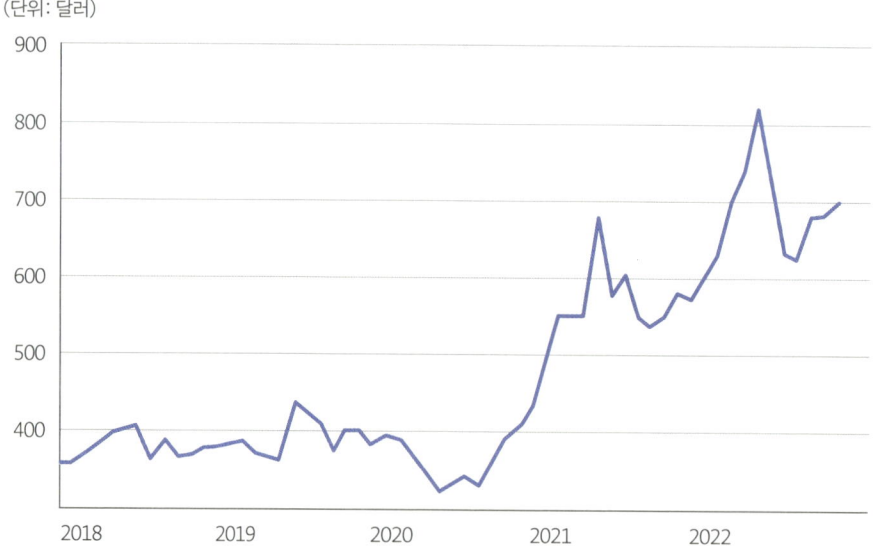

출처: 인베스팅닷컴

원자재 가격의 상승은 단기적으로 음식료 기업에 부정적이지만, 장기적으로는 호재다. 제품 가격을 인상시킬 수 있는 빌미를 마련하기 때문이다. 2021년 말부터 국제 곡물 시세가 급등했으며, 에너지를 포함한 수많은 품목의 가격이 상승했다. 41년 만에 약 8%가 넘는 인플레이션이 발생하면서 음식료 기업들은 여러 차례 가격 인상 계획을 밝혔다. 필자가 그간 살아오면서 배운 진리 중 하나가 한번 오른 식품 가격은 절대 내려오지 않는다는 것이다. 어렸을 때 50원, 100원 하던 아이스크림 가격이 지금은 1,000원이 훌쩍 넘는 것만 봐도 알 수 있다. 추후 곡물가 등 원자재 가격이 하락하면 제품 가격과 원재료 가격의 스프레드(차이)가 벌어지면서 음식료 기업의 실적은 개선될 수 있다.

축산업에 속한 기업들 실적은 주기적으로 발생하는 가축 전염병에도 민감하다. 겨울철에 주로 발생하는 조류 인플루엔자, 구제역은 가축 사육두수에 크게 영향을 미칠 수 있다.

2) 신제품 흥행 여부

2022년, 단종 이후 16년 만에 출시된 포켓몬빵이 불티나게 팔리는 현상이 벌어졌다. 이른 오전, 매장 앞에서 포켓몬빵을 사기 위해 늘어선 줄을 매일 볼 수 있을 정도였으니까 말이다. 웃는 곳은 단연 포켓몬빵을 출시한 SPC삼립이란 기업이다. 포켓몬빵 덕분에 SPC삼립은 2022년 2분기에 역대 최대 실적을 거두었다. 매출액은 약 8,149억 원으로 전년 동기 대비 14% 늘었으며, 영업이익은 약 235억 원으로 약 61.5% 증가했다. 포켓몬빵 열풍이 커진 데는 코로나19 특수가 한몫했다는 분석이다. 사회적 거리두기가 시행되면서 여가 활동이 제한된 상황에서 MZ 세대들의 향수를 자극할 수 있는 포켓몬 카드 수집이 대안으로 떠올랐기 때문이다. 달리 말하면 포켓몬빵 열풍은 유행처럼 사라질 수 있다.

실제 주기적으로 신제품이 인기를 끈 적이 있었는데, 장기적으로 이어진 적은 없다. 2011년 하얀국물 라면 열풍이 불어 삼양식품, 오뚜기 등의 주가가 단기간에 2배가량 올랐지만 단기 유행으로 끝나면서 제자리로 돌아온 바 있다. 2015년 선풍적인 인기를 끌었던 과일소주 열풍도 마찬가지다. 채 1년을 가지 못하고 지금은 추억 속에만 존재하고 있다.

그나마 지속된 것이 허니버터칩 대란이다. 해태제과에서 출시한 단짠의 대명사 감자칩으로 선풍적인 인기를 끌었다. 마트에서 순식간에 품절되기 일쑤였으며, 대형마트들은 허니버터칩을 구매하려는 손님에게 번호표를 나눠주기도 했다. 히트 상품 여파로 해태제과를 자회사로 둔 크라운제과 주가 역시 2014년 주가가 1만 원대에서 5만 원까지 치솟기도 했다. 그러나 열풍이 시작된 지 8년이 지난 지금, 허니버터칩은 이제 마트에서 흔히 접할 수 있는 제품 중 하나가 되었다.

포켓몽빵 열풍을 보여준 SPC삼립 주가 역시 단기간 주가가 급등했지만, 이내 제자리로 내려왔다. 시장은 과거의 히트 상품의 사례에서 봤듯이 지속될 가능성

| SPC삼립 주가 차트

출처: 키움증권 HTS

이 낮다고 본 것이다. 이처럼 음식료 기업의 신제품 흥행은 단기간 폭발적 주가 상승을 불러일으킬 수는 있지만 꾸준히 지속되긴 힘들다.

3) 수출 확대

국내 음식료 기업 대부분은 내수 시장 비중이 훨씬 크다. 이러한 이유로 수요가 꾸준히 발생하는 안정적인 산업이라는 평가 대신 성장성은 그만큼 제한되어 있다고 평가받는다. 반대로 이러한 고정 관념을 깨고 수출에 성공한 기업들은 높은 밸류에이션을 받을 수 있다. 2012년 오리온은 중국, 러시아, 동남아 시장 개척에 성공하면서 주가가 불과 2년 만에 4배가량 상승(인적 분할 전 오리온홀딩스 기준)했다. PER도 40배가 넘었으며, PBR 역시 6배를 웃돌았다. 당시 음식료 기업들의 가치보다 2~3배 이상을 부여한 것이다.

삼양식품의 라면 수출 확대도 좋은 성공 사례다. 전 세계적인 먹방 열풍에 한

| 오리온홀딩스 주가 차트

출처: 키움증권 HTS

| 삼양식품 주가 차트

출처: 키움증권 HTS

국 매운맛의 대명사인 불닭볶음면이 주요 인플루언서들의 먹방 아이템으로 자리 잡으면서 해외에서 인기를 끌기 시작했다. 그 결과 2016년 초 2만 원대 불과했던 삼양식품 주가는 2020년 6월 한때 14만 원을 기록하기도 했다. 영화 〈기생충〉이 흥행을 거두면서 덩달아 관심을 받은 '짜빠구리'를 기점으로 농심 역시 라면 수출을 확대하고 있다. CJ제일제당은 '비비고' 브랜드와 현지 인수 기업인 슈완스를 통해 미국 시장을 공략하고 있다. 제2의 오리온, 삼양식품이 누가 될 수 있을지 투자자는 관심을 가져야 할 것이다.

한편 라면, 분유 등 주요 수출 품목은 무역협회에서 월별 수출 실적을 꾸준히 발표하고 있으니, 투자자는 꼭 참고할 필요가 있다.

시가총액 상위 기업의 투자 지표

- 실적 및 투자 지표: 2022년 3분기 연환산 기준
- 배당수익률: 2021년 주당 배당금/2022.11.30 기준 주가
- 시가총액: 2022.11.30 기준

(단위: 억 원, 배)

기업명	매출액	영업이익	순이익	PER	PBR	ROE	배당수익률	시가총액
KT&G	54,942	13,329	11,617	11.8	1.41	11.9%	4.8%	137,155
CJ제일제당	294,563	16,608	6,669	8.9	0.80	8.9%	1.3%	59,464
오리온	26,481	4,217	3,035	15.3	1.75	11.5%	0.6%	46,455
동원산업	32,913	3,066	2,025	11.6	1.41	12.2%	2.1%	23,517
동서	5,698	401	1,107	19.3	1.47	7.7%	3.3%	21,336
농심	30,131	973	1,163	17.2	0.85	5.0%	1.2%	19,981
하이트진로	24,338	2,112	1,154	15.9	1.60	10.1%	3.1%	18,340
오뚜기	30,456	1,781	1,427	12.5	1.11	8.8%	1.8%	17,855
롯데칠성	27,723	2,174	1,192	12.2	1.04	8.5%	1.9%	14,568
롯데제과	27,255	1,058	392	31.0	0.57	1.8%	1.2%	12,171
네이처셀	220	-101	-180	-64.1	22.39	-34.9%	0.0%	11,557
삼양식품	8,618	927	953	8.8	1.88	21.3%	0.9%	8,399
대상	39,798	1,432	1,150	6.4	0.57	8.8%	3.8%	7,380
카나리아바이오	1,103	12	-7	-969.2	12.20	-1.3%	0.1%	7,030
SPC삼립	32,564	876	577	10.4	1.65	15.8%	2.1%	6,023
동원F&B	39,145	1,155	733	7.3	0.63	8.6%	2.5%	5,345
남해화학	21,193	986	848	5.4	0.85	15.8%	0.7%	4,546
풀무원	27,526	383	93	45.2	0.81	1.8%	0.9%	4,212
삼양사	26,437	590	435	9.3	0.32	3.4%	3.2%	4,038
TYM	11,064	1,123	1,209	3.3	1.08	33.1%	0.8%	3,946

음식료

농업

농기계
- TYM
- 아세아텍
- 대동
- 대동기어
- 골든센츄리

비료와 농약
- 남해화학
- 동방아그로
- KG케미칼
- 성보화학
- 경농
- 효성오앤비
- 조비
- 누보
- 대유

스마트팜
- 그린플러스

종자
- 농우바이오
- 인바이오
- 아시아종묘

음료와 주류

용기
- 삼화왕관
- 금비

음료
- 롯데칠성
- 흥국에프엔비
- 네이처셀

주류
- 하이트진로
- 보해양조
- 무학
- 제주맥주
- 국순당

주정
- 한국알콜
- 창해에탄올
- 풍국주정
- MH에탄올
- 진로발효

일반식품

곡물가공
- CJ제일제당
- 대한제분
- 삼양사
- 사조동아원
- 대한제당
- 한탑

기타식품
- 동서
- 인산가
- 푸드나무

라면
- 농심
- 삼양식품

유제품
- 매일유업
- 남양유업
- 빙그레

제과
- 오리온
- 해태제과식품
- 롯데제과
- 크라운제과

제빵
- SPC삼립
- 조흥
- 서울식품

조미식품
- 대상
- 샘표
- 샘표식품
- 신송홀딩스

종합식품
- 오뚜기
- 푸드웰
- 동원F&B
- 우양
- 풀무원

첨가물
- 보락
- 에스앤디
- 엠에스씨

커피
- 한국맥널티
- 큐로홀딩스

축산업

계열화
- 선진
- 팜스토리
- 팜스코
- 이지바이오

닭
- 하림
- 체리부로
- 마니커
- 마니커에프앤지
- 동우팜투테이블

돼지
- 우리손에프앤지
- 윙입푸드

사료
- 메지온
- 고려산업
- 우성
- 한일사료
- 카나리아바이오
- 미래생명자원
- 대주산업
- 케이씨피드

오리
- 정다운

펫푸드
- 오에스피

담배
- KT&G

수산업
- 동원산업
- 사조오양
- 사조대림
- 사조씨푸드
- 사조산업
- 신라에스지
- 신라교역
- 동원수산
- CJ씨푸드
- 한성기업

패션

옷은 사람에게 없어선 안 될 필수소비재인 '의식주' 중 하나다. 수렵 시절 인간은 외부의 물리적인 충격이나 추위로부터 몸을 보호하기 위해 의복을 만들어 입었다. 그러나 생존의 문제에서 차츰 벗어나면서 계급, 직업, 문화에 따라 의복의 종류도 다양해졌다. 근래 들어서 옷은 '의식주'의 하나로 필수소비재 개념보다 디자인과 트렌드에 민감한 소비재로 인식된다. 라이프사이클이 짧고 유행에 큰 영향을 받아 경기뿐만 아니라 트렌드에도 민감한 제품이다.

패션 산업에 속한 기업은 75곳으로 시가총액에서 차지하는 비중은 1%다. 패션 산업은 우리나라 산업화의 시초다. 6·25 전쟁 이후 대한민국 정부는 제당, 제분, 면방직이 속하는 삼백 산업을 중심으로 산업화의 고삐를 당겼다. 그 뒤로 현재에 이르기까지 우리나라는 **원사**♦, 직물, 염색가공, 패션 의류 등 전 영역에 걸쳐 균형적인 생산 기반을 확보하고 있다.

패션 산업은 크게 의류의 소재인 원단을 만드는 섬유, 브랜드 및 외주가공을 전문으로 하는 의류 섹터로 구분되며 이 밖에 가죽과 신발, 악세서리를 제조하는 기업으로 분류된다. 같은 패션 산업이라도 각 기업들마다 실적에 영향을 미치는 변수가 상이한 만큼 투자자는 이를 잘 선별해서 접근할 필요가 있다.

♦ 직물의 원료가 되는 실

패션

1. 패션 산업의 개요와 특징

국내 패션 산업은 원자재의 1/3을 수입 및 가공해 제작한 완제품의 2/3를 다시 해외로 수출하는 해외의존형, 수출 주도형 구조다. 국내 패션 산업은 원사, 직물, 염색가공, 패션 의류 등 전 영역에 걸친 생산 기반을 보유하고 있다. 패션에 종사하는 기업은 크게 원재료를 취급하는 섬유 기업과 완제품을 만드는 기업으로 구분할 수 있는데, 완제품 기업은 다시 생산 전문 기업인 OEM과 브랜드 기업으로 나눌 수 있다. 패션 의류는 국내 생산 인프라가 잘 갖추어져 있고 기능성보다는 디자인, 트렌드가 중요해 브랜드 단에서는 수많은 기업들이 난립해 있는 상황이다. 2019년 기준 섬유 산업에 종사하는 사기업은 4만 4,931곳에 달한다.

패션 의류는 필수소비재이지만 트렌드에 민감한 제품으로 라이프사이클도 상대적으로 짧다. 또한 일부 사치재 성격을 지니고 있기 때문에 경기에 민감한 편이다.

내수 시장 중심의 브랜드 기업과는 달리 OEM 기업은 동남아 등 해외 공장을 두고 생산품의 90% 이상을 수출하고 있다. 주요 고객사는 나이키, 아디다스, 언더아머 등 글로벌 스포츠 의류 회사와 갭^{GAP}, H&M 등 캐주얼 브랜드다. OEM 기업들이 글로벌 패션 의류 회사와 거래하기 위해선 충분한 생산 능력과 자재

조달 능력, 품질 등 까다로운 테스트를 통과해야 한다. 또한 원재료 조달부터 바이어로부터 최종 수금까지 최소 6개월이 소요되기 때문에 안정적인 자금 운영 능력도 중요하다. 테스트가 까다로운 만큼 통과되면 고객사와 장기간 협력 관계를 유지하는 것이 일반적이다. 패션 브랜드와 달리 OEM 사업의 진입장벽이 높은 이유다.

OEM 사업모델은 노동집약적이며 고정자산에서 발생하는 감가상각비 비중이 크다. 고정비가 높은 비용구조를 갖고 있어 업황 변동에 따른 실적 변동이 큰 편이다. 저렴한 인건비를 찾아 OEM 기업 대부분은 필리핀, 베트남, 미얀마 등 동남아 지역에 공장을 두고 있으며, 여기서 생산한 제품을 미국, 유럽 등 서구권 시장에 판매하고 있다. 생산은 값싼 노동력 기반의 동남아에서, 소비는 미국과 유럽 등 서구권에서 주로 이루어지는 이원화된 시장이다.

2. 패션 산업의 성장성

의류를 포함한 신발, 액세서리는 필수소비재인 만큼 성숙기 산업에 진입한 지 오래다. 한국섬유산업연합회에 따르면 국내 패션 시장 규모는 2018년 41조 1,810억 원에서 현재 2022년 45조 원을 돌파했다. 그렇다고 해서 매년 2~3%씩 성장하는 것은 아니다. 2019년과 2020년은 시장 규모가 오히려 줄었는데, 경기침체와 코로나19에 따른 바깥 활동이 줄어들면서 의류 소비가 줄어든 까닭이다. 반면 2021년은 시장 규모가 7.5% 성장했으며 지속해서 증가할 것으로 예상되는데 사회적 거리두기가 해제되며 리오프닝 수요가 늘었기 때문이다.

글로벌 패션 시장의 성장률도 국내와 크게 다르지 않다. 글로벌 마케팅 리서치 기업 칸타Kantar에 따르면 2020년부터 2025년까지 세계 패션 시장은 연평균 3.9% 성장할 것으로 전망된다. 주요 세계 패션 시장은 중국과 미국, 인도다. 유

| 국내 패션 시장 규모 및 성장률 추이

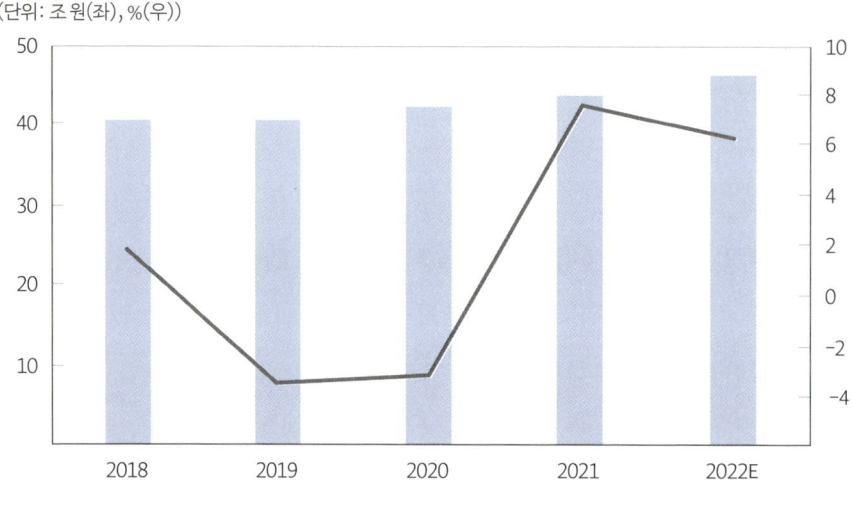

출처: 한국섬유산업연합회

로모니터에 따르면 2024년 의류 시장 규모가 중국 4,350억 달러, 미국 3,840억 달러, 인도 1,010억 달러, 독일 790억 달러, 영국 760억 달러에 달할 것으로 관측된다. 중국과 인도의 성장세가 특히 가파를 것으로 보인다.

3. 패션 산업의 투자 포인트

1) 섬유 기업: 면화 가격 상승 수혜

섬유 기업은 섬유 패션 산업 밸류체인에서 맨 앞 단에 위치해 있다. 섬유의 원자재인 원면 및 원사를 수입·가공해 패션 의류 제조기업들에게 판매한다. 원면은 브라질, 미국, 인도, 호주 등에서 100% 수입한다. 환율이 오르면 매입단가가 올라가 원가 부담이 가중된다. 섬유 기업들의 섬유 판매 가격은 국제 면화 가격 시세에 연동된다. 인터컨티넨털 익스체인지^{ICE}에서 거래되는 면화 가격을 적절히 반영하고 있다. 다만 섬유 기업들은 일반적으로 2~6개월치 재고를 확보해놓는다. 즉, 제품 판매 시 반영되는 면화는 2~6개월 전에 매입한 것이다. 이 때문에 원재료 투입 가격과 제품 판매 가격 사이에 시차가 존재한다. 따라서 국제 면화 가격이 상승하는 시기에 수익성이 개선된다. 제품 가격은 국제 면화 가격에 연동되어 오르지만, 제품 생산에 투입된 원재료는 과거에 매입한 것이기 때문이다. 상대적으로 저가에 매입한 원재료가 매출원가에 반영되는 셈이다. 반면 면화 가격이 하락하는 시기에는 반대의 효과가 발생해 수익성이 악화된다.

2) OEM 기업

패션 의류나 신발 등을 제조하는 OEM 기업은 글로벌 고객사와 안정적인 계약을 맺는 것이 중요하다. 나이키, 아디다스 등 글로벌 스포츠 의류 및 신발 회사나 갭^{GAP}, H&M 등 캐주얼 브랜드가 대표적이다. OEM 기업의 실적은 글로벌 브랜드사의 판매실적, 생산량에 영향을 받는다. 주요 브랜드 대부분이 미국, 유럽 서구권이기 때문에 이들 국가의 의류 재고 현황을 잘 파악하는 것이 중요하다. 재고가 쌓이면 의류 발주가 줄기 때문에 실적에 부정적이다. 반면 의류 재고가 빠르게 축소되면 발주가 늘고 OEM 기업들의 생산량도 늘어나게 된다.

OEM 기업은 환율 상승 수혜주로 분류되기도 한다. 매출의 90% 이상을 수출로 벌어들이기 때문이다. 생산은 동남아 등 인건비가 저렴한 지역에서 담당하지만 소비는 미국, 유럽 등 서구권에서 대부분 이루어져 매출의 대부분이 해외일 수밖에 없다. 다만 환율 하락의 위험을 헤지하기 위해 과도한 통화 **선도 거래**◆를 맺을 경우 환율 급등 시 대규모 파생상품손실이 발생할 수 있다.

◆ 사전에 고정된 환율로 외화를 매입하기로 금융기관과 계약을 맺는 것으로, 환율 변동 위험을 회피하기 위한 환헤지 파생상품

한편 미국과 중국의 무역분쟁이 커지면서, 글로벌 의류 패션 기업들의 외주 물량도 점차 동남아 지역으로 몰리고 있다. 이에 따라 동남아 지역에 공장을 보유하고 있으며 레퍼런스가 있는 OEM 기업들에게 기회가 되고 있다.

3) 브랜드 기업

패션 의류 브랜드 기업은 제품의 라이프사이클이 짧다. 건강과 라이프스타일에 대한 관심이 커지면서 '운동'을 의미하는 애슬레틱^{Athletic}과 '여가'를 뜻하는 레저^{Leisure}를 합친 '애슬레저' 패션이 여성들 사이에서 선풍적인 인기를 끌었다. 결국 애슬레저 브랜드를 보유한 브랜드엑스코퍼레이션의 상장을 이끌기도 했다. 과거 중장년층의 전유물이었던 골프가 대중화되면서 3040세대에서 골프 의류 소비가 대폭 늘기도 했다.

이처럼 의류 소비 행태는 소득수준 향상, 소비 트렌드의 변화 및 시대상, 또는 문화에 영향을 받는다. 브랜드 기업이 항상 기민하게 패션 트렌드를 살펴보고 소비자들의 니즈를 파악해야 하는 이유다. 또한 철 지난 패션 제품은 이월 상품으로 아웃렛 등에서 정가보다 크게 낮은 값에 판매된다. 이월 상품이 많을수록 브랜드 기업 입장에서는 수익성이 크게 악화될 수 있다.

패션 의류 수요는 계절성이 존재한다. 두껍고 비싼 옷이 많이 팔리는 겨울에 매출이 크게 늘어나는 경향이 있다. 한편 대다수 국내 브랜드 기업은 내수 시장 중심이다. 다만 휠라홀딩스 등 몇몇 기업은 해외에서 두각을 나타내기도 한다. 해외 진출에 성공한 의류 브랜드 기업은 높은 밸류에이션을 받을 수 있기 때문에 잘 지켜봐야 한다.

시가총액 상위 기업의 투자 지표

- 실적 및 투자 지표: 2022년 3분기 연환산 기준
- 배당수익률: 2021년 주당 배당금/2022.11.30 기준 주가
- 시가총액: 2022.11.30 기준

(단위: 억 원, 배)

기업명	매출액	영업이익	순이익	PER	PBR	ROE	배당수익률	시가총액
F&F	18,134	5,517	4,050	14.3	7.50	52.3%	0.7%	58,035
영원무역	36,258	7,532	5,678	3.7	0.74	20.0%	2.1%	21,048
휠라홀딩스	41,843	4,682	2,154	9.3	1.03	11.0%	3.0%	20,079
신세계인터내셔날	15,415	1,260	1,060	8.1	1.10	13.5%	1.2%	8,622
한섬	15,354	1,709	1,216	5.2	0.49	9.4%	2.3%	6,367
한세실업	22,490	1,986	1,034	6.1	1.19	19.5%	3.2%	6,340
화승엔터프라이즈	16,047	501	153	37.0	0.93	2.5%	0.5%	5,677
LF	19,528	1,916	1,275	3.7	0.33	9.0%	3.7%	4,693
코웰패션	11,860	1,054	588	7.8	0.98	12.6%	2.5%	4,602
더네이쳐홀딩스	4,707	907	753	5.9	1.74	29.6%	0.7%	4,422
DI동일	9,384	583	543	7.6	0.69	9.1%	1.2%	4,104
신성통상	15,336	1,513	853	4.1	0.99	23.9%	0.0%	3,521
조광피혁	1,068	-12	40	87.3	0.92	1.1%	0.6%	3,497
방림	1,310	64	74	45.5	1.69	3.7%	0.6%	3,368
경방	4,066	541	68	44.6	0.40	0.9%	1.1%	3,029
대한방직	1,930	-40	-61	-44.0	2.00	-4.5%	0.0%	2,703
크리스에프앤씨	3,994	864	288	8.6	0.85	9.9%	4.7%	2,472
일신방직	6,302	514	359	6.7	0.30	4.5%	3.0%	2,400
BYC	1,707	259	416	5.6	0.46	8.2%	0.4%	2,324
공구우먼	591	133	110	20.4	4.03	19.8%	4.0%	2,249

패션

가죽과 신발
- 화승인더
- 대원화성
- 조광피혁
- 웰바이오텍
- 덕성
- 유니켐
- 윙스풋
- 디케이앤디
- 백산
- 이스트아시아홀딩스
- 삼양통상
- 화승엔터프라이즈

섬유
- DI동일
- 웰크론
- 경방
- 방림
- 일신방직
- 전방
- 대한방직
- 폴라리스우노

악세서리
- JTC
- 제이에스티나

의류

브랜드
- 영원무역
- 휠라홀딩스
- 한섬
- LS네트웍스
- 코웰패션
- 에스제이그룹
- 신성통상
- 버킷스튜디오
- LF
- 감성코퍼레이션
- 아즈텍WB
- 신세계인터내셔날
- 대현
- 크리스에프앤씨
- 지엔코
- 더네이쳐홀딩스
- 인디에프
- 브랜드엑스코퍼레이션
- 메타랩스
- 엠에프엠코리아
- 배럴
- 코데즈컴바인
- 원풍물산
- 형지엘리트
- 리노스
- 까스텔바작
- 형지I&C
- 패션플랫폼
- 진도
- TBH글로벌
- 에스티오
- 한세엠케이
- F&F
- 공구우먼

속옷
- BYC
- 비비안
- 쌍방울
- 그리티
- 신영와코루
- 좋은사람들

유아복
- 아가방컴퍼니
- 토박스코리아

유통
- 젬백스링크
- 에프앤리퍼블릭
- 애머릿지

OEM/ODM
- 한세실업
- SG세계물산
- 신원
- 제이에스코퍼레이션
- 윌비스
- 태평양물산
- 국동
- 호전실업

유통

경기가 좋으면 소비자들의 지갑이 활짝 열린다. 반대로 경기가 안 좋으면 소비 심리가 꽁꽁 얼어붙는다. 우리나라의 경우 GDP에서 소비가 차지하는 비중이 40~50% 정도다. 이처럼 소비자들이 지갑을 얼마나 여는지는 경제 성장률에 큰 영향을 미친다. 소비를 가장 잘 파악할 수 있는 산업이 바로 유통이다.

유통 산업에 속한 기업은 총 40곳으로 시가총액에서 차지하는 비중은 1%이다. 코로나19가 촉발시킨 가장 큰 사회적 변화는 바로 온라인의 일상화다. 직장도 수업도 여가생활도 모두 온라인에서 즐기는 진풍경이 벌어졌다. 쇼핑 역시 빼놓을 수 없다. MZ 세대들의 전유물이었던 온라인 쇼핑이 전 연령층으로 확대되는 계기가 되었다. 2022년 사회적 거리두기가 해제되고 일상으로 돌아가고 있지만 온라인 쇼핑의 수요는 여전히 건재하다. 네이버, 쿠팡 등 새롭게 등장한 유통 공룡과 기존 전통 유통 채널의 경쟁이 유통 산업의 관전 포인트다.

유통 산업은 크게 오프라인과 온라인으로 구분된다. 오프라인 쇼핑은 전통 유통 채널인 백화점, 할인점, 편의점이며, 온라인 쇼핑은 홈쇼핑을 포함한 인터넷 쇼핑으로 구분된다. 형태는 다르지만 식자재 유통도 이 책에서는 유통 산업에 포함시켰다.

유통

1. 유통 산업의 개요와 특징

유통 산업에 속한 기업들은 생산자가 제조한 물건을 소비자들에게 판매하는 판매 창구다. 유통 산업은 크게 오프라인과 온라인 판매 채널로 구분할 수 있다. 오프라인 채널은 백화점, 할인점, 슈퍼마켓, 편의점, 면세점이 대표적이다. 채널에 따라 취급하는 품목도 다르며 경기에 따른 영향 역시 다르게 나타난다.

오프라인 쇼핑 시장은 성숙기에 접어들었다. 이에 따라 신세계, 롯데, 현대, GS 등 몇몇 대기업들이 시장을 과점하고 있다. 백화점, 할인점, 면세점, 편의점 등 모든 업태에서 이들 대기업들이 경쟁하고 있다. 다만 온라인 쇼핑 시장은 신흥강자들이 두각을 나타내고 있으며 경쟁 또한 치열하다.

스마트 스토어를 앞세운 네이버가 이커머스 시장 점유율 약 17%로 1위를 차지하고 있으며, 신세계의 이커머스 사업부 SSG닷컴이 이베이코리아를 인수하며 단숨에 2위(시장 점유율 15%)로 올랐다. 뒤를 이어 쿠팡(13%)이 맹추격하고 있는 형국이다. 특히 여전히 성장하는 시장인 만큼 기타 기업들의 점유율이 42%에 달한다. 당분간 이커머스 기업들의 춘추전국 시대는 지속될 것으로 보인다.

유통 산업은 내수 중심이다. 과거 신세계, 롯데 등이 중국 시장에 진출했지만 부진을 면치 못했다. 현재 국내 오프라인 유통 대기업들은 베트남, 인도네시아

| 2021년 거래액 기준 이커머스 시장 점유율

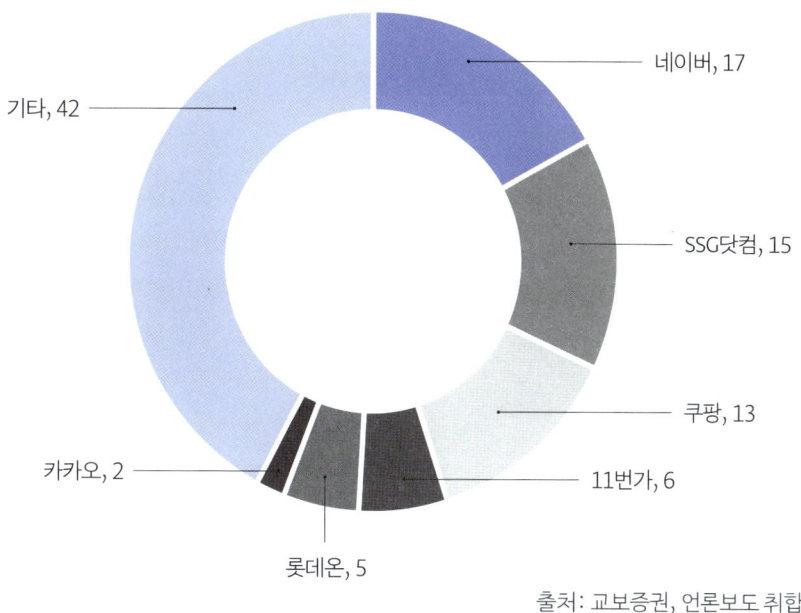

(단위: %)

네이버, 17
SSG닷컴, 15
쿠팡, 13
11번가, 6
롯데온, 5
카카오, 2
기타, 42

출처: 교보증권, 언론보도 취합

등 동남아 시장 진출에 집중하고 있지만 아직 이렇다 할 성과는 내지 못하고 있는 상황이다.

2. 유통 채널별 성장성

소매업태별 판매액을 살펴보면 2020년 코로나19 당시 백화점 판매액은 전년 대비 약 9.8% 감소했다. 외국인의 발길이 끊기면서 면세점 매출은 무려 37.6%나 줄었다. 반면 대형마트와 슈퍼마켓, 편의점 판매액은 오히려 증가했다. 사회적 거리두기, 외국인 입국 제한으로 백화점과 면세점 매출은 직격탄을 맞았지만 주로 필수소비재를 판매하는 할인점, 마트 매출은 늘었다. 특히 특정 시간 이

업태별 소매 판매액 추이

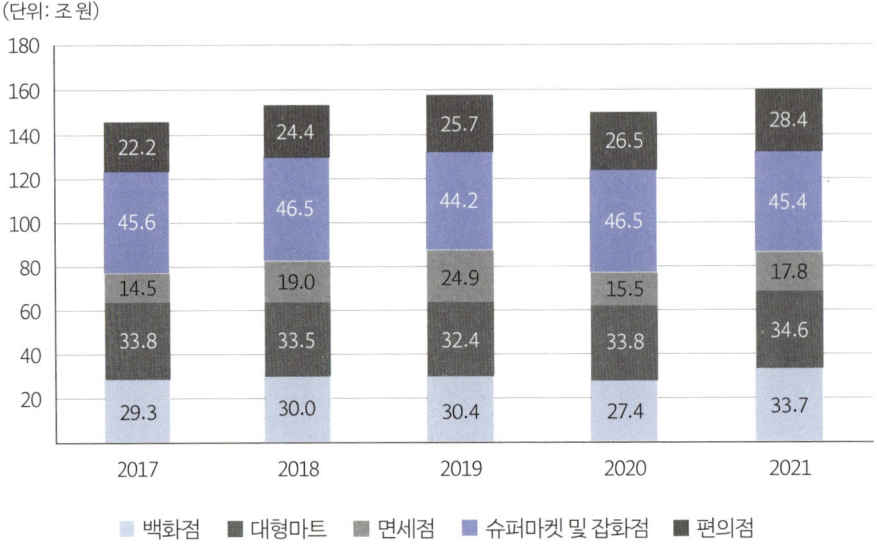

출처: 통계청

업태별 소매 판매액 증감률 추이

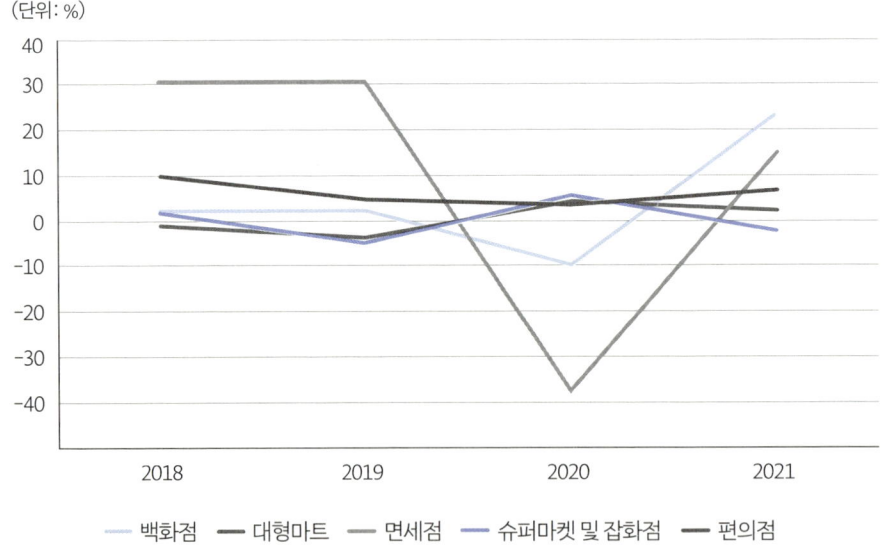

출처: 통계청

후 식당들의 영업 제한이 잦아지면서 마트를 방문하는 소비자가 늘었다. 반면 2021년에는 백화점 매출이 약 17.7%나 급증했으며, 2022년 7월 누적 기준으로는 지난해 같은 기간과 비교해 약 22.9% 늘었다. 본격적인 위드코로나 시대를 맞아 기저 효과가 발생하면서 백화점 매출이 대폭 증가한 것이다. 반면 슈퍼마켓이나 대형마트는 매출 증가율이 둔화되거나 소폭 하락했다.

반면 업황에 상관없이 꾸준히 성장하는 채널이 있다. 바로 온라인 쇼핑이다. 온라인 쇼핑 거래액은 2021년 약 187조 원으로 2017년부터 연평균 성장률이 18.7%에 달한다. 온라인 쇼핑은 인터넷과 모바일로 구분되는데, 이 중 모바일 쇼핑 거래액의 성장세가 더욱 가파르다. 같은 기간 모바일 쇼핑 거래액은 연평균 약 26.5%, 인터넷 쇼핑 거래액은 약 5.7% 각각 성장했다. 스마트폰의 대중화와 맞물려 네이버, 쿠팡 등 공룡 이커머스 기업들의 등장으로 인터넷 쇼핑은 업황과 상관없이 빠르게 성장하고 있다. 2022년 7월 누적 온라인 쇼핑 거래액은

| 온라인 쇼핑 거래액 추이

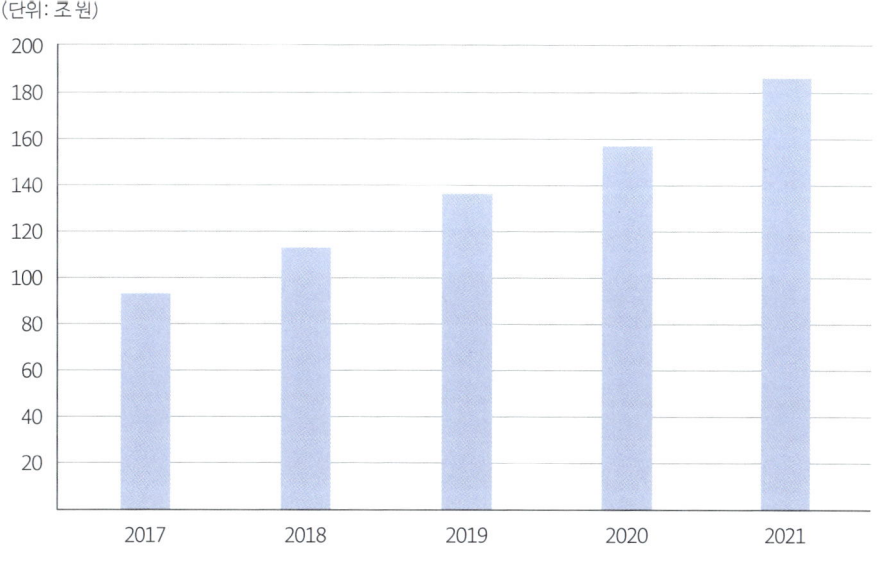

출처: 통계청

| 채널별 온라인 쇼핑 거래액 추이

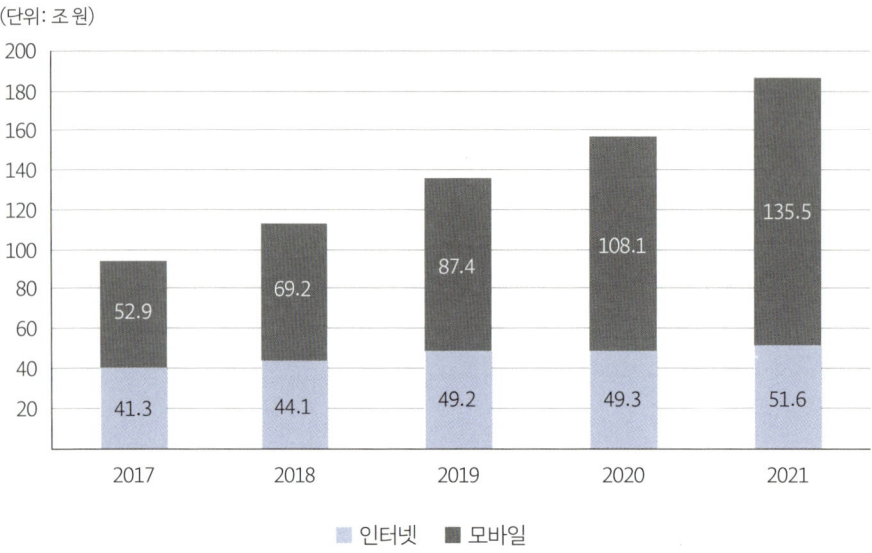

출처: 통계청

약 116조 원으로 지난해 같은 기간보다 약 11% 늘었다. 리오프닝 등으로 성장률은 다소 둔화되었지만, 여전히 전체 판매 채널 중에서도 비교적 빠르게 성장하고 있다.

그러나 비오프라인 점포라고 해서 다 호황을 누리는 것은 아니다. TV가 주요 판매 채널인 홈쇼핑의 전체 **취급고**◆는 2020년 코로나19 특수로 21조 6,313억 원을 기록해 전년 대비 약 5.8% 성장했지만, 2021년에는 약 21조 9,771억 원으로 약 1.6% 성장하는 데 그쳤다. 스마트폰과 같은 TV를 대체하는 하드웨어가 등장하고 유튜브, OTT 플랫폼이 주류 미디어로 자리하면서 TV 시청 시간이 지속해서 감소한 영향이다.

◆ TV 홈쇼핑사의 모든 플랫폼에서 판매된 상품가 총액으로, 홈쇼핑사의 매출액은 취급고에서 발생하는 판매수수료임

| 홈쇼핑 취급고 비중 추이

(단위: 억 원, %)

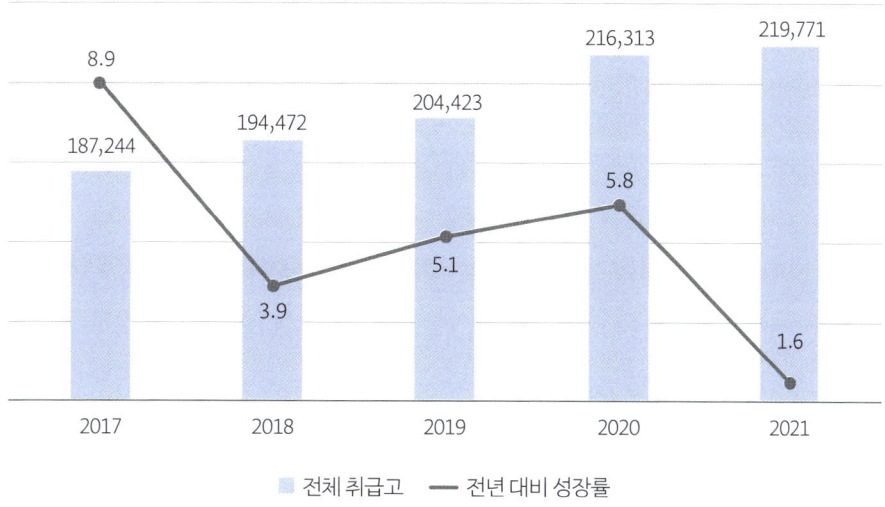

출처: 한국TV홈쇼핑협회

3. 유통 산업의 투자 포인트

1) 백화점, 할인점: 복합문화공간으로 돌파구 마련

오프라인 점포 성장의 핵심은 출점이다. 그러나 오프라인 유통 산업은 이미 성숙기에 접어들었으며 소상공인 보호의 일환으로 영업시간 및 출점 제한 등 규제에 직면해 있다. 산업 간 경계가 허물어지는 상황에서 온라인 쇼핑 기업들이 다양한 상품을 취급하며 오프라인 유통 기업들의 영역까지 침범하고 있다. 따라서 백화점, 할인점은 '양'보다는 '질'로 승부하는 전략을 선택하고 있다. 단순히 물건을 사는 점포가 아니라 쇼핑과 함께 다양한 경험을 할 수 있는 복합문화공간으로 거듭나고 있다. 그 일환으로 유·아동 자녀를 둔 부모를 겨냥해 키즈카페와 유·아동 전문관, 가족 문화센터 등을 마련하고 있다. 쇼핑몰 내 미디어 아트 시설과 미술품 공간이 자리한 경우도 있으며 1,000만 반려동물 시대를 맞아 복합

쇼핑몰에서는 반려견 출입이 가능한 곳도 있다. 생필품이나 비교적 가격이 저렴한 공산품은 온라인 소비가 중심이 되겠지만, 경험이 필요한 고가의 신제품은 오프라인 소비가 중심이 될 수 있다. 이처럼 오프라인 점포의 생존 전략은 체험 공유를 통해 온라인보다 더 값비싼 소비를 유도하는 것이다.

2) 편의점: 다양한 상품과 서비스 제공

업태는 다르지만 편의점의 상황도 백화점, 할인점과 유사하다. 한국편의점산업협회와 메리츠증권에 따르면 2021년 8월 기준 우리나라의 편의점 점포당 인구수는 1,297명이다. 우리보다 앞서 편의점 산업이 발달했던 일본의 점포당 인구수가 2,292명이다. 일본에 비해 우리나라가 인구 대비 편의점 수가 2배가량 많은 셈이다. 편의점 기업 간 출점 제한 자율규약이 시행된 것도 점포 수를 늘리는 데 한계가 있다. 이에 따라 편의점 기업들은 다양한 서비스를 선보이며 점포당 매출을 늘리는 데 집중하고 있다. 다양한 신선식품을 선보이는 것은 물론이고 편의점 카페, 택배 서비스 및 배달까지 영역을 넓히고 있다.

최근에는 탈편의점 서비스들이 가속화되고 있다. BGF 리테일의 CU는 이동형 집을 판매하기도 했으며, 롯데가 보유한 세븐일레븐은 롯데하이마트와 제휴해 '홈케어 서비스'를 도입했다. 고객의 가정을 방문해 가전, 침구 등을 관리해주는 종합 관리 서비스다. GS25는 일부 편의점에서 구찌, 버버리 등 명품을 판매하는 서비스를 선보였다.

3) 홈쇼핑: 온라인 쇼핑 비중 확대

홈쇼핑은 TV에서 판매가 이루어지는 만큼, 특정 채널에 입점해야만 영업 활동을 할 수 있다. 홈쇼핑 기업들은 좋은 채널에 입점하기 위해 매년 IPTV 등 유료 방송 사업자에게 송출수수료를 지급하는데 일종의 채널 임대료인 셈이다. 스마트폰의 등장과 OTT, 유튜브 등 뉴미디어의 활성화로 TV 시청시간은 지속해서 줄어들고 있다. 홈쇼핑 기업들의 TV 취급고도 정체된 지 오래다. 그러나 홈쇼핑 사업들의 알짜 채널 선점 경쟁은 더욱 격해지면서 유료방송 사업자들에게 지불하는 송출수수료는 높아지는 형국이다.

이에 따라 홈쇼핑 기업들은 TV 채널 의존도를 낮추고자 자사의 인터넷 쇼핑몰과 '라이브 커머스Live commerce'에 집중하고 있다. 라이브 커머스란 라이브 스트리밍Live streaming과 커머스Commerce의 합성어로, 실시간으로 쇼 호스트가 제품을 설명하고 판매한다는 점에서 TV 홈쇼핑과 유사하다. 하지만 모바일 환경에서 진행되며, 실시간으로 소비자들이 직접 참여해 궁금한 부분을 물어보며 판매 채널과 고객이 직접 소통한다는 큰 차이가 있다. 실제 홈쇼핑 기업들의 온라인 매출 비중이 늘면서 TV 취급고 비중은 꾸준히 낮아지고 있다. 이 밖에 홈쇼핑 기업 스스로 PB 상품을 개발해 판매하는 전략도 펼치고 있다.

| 홈쇼핑 기업들의 TV 방송 취급고 추이

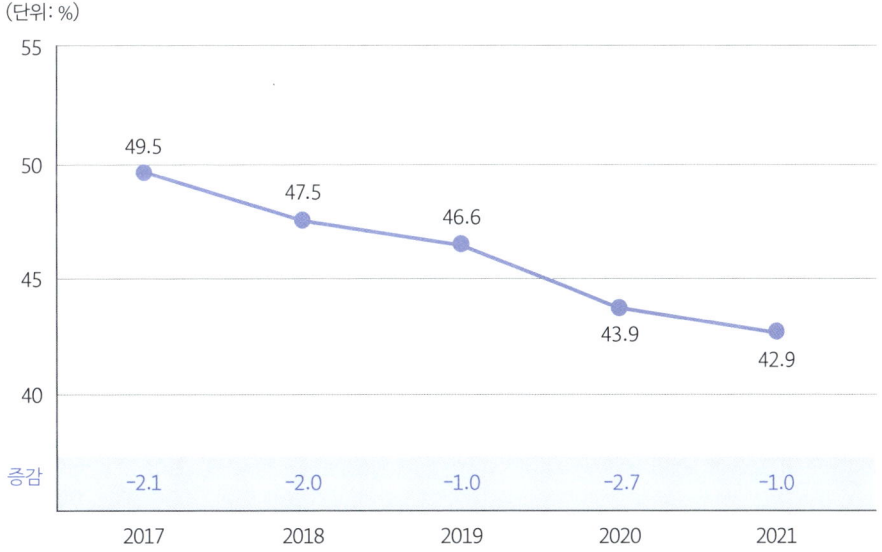

출처: 한국TV홈쇼핑협회

4) 면세점: 외래관광객 증가

면세점은 여타 오프라인 유통 채널과 여러모로 다르다. 가장 큰 차이점은 주요 고객층이 내국인이 아닌 외국인이라는 점이다. 2021년 면세점을 방문한 외국인은 66만 5,579명, 내국인은 610만 5,688명이다. 그러나 매출의 95.3%는 외국인에게서 창출되었다. 내국인 매출이 외국인에 비해 매우 적은 이유는 내국인 면세점 구매 한도에 있다. 해외로 출국하는 내국인은 5,000달러 한도로 면세점에서 물품을 구매할 수 있다. 그러나 2022년 3월 내국인 면세점 구매 한도가 폐지되었다. 다만 600달러인 면세 한도는 그대로 유지되다 보니(600달러를 넘어선 금액에 대해서는 세금을 내야 한다.) 구매 유인책이 유효하다고 볼 순 없다. 따라서 면세점의 실적은 외국인 방문객이 얼마나 늘어나는지가 중요하다.

매년 고공행진을 거듭하던 외국인 면세점 방문객은 2016년부터 불거진 '사드THAAD' 배치 이슈로 중국 관광객의 발길이 끊기면서 정체기를 맞았다. 그러나 1인당 구매 금액은 더욱 성장하면서 면세점 매출은 2019년까지 꾸준히 늘었다. 2020년 본격화된 코로나19 팬데믹으로 외국인들의 발길이 끊기자 면세점 매출은 대폭 줄었다. 2021년부턴 서서히 하늘길이 열리면서 면세점 매출이 회복되고 있다.

면세점에는 사전면세점Duty free과 사후면세점Tax refund이 있다. 사전면세점은 공항에서 접할 수 있는, 우리가 잘 아는 면세점이다. 사전면세점에서는 세금 없이 제품을 구매할 수 있다. 사후 면세 제도는 한국을 방문한 외국인 관광객들이 여행 중에 사후면세점에서 3만 원 이상 물품을 구매 후 3개월 이내 출국 시 이를 개별 수출로 간주해 내국세(부가가치세, 개별소비세 등)를 공항 등에서 환급해주는 개념이다.

사후면세점은 관할 세무서에 신고를 통해 등록하는 것으로 소상공인도 영업이 가능하다. 2020년 12월 말 기준 전국의 사후면세점은 1만 1,677개다. 증시에는 사후면세점 사업자가 있는데, 이들은 공항이나 항만 또는 시내 곳곳에 설

| 면세점 연간 방문객 추이

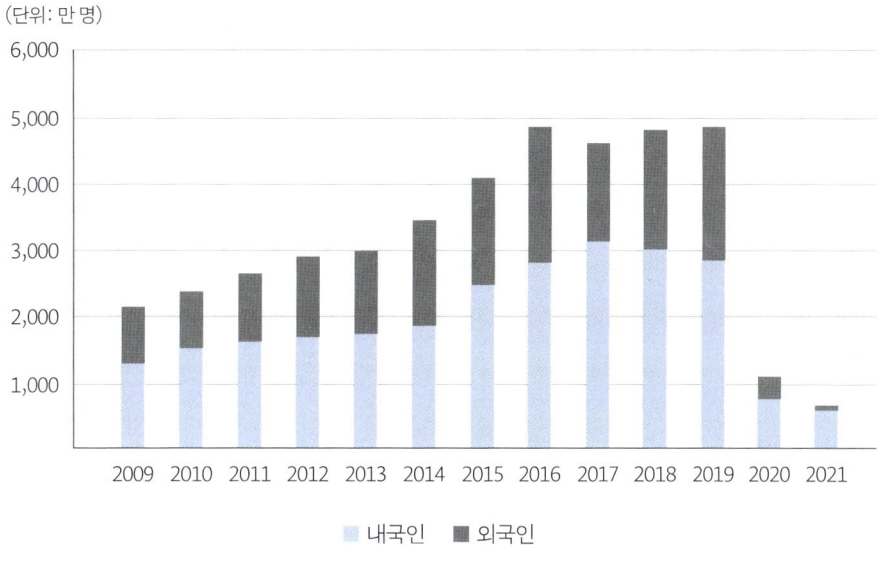

출처: 한국면세점협회

| 면세점 연간 매출액 추이

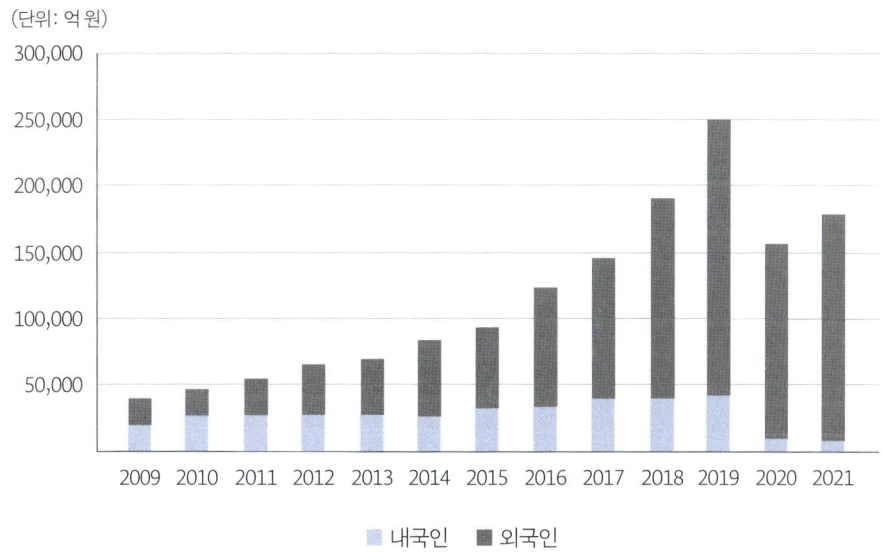

출처: 한국면세점협회

치된 환급창구에서 사후면세점에서 구입한 물건에 대해 부가가치세를 환급해주고 수수료를 받고 있다.

5) 온라인 쇼핑: 풀필먼트, 크로스 보더 이커머스

네이버, 쿠팡, 11번가 등이 단순 상품을 나열·판매하는 1세대 이커머스 기업이라면 신선식품 새벽배송의 강자 마켓컬리, 온라인 최대 패션 스토어 무신사는 특정 품목에 집중하는 2세대 이커머스 기업이다. 특정 카테고리 내 전문 큐레이션 서비스 수요가 강화되면서 이커머스업계는 1세대에서 2세대로 진화하고 있다.

서비스 고도화를 위해 이커머스 기업들이 집중하고 있는 것 중 대표적으로 마이크로 풀필먼트$^{Micro\ fulfillment}$ 서비스가 있다. 마이크로 풀필먼트란 직역하면 소형 물류센터지만, 실제로는 그 이상의 의미를 갖는다. 주로 도심에 위치하며 재고관리부터 피킹, 포장, 출하, 배송까지 일련의 물류 프로세스를 수행한다. 기존 대형 물류창고는 도심 외각에 위치해 있어 빠른 배송이 불가능했다. 또한 대량 배송으로 소비자 만족보다는 원가절감이 핵심이었다. 그러나 마이크로 풀필먼트는 빠른 배송이 가능하며 고객이 주문한 옵션에 따라 맞춤형 상품 공급이 가능하다. 네이버는 배송 경쟁력을 키우기 위해 CJ대한통운과 지분 교환을 실시하는 등 물류 대기업과 협력하고 있으며 파스토, 딜리서스 등 수많은 물류 및 풀필먼트 스타트업과 마이크로 풀필먼트 생태계를 구축하고 있다. 쿠팡은 마이크로 풀필먼트에서 편의점이나 슈퍼마켓을 대신해 물품을 배달해주는 퀵커머스 사업을 시작했다.

국경과 국경을 넘나드는 크로스 보더 이커머스$^{Cross\ Boarder\ E-Commerce,\ CBEC}$ 시장은 이커머스 기업들의 차세대 먹거리다. CBEC란 쉽게 말하면 해외 제품 직구 서비스, 국내 제품을 해외에 판매하는 역직구 서비스다. 이미 직구는 명품 직구 플랫폼 발란 등이 두각을 나타내고 있다. 네이버와 소프트뱅크가 합작해 설립한

Z홀딩스는 일본 내 IT 서비스 기업으로 이커머스 분야에 방점을 찍고 있다. 라인 서비스는 동남아에서 수많은 유저를 보유하고 있는 만큼 네이버의 다음 이커머스는 CBEC가 될 것이란 분석이 많다.

시가총액 상위 기업의 투자 지표

- 실적 및 투자 지표: 2022년 3분기 연환산 기준
- 배당수익률: 2021년 주당 배당금/2022.11.30 기준 주가
- 시가총액: 2022.11.30 기준

(단위: 억 원, 배)

기업명	매출액	영업이익	순이익	PER	PBR	ROE	배당수익률	시가총액
BGF 리테일	74,095	2,498	1,883	18.9	3.90	20.7%	1.5%	35,518
GS리테일	109,925	1,855	903	34.6	0.77	2.2%	4.0%	31,206
이마트	287,186	2,002	9,259	2.8	0.24	8.5%	2.2%	25,674
롯데쇼핑	154,703	4,025	-5,191	-4.6	0.24	-5.3%	3.3%	23,904
신세계	75,327	6,992	2,972	7.0	0.53	7.6%	1.4%	20,724
현대백화점	45,324	3,465	2,101	6.7	0.31	4.6%	1.8%	14,112
현대그린푸드	37,764	726	460	15.0	0.38	2.5%	3.0%	6,888
코리아센터	4,217	283	46	133.3	1.18	0.9%	0.0%	6,162
현대홈쇼핑	22,520	1,206	700	8.5	0.30	3.6%	4.8%	5,958
CJ프레시웨이	26,436	975	576	6.5	1.30	19.8%	0.9%	3,769
아이마켓코리아	34,597	535	283	12.2	0.94	7.7%	5.8%	3,443
롯데하이마트	34,880	-101	-5,141	-0.6	0.22	-36.0%	7.5%	3,163
서울옥션	586	123	83	36.3	2.47	6.8%	1.2%	3,022
케이티알파	4,715	42	-89	-32.3	1.32	-4.1%	0.0%	2,877
광주신세계	1,850	680	592	4.5	0.34	7.6%	5.2%	2,636
카페24	2,809	-316	-288	-9.0	1.55	-17.2%	0.0%	2,587
그래디언트	32,294	276	3,427	0.6	0.36	55.9%	1.8%	2,205
쎌마테라퓨틱스	79	-35	-15	-133.5	19.29	-14.5%	0.0%	2,032
신세계푸드	13,881	264	7	284.8	0.66	0.2%	1.5%	1,932
아이에스이커머스	101	-99	33	58.2	2.84	4.9%	0.0%	1,896

유통

기타 유통

미술품경매
- 서울옥션
- 케이옥션

- 대명소노시즌
- 현대코퍼레이션홀딩스
- 쎌마테라퓨틱스
- 바른손
- YW
- 엑서지21

면세점
- 글로벌텍스프리

식자재유통
- 현대그린푸드
- CJ프레시웨이
- 신세계푸드
- 보라티알

이커머스

인프라
- 카페24
- 코리아센터
- 아이에스이커머스
- 플래티어

B2B
- 플레이그램
- 아이마켓코리아
- 현대이지웰
- 티사이언티픽
- 그래디언트
- 이상네트웍스

편의점과 슈퍼마켓
- GS리테일
- BGF리테일

홈쇼핑
- 현대홈쇼핑

오프라인 쇼핑몰
- 이마트
- 롯데쇼핑
- 신세계
- 현대백화점
- 롯데하이마트
- 광주신세계
- 세이브존I&C
- 대구백화점
- 베뉴지
- 위니아에이드

기타소비재

기타소비재 산업은 종이와 포장재, 가구와 생활용품, 교육과 완구로 구분되어 있다. 이미 앞에서 살펴본 음식료, 의류, 유통 외 하나의 산업으로 묶기엔 시장 규모가 작거나 기업의 수, 시가총액이 적은 섹터를 기타소비재로 따로 묶었다.

 기타소비재 산업에 속한 기업은 87곳이며, 전체 시가총액에서 차지하는 비중은 0.8%로 매우 미미하다. 종이와 포장재는 인쇄용지, 화장지, 골판지, 포장재 등 다양한 용도로 쓰이며 전방산업이 상이하다. 대부분 일반소비재로 볼 수 있지만, 경우에 따라 2차전지, 반도체 등 첨단IT 산업의 소재로 사용되는 만큼 종목별로 유심히 살펴볼 필요가 있다. 가구와 생활용품은 집, 사무실 등 일상생활에서 쓰이는 제품이 포함된다. 가구만 따로 떼어서 볼 필요가 있는데 건축자재와 유사하면서도 인테리어, 리모델링 시장 성장에 수혜가 기대되는 분야다. 교육과 완구는 출산율 저하 및 학령 인구 감소로 양적 축소가 진행되고 있는 산업이다. 성인교육 시장, 에듀테크 등으로 성장의 돌파구를 마련하고 있는 만큼 관련 기업을 잘 찾아낼 필요가 있다.

종이와 포장재

1. 종이와 포장재 산업의 개요와 특징, 성장성

종이는 서적, 노트 등 인쇄용지뿐만 아니라 화장지, 포장지, 벽지, 골판지 등 매우 광범위한 용도로 쓰인다. 이처럼 우리 생활에 밀접한 관련이 있는 종이를 만드는 업태를 제지 산업이라고 한다. 종이는 전 생산 공정이 자동화 설비를 통해 진행된다. 대량생산 체제를 통한 원가절감이 중요하기 때문에 대규모 설비 투사가 필요하다. 자본집약적인 특성이 있어 진입장벽이 높다. 다만 스마트폰, 태블릿PC 등 IT 산업의 발전으로 점차 종이 수요는 줄고 있다. 실제 2021년 국내 제지 생산량은 1,159만 톤으로 5년 전에 비해 0.5% 줄었다. 가뜩이나 자본 투입이 많은데 성장성도 없으니 시장에 진입하는 경쟁자도 없다. 국내 제지 산업이 특정 기업을 중심으로 과점 시장을 형성하고 있는 이유다.

종이의 주요 원재료는 펄프로, 대부분을 수입에 의존하고 있다. 이에 따라 환율과 국제 펄프 가격에 따라 수익성이 큰 영향을 받는다. 국내 제지사들은 펄프의 대부분을 캐나다, 미국, 인도네시아, 칠레, 브라질 등에서 수입하고 있다. 국제 유가 역시 제지사의 수익구조에 영향을 미친다. 종이를 만들 때 건조 공정을 거치는데, 이때 열과 전기를 많이 사용하기 때문에 에너지가 필요하다.

국내 제지 산업은 내수 중심이다. 2021년 기준 전체 제지 생산량에서 수출이

| 국내 제지 생산량 추이

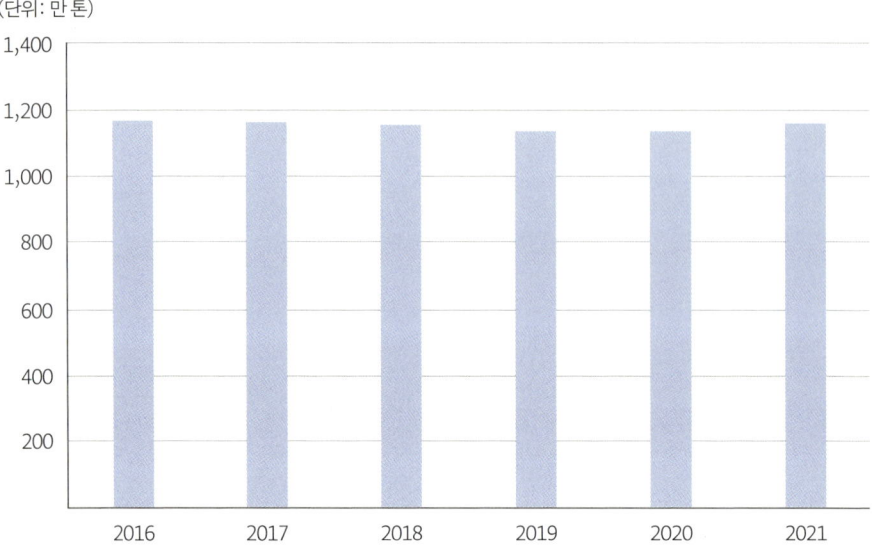

출처: 한국제지연합회

차지하는 비중은 21.2%다.

포장재는 각종 제품의 부자재로 쓰이는 만큼 식품 포장용 랩부터 각종 IT 산업에 쓰이는 전자소재용 테이프까지 다양한 전방 산업을 갖고 있다. 전방 산업별로 성장률이 상이하고 경기에 대한 영향도 차이가 있는 만큼 개별 기업 관점에서 접근할 필요가 있다.

2. 종이와 포장재 산업의 투자 포인트

1) 인쇄용지, 위생지 등 일반용지

IT 산업의 발전으로 전자문서를 사용하는 비중이 늘어나면서 전체 종이 시장 규모 자체는 축소되고 있다. 국내에서 생산된 제지 중 일부를 수출하고 있지만,

내수 물량이 80%에 달한다. 제지사에 투자한다면 타 산업에서 기대하는 큰 판매량의 증가는 기대하기 어렵다. 이보다는 펄프 가격에 따른 제품 가격과 원재료 가격의 스프레드가 중요하다. 펄프는 대부분 수입에 의존하기 때문에 국제 펄프 가격 추이가 중요하다. 일반적으로 제지 기업들은 펄프 가격이 오를 때 수익성이 악화된다. 시차를 두고 원재료 가격 상승분을 제품 가격에 반영시키기 때문이다. 이 경우 제품 가격이 후행적으로 올라가기 때문에 계속해서 펄프 가격이 오르면 수익성에 부정적이다. 반면 펄프 가격이 하락하는 구간에서도 마찬가지로 제품 가격이 뒤늦게 하락하기 때문에 수익성 개선에 긍정적이다.

환율과 유가도 변수다. 펄프는 대부분 수입에 의존하기 때문에 환율이 낮을수록 좋다. 종이 제조 과정에서 건조를 위해 에너지를 많이 사용하기 때문에 국제 유가 역시 하향 안정되는 것이 제지사에 유리하다.

한편 한솔제지처럼 수출 비중이 50%에 달하는 기업은 오히려 환율이 오르면 유리하다. 펄프 매입 금액보다 수출 금액이 크기 때문이다. 또한 무림P&P처럼 일부 자체적으로 펄프를 생산하는 기업은 펄프 가격이 오르면 오히려 수혜다. 따라서 제지 기업별로 사업모델, 수출 비중 등을 잘 따져서 투자할 필요가 있다.

2) 골판지

제지 중 유일하게 판매량이 성장하는 분야가 있는데 바로 골판지다. 골판지는 주로 택배 상자의 원재료로 사용된다. 온라인 쇼핑의 성장과 맞물려 수요가 꾸준히 늘고 있는 분야다. 한국제지연합회에 따르면 2021년 골판지원지 생산량은 598만 3,065톤으로 5년 전에 비해 23.3% 증가했다. 그만큼 골판지 분야는 제지업계 중에서 돈이 될 수 있는 거의 유일한 분야다. 실제 2015년 IMM 사모펀드는 일찍이 골판지 시장의 성장성을 간파한 후 태림포장, 태림페이퍼(구 동일제지)를 대상으로 **바이아웃** 전략을 구사한 바 있다.

골판지원지는 크게 라이너지와 골심지로 나뉜다. 라이너지는 표면과 이면에

국내 골판지 생산량 추이

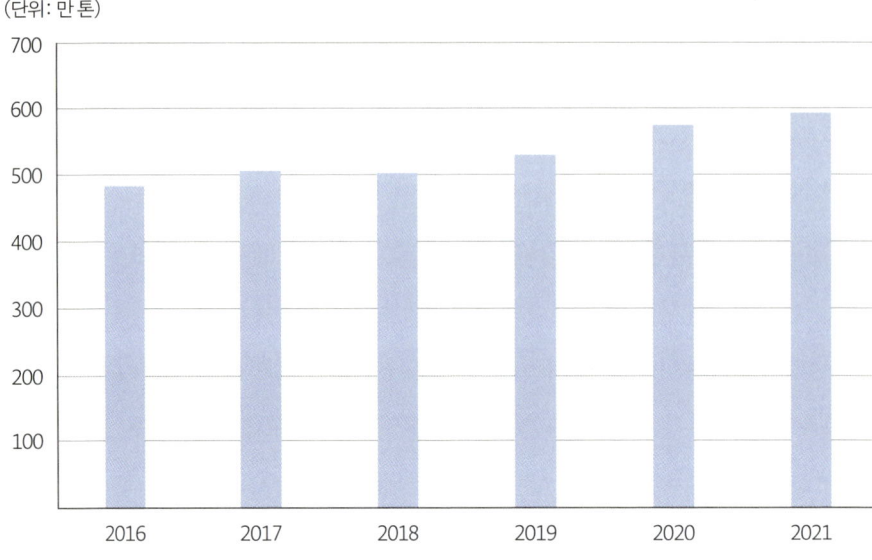

출처: 한국제지연합회

쓰이며, 골심지는 가운데 주름 역할을 한다.

골판지 시장은 2,500개 기업이 난립해 있지만 신대양제지 그룹, 아세아제지, 태림포장 그룹, 삼보판지, 수출포장 등 일부 상장사가 전체 시장의 70%를 차지하고 있다. 골판지의 주요 원재료는 폐지(고지)다. 일반 제지 기업과 마찬가지로 원재료인 고지 가격이 오를 때 시차를 두고 제품 가격이 뒤늦게 오른다. 따라서 원재료 가격 상승 시기에 일반적으로 수익성이 악화된다.

반대로 폐지 가격이 하락하는 사이클에서는 제품 가격이 뒤늦게 하락하기 때문에 수익성이 개선된다. 골판지 기업 투자자라면 폐지 가격이 하락하는 시기를 잘 가늠해야 한다.

♦ 부실기업의 경영권을 인수한 후 구조조정이나 다른 기업과 인수 및 합병을 통해 기업가치를 올리린 후 팔아서 수익을 내는 전략

3) 포장재

포장재는 각종 제품의 부자재로 사용되는 만큼 전방 산업도 다양하다. 식품, 음료, 디스플레이, 반도체, 2차전지에 걸쳐 다양한 종류의 포장재가 사용된다. 당연한 이야기지만 투자자 입장에서는 성장하는 전방 산업을 둔 기업에 주목할 필요가 있다. 동원 그룹의 포장재 기업인 동원시스템즈는 그룹사 식품 포장재 및 용기를 주로 제작하다가 2021년 4월 삼성SDI, LG에너지솔루션 등 국내 주요 배터리 기업에 2차전지용 캔을 납품해온 엠케이씨MKC를 인수했다. 한솔케미칼의 자회사 테이팩스도 식품 포장재 외 2차전지 양극보호용, 절연용 테이프를 만드는데, 이 분야 점유율 80%로 1위(소형 2차전지 기준)다.

가구와 생활용품

1. 가구와 생활용품 산업의 개요와 특징, 성장성

가구는 실내에 배치해 사용하는 각종 기구를 말한다. 책상, 의자, 식탁, 소파, 장롱 등 매우 다양하며 집이나 사무실의 필수 집기다. 아파트나 빌딩 완공 시점에 수요가 발생하기 때문에 건축자재의 한 종류로도 볼 수 있다. 가구 수요는 신규 주택 공급에 영향을 받는다. 또한 입주 물량에 민감하다. 사람들이 이사를 하면서 가전 및 가구를 새로 매입하기 때문이다. 대체적으로 가구는 주택 거래 수요와 관련이 있다.

생활용품은 일상생활에서 주로 사용하는 것으로 주방용품, 위생용품, 가전, 가구 등 매우 광범위하고 다양하다. 이 책에서는 가전, 화장품 등 주식 시장에서 이미 큰 산업군을 이루고 있는 분야는 제외하고 기타 나머지 용품을 생산하는 기업을 생활용품 섹터로 정의했다. 집이나 사무실 등 일상생활에서 주로 사용하는 품목이란 점에서 가구와 유사하다. 다만 가구는 내구재, 생활용품은 소비재적 특성이 강하다는 차이점이 있다.

국내 가구 소매 판매액은 2017년 7조 1,263억 원에서 2021년 11조 667억 원으로 연평균 11.6% 성장했다. 특히 가구 소매 판매액은 2020년 23.7%나 급증했는데 코로나19로 '집콕족'이 늘면서 인테리어 수요가 늘었기 때문이다.

| 가구 소매 판매액 추이

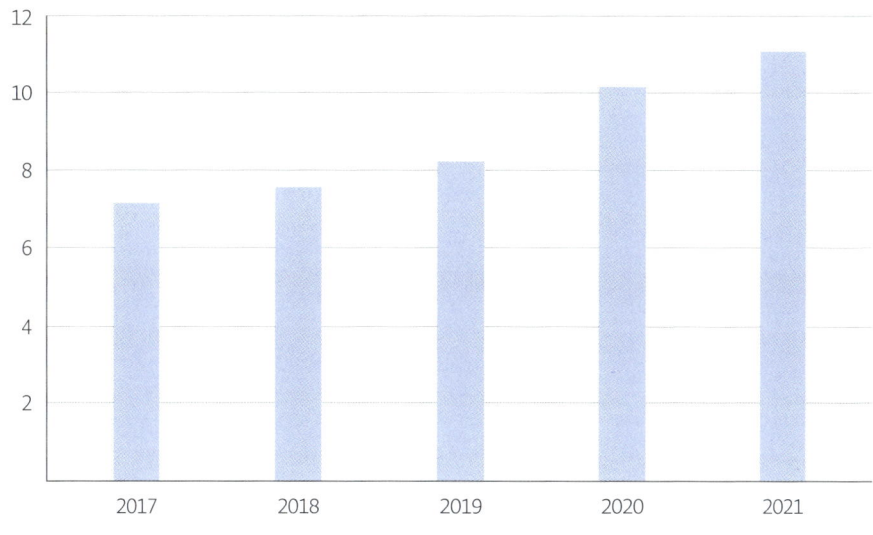

출처: 통계청

2021년 역시 이 여파로 8.7% 성장했는데, 2022년 들어 리오프닝이 본격적으로 시작되면서 낙수효과로 가구 시장 성장률은 낮아질 것으로 전망된다.

2. 가구와 생활용품 산업의 투자 포인트

1) 신규 주택 공급과 주택 거래

가구 수요는 신규 주택 공급과 주택 매매 건수가 늘수록 커진다. 입주 물량이 많아질수록 가구, 가전 수요가 증가하기 때문이다. 2022년 글로벌 중앙은행들의 강력한 긴축 정책으로 금리가 가파르게 오르면서 주택 매매 시장이 얼어붙었다. 부동산 시장이 차갑게 식으면서 건설사들의 신규 분양도 줄어들고 있다. 이 같은 추세는 2023년에도 지속될 것이라는 게 업계의 중론이다.

2) 인테리어와 리모델링은 성장 동력

가구업계는 주택 거래 시장에 영향을 받지만 장기적으로 성장이 기대되는 분야도 있다. 바로 인테리어, 리모델링 시장이다. 국민의 소득수준이 높아지면서 의식주의 하나로 여겨졌던 주거 시설이 업무, 여가 등 다양한 라이프스타일 기능을 갖춘 방향으로 진화하고 있다. 최근 신축 아파트는 팬트리, 알파룸, 홈 오피스 등 특화공간을 만드는 것이 대세다.

한국건설산업연구원에 따르면 국내 인테리어, 리모델링 시장은 2021년 60조 원으로 2020년 대비 44.6% 커졌다. 코로나19 특수도 있지만 장기적으로 꾸준히 성장하고 있다. 노후된 주택이 늘어나고 있는 것도 성장을 가속화하는 요인이다. 통계청에 따르면 20년 이상 된 노후 주택은 943만 5,000호로 전체 주택의 50% 이상이다. 지은 지 30년이 지난 주택도 397만 5,000호에 달한다.

인테리어, 리모델링 시장의 성장은 국내 이슈만은 아니다. 리서치앤드마켓에 따르면 글로벌 홈 데코 시장은 2021년 6,820억 달러에서 2027년 8,983억 달러로 연평균 7.1% 성장할 것으로 관측된다. 소득수준 향상 및 도시화, 온라인 리테일 시장의 성장 영향이다.

가구 기업들 역시 적극적으로 인테리어 시장에 뛰어들고 있는 만큼 향후 인테리어, 리모델링 시장에서 두각을 나타내는 기업을 잘 살펴봐야 한다.

3) 해외 진출

가구와 생활용품은 기본적으로 내수 중심의 시장을 형성하고 있다. 우리나라 인구는 장기적으로 감소하는 추세인 만큼 해외 시장 진출이 절실한 상황이다. 일부 기업은 이미 해외에 진출해 성과를 내고 있다. 밀폐용기 및 주방기기 제조 기업 락앤락은 중국, 동남아 지역에 수출을 시작해 이미 해외 매출 규모가 국내 매출 규모를 넘어섰으며, 침대 매트리스 온라인 판매 전문 기업인 지누스는 북미 아마존 베스트셀링으로 유명세를 떨치기도 했다. 지누스는 2021년 매출의

97%를 수출에서 벌어들였다. 투자 관점에서 해외에서 괄목할 만한 성과를 내는 기업이 있는지 잘 살펴봐야 한다.

교육과 완구

1. 교육과 완구 산업의 개요와 특징, 성장성

교육 산업은 교육 서비스, 교육자료 등 교육과 직간접적으로 관련 있는 산업을 말한다. 서비스 주체에 따라 공교육과 사교육으로 구분할 수 있으며 교육 단계에 따라 영유아교육, 초·중등교육, 고등교육, 성인교육으로 분류할 수 있다. 영유아교육부터 고등교육까지의 시장이 크며 상장된 교육 기업 역시 대부분 이 시장에서 사업을 영위하고 있다.

교육 산업은 타 서비스 산업 대비 경기변동에 큰 영향을 받지 않는다. 다만 지역별로 인구구조 및 변동, 교육제도와 정책, 사회구조, 언어, 문화 등 비경제적 요인에 큰 영향을 받는다. 또한 교육 연령별로 경기에 대한 민감도가 다르다. 초등 교과 학원의 경우 일반적으로 과목별 월 15만~20만 원 초반대로 시장이 형성되어 있다. 일반 가계에서 부담할 만한 수준으로 경기에 둔감한 편이다. 그러나 중등·고등교육 시장으로 갈수록 월 교육비가 높아져 경기에 따른 수요 변동성이 있는 편이다. 학교급이 올라갈수록 대학 입시를 비롯한 교육 정책의 영향에 시장이 민감하게 반응한다.

국내 사교육 시장은 학령인구 감소의 영향을 받고 있다. 학령인구의 선행지표인 출생아 수도 꾸준히 줄고 있어 양적 성장을 기대하기 힘들다. 통계청에 따

| 출생아 수와 1인당 출산율 추이

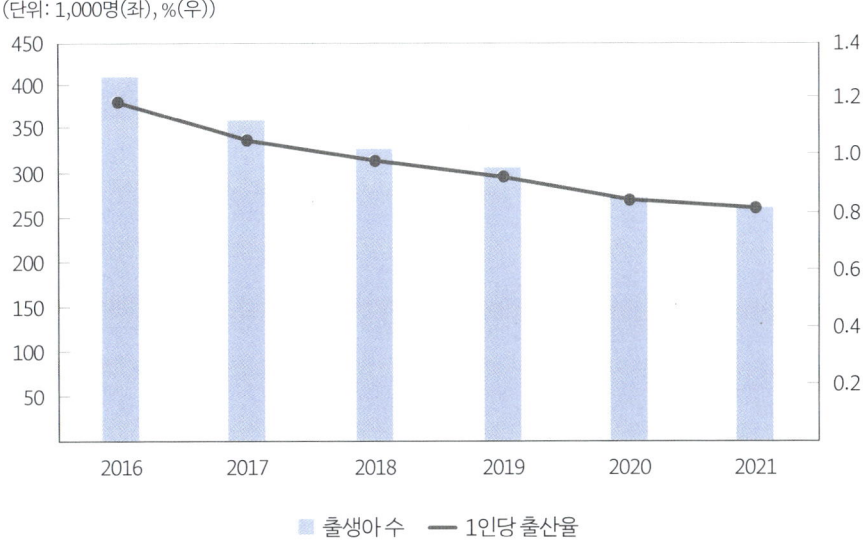

출처: 통계청

르면 출생아 수는 2016년 40만 6,243명에서 2021년 26만 562명으로 35.8% 감소했다. 같은 기간 가임여성 1인당 출산율도 1.17명에서 0.81명으로 감소했다. 대한민국은 전 세계에서 출산율이 가장 빠르게 낮아지는 나라다. 테슬라의 CEO 일론 머스크도 대한민국이 세계에서 가장 빠른 인구 붕괴를 겪고 있다며 한국의 소멸을 경고하기도 했다.

다만 1인당 사교육비는 꾸준히 높아져 오히려 전체 사교육비 지출은 늘어나고 있다. 2016년 전체 사교육비 지출은 18조 1,000억 원에서 2021년 23조 4,000억 원으로 29.2% 늘었다. 1인당 월평균 사교육비는 같은 기간 25만 6,000원에서 36만 7,000원으로 43.3% 증가했다. 국내 교육 시장은 양적 역성장을 질적 성장으로 극복하고 있는 셈이다.

완구 산업은 유아 및 초등학생이 주 수요층이다. 교육 산업과 마찬가지로 출산율 저하에 따른 양적 수요 축소가 진행되고 있다. 인지도 있는 캐릭터 IP를 바

| 1인당 월평균 사교육비 추이

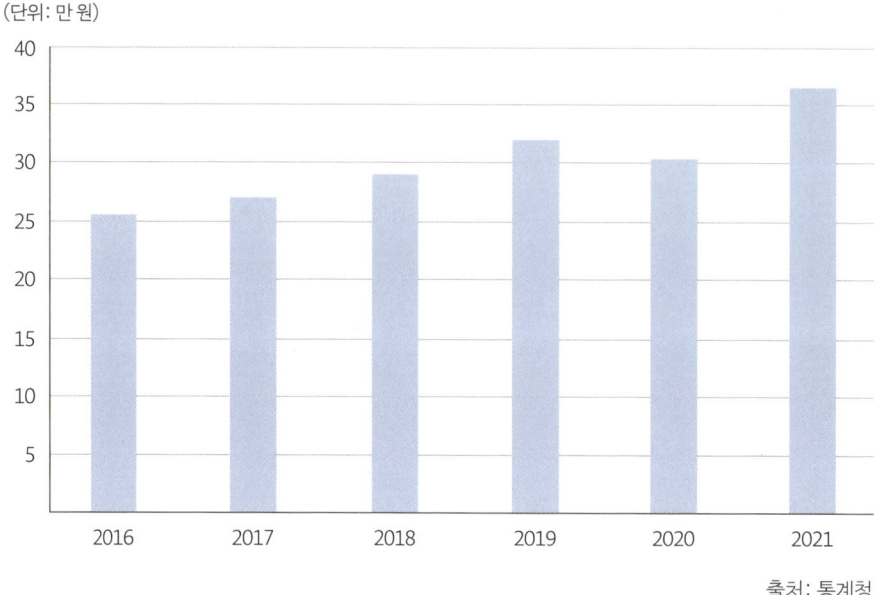

출처: 통계청

탕으로 콘텐츠, 교육, 완구 사업을 다각도로 추진하는 기업이 부각되고 있다.

2. 교육과 완구 산업의 투자 포인트

1) 에듀테크

에듀테크란 교육Education과 기술Technology의 합성어로 빅데이터, 인공지능 등 정보통신 기술을 활용한 차세대 교육을 의미한다. 에듀테크는 기존 온라인 학습인 '이러닝'보다 한 단계 더 진보한 개념이다. 에듀테크는 모바일기기 등 디바이스 기반의 교육으로 인공지능과 로봇을 이용한 교육 방식, 가상현실과 증강현실을 활용한 교육 서비스 등이 해당된다. 또한 단방향 전달식 교육이 아닌 자기주도적 학습을 유도해 문제 해결 능력을 길러주는 교육 방식이다. 학습자의 데이터를 바탕으로 개인에게 맞는 맞춤형 보충 학습도 가능하다. 무역협회에 따르면 글로벌 에듀테크 시장은 2018년 1,530억 달러에서 2025년 3,410억 달러로 성장할 것으로 전망된다. 4차 산업혁명과 맞물려 성장하는 교육 산업인 만큼 기존 교육 기업뿐만 아니라 테크 기업들의 진출도 가시화될 것으로 보인다.

2) 성인교육 시장 진출

통계청에 따르면 6~21세의 학령인구는 2017년 847만 명에서 2067년 364만 명으로 약 57% 줄어들 전망이다. 학령인구 감소가 불가피한 만큼 교육업계는 돌파구로 성인교육 시장에 적극적으로 진출하고 있다. 업계에 따르면 2021년 기준 성인교육 시장은 약 20조 원으로 추정된다. 초·중·고교육 시장보다 규모는 작지만 잠재력은 더 크다는 평가다. 주요 교육 기업들은 기존에 존재하고 있었던 어학, 자격증 시장뿐만 아니라 재테크, 취미, 자기계발 분야를 강화한다는 방침이다.

웅진씽크빅은 세계 최대 온라인 교육 플랫폼 '유데미^{Udemy}'의 독점 사업권을 세약해 2021년 10월 서비스를 시작했다. 유데미는 강사와 수강생이 직접 교류하는 플랫폼으로 비즈니스·예술·취미 등 15만 5,000개 이상의 분야별 온라인 강의 콘텐츠를 제공하고 있다. 누구나 유데미 플랫폼에 강사로 등록할 수 있고 콘텐츠를 자유롭게 올릴 수 있는 것이 특징이다. 대교는 성인 대상 어학시험 플랫폼 '반보'를 런칭했으며 영어, 일본어 등 어학시험 콘텐츠를 제공하고 있다. 메가스터디는 자회사 메가엠디를 통해 약학대학 편입, 로스쿨 입시, 교원임용시험 등 성인 대상 자격증 교육 콘텐츠를 제공하고 있다.

3) 완구

완구 수요는 계절성이 명확하다. 어린이날, 크리스마스 등 주요 이벤트가 있는 시기에 수요가 늘어난다. 대표적인 저출산 수혜주로 분류되어 정부 및 지자체의 저출산 지원 정책 발표 등에 주가가 영향을 받는다. 다만 출산율 저하로 유아·초등 인구가 구조적으로 줄면서 관련 기업 대부분은 어려움을 겪고 있는 상태다. 통계청에 따르면 국내 인형, 장난감 제조 기업 생산액은 2003년 3,705억 원에서 2019년 2,806억 원으로 감소했다. 사기업 수도 같은 기간 219곳에서 69곳으로 줄었다. 단순히 완구를 생산하는 기업은 점차 퇴출될 수밖에 없다. 핑크퐁의 '아기상어'처럼 인지도 있는 캐릭터 IP를 갖고 있고 지속적으로 만들 수 있는 기업에 주목할 필요가 있다.

시가총액 상위 기업의 투자 지표

- 실적 및 투자 지표: 2022년 3분기 연환산 기준
- 배당수익률: 2021년 주당 배당금/2022.11.30 기준 주가
- 시가총액: 2022.11.30 기준

(단위: 억 원, 배)

기업명	매출액	영업이익	순이익	PER	PBR	ROE	배당수익률	시가총액
동원시스템즈	14,238	950	475	31.0	2.04	6.6%	1.2%	14,699
한샘	20,769	-77	67	165.7	2.15	1.3%	3.3%	11,049
메가스터디교육	8,199	1,346	1,047	8.8	2.25	25.6%	2.6%	9,229
율촌화학	5,272	-22	-5	-1,700.2	2.45	-0.1%	1.5%	8,122
쿠쿠홈시스	9,372	1,304	1,262	5.7	0.96	16.8%	2.0%	7,225
양지사	477	-20	-54	-108.2	3.16	-2.9%	0.1%	5,817
지누스	11,642	644	412	13.5	0.80	5.9%	2.4%	5,549
경동나비엔	11,850	422	656	8.1	1.04	12.8%	1.2%	5,332
SGC에너지	26,622	2,050	901	5.7	0.81	14.1%	4.3%	5,137
에이스침대	3,528	718	591	6.6	0.65	10.0%	3.8%	3,882
아세아제지	10,304	1,004	924	3.8	0.44	11.8%	2.3%	3,475
퍼시스	3,265	287	451	7.6	0.69	9.1%	3.7%	3,450
국일제지	1,166	-103	-126	-27.3	5.93	-21.7%	0.0%	3,446
신대양제지	6,816	551	518	6.6	0.63	9.6%	1.5%	3,409
영풍제지	1,139	78	60	55.6	2.52	4.5%	0.3%	3,344
한솔제지	23,278	1,356	677	4.9	0.45	9.2%	4.3%	3,320
락앤락	5,425	163	86	38.2	0.43	1.1%	0.0%	3,283
웅진씽크빅	9,347	242	142	21.7	0.85	3.9%	4.9%	3,090
무림P&P	7,325	657	367	7.8	0.45	5.8%	2.7%	2,878
삼양패키징	4,147	244	118	23.6	0.77	3.3%	5.7%	2,779

기타 소비재

가구와 생활용품

가구
- 한샘
- 지누스
- 에이스침대
- 퍼시스
- 현대리바트
- 에넥스
- 시디즈
- 한국가구
- 플래스크
- 듀오백
- 코아스
- 오하임아이엔티

생활용품
- 쿠쿠홈시스
- 제이엠아이
- 메디앙스
- 케이엠제약
- 삼익악기
- 경동나비엔
- SGC 에너지
- 락앤락
- KH 필룩스
- 대륙제관
- 승일
- 태양
- 블루베리 NFT
- 한컴라이프케어
- 씨앤투스성진
- NPC

교육과 완구

교육
- 크레버스
- 메가스터디
- 비상교육
- 메가엠디
- YBM넷
- 골드앤에스
- 이퓨쳐
- 아이비김영
- 예림당
- 메가스터디교육
- 정상제이엘에스
- 아이스크림에듀
- 웅진씽크빅
- 대교
- NE능률
- 디지털대성
- 멀티캠퍼스
- 유비온

캐릭터와 완구
- 블리츠웨이
- 대원미디어
- 삼성출판사
- 양지사
- WI
- 형성그룹
- 오로라
- 모나미
- 캐리소프트
- 로보로보
- 손오공

종이와 포장재

골판지
- 아세아제지
- 신대양제지
- 태림포장
- 대영포장
- 대양제지
- 삼보판지
- 영풍제지
- 한국수출포장
- 대림제지

종이와 화장지
- 국일제지
- 한솔제지
- 무림P&P
- 깨끗한나라
- 모나리자
- 한창제지
- 무림페이퍼
- 세하
- 신풍
- 페이퍼코리아
- 삼정펄프
- 무림SP
- 한솔PNS

카톤팩
- 한국팩키지
- 삼륭물산

포장재
- 동원시스템즈
- 율촌화학
- 삼양패키징
- 삼영화학
- 원림
- 세림B&G

5장

소비재 2

화장품

화장품은 인체를 청결하게 하거나 아름답게 가꾸고 피부 또는 모발의 건강을 유지하기 위해 인체에 바르고 문지르는 제품이다. 화장품의 법적 정의에서는 여기에 '인체에 경미한 영향을 미치는'이라는 문구가 추가된다. 반대로 인체에 경미하지 않은 영향을 미치는 것은 의약품으로 규정하고 있다. 결국 큰 틀에서 보면 화장품은 의약품에서 파생되었다는 것을 알 수 있다. 실제 상장사 중 몇몇 화장품 기업은 의약품 제조 사업을 병행하고 있다. 의약품과 화장품의 합성어인 코스메틱Cosmetic 상품이 출시된 것도 의약품과 무관하지 않음을 보여준다.

우리나라 화장품의 역사를 거슬러 올라가다 보면 삼국시대 때부터 이미 미의식이 형성되어 화장술이 발달한 것을 알 수 있다. 고려 시대에는 머리 치장에 사용되는 향유가 수출되기도 했다. 그 유명한 단옷날 '창포물에 머리 감기' 풍속도 창포의 약효를 활용해 모발과 두피를 건강하게 만드는 화장술이라고 볼 수 있다.

화장품 산업에 속한 기업은 49곳으로 시가총액에서 차지하는 비중은 1.2%다. 국내 화장품 산업은 2014년, 2015년 대對중국 수출이 크게 늘어나면서 호황을 맞았다. 중국인 관광객을 실은 관광버스 수십 대가 늘 면세점 앞에 대기했으며, 매장을 방문한 중국인들은 화장품을 쓸어가다시피 했다. 이에 따라 국내 화장품 기업의 주가는 크게 올랐으며, 액면분할 전 아모레퍼시픽 주가는 약 400만 원을 넘어 황제주로 등극했을 정도다. 한때 아모레퍼시픽 서경배 회장의 지분가치가 고 이건희 삼성전자 회장의 것을 넘어서기도 했다. 그러나 2016년 사드 배치 이후 중국의 경제보복으로 화장품 산업은 점점 성장률이 둔화되었고 2020년 코로나19로 어려움을 맞았다. 2022년 화장품 산업은 중국 로컬 브랜드의 약진, 중국의 제로 코로나 정책으로 여전히 부진한 가운데 일본, 미국, 동남아 수출로 활로를 모색하고 있다. 화장품 산업은 크게 브랜드와 OEM, ODM 섹터로 구분된다. 추가로 화장품 원료와 부자재를 만드는 기업들이 존재하며 일부 화장품 임상을 진행하는 기업도 있다.

화장품

1. 화장품 산업의 특징

화장품 산업은 음식료 산업과 마찬가지로 경기의 영향을 덜 받는 특징이 있다. 지속적으로 쓰는 소모성 제품이기 때문에 화장품 기업들의 실적도 안정적인 편이다. 화장품 기업은 사업 형태에 따라 브랜드 기업과 OEM, **ODM**◆ 등 제조 기업으로 구분된다. 브랜드는 럭셔리를 표방하는 고가 브랜드와 매스Mass 타깃의 중저가 브랜드로 나뉜다.

럭셔리 브랜드의 경우 소비자 충성도가 높아 중저가 브랜드에 비해 상대적으로 경기의 영향을 덜 받는다. 화장품 브랜드 시장은 진입장벽이 매우 낮은 편이다. 생산 및 제조는 OEM, ODM 기업에 맡기고 브랜드 기업은 판매와 마케팅에 집중하면 되기 때문이다. 한국보건산업진흥원, 식품의약품안전처에 따르면 2020년 국내 화장품 판매 기업은 약 1만 9,750곳에 달하며, 매년 그 수가 증가하고 있다.

화장품 브랜드 수가 많고 매년 증가하는 이유는 유행에 민감한 측면도 있다. 특히 빨라진 트렌드 변화를 인지하고 이에 걸맞은 제품을 출시하는 인디 뷰티

◆ 개발력을 갖춘 제조 기업이 유통 기업에 상품을 제공하는 생산 방식

국내 화장품 제조판매 기업 수 및 증감률

구분	2013	2014	2015	2016	2017	2018	2019	2020
업체 수	3,884	4,853	6,422	8,175	11,834	12,673	15,707	19,750
증감률	-	24.95%	32.33%	27.30%	44.76%	7.09%	23.94%	25.74%

출처: 한국보건산업진흥원, 식품의약품안전처

브랜드의 활약이 점차 커지는 추세다. 화장품 유통 채널에서 온라인 비중이 확대된 점도 인디 뷰티 브랜드의 강세 이유다. 화장품 시장의 패러다임이 대기업 중심에서 중소 인디 뷰티 브랜드로 변화되는 과정에서 브랜드 기업보다는 OEM, ODM 기업의 투자 매력이 올라가고 있다.

화장품 산업은 수출 주도형 산업이다. 수출로 간주할 수 있는 아모레퍼시픽의 면세점 매출과 해외법인 및 수출 금액을 합친 매출액은 2021년 기준 약 49%를 차지한다. LG생활건강의 화장품 사업부인 뷰티 부문 매출에서 수출이 차지하는 비중은 약 53%(내부거래 제외 기준)다.

화장품은 용도에 따라 크게 기초 화장품과 색조 화장품으로 구분된다. 기초 화장품은 말 그대로 화장의 기초가 되는 화장품이다. 메이크업을 효과적으로 하기 위해 바르는 스킨, 로션 등 보습 제품, 아이크림, 마스크 팩 등이 이에 해당한다. 넓은 의미에서 자외선 차단제인 선크림, 화장을 지우기 위한 클렌저도 여기에 포함된다. 색조 화장품은 피부색, 피부 굴곡을 보정하거나 피부에 직접 색을 입히는 화장품을 말한다. 베이스 메이크업, 아이 및 립 메이크업 제품 등이 이에 해당한다.

시장 규모는 기초 화장품이 70%, 색조 화장품이 30% 정도다. 단, 지역별로 기초 화장품과 색조 화장품 시장 규모가 다른데, 아메리카와 아시아-태평양 지역은 색조 화장품 시장 규모가 상대적으로 크다. 반면 유럽은 색조 화장품 시장 규

| 지역별 색조 화장품 시장 비중

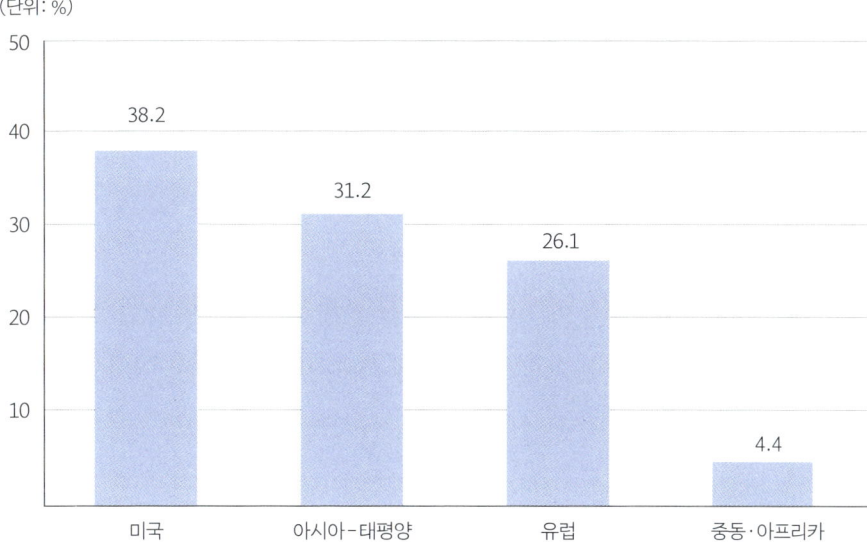

* 2019.03 기준
출처: 유로모니터 인터내셔널 Euromonitor International

모가 전체의 약 20%대다. 중동과 아프리카는 색조 화장품 시장 규모가 한 자릿수에 불과하다. 지역마다 화장품 종류별 시장 규모가 다른 것은 체질 및 문화적·종교적 특징에 기인한다.

화장품 판매 채널은 크게 면세점과 면세점을 제외한 오프라인, 온라인으로 구분한다. 면세점을 따로 분류하는 이유는 그만큼 판매 채널로서의 영향력이 크기 때문이다.

방한 관광객이 면세점에서 가장 많이 구매하는 품목이 화장품이다. 나머지 오프라인 매장은 백화점, 가두판매점, **H&B스토어**◆ 등이 있다. 국내 온라인 쇼핑의 성장으로 화장품 판매에서 온라인 채널 비중이 확대되고 있다.

◆ 드러그스토어이며 의약품, 화장품, 건강보조식품 등을 한데 모아 판매하는 소매점

2. 화장품 산업의 성장성

글로벌 화장품 시장은 연평균 약 4~6%대 성장을 보이고 있다. 시장 조사 기관 유로모니터 인터내셔널에 따르면 2022년 글로벌 화장품 산업 규모는 4,682억 달러로 전년 대비 약 5.6% 성장할 것으로 전망된다. 지역별 시장 규모는 아시아-태평양이 가장 크다.

화장품 시장에서 퍼스널 케어 시장을 합한 전체 뷰티 시장에서 아시아-태평양 지역이 차지하는 비중은 2021년 기준 약 46%에 달한다. 뒤를 이어 북아메리카가 24%, 서유럽 18%, 라틴 아메리카 8%, 서유럽 6%, 아프리카가 3%를 각각 차지하고 있다.

전체 화장품 시장 성장률에 비해 국내 화장품 기업들의 수출 증가율이 높은 이유는 국내 기업들이 아시아-태평양 지역의 중심이기 때문이다. 통계청에 따

| 글로벌 화장품 시장 규모 및 증가율 추이

(단위: 100만 달러, %)

출처: 유로모니터 인터내셔널

화장품 수출 금액 추이

출처: 통계청

르면 화장품 수출 금액은 꾸준히 증가세이며, 2021년 91억 8,800만 달러로 전년 대비 약 21.3% 성장했다.

특히 코로나19 기저 효과로 수출이 대폭 늘었다. 다만 국내 화장품 수출 증가율은 2017년을 기점으로 다소 둔화되었는데, 이는 사드 배치 이슈로 중국 수요가 감소했기 때문이다.

2021년 국가별 화장품 수출 금액은 중국이 약 48억 8,500만 달러로 전체 화장품 수출 금액 중 53.2%를 차지했으며, 뒤를 이어 미국이 8억 4,100만 달러로 9.2%, 그다음은 일본(7억 8,400만 달러, 8.5%), 홍콩(5억 7,900만 달러, 6.3%), 베트남(3억 500만 달러, 3.3%) 순이다.

| 2021년 국가별 화장품 수출 금액

(단위: 100만 달러)

국가	수출 금액	점유율(%)	증감률(%)
중국	4,885	53.2	28.2
미국	841	9.2	31.3
일본	784	8.5	22.7
홍콩	579	6.3	−19.0
베트남	305	3.3	15.7
러시아	290	3.2	19.2
대만	165	1.8	1.5
태국	137	1.5	4.6
싱가포르	117	1.3	−9.5
말레이시아	105	1.1	18.7

출처: 유로모니터 인터내셔널

3. 화장품 기업의 투자 포인트

1) 외국인 관광객

해외여행을 다녀올 때 대다수의 여행객이 들르는 곳이 있다. 바로 면세점이다. 좋은 물건을 세금 없이 정가보다 싼값에 구매할 수 있는 기회를 그냥 지나치는 사람은 별로 없다. 방한 외국인 관광객도 마찬가지다. 특히 외국인은 면세 한도가 없으므로 국내 면세점에서 매우 큰 금액을 지출한다. 방한 관광객이 면세점에서 가장 큰 금액을 지출하는 품목이 화장품이다. 따라서 외국인 관광객이 늘면 화장품 수요가 증가할 수밖에 없다.

특히 면세점 화장품의 큰손은 '따이공'이다. 따이공이란, 한국과 중국을 오가며 면세품, 농산물을 소규모로 밀거래하는 보따리상을 일컫는다. 코로나19에 따른 중국의 잦은 봉쇄령으로 방한 따이공이 줄자 국내 면세점 및 화장품업계는 고전을 면치 못하고 있다. 다만 추세적으로 대(對)중국 수출 증가율은 둔화될 것으로 전망된다. 중국의 애국 소비 강화로 로컬 브랜드가 수입 브랜드 수요를 대체하고 있기 때문이다. 중국 국가통계국에 따르면 2021년 중국 화장품 시장 규모는 약 14% 늘었다. 상위 30개 화장품 브랜드 중 12개를 로컬 브랜드가 차지하고 있지만 국내 기업은 2019년부터 중국 시장 점유율이 줄고 있다. 일본, 유럽 브랜드가 럭셔리 시장에서 입지를 강화하고 있는 가운데 중저가 시장에서는 중국 로컬 브랜드의 약진이 지속되고 있다.

이 같은 현상은 2022년에도 지속되었다. 2022년 8월 누적 중국 수출 금액은 약 24억 2,837만 달러로 2021년 연간 수출 금액의 절반 수준이다. 이에 따라 전체 수출에서 중국이 차지하는 비중도 2021년 53.2%에서 현재 45.8%로 줄었다. 2015년까지 중국 관광객 증가로 화장품업계는 호황을 누렸지만, 사드 배치를 기점으로 중국 모멘텀은 점점 사라져가고 있다. 동남아, 미국 등 신시장 개척이 절실한 상황이다.

2) 계절성과 이벤트

기초 화장품은 화장의 베이스 역할로 외부 변수에 상관없이 수요가 꾸준한 편이다. 반면 색조 화장품은 계절과 트렌드에 민감하다. 또한 코로나19와 같은 전염병이 유행한다면 바깥 활동이 줄어들고 외부 활동을 하더라도 마스크를 착용해야 한다. 이 경우 자연스럽게 색조 화장품 수요는 감소하게 된다. 반대로 팬데믹이 종료되고 바깥 활동이 많아지면 억눌려 있던 색조 화장품 수요가 많이 늘어날 수 있다. 이처럼 어떤 화장품을 만드는지에 따라 실적 방향성과 투자 포인트가 달라질 수 있다.

시가총액 상위 기업의 투자 지표

- 실적 및 투자 지표: 2022년 3분기 연환산 기준(색이 칠해진 기업은 2021 기준)
- 배당수익률: 2021년 주당 배당금/2022.11.30 기준 주가
- 시가총액: 2022.11.30 기준

(단위: 억 원, 배)

기업명	매출액	영업이익	순이익	PER	PBR	ROE	배당수익률	시가총액
LG생활건강	74,011	8,233	4,825	21.2	1.87	8.8%	1.8%	102,455
아모레퍼시픽	43,719	1,828	684	111.6	1.59	1.4%	0.8%	76,333
현대바이오	87	-195	-182	-56.9	15.00	-26.4%	0.0%	10,337
한국콜마	17,890	906	298	29.8	1.27	4.3%	1.1%	8,866
코스맥스	16,209	811	533	13.0	1.06	8.2%	0.9%	6,901
애경산업	5,933	320	231	18.9	1.20	6.3%	1.2%	4,358
잇츠한불	1,353	43	-46	-83.1	1.01	-1.2%	1.2%	3,805
클리오	2,595	173	53	47.3	1.35	2.9%	1.1%	2,512
씨앤씨인터내셔널	1,153	130	178	13.1	1.75	13.3%	0.0%	2,333
펌텍코리아	2,363	267	199	10.2	0.98	9.6%	2.1%	2,040
연우	2,535	91	70	28.4	0.82	2.9%	1.2%	2,002
현대바이오랜드	1,028	101	-93	-20.8	1.43	-6.9%	0.5%	1,935
브이티지엠피	2,517	260	70	26.8	2.39	8.9%	0.0%	1,890
청담글로벌	1,443	97	-	-	7.15	0.0%	0.0%	1,880
라파스	244	-68	-13	-124.1	3.36	-2.7%	0.0%	1,620
올리패스	18	-255	-252	-6.3	11.83	-186.9%	0.0%	1,598
네오팜	868	216	182	8.3	1.10	13.2%	3.8%	1,522
에이블씨엔씨	2,431	-22	-57	-24.1	1.18	-4.9%	0.0%	1,371
제로투세븐	927	59	-0	-4,347.0	1.74	0.0%	0.0%	1,330
한국화장품	632	-14	-52	-24.8	5.85	-23.6%	0.0%	1,285

화장품

브랜드

기초화장품
- 원익
- 오가닉티코스메틱
- 제로투세븐
- 아우딘퓨쳐스
- 네오팜
- 브이티지엠피

마스크팩
- 제이준코스메틱
- 리더스코스메틱
- 에스디생명공학

색조화장품
- 본느
- 씨앤씨인터내셔널

종합화장품
- LG생활건강
- 코리아나
- 아모레퍼시픽
- 한국화장품
- 애경산업
- 토니모리
- 잇츠한불
- 디와이디
- 클리오
- 아이패밀리에스씨
- 에이블씨엔씨
- 청담글로벌

헤어케어
- 현대바이오
- TS트릴리온
- 세화피앤씨

원료와 부자재

화장품 용기
- 연우
- 휴엠앤씨
- 펌텍코리아

화장품 원료
- KCI
- 현대바이오랜드
- 컬러레이
- 대봉엘에스
- 엔에프씨
- 선진뷰티사이언스

화장품 임상
- 피엔케이피부임상연구센타

OEM/ODM
- 코스맥스
- 올리패스
- 라파스
- 잉글우드랩
- 코스나인
- 씨티케이
- 코스온
- 코스메카코리아
- 코디
- 한국화장품제조
- 제닉
- 스킨앤스킨
- 한국콜마

레저

수년 전부터 리얼리티 프로그램에서 자주 등장하는 주제가 있다. 바로 여행이다. 특히 코로나19로 하늘길이 막히면서 캠핑 등 국내 여행을 테마로 하는 여행 프로그램이 인기를 끌었다. 우리나라 국민의 소득수준이 높아지면서 여가에 대한 관심이 커지고 있다. 일하는 시간보다 일의 집중도를 중요하게 생각하면서 주 4일제를 도입하는 기업도 늘고 있다. 이에 따라 여행, 오락, 레저 시장은 꾸준히 성장할 것으로 보인다.

증시에서 레저 산업에 속한 기업은 33곳으로 전체 시가총액에서 차지하는 비중은 1.3%다. 2020년 코로나19로 사회적 거리두기가 시행되면서 여행, 항공, 카지노 기업들의 실적이 크게 꺾였으며, 이에 따라 주가 역시 부진했다. 그러나 2021년부터 백신 접종률 상승에 따라 리오프닝이 시작되면서 회복 기대감이 일고 있다.

레저 산업은 먼저 여행, 호텔, 항공, 카지노로 구분된다. 이 밖에도 레저용품, 레저 시설, 외식, 자전거, 골프 등도 존재하지만 4개 섹터가 가장 비중이 크다. 항공은 본래 운송 산업에 속하지만 항공사의 주요 매출원이 화물 운송보다는 여객 운송이며, 저비용 항공사의 경우 여객 운송만 담당하고 있기 때문이다. 특히 여객 운송의 국내외 여행 수요가 대부분이므로 레저 산업에 포함시켰다. 또한 여행, 호텔, 항공, 카지노 모두 실적에 영향을 미치는 핵심 변수가 유사하다는 특징을 갖고 있다. 서로 다르지만 레저라는 큰 틀에서 이 4개 섹터를 함께 살펴봐야 하는 이유다.

여행과 호텔

1. 여행과 호텔 산업의 개요와 특징

부모님 세대에게 인기 있는 신혼여행지는 제주도였다. 즉, 20세기의 제주도는 평생 한 번 있을까 말까 한 의미 있는 날을 기념하기 위해 찾는 곳이었다. 그러나 현재 제주도는 가장 만만한 여름 휴가지 중 하나다. 요즘 유치원생, 초등학생도 방학 때가 되면 가족 단위로 심심치 않게 해외여행을 가기도 한다. 국민 소득 수준이 꾸준히 증가하는 가운데 **워라밸**◆을 중시하는 MZ 세대의 소비 여력이 커지면서 여가 지출 역시 자연스럽게 확대되고 있다.

2014년 가계당 문화여가지출률(가구 월평균 오락문화비÷가구 월평균 지출액×100)은 4.35%에서 2018년 5.76%로 1% 넘게 올랐다. 같은 기간 오락문화비 역시 12만 6,351원에서 19만 1,772원으로 51.8% 증가했다. 그렇지만 2020년 코로나19로 사회적 거리두기가 시행되면서 2021년 문화여가 지출률은 4.23%로 하락했다. 본격적인 리오프닝을 맞아 2022년부턴 다시 회복될 것으로 예상된다.

여행업은 자본금 등록요건이 5,000만 원으로 진입장벽이 낮은 산업이다. 관광숙박업은 고정자본 투자가 필요하지만, 소규모 숙박 시설로도 얼마든지 사업

◆ Work and Life Balance의 줄임말로, 일과 삶의 적절한 밸런스를 뜻하는 용어

가계지출액, 문화여가지출률, 오락문화비

(단위: %, 만 원)

구분	2014	2015	2016	2017	2018	2019	2020	2021
문화여가지출률	4.35	4.44	4.53	5.27	5.76	5.41	4.31	4.23
가계 지출액	290	289	286	332	333	333	324	337
오락문화비	12.6	12.8	12.9	17.5	19.2	18.0	14.0	14.3

출처: 통계청

여행업, 관광숙박업 사업자 수

구분	2016	2017	2018	2019	2020
여행업	16,605	19,944	19,039	18,223	16,660
관광숙박업	1,716	1,843	2,110	2,218	2,223

출처: 관광지식정보시스템

을 영위할 수 있다. 또한 여행 트렌드가 빠르게 바뀌고, 유형별 숙박 시설 선호 현상이 뚜렷한데, 치열한 경쟁 속에서도 규모와 상관없이 경쟁력 있는 기업은 꾸준히 선전하고 있다. 코로나19로 관광 산업에서 전반적으로 구조조정이 일어났지만, 2020년 기준 여전히 여행업 사업자는 약 1만 6,660곳, 숙박업소도 약 2,223곳에 달한다.

2. 여행과 호텔 산업의 성장성

K팝, K콘텐츠 등 한류 문화 선호 현상으로 방한 관광객은 2019년까지 꾸준히

늘었다. 그러나 코로나19로 국가 간 이동이 사실상 불가능해지면서 2020년 들어 급감했다. 2022년 다시 하늘길이 열리면서 관광객은 이전 수준을 점차 회복할 것으로 보인다.

국민 외래관광객도 2019년까지 꾸준히 늘었다. 방한 외래관광객이 2012년부터 2019년까지 약 57% 증가했다면 국민 외래관광객은 같은 기간 약 109%로 2배가량 성장했다. 한국을 찾는 외국인 관광객보다 해외로 나가는 우리나라 국민이 더 빠르게 증가하고 있다. 국민 외래관광객이 방한 외래관광객보다 변동성도 적다. 방한 외래관광객이 국제 정세, 질병 등 매크로 환경 등에 민감한 영향을 받는다. 방한 외래관광객 중 가장 큰 비중을 차지하는 국적은 중국인데, 사드 이슈가 불거지자 국내 발길이 줄면서 2017년 전체 방한 외래관광객이 줄어든 것을 알 수 있다. 2015년 메르스 당시에도 국내 팬데믹 우려가 커지면서 한국을 찾는 외국인 관광객이 줄었다.

| 국민 외래관광객 추이

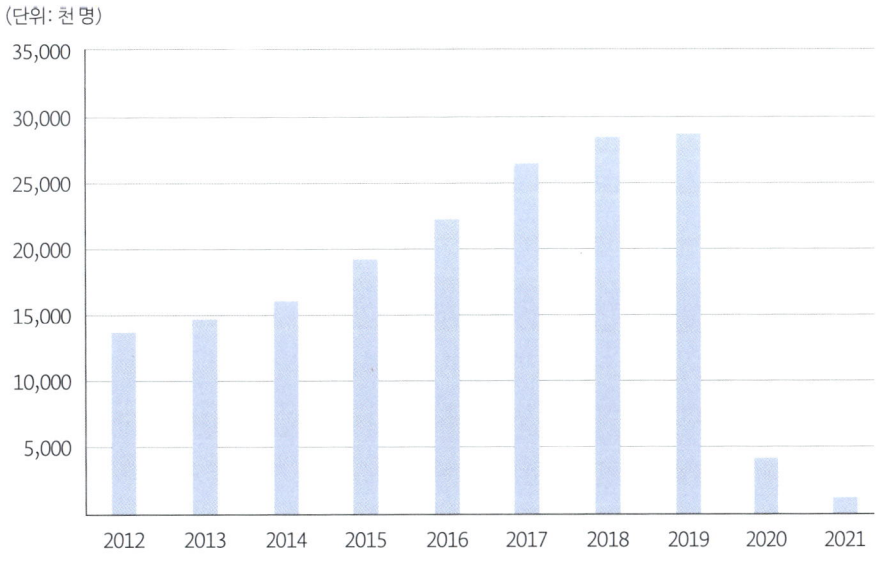

출처: 관광지식정보시스템

| 방한 외래관광객 추이

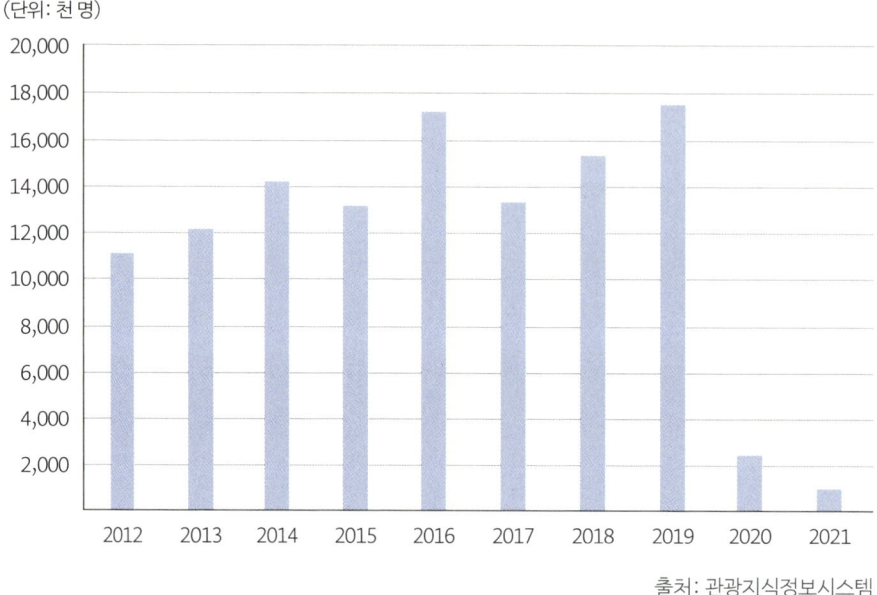

출처: 관광지식정보시스템

3. 여행과 호텔 산업의 투자 포인트

1) 자유여행 선점 필요

MZ 세대의 소비 여력이 커지면서 자유여행 비중은 점차 확대되고 있다. 업계 자료에 따르면 국내 자유여행 비중은 약 78%에서 2020년 약 83%까지 확대되었다. 기존 여행사의 주요 매출원인 패키지 형태의 여행 알선 수수료 감소가 불가피한 상황이다. 이에 따라 여행사들은 앞다투어 OTA(온라인 여행 에이전시) 사업을 확대하고 있다. OTA란 Online Travel Agency의 약자로 교통수단 및 숙박 등 여행 요소와 상품에 관한 전 세계적 공급망을 연결해 온라인상에서 검색, 비교, 예약 및 결제가 가능하게 하는 플랫폼이다. 쉽게 말해 소비자가 직접 여행을 구성하고 일정을 세울 수 있도록 도와주는 FIT* 관점의 종합 여행 플랫폼이다.

2021년 하나투어는 야놀자와 전략적 제휴를 체결하고 해외여행 상품을 야놀자에 단독 공급하기로 했다. 한 달에 수백만 명이 찾는 국내 1위 숙박 애플리케이션과 제휴해 구식의 패키지여행 수익구조를 탈피한다는 전략이다. 노랑풍선도 2021년 자체 개발한 '노랑풍선 자유여행 플랫폼'을 오픈했다. 항공, 호텔, 투어, 액티비티, 렌터카 등 여행 관련 상품을 한꺼번에 모아 예약이 가능한 '원스톱 서비스'다. 다만 기존 여행사의 도전이 시장에 잘 통할지는 미지수다. 야놀자, 여기어때 등 숙박 유니콘들이 이미 OTA 시장을 선점했으며, 네이버, 쿠팡 등도 여행 커머스로의 진출을 노리고 있기 때문이다.

♦ Free Independent Tour의 약자로 항공권과 숙박 시설의 예약만을 제공하고 여행자 스스로 전 일정을 자유롭게 여행할 수 있는 상품

항공

1. 항공 산업의 개요와 특징

우리나라는 1948년 10월 대한국민항공사 Korea National Airlines, KNA를 창설하면서 본격 민간항공 시대를 맞았다. 이후 70여 년이 흐른 현재 대한민국은 세계 5위 항공운송강국으로 자리매김했다. 국내 항공사는 2022년 7월 기준 9곳으로 과점 시장을 형성하고 있다. 정부의 인가가 필요한 산업이기도 하지만 무엇보다 항공기 자체의 가격이 높다는 점은 진입장벽으로 작용한다. 항공기 1대의 가격이 150석급은 600억~700억 원, 550석급은 2,500억 원에 달한다.

항공사는 이용요금에 따라 대형항공사 Full Service Carrier, FSC와 저비용항공사 Low Cost Carrier, LCC로 나뉜다. FSC는 대한항공, 아시아나항공 단 2곳만 존재하며, LCC는 진에어, 제주항공, 티웨이항공 등 7곳의 사업자가 있다. FSC는 여객 운송 외에도 화물 운송 사업을 겸하고 있다. 운항 경로에 따라 국제선과 국내선으로 나눌 수 있는데, FSC는 국제선과 국내선 비율이 7:3이며(2019년, 코로나19 이전 기준), LCC는 4:6이다. 과거 LCC는 국내선 비중이 압도적으로 높았으나, 사업확장 및 수익성 제고를 위해 가까운 아시아 지역을 중심으로 국제선 비중을 늘리고 있다.

2. 항공 산업의 성장성

항공 수요는 여가 생활 증가로 장기적으로 꾸준히 늘어나는 추세지만, 중단기적으론 국제 정세, 환율, 국제 유가 등에 영향을 받는다. 국제선 탑승객은 2015년 약 6,143만 명에서 2019년 약 9,039만 명으로 47.1% 늘었지만, 2020년 코로나19 여파로 약 1,424만 명으로 급감했다. 2022년 6월 누적 기준 국제선 탑승객은 약 396만 명으로 전년 동기 대비 209% 증가했지만, 예전 수준에는 한참 못 미치는 상황이다. 국내선 수요는 매년 약 3,000만 명 초반 수준을 유지하고 있다.

항공사는 수천억~수조 원에 달하는 항공기 자산을 보유하고 있다. 여기서 발생하는 감가상각비, 리스비용이 만만치 않다. 해당 비용은 숨만 쉬어도 나가는 고정비로, 대외 변수로 항공 수요가 꺾이는 상황이 발생하면 항공사들의 실적 역시 크게 감소한다. 실적 변동성이 크다는 것은 주가 역시 비슷하다는 의미다.

| 운항 경로별 탑승객 추이

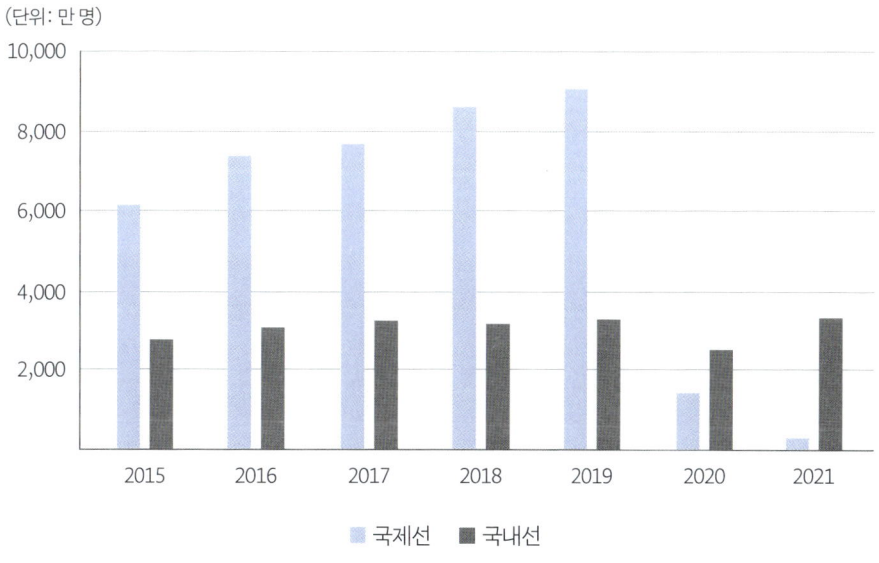

출처: 한국항공협회

3. 항공 산업의 투자 포인트

1) 환율, 유가 등 매크로 변수

항공기 이용요금은 항공운임, 공항시설사용료 및 기타수수료, 유류할증료로 구성되어 있다. 유류할증료는 유가 변동에 따라 말 그대로 할증되는 요금이다. 유가가 오르는 국면에서는 유류할증료가 높아진다. 또한 국제 유가의 시세가 달러로 책정되기 때문에, 환율이 오르면 유류할증료가 높아지는 결과가 나타난다. 또한 환율은 해외여행 수요 자체를 억제하기도 한다. 한국인이 해외여행을 갔을 때 환율이 변한다면 같은 100만 원으로 즐길 수 있는 숙소, 음식, 문화의 등급도 달라질 수 있다. 이처럼 국제 유가나 환율이 오르면 국제선을 이용하는 탑승객은 줄어들 수밖에 없다.

실제 리오프닝이 본격화된 2022년에도 국제선 여행객 수는 크게 늘지 못했

| 대한항공 주가 차트

출처: 키움증권 HTS

다. 정부가 2022년 9월부터 입국 전 코로나19 검사를 폐지했지만 증시에서 항공주의 주가는 잠잠했다. 1년 전만 하더라도 1,100원대였던 환율이 20% 넘게 뛰면서 13년 만에 원달러 환율이 1,400원에 육박하며 해외여행 수요에 찬물을 끼얹은 영향으로 해석할 수 있다.

코로나19와 같은 전 세계적인 팬데믹 상황, 전쟁 등도 항공 수요를 위축시키는 요인이다.

2) 장거리노선 확보

항공사의 판매량에 해당하는 변수는 공급 좌석수와 운항거리다. 공급 좌석이 늘어나거나 운항거리가 길어질수록 실적이 증가하는 구조다. 따라서 국제노선 등 장거리노선 확보가 중요하다. 과거 저비용 항공사의 국제선 비중은 10%에 불과했지만, 2019년 40%까지 확대된 것도 이 때문이다. 또한 국내선 수요는 연간

| 국가별 탑승객 비율

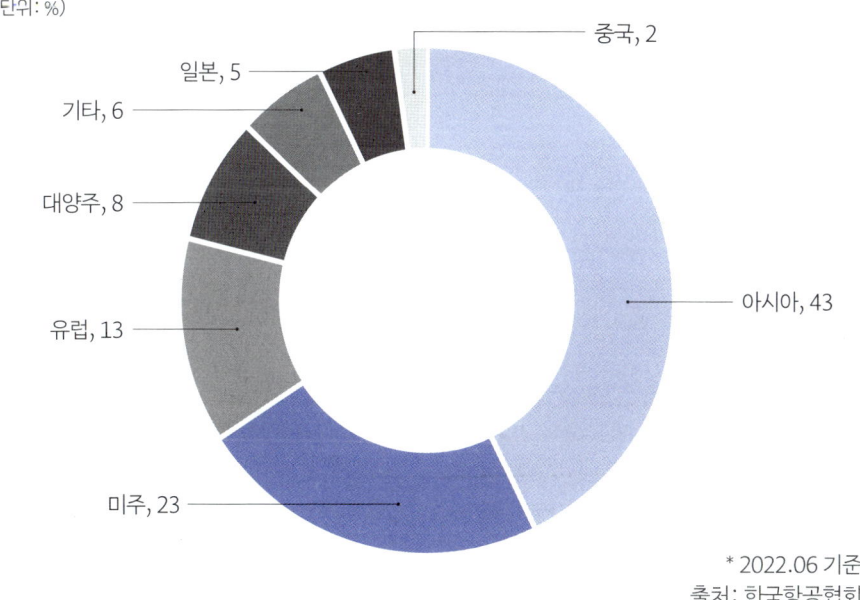

* 2022.06 기준
출처: 한국항공협회

3,000만~3,500만 명 수준에서 유지되는 반면, 코로나19 이전까지 국제선 수요는 꾸준히 증가했다. 항공사가 성장하려면 상대적으로 수익성이 높고 판매량 증가가 기대되는 국제선 경로를 늘리는 것이 중요하다.

카지노

1. 카지노 산업의 개요와 특징, 성장성

카지노는 게임, 음악, 쇼, 댄스 등 오락 시설을 갖춘 연회장이란 의미의 라틴어 '카사Casa'가 어원이다. 세계 최초의 카지노는 1638년 이탈리아 정부가 인정한 '리도또'라는 카지노 전용 공간으로, 베니스 축제 동안 운영되었다.

오랜 기간 유교적 사상이 사회에 팽배했던 우리나라는 카지노 산업을 한때 사행행위 영업으로 규정했다. 그러다가 1994년 8월 「관광진흥법」 개정으로 카지노 산업은 정식 관광 산업으로 인정을 받게 되었으며 방한하는 '외국인 관광객을 유치해 외화 획득을 통한 관광수지 개선, 일자리 창출' 등의 목적을 갖게 되었다.

카지노는 문화체육관광부의 허가가 필요한 산업으로 전국에 총 17개 사업장이 존재한다. 이 중에서 16곳은 외국인 카지노, 1곳은 내국인 카지노다. 외국인 카지노는 말 그대로 외국인 관광객만 출입할 수 있는 곳이다. 내국인 입장이 가능한 국내 유일 카지노는 강원랜드다. 강원랜드는 석탄 산업 사양화에 따른 폐광지역 경제회생을 위해 관광 산업 육성을 목적으로 한 「폐광지역 개발 지원에 관한 특별법」 제정 후 1998년에 설립되었다.

강원랜드를 제외하고 카지노 산업은 외국인 관광객 유입에 영향을 받는다.

| 방한 외래관광객 추이

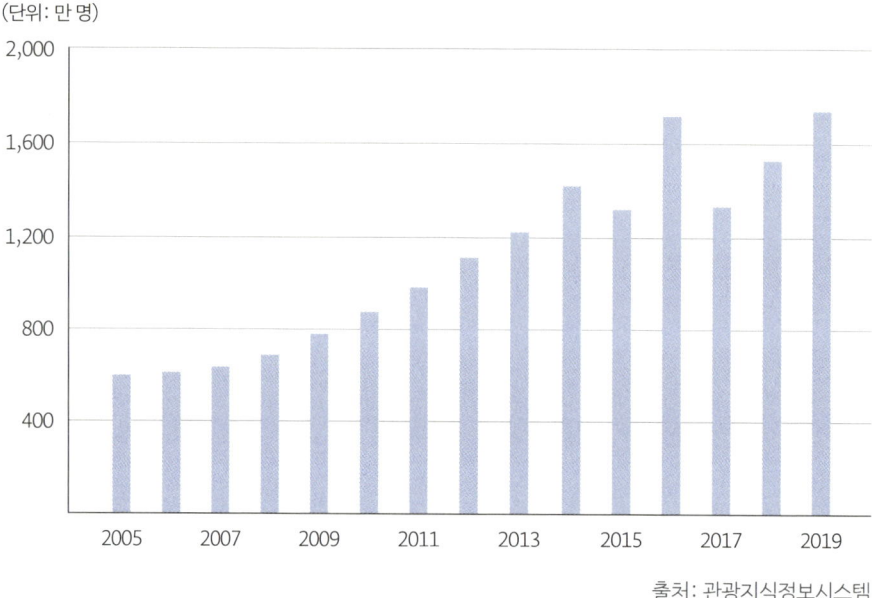

출처: 관광지식정보시스템

2010년 이후 K팝 같은 K콘텐츠의 인기 덕분에 중국인을 중심으로 방한 관광객이 크게 늘었다. 2009년 방한 외국인은 약 782만 명이었지만, 2016년 불과 7년 만에 약 1,724만 명으로 2배 넘게 늘었다.

그러나 한국과 중국 사이의 사드 배치 이슈가 불거진 이후 한국을 찾는 중국인 관광객들이 줄면서 2017년 전체 방한 외국인은 줄었다. 이후 다시 방한 외국인 관광객 수는 회복세로 돌아섰지만 2020년 코로나19 발생으로 다시 크게 감소했다. 한편 2015년 방한 외국인 관광객이 줄어든 이유는 당시 메르스MERS 전염병이 유행한 탓이다.

이처럼 외래관광객 수요는 국제 정세와 질병에 민감하며, 카지노 기업 실적에도 영향을 미친다.

2. 카지노 산업의 투자 포인트

1) 카지노 실적을 결정짓는 용어 세 가지

카지노가 돈을 버는 구조는 다소 독특하다. 이를 이해하기 위해서는 드롭액, 홀드율, 콤프 비용 이 세 용어를 알아야 한다.

먼저 방문객이 카지노에서 게임을 하기 위해서는 칩Chips을 구매해야 한다. 방문객이 칩을 구매한 총액을 드롭액이라고 한다. 홀드율은 카지노의 승률이다. 드롭액 중 카지노가 게임에서 이겨 취득한 금액의 비율을 뜻한다. 콤프 비용은 고객을 유치하기 위한 프로모션 비용이다. 카지노 방문객에게 무상 또는 할인된 가격으로 제공하는 숙박, 식음료 등 편의 서비스를 말한다.

정리하면, 카지노의 실적이 좋아지기 위해서는 드롭액과 홀드율은 높아야 하며, 콤프 비용은 낮아야 한다.

2) VIP와 매스

카지노의 고객은 매스Mass와 VIP로 나뉜다. 구분의 기준은 드롭액이다. VIP는 전체 드롭액의 80~90%를, 매스는 10~20%를 차지한다. 반면 방문객 중의 비율은 매스가 VIP보다 많다. 그렇지만 VIP가 많을수록 카지노 기업 실적에 긍정적이라고 볼 수는 없다. VIP는 드롭액이 큰 대신 승률도 매스에 비해 높기 때문이다. 카지노 기업 입장에서는 매스 고객이 최대한 많이 방문해주는 편이 낫다.

국내 외국인 카지노 기업의 주요 방문객 국적은 중국과 일본이다. 2019년 파라다이스의 국적별 드롭액 비중은 일본인 VIP가 34%, 중국인 VIP가 27%였다. 같은 기간 GKL의 경우 일본인 드롭액이 41%, 중국인 드롭액이 37%를 차지했다. 외국인 카지노 기업의 실적은 일본인, 중국인 관광객이 얼마나 많아지는가에 달려 있다고 해도 과언이 아니다.

2019년 파라다이스 고객 국적별 드롭액 비중

(단위: %)

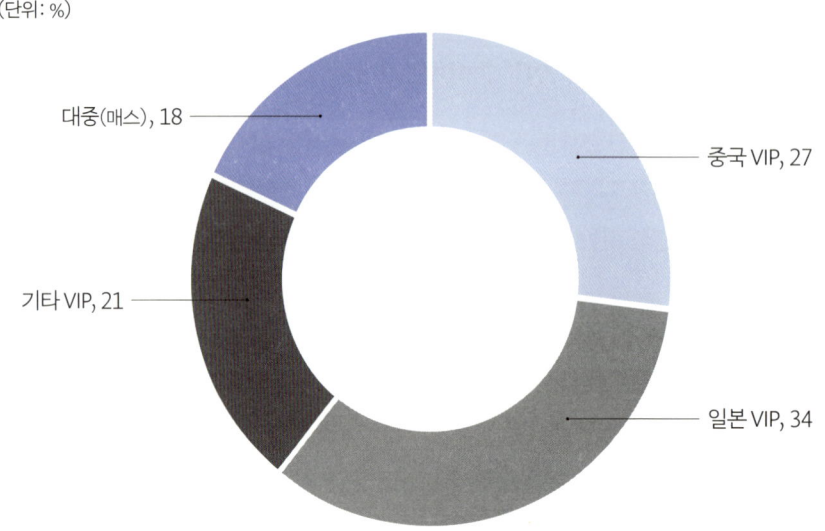

출처: 파라다이스

2019년 GKL Grand Korea Leisure 고객 국적별 드롭액 비중

(단위: %)

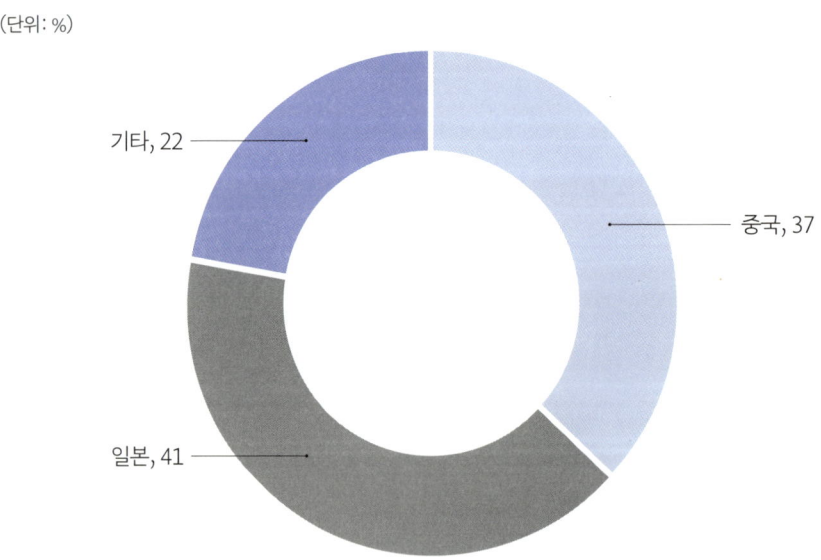

출처: GKL

3) 복합리조트

과거에 비해 카지노 사업장이 많아지면서 기업 간 경쟁도 치열해지고 있다. 이에 따라 카지노 기업들은 고객을 유치하기 위해 카지노, 호텔뿐만 아니라 다양한 레저, 문화 시설을 보유하고 있는 복합리조트를 선보이고 있다. 복합리조트는 콤프 비용의 효율성을 높일 수 있는 장점이 있다. 따라서 홀드율을 높일 수 있는 매스 고객 유치가 가능하다. 국내 복합리조트는 대표적으로 롯데관광개발의 제주 드림타워, 파라다이스의 영종도 파라다이스 시티, 강원랜드의 하이원 리조트가 있다.

| 국내 외국인 카지노 복합리조트 현황 | | | |

구분	제주 드림타워	파라다이스 시티	하이원 리조트
위치	제주도 제주시	인천국제공항 IBC-1	강원도 정선
카지노	외국인 전용	외국인 전용	내국인 출입 가능
주요 시설	호텔, 카지노, 컨벤션, 수영장, 스파, 사우나 등	호텔, 카지노, 스파, 컨벤션, 아레나, K스튜디오 등	호텔, 리조트, 카지노, 컨벤션, 워터파크, 골프장, 스키장 등
사업자	롯데관광개발	파라다이스	강원랜드

출처: 각 사

| 시가총액 상위 기업의 투자 지표

- 실적 및 투자 지표: 2022년 3분기 연환산 기준
- 배당수익률: 2021년 주당 배당금/2022.11.30 기준 주가
- 시가총액: 2022.11.30 기준

(단위: 억 원, 배)

기업명	매출액	영업이익	순이익	PER	PBR	ROE	배당수익률	시가총액
대한항공	131,240	30,178	17,840	5.3	1.17	22.2%	0.0%	93,712
강원랜드	11,781	1,791	954	56.2	1.60	2.8%	0.0%	53,592
호텔신라	47,519	1,100	485	59.1	4.55	7.7%	0.3%	28,651
파라다이스	5,059	-282	-177	-88.6	1.23	-1.4%	0.0%	15,642
GKL	1,909	-616	-482	-21.7	2.83	-13.0%	0.0%	10,454
아시아나항공	59,180	6,007	-1,864	-5.0	5.90	-117.3%	0.0%	9,376
롯데관광개발	1,797	-1,131	-2,228	-3.8	3.17	-82.4%	0.0%	8,571
제주항공	4,910	-2,635	-2,437	-3.5	12.34	-356.7%	0.0%	8,431
하나투어	817	-1,204	-926	-8.9	7.27	-81.6%	0.0%	8,244
진에어	4,476	-1,108	-529	-13.5	-616.29	4556.0%	0.0%	7,151
골프존	5,882	1,533	1,146	6.0	1.89	31.4%	3.2%	6,916
아난티	3,019	1,037	456	12.0	1.13	9.4%	0.0%	5,488
모두투어	286	-166	201	15.1	5.56	36.9%	0.0%	3,024
티웨이항공	3,811	-1,299	-1,725	-1.7	8.63	-502.9%	0.0%	2,958
교촌에프앤비	5,183	212	152	17.3	1.44	8.3%	2.9%	2,623
에어부산	3,094	-1,314	-2,819	-0.9	5.00	-561.7%	0.0%	2,508
이월드	1,277	115	-72	-32.9	0.97	-3.0%	0.0%	2,368
남화산업	302	171	169	10.4	1.09	10.4%	2.3%	1,766
용평리조트	1,293	97	-97	-18.0	0.46	-2.5%	0.0%	1,752
참좋은여행	86	-168	-128	-10.4	1.69	-16.3%	0.0%	1,334

레저

골프
- 골프존
- 남화산업
- 브이씨

여행
- 하나투어
- 참좋은여행
- 모두투어
- 세중
- 노랑풍선

자전거
- 삼천리자전거
- 알톤스포츠

노래방
- TJ미디어

외식
- 초록뱀컴퍼니
- 교촌에프앤비
- 엠피대산
- 인바이오젠
- 디딤

카지노
- 강원랜드
- 롯데관광개발
- 파라다이스
- GKL

레저시설
- 이월드
- 시공테크

호텔
- 호텔신라
- 용평리조트
- 아난티

항공사

FSD
- 대한항공
- 아시아나항공

LCC
- 제주항공
- 에어부산
- 티웨이항공

항공운수보조
- 한국공항

레저용품
- ES큐브

미디어

2020년 2월 봉준호 감독의 〈기생충〉이 한국 영화 역사상 최초로 아카데미 4관왕을 휩쓸었다. 영어가 아닌 언어로 제작된 영화가 아카데미 작품상을 받은 영화도 기생충이 최초다. 얼마 지나지 않아 또 하나의 낭보가 날아들었다. BTS가 한국 가수 최초로 미국 빌보드 싱글 차트 정상에 오른 것이다. 아시아가 가수가 '핫100' 1위에 오른 것은 1963년 일본 가수 '사가모토 규' 이후 57년만이다. 2021년에는 〈오징어 게임〉이 국내 드라마 최초로 넷플릭스 전 세계 1위를 거머쥐기도 했다. 잇달아 세계를 뒤흔드는 한국 콘텐츠의 기세가 매섭다. 한국은 반도체, 2차전지 강국을 넘어 이미 K-콘텐츠 같은 문화 부문에서도 남다른 경쟁력을 보여주고 있다. 내수 시장을 넘어 전 세계에 영향을 행사하는 콘텐츠, 엔터테인먼트 분야가 속해 있는 미디어 산업을 투자자는 주목해야 한다.

미디어 산업에 속해 있는 기업은 총 76곳으로, 시가총액에서 차지하는 비중은 1.5%다. 미디어 산업은 방송과 콘텐츠, 엔터테인먼트, 영화배급과 멀티플렉스, 광고로 구분했다. 드라마, 예능, 영화 등의 콘텐츠가 방송사를 통해 시청자에게 전달되고, 이 과정에서 광고를 통해 수익을 창출하는 형태다. 과거 플랫폼 역할을 했던 방송사의 지위가 높았으나 OTT 플랫폼과 인터넷 플랫폼 기업들의 등장으로 점차 그 지위가 약화되고 있다. 반대로 플랫폼 경쟁을 통해 콘텐츠 제작사들의 입지가 커지고 있다. 실감형 콘텐츠와 가상현실 시장의 본격적인 성장으로 경쟁력 있는 콘텐츠 제작사의 가치는 더욱 커질 전망이다. 각종 드라마, 예능에 출연하는 연예인들은 엔터테인먼트사 소속이며, 콘텐츠와 함께 노출되는 광고 역시 미디어 산업에서 뺄 수 없는 유관 섹터다.

미디어

1. 미디어 산업의 개요와 특징

21세기 초 인터넷 혁명으로 인쇄 매체가 쇠락하고 네이버, 다음과 같은 포털에서 텍스트 콘텐츠를 찾아보는 시대가 열렸다. 2007년 애플의 아이폰 출시로 내 손 안의 컴퓨터 '스마트폰' 시대가 도래했고, 결과적으로 TV에서 벗어나 온라인 동영상 플랫폼이 대중화되는 시발점이 되었다. 유튜브, 넷플릭스의 등장으로 OTT 플랫폼 사업사도 동영상 플랫폼 사업에 뛰어들면서 매체 간 경쟁은 더욱 치열해지고 있다. 미디어의 헤게모니가 기존 언론사, 방송사에서 구글, 네이버 등 인터넷 플랫폼 기업으로 옮겨 가면서 콘텐츠 제작사의 위상도 커지고 있는 상황이다.

미디어 산업은 크게 채널 역할을 하는 방송사와 콘텐츠를 제작하는 제작사로 나뉜다. 국내 산업분류에 따르면 방송사와 콘텐츠사를 모두 합해 방송영상 산업으로 분류하고 있다. 방송사는 지상파방송, 유선방송, 위성방송, 인터넷영상물 제공업 등으로 구분되는데 콘텐츠의 전송 방식이 다르다는 점이 차이점이다.

지상파는 공중파라고 흔히 알고 있는 KBS, MBC, SBS, EBS다. 전파를 통해 안테나 대 안테나로 직접 수신하는 방식이다. 유선방송은 유료 가입자를 따로 모집하는 방송으로, 흔히 케이블 TV라고 알려져 있다. 동축 케이블을 통해 콘

| 미디어 산업 수익구조

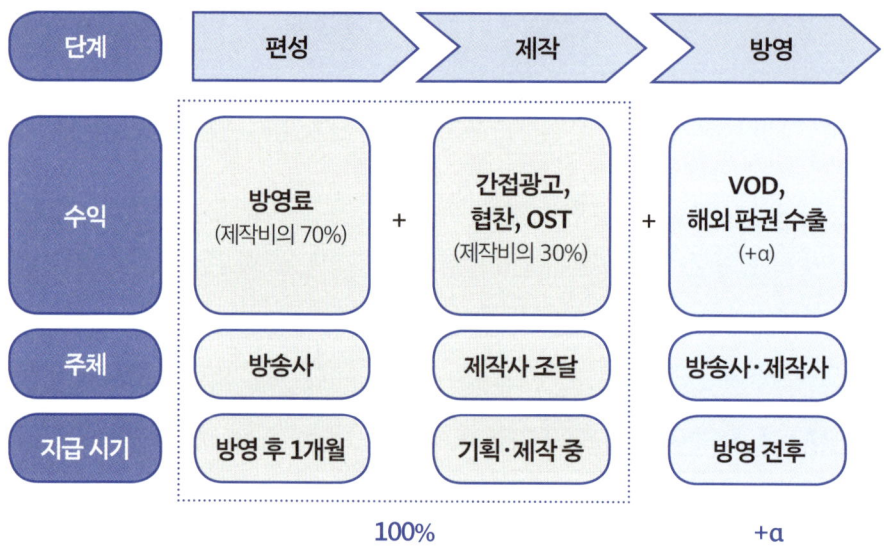

출처: 래몽래인 투자설명서

텐츠를 공급한다. 인터넷영상물제공업자는 IPTV로, 국내 통신 3사의 인터넷망을 통해 방송 서비스를 제공한다. 위성방송은 말 그대로 위성을 통해 송수신을 하는 사업자로, 국내에서는 KT 스카이라이프 1곳만 존재한다.

방송사는 제작사에 일반적으로 콘텐츠 제작을 의뢰하며 제작비의 약 70%를 지원한다. 제작사는 방송사 지원 제작비를 제외하고 간접광고[PPL], 협찬, OST 등으로 제작비의 30%를 충당해 손익분기점[BEP]을 맞춘다. 제작사의 추가 수익은 VOD 판매, 재방송 등이 대표적이며, 흥행작의 OTT 플랫폼과 해외 판권 수출을 통해 추가 매출을 창출하기도 한다. 그러나 방송 플랫폼 간 경쟁이 치열해지면서 제작 전 단계에서 OTT 플랫폼과 계약을 맺는 사례가 늘고 있다. 과거 방송사의 영역을 OTT 플랫폼이 대체하는 흐름이다.

2. 미디어 산업의 성장성

닐슨미디어코리아에 따르면 가구 시청률은 소폭 감소세다. 2015년 35.51%에서 2019년 32.02%로 줄었다. 2020년 코로나19 팬데믹으로 집콕족이 늘어나며 34.1%까지 반등했지만 다시 줄어들 것으로 보인다. 채널별 시청률을 살펴보면 지상파는 2014년 4%에서 2020년 0.63%까지 줄었으며, 같은 기간 케이블 TV는 24.25%에서 17.25%로 줄었다. 반면 통신 3사들의 공격적인 마케팅 전략으로 IPTV는 3.7%에서 14.8%로 크게 늘었다.

방송 채널별 시청률은 감소세인 반면 OTT 이용률은 급성장 중이다. 방송통신위원회에 따르면 국내 OTT 이용률은 2016년 35%에서 2020년 66.3%까지 급성장했다. 특히 코로나19 팬데믹으로 유튜브 이용률이 2019년 47.8%에서

| 방송 플랫폼별 가구 시청률 추이

(단위: %)

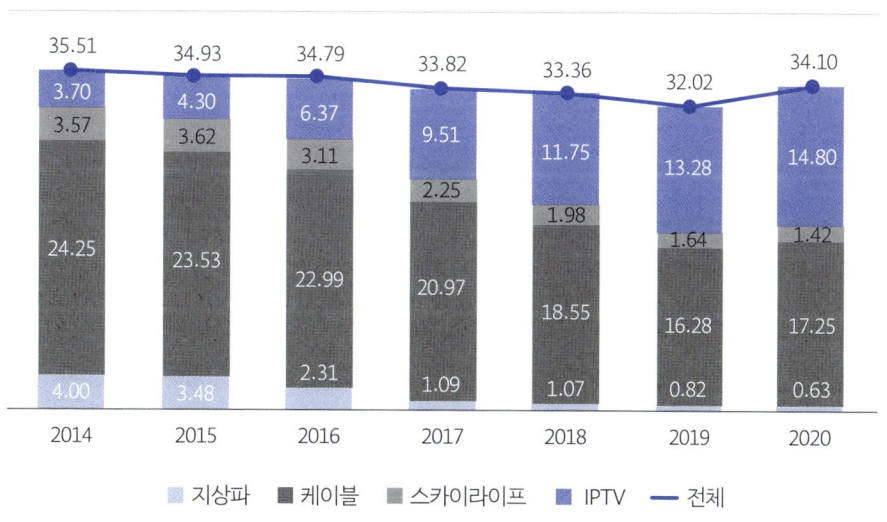

* 2014~2020년 기준
출처: 닐슨미디어코리아

국내 OTT 이용률 추이

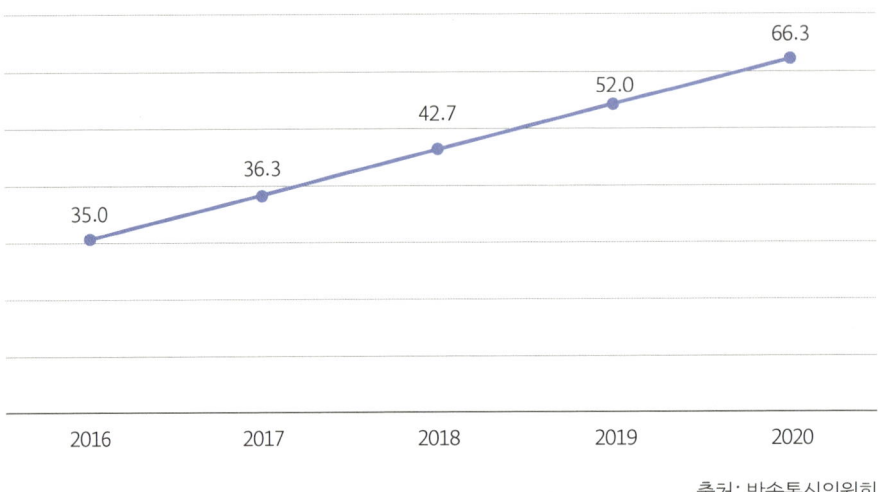

(단위: %)

연도	2016	2017	2018	2019	2020
이용률	35.0	36.3	42.7	52.0	66.3

출처: 방송통신위원회

2020년 62.3%로 늘었고, 넷플릭스 이용률도 4.9%에서 16.3%로 높아졌다.

기존 방송매체의 수요 침체와 OTT 플랫폼의 선전은 앞으로도 지속될 것으로 보인다. 컨설팅 기업 PwC에 따르면 글로벌 유료 방송 가입비는 2020년 약 1,838억 달러에서 2025년 약 1,765억 달러로 연평균 약 0.8%씩 감소할 것으로 전망된다. 반면 같은 기간 OTT 동영상 매출은 약 583억 달러에서 약 939억 달러로 연평균 약 9.98%씩 성장할 것으로 관측된다.

방송매체의 다양화와 OTT 플랫폼의 등장으로 콘텐츠 제작사의 먹거리도 늘고 있다. 글로벌 OTT 1위 사업자 넷플릭스의 콘텐츠 투자 금액은 2016년 약 69억 달러에서 2020년 약 160억 달러로 증가했고, 2028년에는 약 263억 달러가 목표치다. 넷플릭스뿐만 아니라 아마존 프라임, 애플TV플러스, 디즈니플러스 등 글로벌 OTT 업계 역시 과감히 투자를 집행하고 있다. 국내에서는 CJ ENM이 2025년까지 5조 원, 지상파와 SKT가 연합한 웨이브가 1조 원을 각각 투자할 계획이다. 이에 따라 콘텐츠 제작사의 매출도 지속적으로 증가할 전망이다.

| 글로벌 방송영상 산업 연평균 성장률 추이

(단위: 100만 달러)

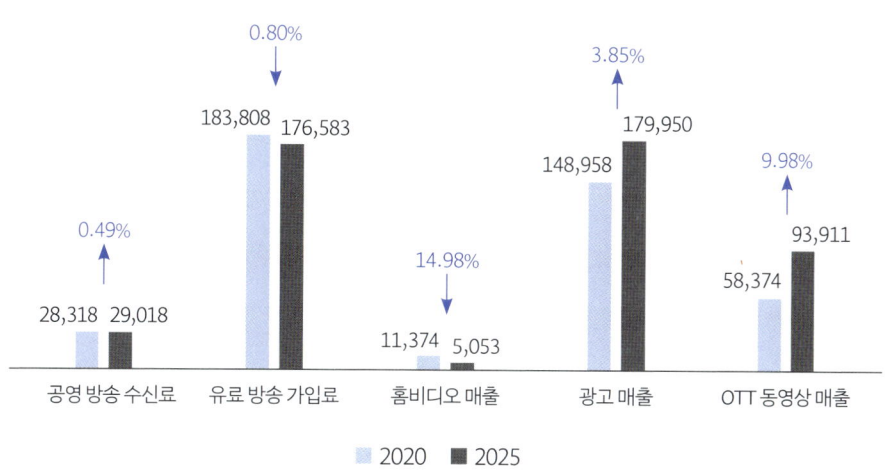

출처: PWC(2021), 〈글로벌 미디어&엔터테인먼트 전망 Global Entertainment&Media Outlook (2021~2025)〉

3. 미디어 산업의 투자 포인트

1) IP를 활용한 원소스 멀티유스

게임 산업과 마찬가지로 방송 콘텐츠 시장 역시 IP가 중요하다. 단순히 방송용 콘텐츠를 넘어서 웹툰, 웹소설 IP를 영상으로 제작하는 IP **원소스 멀티유스**◆가 일반화되고 있다. IP를 활용한 콘텐츠는 제작사나 방송사 입장에서 선호할 수밖에 없다. 이미 흥행 검증을 마친 웹소설, 웹툰을 배경으로 기본 인지도와 유저를 확보할 수 있기 때문이다. 실패 가능성도 적으며, 스토리 제작을 위한 비용도 절감된다. 네이버웹툰의 IP를 활용해 넷플릭스 OTT로 방영된 작품으로는 〈지금 우리 학교는〉, 〈지옥〉이 있으며, 카카오엔터테인먼트의 IP를 활용한 작품으로

◆ 하나의 소재를 서로 다른 장르에 적용해 파급효과를 노리는 마케팅 전략

는 tvN의 〈김비서가 왜 그럴까〉, 티빙의 〈술꾼도시여자들〉이 대표적이다.

2) 실감형 콘텐츠 시장

메타버스 시대, 가장 각광받는 시장 중 하나가 실감형 콘텐츠 시장이다. 실감형 콘텐츠란 가상현실 Virtual Reality, VR 이나 증강현실 Augmented Reality, AR, 홀로그램 등 실감 기술을 적용한 디지털 콘텐츠를 말한다. 물리적 세계의 시간과 공간에 대한 제약을 허물어 사용자 경험을 극대화해주는 콘텐츠업계의 새로운 먹거리다. 소프트웨어정책연구소에 따르면 글로벌 실감형 콘텐츠 시장은 2019년 약 140억 달러에서 2024년 약 892억 달러로 연평균 44.7%씩 성장할 것으로 전망된다. 5G 통신의 상용화와 **XR**◆ 기기의 대중화가 실감형 콘텐츠 시장에 활력을 불어넣

| 글로벌 실감 콘텐츠 시장 규모 및 성장률

(단위: 100만 달러, %)

출처: 소프트웨어정책연구소

◆ eXtended Reality, 확장현실이라 부르며 가상현실과 증강현실을 아우르는 혼합현실 기술을 망라하는 용어

주요 국가 실감형 콘텐츠 정책 및 투자 현황

국가	분야	기술(정책)	주요 내용
미국	국방	전투용 MR 헤드셋	- AR 단말기 홀로렌즈2 개발 - 위치, 지도, 건물, 아군 위치 정보 확인 - 2022년 도입 목표, 2028년 상용화 목표
미국	교육	학습 참여 자율성 제고	- 학생 참여도 자율성 개선 프로그램 제안 - VR·AR 기술 적용을 통한 자율 참여(VR·AR 적용 차세대 교육시스템 구축 예정)
중국	산업 전반	핵심 기술 양성	- 2020년까지 VR 산업 기술혁신 센터 건설 - 2025년까지 VR 관련 핵심 특허 취득 - 산학 협력 강화(VR 관련 기초이론 정립 및 기술 연구 추진)
중국	산업 전반	다양한 산업과 연계 추진	- 제조업, 교육, 문화, 헬스케어 등 다양한 산업군과 기술 연계 추진 - 지적재산권 보호 및 관련 기업 창업 지원 체계 구축
일본	콘텐츠	VR 콘텐츠 제작 기술 활용 가이드라인	- 양질의 VR·AR 콘텐츠 제공 - 콘텐츠 제작 기업과 광고 대행사, 지방자치단체의 VR 활용 콘텐츠 제작 도모
일본	관광	문화재 관광에 활용할 VR 기술 운영 시침	- VR·AR·MR 등의 최신 기술을 활용한 체험형 문화재 도입 추진 - VR 기술 관련 기본 정보 및 활용 사례 제공

출처: 정보통신산업진흥원 National IT Industry Promotion Agency, NIPA

어 줄 것으로 예상된다.

실감형 콘텐츠 시장은 전 세계적으로 각국 정부의 정책적 지원을 받고 있다. 미국의 경우 국방과 교육 분야에서, 중국은 산업 전반에 걸쳐서, 일본은 콘텐츠와 관광 목적으로 실감형 콘텐츠 육성 계획을 구체화한 상태다. 이 밖에 실감형 콘텐츠 시장은 헬스케어, 자동차 등 다양한 산업군으로 확산될 전망이다. 투자 관점에서 실감형 콘텐츠 제작 기술을 보유한 기업에 주목해야 한다.

엔터테인먼트

1. 엔터테인먼트 산업의 개요

엔터테인먼트Entertainment란 '오락'으로, 많은 사람들을 즐겁게 하는 것을 바탕으로 하는 문화 활동을 의미한다. 다만 국내 주식 시장에서 엔터테인먼트라는 개념은 하이브, 에스엠SM, JYP 엔터테인먼트 같은 연예기획사를 다루는 섹터를 지칭하는 용어다. 이 책에서도 아티스트들을 발굴하고 육성해 음반 판매 및 콘서트 기획 등 다양한 부가가치를 창출하는 기업을 엔터테인먼트사(이하 엔터사)로 지칭한다.

  2020년 국내 음악제작업 사기업 수는 1,053개로 전체 매출액은 2조 413억 원, 사기업당 평균 매출액은 19억 3,900만 원이다. 소자본으로 누구나 창업이 가능하기 때문에 진입장벽이 낮다. 다만 하이브, JYP 엔터테인먼트, 에스엠, 와이지YG 엔터테인먼트 등 상위 5개사가 시장의 70%를 점유하고 있는 과점 시장이다. 플레이어는 많지만 자본력과 아티스트 육성 시스템을 갖추고 있는 상위권 기업들의 입지가 점차 견고해지고 있다. 다만 상위권 기업이라고 해도 특정 아티스트 비중이 큰 것이 특징이다. 국내 1위 엔터사 하이브의 주력 아티스트인 BTS의 매출 비중은 2021년 기준 67%로 알려져 있다. 특정 아티스트 비중이 큰 것은 엔터사에 리스크다. 실제 BTS가 데뷔 9주년을 맞아 단체 활동을 잠정 중단한다고 밝히자 하이브 주가는 크게 하락했다. 하이브만큼은 아니어도 JYP 엔터테인먼트, 에스엠, 와이지엔터테인먼트 역시 몇몇 아티스트 의존도가 큰 편이다. 엔터사들은 특정 아티스트 집중도를 낮추기 위해 지속적으로 신규 아티스트들을 발굴하고 있다.

2. 엔터테인먼트 산업의 성장성

PwC에 따르면 글로벌 음악 시장 규모는 2019년 579억 달러에서 2024년 688억 달러로 연평균 3.5% 성장할 전망이다. 2024년 기준 미국 시장이 전체 음악 시장에서 39%를 차지할 것으로 보이며, 일본이 11%, 중국이 3%, 한국이 2%를 기록할 것으로 관측된다.

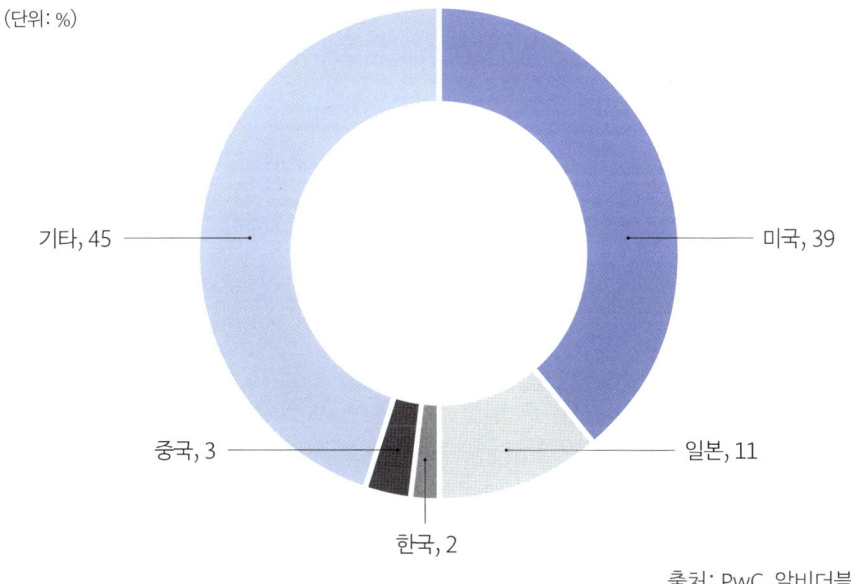

| 2024년 국가별 음악 시장 점유율 전망
(단위: %)

출처: PwC, 알비더블유

| K팝 음반 수출 금액 추이

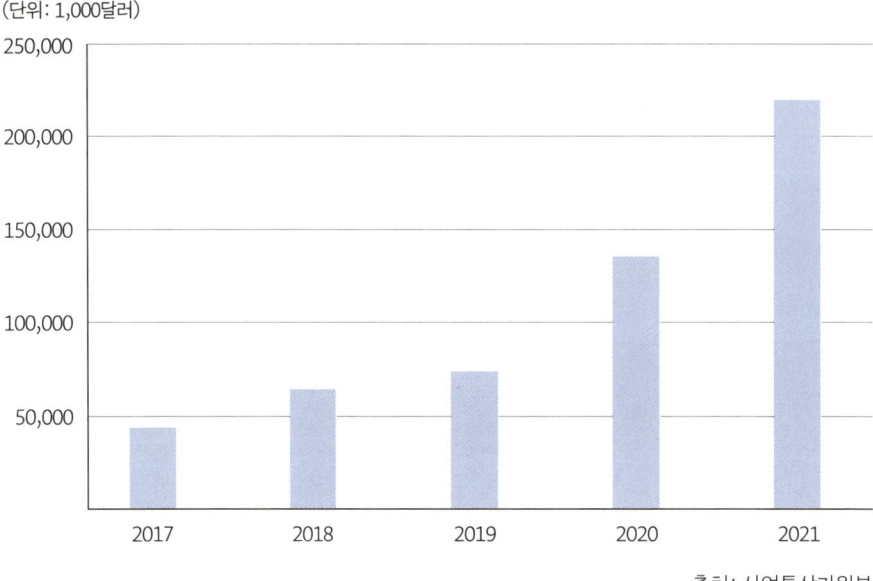

출처: 산업통상자원부

글로벌 음악 시장 성장률은 높지 않지만 한국의 음반 수출은 크게 늘어나는 추세다. 산업통상자원부에 따르면 K팝 음반 수출 금액은 2017년 4,418만 달러에서 2021년 2억 2,085억 달러로 무려 5배나 증가했다. 특히 2020년부터 대폭 증가했는데, BTS와 블랙핑크 등 K팝 아티스트들의 선전 덕분이다.

이에 따라 2020년부터 해외 음반 판매량이 국내 음반 판매량을 넘어섰다. 2020년 국내 음반 판매량은 1,695만 장, 해외 음반 판매량은 2,587만 장이다. 국가별 음반 판매액은 2021년 기준 일본이 7,804만 달러로 1위이며, 중국이 4,247만 달러, 미국이 3,789만 달러를 각각 기록하고 있다. 단, 성장률로 보면 미국 시장이 가장 높다. 2017년 대비 음반 수출 금액은 일본이 354%, 중국이 166%, 미국이 1,531% 각각 증가했다. 과거 한국의 K팝은 일본, 중국을 중심으로 동남아시아권에서만 인기를 끌었지만, 2019년 블랙핑크, 2020년 BTS가 빌보드 싱글 순위 상위권을 차지하면서 서구권까지 저변을 확대했다. 사드 배치

| 국가별 음반 수출 금액 비교

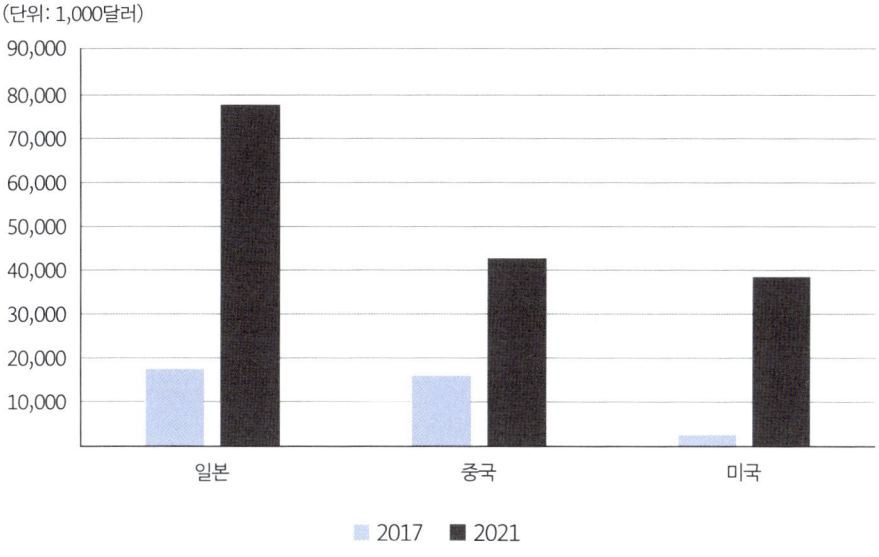

출처: 산업통상자원부

이슈로 중국 시장의 성장은 더딘 반면, 미국, 유럽 등 선진 시장 점유율을 확대하면서 엔터사들은 질적·양적 성장의 두 마리 토끼를 잡을 수 있었다.

3. 엔터테인먼트 산업의 투자 포인트

1) 아티스트들의 컴백과 흥행 여부

엔터사들 대부분 특정 아티스트 비중이 큰 만큼, 해당 아티스트들의 컴백 이슈가 주가에 큰 영향을 미친다. 하이브는 BTS, JYP 엔터테인먼트는 트와이스, ITZY, 스트레이키즈, 에스엠은 NCT, 에스파, 와이지엔터테인먼트는 블랙핑크가 대표적이다. 특히 하이브와 와이지엔터테인먼트가 주력 아티스트 매출 비중이 높다. 따라서 이들 아티스트의 컴백 여부와 신규 음원의 흥행 여부가 실적에 직접적인 영향을 미친다.

　엔터사들은 아티스트 컴백 시 음원 공개와 함께 자사 유튜브 채널에 뮤직비디오를 공개한다. 신곡 뮤직비디오 조회수는 아티스트들의 흥행 여부를 가늠할 수 있는 좋은 지표다. 2020년 코로나19 팬데믹으로 오프라인 활동이 제한되자 엔터사들은 온라인 콘서트 등 아티스트 활동의 돌파구를 마련했다. 이에 따라 아티스트들의 온오프라인을 망라한 하이브리드 활동이 가능해지면서 컴백 주기도 짧아지는 추세다.

　신규 아티스트들의 발굴 및 흥행 여부도 중요하다. BTS, 블랙핑크 등 주력 아티스트들의 경우 시간이 지날수록 아티스트와 회사 간 수익 배분 비율에서 우위를 점할 수밖에 없다. 엔터사 입장에서는 매출은 늘어날 수 있지만 이익률은 하락할 수 있는 이슈다. 따라서 수익성을 제고할 수 있는 신규 아티스트들을 꾸준히 발굴해 선보이는 것도 기업가치 상승에 중요하다.

2) 플랫폼(콘텐츠) 매출 확대

엔터사들의 사업부는 크게 음원 및 음반 판매, 콘서트, 광고 및 방송 출연 등 매니지먼트, 아티스트들의 초상권을 활용한 굿즈로 구분된다. 아티스트가 새로운 음원을 선보이며 흥행을 거두면, 콘서트 및 방송 출연, 굿즈 판매까지 이어지는 구조. 음원 판매 및 콘서트, 방송 활동이 아티스트를 활용한 엔터사의 1차 매출이라면, 굿즈 판매 등은 아티스트들의 IP를 활용한 2차 매출원인 셈이다.

　최근 엔터사들은 2차 매출에 집중하고 있다. 하이브의 위버스Weverse 플랫폼이 대표적이다. 위버스는 아티스트와 팬들이 직접 소통할 수 있는 플랫폼이다. 멤버십에 가입하면 유료 회원들에게만 제공되는 사진, 음성, 영상 등 독점 콘텐츠를 이용할 수 있다. 콘서트, 신곡 발표 등 멤버쉽 회원들이 먼저 알 수 있는 정보도 제공해준다. 하이브의 사업부 중 콘텐츠 매출 비중이 2021년 기준 29%를 차지하고 있는데, 위버스 매출이 반영되어 있다. 엔터사들 입장에서는 위버스와 같은 콘텐츠 매출이 매우 중요한데, 아티스트들의 활동 여부와 크게 상관없이 매출이 꾸준히 발생할 수 있기 때문이다. 특히 팬들과 직접 소통할 수 있는 창구를 지속적으로 마련해줌으로써 유저를 더욱더 플랫폼에 록인Lock-in시키는 효과가 있다.

에스엠도 글로벌 팬 커뮤니케이션 기업 디어유를 설립해 플랫폼 사업에 집중하고 있다. 디어유는 에스엠과 JYP 엔터테인먼트가 각각 1대, 2대주주다. 이러한 신규 서비스를 엔터사들은 플랫폼 사업으로 지칭하지만, 유저들에게 새로운 콘텐츠를 제공해주는 의미에서 본질은 콘텐츠라고 볼 수 있다.

향후 엔터사들의 콘텐츠 사업은 메타버스, NFT 등으로 확장될 예정이다. 코로나19로 인해 온라인 콘서트가 새롭게 등장해 긍정적인 반응을 보인 만큼, 아티스트들의 활동을 메타버스 세계에 접목시키는 시도가 증가할 것으로 기대된다. 메타버스 플랫폼에서 열리는 가상 콘서트, XR 기술을 활용해 현실세계와 가상세계를 접목시킨 초현실적 콘서트 등이 대표적이다.

아티스트들의 IP를 활용한 NFT 제작도 한창이다. NFT는 포켓몬 카드처럼 희소성에 기반해 소장 욕구를 불러일으킬 수 있는 온라인 아이템이다. 메타버스 세상에 맞는 엔터사의 새로운 먹거리가 될 수 있다. 특히 NFT는 실시간으로 사고팔 수 있는 마켓이 형성되어 있어 경제성이 강하다는 장점이 있다.

광고

1. 광고 산업의 개요와 특징

제품이나 서비스를 판매하기 위해서는 광고가 필수다. 광고는 소비자와 기업이 만나는 접점이며, 다양한 미디어 채널을 통해 노출된다. 과거 광고는 전통 4대 매체로 불리는 TV, 라디오, 신문, 잡지에서의 노출 비중이 높았다. 그러나 인터넷 등 뉴미디어 채널이 급부상하고 타깃 광고의 중요성이 커지면서 4대 매체의 광고 비중은 점차 감소하고 있다. 인터넷은 전통 4대 매체에 비해 잠재 고객을 정확히 찾아내 광고할 수 있다. 또한 잠재 고객의 클릭, 이탈, 잔류 시간 등을 실시간으로 확인하고 분석할 수 있다.

    광고 산업의 이해관계자는 크게 광고주, 대행사, 미디어랩, 매체로 구분된다. 광고주는 제품을 홍보하고자 하는 기업이며, 대행사는 광고주를 대신해 매체에 광고를 하는 데 필요한 모든 업무를 수행한다. 미디어랩은 매체의 광고지면을 광고 대행사에 판매하는 역할을 한다. 특정 매체사의 매체 광고 판매권을 가진 회사로 볼 수 있다. 광고주가 광고 대행사에 광고를 맡기면, 광고 대행사는 이에 걸맞은 광고를 제작 후 미디어랩사에 적합한 매체 광고를 의뢰한다. 미디어랩사는 온오프라인 등 적절한 매체를 선정해서 광고 대행사에 판매하는 구조다.

    광고 산업은 경기와 흐름을 함께한다. 경기가 위축되면 소비가 침체되고 기업들 역시 광고 예산을 줄인다. 반대로 호황이 찾아오면 소비가 활력을 띠고 기업들의 마케팅비 집행도 확대된다. 기업들의 광고비 지출은 연말 소비 시즌, 올림픽 및 월드컵 등 특정 스포츠 이벤트 발생 시 증가하는 경향이 있다.

2. 광고 산업의 성장성

광고 산업의 성장성은 국내 경제 성장률과 유사하다. 내수 중심의 시장을 형성하고 있고 광고비가 국내 총생산 규모와 관련이 있기 때문이다. 국내 광고 취급액은 2016년 약 15조 7,952억 원에서 2020년 약 17조 4,217억 원으로 늘었다. 2019년까지 4~5% 내외 성장률을 기록하다가 코로나19로 소비가 침체되면서 2020년 광고 취급액은 3.9% 감소했다.

| 광고 취급액 규모 추이

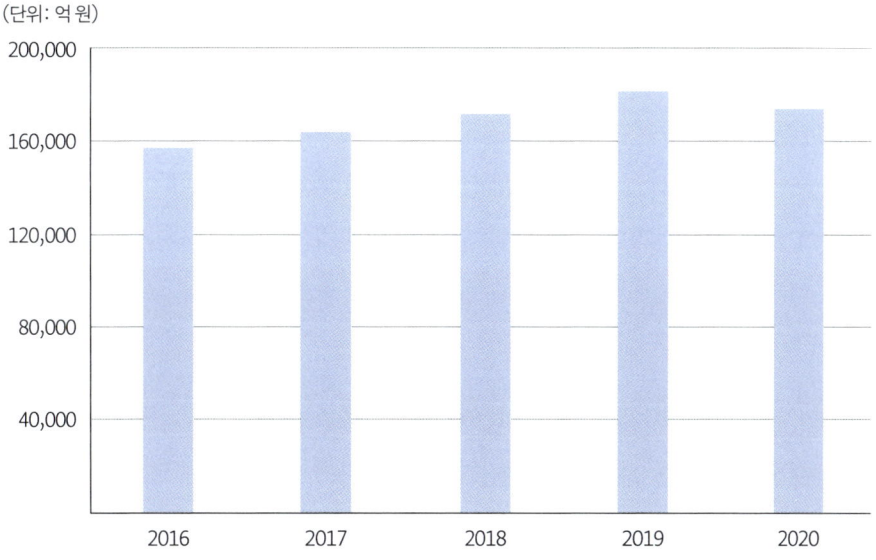

출처: 문화체육관광부

| 채널별 광고 취급액 추이

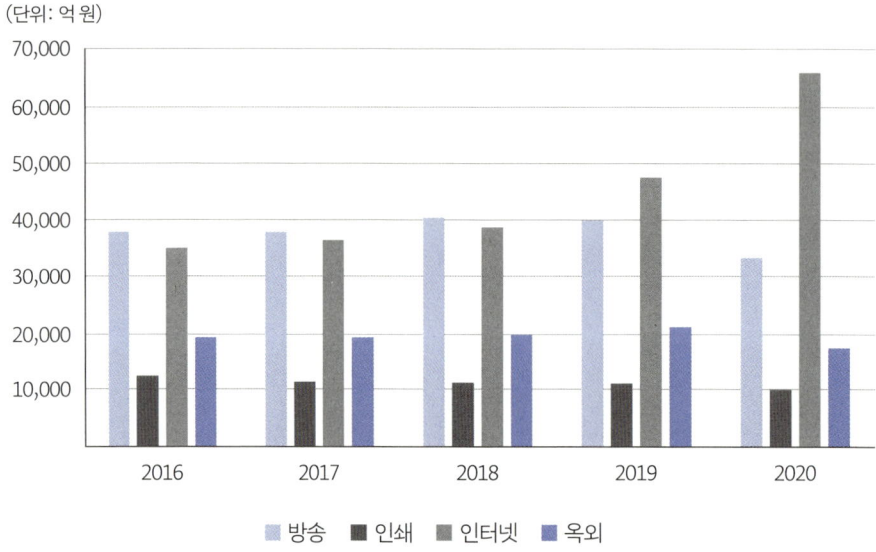

출처: 문화체육관광부

매체별로 살펴보면 방송, 인쇄, 옥외 광고 취급액은 모두 정체되어 있는 반면 인터넷 취급액은 대폭 늘었다. 인터넷은 PC와 모바일로 구분할 수 있는데, 특히 모바일 광고 취급액이 늘었다. 모바일 취급액은 2016년 약 1조 2,154억 원에서 2020년 약 4조 5,393억 원으로 273% 증가했다. 스마트폰 대중화에 따른 모바일 트래픽이 확산되는 가운데 유튜브, OTT 플랫폼 등 온라인 동영상 광고 시장이 급성장한 결과다. 더군다나 코로나19 팬데믹을 맞아 스마트폰 이용 시간이 크게 증가하면서 2020년 모바일 광고 취급액은 전년 대비 무려 55% 성장했다.

모바일 광고 시장의 성장은 단순히 트래픽 때문만은 아니다. TV나 신문 등 전통 매체의 경우 노출 규모는 크지만 타깃 광고가 불가능했다. 광고주 입장에서는 필연적으로 비효율을 발생시킬 수 있는 광고 매체인 셈이다. 그러나 인터넷 광고의 경우 유저의 관심사 등을 파악해 맞춤형 광고를 노출해주므로 구매

| PC와 모바일 취급액 추이

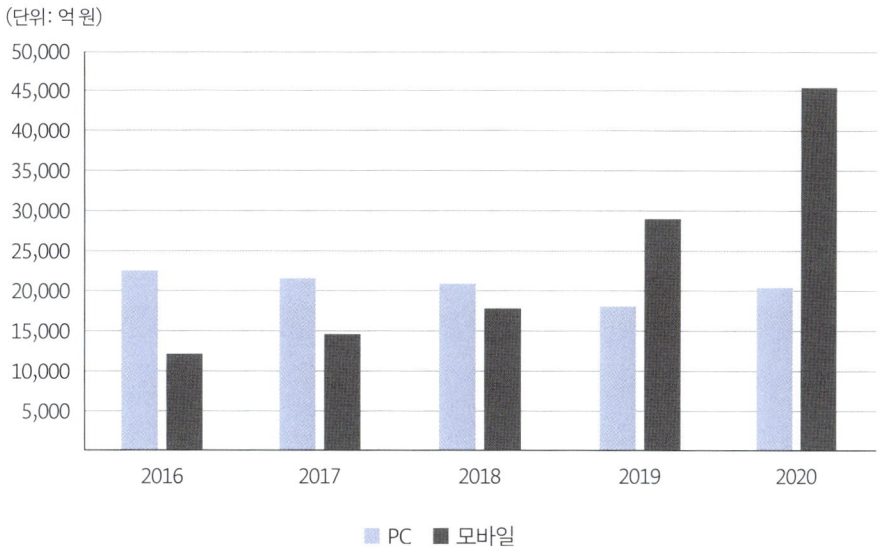

출처: 문화체육관광부

전환율이 높다. 또한 노출 수, 클릭률, 구매전환율 등 광고 결과를 계량화된 데이터로 분석해 제공해주므로 피드백 측면에서도 우수하다. 이러한 이유로 앞으로도 인터넷 광고 시장의 성장이 지속될 것으로 전망된다. 이에 따라 네이버, 카카오, 유튜브 등 인터넷 플랫폼 기업들의 광고 매체 파워는 더욱 커질 것으로 예상된다.

3. 광고 산업의 투자 포인트

1) 우량 광고주, 매체 확보 여부

광고 대행사는 우량 광고주를 확보하는 것이 중요하다. 그런 차원에서 제일기획, 이노션 등 대기업 광고 계열사는 그룹사라는 안정적인 마켓을 확보하고 있다. 그룹사의 신제품 출시 일정에 맞추어 광고 예산이 크게 늘어나기 때문에 이 시점이 대기업 광고 계열사에는 중요하다.

미디어랩사의 경우 경쟁력 있는 매체를 확보하는 것이 중요하다. 특히 모바일 광고 시장이 급성장하고 있는 만큼 네이버, 카카오 등 인터넷 플랫폼 기업의 광고 판매권을 쥐고 있는 것이 핵심이다.

시가총액 상위 기업의 투자 지표

- 실적 및 투자 지표: 2022년 3분기 연환산 기준
- 배당수익률: 2021년 주당 배당금/2022.11.30 기준 주가
- 시가총액: 2022.11.30 기준

(단위: 억 원, 배)

기업명	매출액	영업이익	순이익	PER	PBR	ROE	배당수익률	시가총액
하이브	17,006	2,598	2,714	21.8	1.79	8.2%	0.0%	59,135
제일기획	40,342	3,046	1,972	14.1	2.22	15.7%	4.1%	27,897
스튜디오드래곤	6,554	704	582	37.4	3.20	8.6%	0.0%	21,760
JYP Ent.	2,945	872	884	24.3	7.41	30.5%	0.6%	21,511
에스엠	7,985	789	1,717	11.0	2.72	24.7%	0.3%	18,874
CJ ENM	43,233	1,604	-509	-36.1	0.50	-1.4%	2.5%	18,377
이노션	17,203	1,305	642	13.6	0.97	7.2%	4.1%	8,710
CJ CGV	11,869	-1,073	-1,882	-4.4	2.14	-48.0%	0.0%	8,374
위지윅스튜디오	1,761	-162	-111	-74.7	4.71	-6.3%	0.0%	8,296
와이지엔터테인먼트	3,552	279	246	33.2	2.06	6.2%	0.6%	8,188
디어유	400	132	-	-	5.89	0.0%	0.0%	7,280
SBS	10,688	1,493	1,165	5.3	0.82	15.3%	2.9%	6,224
콘텐트리중앙	8,264	-498	-181	-28.9	2.60	-9.0%	0.0%	5,239
자이언트스텝	398	-122	-98	-53.5	4.35	-8.1%	0.0%	5,213
에코마케팅	3,180	591	410	10.9	2.33	21.5%	2.3%	4,451
스카이라이프	10,059	793	564	7.3	0.49	6.8%	4.1%	4,108
LG 헬로비전	11,693	567	368	10.7	0.59	5.5%	2.2%	3,958
덱스터	654	-55	-77	-44.0	6.72	-15.3%	0.0%	3,405
SM C&C	1,397	12	-88	-37.3	3.29	-8.8%	0.0%	3,270
키다리스튜디오	1,644	78	11	298.6	1.20	0.4%	0.0%	3,188

미디어

광고
- 제일기획
- 이노션
- 에코마케팅
- SM C&C
- YG PLUS
- 인크로스
- 나스미디어
- 이엠넷
- FSN
- 지투알
- 플레이디
- 와이즈버즈
- 오리콤
- 스타플렉스
- 엔피
- 엔비티
- 와이더플래닛
- 모비데이즈

엔터테인먼트
- 에스엠
- JYP 엔터테인먼트
- 와이지엔터테인먼트
- 스튜디오산타클로스
- 키이스트
- 에프엔씨엔터
- 큐브엔터
- 판타지오
- 하이브
- 알비더블유
- 디어유
- 아이오케이

영화배급과 멀티플렉스

멀티플렉스
- CJ CGV

영화배급
- 바른손이앤에이
- 쇼박스
- NEW
- 아센디오
- 제이웨이

방송과 콘텐츠

드라마제작
- 스튜디오드래곤
- 콘텐트리중앙
- 위지윅스튜디오
- 초록뱀미디어
- 에이스토리
- SBS콘텐츠허브
- 팬엔터테인먼트
- 삼화네트웍스
- 코퍼스코리아
- 래몽래인

방송솔루션
- 디지캡

방송중계권
- 갤럭시아에스엠

웹소설과 웹툰
- 키다리스튜디오
- 디앤씨미디어
- 미스터블루

유사투자자문
- 한국경제TV

음원
- 지니뮤직
- 드림어스컴퍼니
- NHN벅스

인쇄물
- SM Life Design

인터넷미디어
- 디지틀조선
- 아시아경제
- iMBC

지상파
- SBS
- KNN
- 티비씨

NO
- 스카이라이프

PP
- IHQ
- YTN
- 애니플러스
- CJ ENM

SO
- LG헬로비전
- 현대퓨처넷
- KX
- 씨씨에스

VFX
- 덱스터
- 자이언트스텝
- 맥스트
- 스코넥
- 포바이포

게임

호모 사피엔스^{Homo sapiens}란 지혜와 이성, 지식을 갖춘 존재란 뜻이다. 다만 인간에겐 이런 본성만 있는 것이 아니다. 이미 수천 년 전부터 사람들은 문화, 예술, 오락을 즐겨왔다. 이처럼 인간은 본래 유희적인 존재라 여겨 호모 루덴스^{Homo ludens}라고 칭하기도 한다. 수천 년간 인간의 즐길 거리가 발전하면서 오늘날 '게임'이란 장르가 생겨났다.

 게임 산업에 속하는 기업은 총 33곳으로 시가총액에서 차지하는 비중은 1.8%다. 과거 게임 산업은 집에서 혼자 또는 둘이서 즐기는 비디오 게임이 중심이었다. 이후 PC와 인터넷 혁명으로 온라인에서 다양한 사람들과 즐기는 온라인 게임이 흥행했으며, 스마트폰의 출현으로 모바일 게임이 급성장했다. 국내 게임 기업 대부분도 모바일 게임의 발전과 함께 증시에 등장했다. 게임 하나 잘 만들면 순식간에 전 세계 유저들을 충성 고객으로 만들 수 있는 만큼, 그 어떤 산업보다도 게임 산업은 개천에서 용 나는 게 가능하다. 이런 게임사를 발굴하기 위해서는 핵심 IP, 미래 먹거리인 메타버스, NFT의 활용성에 대해 알 필요가 있다. 게임 산업은 게임의 장르에 따라 FPS, RPG, 소셜카지노, 보드게임, 캐쥬얼 게임 섹터로 구분했다.

게임

1. 게임 산업의 개요 및 특징

코스피 시가총액 상위권에 속해 있는 엔씨소프트를 키운 것은 누가 봐도 리니지다. 크래프톤은 배틀그라운드 하나로 지금의 자리에 있다고 해도 과언이 아니다. 특히 배틀그라운드는 2018년 전 세계 유료 게임 1위를 차지했을 정도로 선풍적인 인기를 끈 게임이다. "게임 하나 잘 만들면 돈벼락 맞는다"라는 말이 괜히 나온 것이 아니다.

이처럼 게임 산업은 레버리지가 큰 산업이다. 과거 콘솔 게임만 존재했을 당시에는 이런 경우가 거의 없었다. 인터넷이 대중화되기 전에는 국경이라는 물리적인 장벽이 존재했기 때문이다. 그러나 인터넷의 발달로 전 세계 누구나 온라인 게임을 즐길 수 있는 시대가 찾아왔고 스마트폰의 대중화로 글로벌 유저들의 접근성이 더욱 높아졌다. 그 결과 전 세계 게이머들을 사로잡을 수 있는 신작이 출시되면 돈방석에 앉는 게 가능해졌다.

물론 반대의 경우도 있다. 수년 동안 수천억 원의 개발비를 투입하고 야심 차게 게임을 출시했지만, 기대 이하의 성적을 거두고 역사의 뒤안길로 사라지는 게임도 있다. 이렇게 실패하는 경우가 대다수이며, 성공하는 경우는 소수에 불과한 것이 현실이다.

게임은 필수소비재는 아니지만 경기에 거의 영향을 받지 않는다. 트렌드에 민감하지도 않다. 1998년 초기 인터넷 시대에 탄생한 '리니지'라는 게임이 지금도 여전히 유저들의 선택을 받는 것만 봐도 알 수 있다. 다만 청소년의 게임 중독 문제, 사행성 이슈로 정부의 규제를 받고 있다. 확률형 아이템 규제, 온라인 결제 한도 규제 등이 대표적이다. 확률형 아이템은 게임 내에서 무작위 확률로 획득하는 아이템이다. 사행성이 있다는 이유로 정부는 확률형 아이템의 구체적인 확률 명시를 해서 확률 정보를 공개하는 제도를 심사 중이다.

2. 게임 산업의 성장성

게임 시장은 모바일, 콘솔, PC, 아케이드 게임으로 구분된다. 모바일 게임은 구글 플레이스토어나 애플의 앱스토어에서 애플리케이션 형태로 다운로드받고 이용할 수 있는 게임이다. PC 게임은 PC를 활용한 온오프라인 게임이며, 콘솔은 X박스, 플레이스테이션 등 게임 전용 하드웨어 기기를 이용하는 게임이다. 아케이드 게임은 오락실 등 특정 장소에서 즐기는 게임을 말한다.

한국콘텐츠진흥원에 따르면 2020년 글로벌 게임 산업 규모는 약 2,283억 달러로 이 중 모바일 게임이 42.6%, 콘솔 26.6%, PC 16%, 아케이드 14.8%다. 2023년 전체 게임 시장은 약 2,624억 달러로 성장할 것으로 전망된다. 3년간 기대되는 연평균 성장률은 7.8%다.

시장별로 보면 모바일 게임의 연평균 성장률이 9.6%로 가장 높을 것으로 기대되며, PC와 콘솔 게임은 7~8%대 성장할 것으로 관측된다.

한편 2020년 전체 게임 시장은 전년 대비 11.7% 성장했는데, 이러한 결과는 코로나19의 영향 때문이다. 바깥 활동이 줄어들면서 그만큼 게임을 즐기는 사람이 많아졌기 때문이다.

2020년 글로벌 플랫폼별 게임 시장 비중

(단위: %)

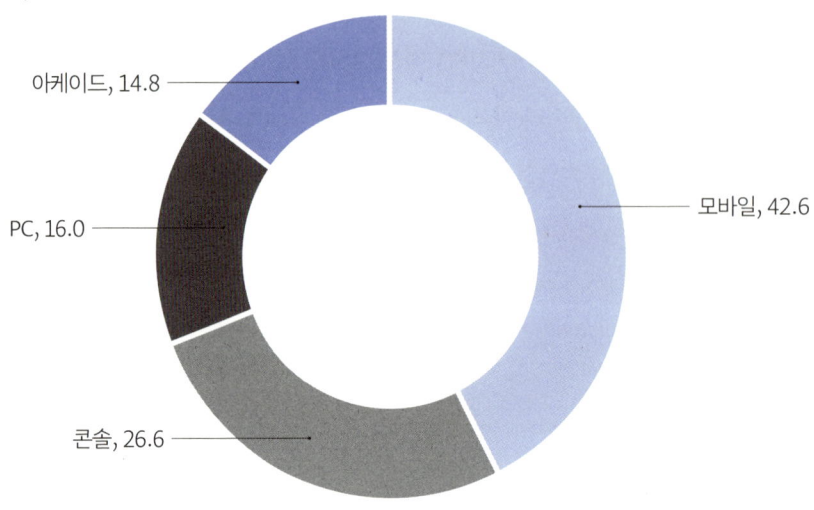

출처: 한국콘텐츠진흥원

글로벌 플랫폼별 게임 시장 규모 추이

(단위: 억 달러)

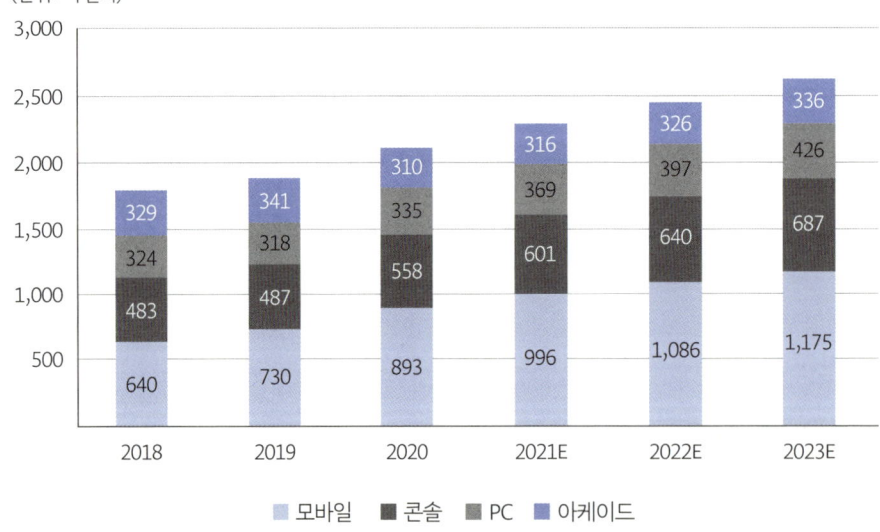

출처: 한국콘텐츠진흥원

국가별 게임 시장 점유율을 살펴보면 2020년 기준 미국이 21.9%로 가장 높다. 뒤를 이어 중국 18.1%, 일본 11.5%다. 우리나라는 6.9%로 4위에 자리하고 있다. 한국의 2020년 게임 수출액은 약 81억 9,356만 달러로 전년 대비 23.1% 늘었다. 반면 수입액은 약 2억 7,079만 달러로 9% 감소했다. 한국은 게임 산업에서 순수출 국가다.

3. 게임의 종류

스포츠는 육상 경기, 구기 종목, 수상 스포츠, 기계체조 등 다양한 종목으로 구성된다. 게임 역시 다양한 종목으로 나뉘는데 RPG, FPS, 보드게임, 소셜 카지노, 캐주얼 게임, 스포츠 게임 6가지가 대표적이다. 먼저 RPG는 Role-Playing Game의 약자로 '역할 수행 게임'이다. 쉽게 말해 게임사가 설정해놓은 가상세계에서 캐릭터를 설정하고 역할을 수행하는 게임이다. 리니지, 검은사막, 던전앤파이터 등이 대표적이다. RPG 게임은 대부분 매출 상위를 차지하고 있다. 다수의 유저가 온라인으로 참여하는 RPG 게임을 MMORPG^{Massively Multi-player Online Role Playing Game}라고 한다.

FPS 게임은 First Person Shooter의 약자로 1인칭 슈팅 게임으로 부른다. 게임상의 캐릭터 시점으로 3차원 공간을 누비며 총 같은 무기로 적을 공격하는 게임 장르다. 배틀그라운드, 서든 어택 등이 대표적이다. 보드게임은 고스톱, 포커, 바둑, 장기, 체스 등 '보드'에서 진행되는 게임을 말한다. 소셜 카지노 게임은 보드게임과 다소 영역이 겹치는데, 오프라인 카지노와 유사한 환경을 온라인상에서 구현한 게임이다. 게이머가 카드류, 슬롯머신 등에 참여해 게임머니를 획득할 수 있다. 캐주얼 게임은 '캐주얼'이라는 뜻처럼 간단하게 즐길 수 있는 게임을 뜻한다. 조작법, 규칙 등이 단순하고 비교적 짧은 시간에 즐길 수 있다. 애니팡, 앵그리버드, 카트라이더 등이 캐주얼 게임에 속한다. 마지막으로 축구, 농구 등 스포츠 환경을 매우 유사하게 구현해 게임을 즐길 수 있는 스포츠 게임이 있다. 위닝 일레븐, 피파 온라인이 대표적이다.

　게임 산업은 비즈니스 모델에 따라 개발사, 퍼블리셔, 플랫폼으로 구분된다. 대부분의 중소 게임 기업은 개발에만 집중하기도 버겁다. 하지만 신작을 출시하고 유저들에게 어필하기 위해서는 마케팅도 필수다. 마케팅까지 챙길 여력이 없는 개발사 대신 게임을 유통, 홍보해주는 기업이 퍼블리셔다. 영화 산업에도 영화 제작사와 영화 배급사가 있는 것처럼 게임업계에서도 이 둘은 떼려야 뗄 수 없는 관계다. 퍼블리셔는 유통 채널 및 자금력을 보유한 카카오게임즈, 넷마블 등 대형사로 구성된다. 퍼블리셔는 게임 개발 역량이 출중한 개발사들을 발굴해 퍼블리싱 계약을 맺고 자금을 지원해준다. 이처럼 개발사가 계약에 따라 지원받은 돈을 선수금이라 한다. 최근에는 대형 게임사가 경쟁력 있는 중소형 개발사들을 인수하고 퍼블리셔와 개발을 동시에 추진하는 경우가 많아지고 있다.

　플랫폼은 크게 모바일, PC, 콘솔로 나뉘는데, 각 플랫폼의 사업자들은 해당 채널에 입장하기 위한 입장료를 받는다. 모바일 플랫폼 회사는 애플의 앱스토어, 구글의 플레이스토어가 대표적인데 전체 게임 매출의 30%가량을 수취한다. 나머지 70%에서 퍼블리셔와 개발사가 나눠 갖는 구조다. 개발사가 퍼블리셔로부터 선수금을 받을 경우 퍼블리셔가 선수금을 회수할 때까지 42% 정도를 가져가지만, 이후에는 28%를 수취한다. PC 역시 모바일과 비슷하다. 과거 PC 시장

| 모바일 게임 비즈니스 모델에 따른 수익 배분율

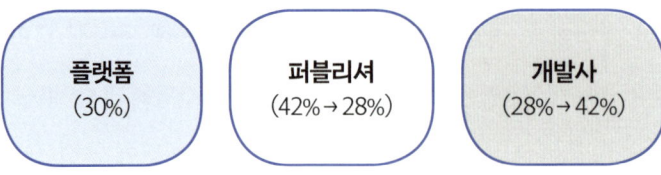

은 플랫폼 기업 없이 퍼블리셔와 개발사만 존재했다. 그런데 스팀이라는 거대 PC 게임 플랫폼이 탄생하면서 일부 대형사를 제외하고 스팀을 통해 유통하는 모양새다. PC 게임 플랫폼 회사는 전체 매출의 30%가량을 수취한다. 콘솔 게임 플랫폼 사업자는 X박스, 플레이스테이션이 대표적인데 역시 전체 게임 매출의 30%가 이들 회사의 몫이다.

4. 게임 산업의 투자 포인트

1) 신작 게임 출시

개발사는 수년 동안 수백억, 수천억 원을 들여 게임을 만든다. 이렇게 준비한 게임이 세상에 공개되니 기대감이 클 수밖에 없다. 이때 퍼블리셔들은 유저들을 끌어모으기 위한 공격적인 마케팅을 펼친다. 이에 따라 신작 출시일이 다가올수록 게임사들의 주가는 긍정적으로 반응하는 경향이 있다. 실제 게임이 출시되면 클로즈 베타 서비스 Closed Beta Service, CBT, 오픈 베타 서비스 Open Beta Service 등을 기

| 게임 카테고리 무료 인기 앱 순위

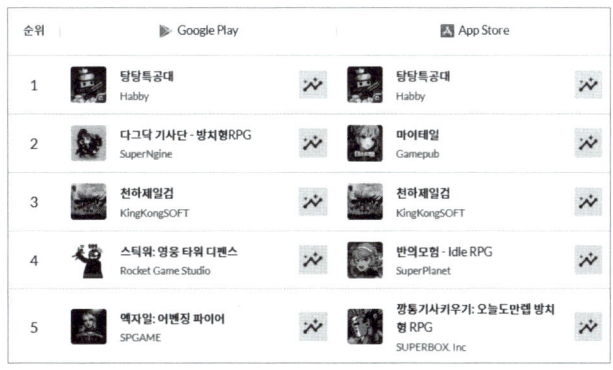

* 2022.09.23 기준
출처: 모바일인덱스닷컴

| 게임 카테고리 매출 상위 앱 순위

순위	▶ Google Play			▲ App Store	
1	리니지M NCSOFT			오딘: 발할라 라이징 Kakao Games Corp.	
2	히트2 NEXON Company			히트2 NEXON Company	
3	오딘: 발할라 라이징 Kakao Games Corp.			당탕특공대 Habby	
4	리니지W NCSOFT			리니지M NCSOFT	
5	리니지2M NCSOFT			FIFA ONLINE 4 M by EA SPORTS™ NEXON Company	

* 2022.09.23 기준
출처: 모바일인덱스닷컴

치는데 유저들의 반응이 어떤지, 얼마나 많은 게이머들이 모였는지에 따라 게임 흥행 여부를 가늠할 수 있다. 클로즈 베타는 몇몇 유저들만 선택적으로 게임을 이용하며 테스트하는 방식으로, 폐쇄적으로 운영된다. 중요한 것은 오픈 베타 서비스인데 대중에게 정식으로 게임이 공개되며, 해당 기간 동안 유저들은 게임을 무료로 이용할 수 있다. 이때부터 해당 게임은 구글 플레이스토어, 애플 앱스토어에 무료 인기 앱 순위에 오른다. 당연히 순위가 높을수록 주가는 긍정적으로 반응할 가능성이 높다. 오픈 베타 서비스가 끝나면 유료 모델로 바뀌게 되는데 이 역시 구글 플레이스토어, 애플 앱스토어 인기 매출 앱 순위에 오른다.

2) 중국 판호 획득 여부

중국은 게임 수출 시장 중 가장 큰 곳이다. 크래프톤, 스마일게이트 등이 순식간에 대형 게임사로 클 수 있었던 것도 중국 시장 덕분이다. 그런데 사드 배치 이슈로 2017년을 기점으로 중국 판호의 문은 굳게 닫혔다. 이후 2020년 12월 컴투스의 '서머너즈 워: 천공의 아레나'가 판호 발급에 성공했으며, 펄어비스의 '검

| 펄어비스 주가 추이

출처: 키움증권 HTS

은사막 모바일'도 2021년 6월 판호 발급 소식을 알렸다. 이 소식에 당시 펄어비스 주가는 급등했다.

이처럼 중국 판호 발급 소식은 게임사 주가에 큰 모멘텀으로 작용한다. 그러나 펄어비스 주가는 2022년 다시 하락했는데, 미국 연방준비은행의 강력한 긴축 등 매크로 환경의 부진도 있었지만 2022년 4월 실제 중국에 출시한 검은사막 모바일이 예상 밖으로 흥행 참패를 거둔 까닭이다. 이처럼 중국 판호 획득 소식은 일시적으로 주가 상승의 촉매로 작용할 수는 있지만, 실제 게임 흥행까지 이어져야만 해당 주가가 합리화될 수 있다.

3) 핵심 IP 보유 여부

엔씨소프트를 국내 상위 게임사 반열에 오르게 만든 것은 리니지다. 1998년 초창기 인터넷 시대와 함께 출시된 2D 형태의 MMORPG 게임 리니지는 서비스 시작 후 꾸준히 리뉴얼 버전이 나오면서 엔씨소프트의 캐시카우로 자리하고 있

| 주요 게임사 핵심 IP

게임사	핵심 IP
넥슨	던전 앤 파이터, 메이플스토리, 카트라이더
엔씨소프트	리니지, 아이온, 블레이드&소울
크래프톤	배틀그라운드
넷마블	세븐나이츠, 모두의 마블
카카오게임즈	오딘
펄어비스	검은사막
위메이드	미르의 전설
컴투스	서머너즈 워
웹젠	뮤

출처: 각 사

다. 사업보고서에 따르면 2022년 반기 매출의 76%가 '리니지M' '리지니2M' '리니지W'에서 발생한다. 온라인 게임에 포함된 '리니지' '리니지2'까지 합하면 그 규모는 더 커진다. 크래프톤을 코스피 시가총액 상위권에 자리하게 만든 것도 배틀그라운드 하나다. 배틀그라운드는 2018년 전 세계 유료 매출 1위를 기록했으며, '배틀그라운드 모바일' '배틀그라운드: 뉴 스테이트'로 확장하며 크래프톤의 든든한 매출원을 담당하고 있다.

이처럼 게임사의 핵심 매출원으로 자리한 게임을 IP 게임이라고 한다. IP는 Intellectual Property의 약자로 지적재산권이란 뜻이다. 게임 역시 지적재산권이 인정되므로 게임에 IP를 붙이는 것이다. 특정 게임을 모태로 모바일이나 콘솔 등 플랫폼을 확장하거나 다양한 파생 작품을 출시하는 것이 IP 게임의 좋은 예다. 게임 기업 입장에서는 개발 리스크를 줄이고 사업성을 확보하고 있어 매우 중요한 자산으로 인식되고 있다. 따라서 게임 기업에 투자한다면 핵심 IP가 무엇이고 어떻게 확장할 계획인지 주의 깊게 살펴봐야 한다.

4) 신성장 동력 메타버스, NFT

메타버스란 '가상' '초월'을 뜻하는 Meta와 '세계'란 의미인 Universe의 합성어로, 현실을 초월하는 가상의 세계를 뜻한다. 가상현실에서 즐기는 게임, 현실과 가상세계를 결합한 증강현실, SNS 등도 메타버스에 속한다. 2020년 코로나19로 바깥 활동이 제한되자 온라인상의 활동이 확산되며 메타버스란 개념이 대중화되었다. 여기에 NFT^{Non-Fungible Token}, 즉 대체 불가능한 토큰 시장이 열리면서 각종 무형 콘텐츠를 NFT에 담아 판매하는 시장이 열렸다.

게임업계 입장에서 메타버스는 잠재적 시장의 확대, NFT는 사업성을 부여한다. 게임상 캐릭터나 아이템 등을 NFT화해 판매할 수 있는 시장이 마련되면 게임 기업 입장에서는 또 하나의 수익 모델이 창출되는 것이다. 대표적으로 위메이드가 출시한 '미르4'가 좋은 예다. 유저들은 미르4 글로벌 버전 게임 내에서 '흑철'을 채굴해 이를 '드레이코'라는 게임 코인으로 바꿀 수 있다. 드레이코는 다시 위메이드가 발행한 암호화폐 '위믹스 코인'으로 교환이 가능하다. 위믹스 코인은 국내 및 글로벌 가상자산 거래소에 상장된 만큼 현금화할 수 있다.

이처럼 가상자산 시스템을 활용해 유저가 게임을 하면서 돈을 버는 활동을 P2E^{Play To Earn}이라고 한다. 다만 P2E는 국내에서는 불법이다. 2021년 '무한돌파 삼국지'가 국내 1호 P2E 게임으로 출시되었지만, 게임물관리위원회 사후 모니터링에 적발되어 퇴출된 바 있다. 위메이드는 미르4를 국내에 출시하지 않았기 때문에 규제를 비껴 갈 수 있었다.

아직 P2E, NFT 게임 시장은 사행성 규제 탓에 막혀 있지만, 메타버스 시장이 점차 커지는 상황에서 게임 기업들은 메타버스를 향후 먹거리로 지목하고 관련 게임 개발에 열을 올리고 있다.

시가총액 상위 기업의 투자 지표

- 실적 및 투자 지표: 2022년 3분기 연환산 기준
- 배당수익률: 2021년 주당 배당금/2022.11.30 기준 주가
- 시가총액: 2022.11.30 기준

(단위: 억 원, 배)

기업명	매출액	영업이익	순이익	PER	PBR	ROE	배당수익률	시가총액
크래프톤	18,245	6,575	6,718	16.6	2.06	12.4%	0.0%	111,394
엔씨소프트	27,810	6,210	5,912	17.5	3.23	18.5%	1.2%	103,294
넷마블	27,388	-306	-2,986	-14.1	0.73	-5.2%	1.1%	42,074
카카오게임즈	11,987	2,123	5,191	6.9	1.77	25.7%	0.0%	35,783
펄어비스	4,007	386	682	41.0	3.35	8.2%	0.0%	27,943
위메이드	4,750	-307	1,296	9.2	2.78	30.1%	1.8%	11,981
넥슨게임즈	631	-40	-80	-115.6	14.94	-12.9%	0.0%	9,207
더블유게임즈	6,103	1,752	296	30.2	0.93	3.1%	1.4%	8,948
네오위즈	2,911	264	593	15.0	1.82	12.1%	0.0%	8,913
컴투스	6,889	138	811	9.9	0.70	7.1%	2.1%	8,003
웹젠	2,677	915	808	7.2	1.05	14.5%	0.0%	5,844
넵튠	238	-308	-1,390	-4.0	1.94	-48.0%	0.0%	5,615
데브시스터즈	2,667	91	198	27.6	3.29	11.9%	1.1%	5,452
위메이드맥스	772	238	258	15.6	5.16	33.1%	0.0%	4,012
조이시티	1,718	96	-21	-145.2	2.89	-2.0%	0.0%	2,980
미투젠	968	269	235	8.2	1.64	20.1%	6.7%	1,922
액션스퀘어	61	-132	-160	-11.3	5.50	-48.6%	0.0%	1,814
위메이드플레이	1,317	18	-14	-120.9	0.81	-0.7%	0.0%	1,703
엠게임	616	214	202	7.2	1.65	22.9%	0.0%	1,446
미투온	1,121	252	82	17.1	1.22	7.2%	0.0%	1,391

게임

보드게임
- 미투젠
- 위메이드맥스

FPS
- 크래프톤
- 드래곤플라이

소셜카지노
- 더블유게임즈
- 미투온

RPG
- 모비릭스
- 넥슨게임즈
- 썸에이지
- 엔씨소프트
- 넷마블
- 액션스퀘어
- 펄어비스
- 베노홀딩스
- 네오위즈
- 액토즈소프트
- 위메이드
- 카카오게임즈
- 컴투스
- 플레이위드
- 웹젠
- 룽투코리아
- 베스파
- 스카이문스테크놀로지
- 엠게임

캐쥬얼
- 티쓰리
- 조이시티
- 밸로프
- 위메이드플레이
- 데브시스터즈
- 한빛소프트
- 넵튠
- 코원플레이

6장

소비재 3

전자기기

전자기기는 전기를 통해 작동되는 제품이나 기계, 기구를 말한다. 일상생활에서 사용되는 스마트폰, 컴퓨터, TV, 스피커, 주방가전 등이 전자기기에 포함된다. 다만 스마트폰의 경우 주식 시장에서 차지하는 비중과 특수성을 살려 모바일기기 산업으로 따로 분류했다. 그 외 모든 전자제품은 전자기기에 속한다. 전자기기 산업에 포함되는 기업들은 전방 산업과 고객사가 각각 다르다. 똑같은 전자기기를 취급하는 기업이라고 해서 실적이나 주가 역시 비슷하다고 생각해서는 안 된다.

전자기기 산업에 속한 기업은 총 124곳으로 주식 시장에서 차지하는 비중은 2.8%다. 전자기기 산업은 전자제품 및 부품을 만드는 기업을 제외하곤 소규모 섹터들의 집합이다. 전자기기 산업에 속한 기업에 투자한다면 섹터별 특징, 성장성, 경쟁 현황 등을 잘 따져봐야 한다.

이 책에서는 전자기기 섹터를 전자제품이나 전자제품의 부품을 만드는 기업, LED 완성품을 비롯해 제조 공정 장비나 소재, 부품을 만드는 기업, 물리 보안 시스템을 구축하는 기업, 셋톱박스를 만드는 기업, 전자 소재와 장비를 제조하는 기업으로 구분했다.

전자제품과 부품

1. 전자제품과 부품 산업의 개요와 특징, 성장성

국내 전자제품 시장은 삼성전자와 LG전자 두 대기업의 과점체제다. 물론 그렇다고 해서 다른 전자기기 브랜드가 없지는 않다. 정수기 부문에서는 대기업 계열사를 포함해 코웨이가 렌털 비즈니스 모델을 앞세워 시장을 장악하고 있고 에어컨, 공기청정기 시장에서는 위닉스WINIX, 파세코PASECO 등이 선전하고 있다. 쿠쿠홈시스, 부빙, PN풍년은 밥솥 시장의 전통적인 강자다.

정리하면, 전체 전자제품 시장은 삼성전자와 LG전자 두 대기업의 영향력이 크지만, 몇몇 제품을 중심으로 형성된 니치마켓에서는 명함을 내밀 수 있는 중견, 중소기업이 많다.

국내 글로벌 가전 브랜드는 해외 시장에서도 인지도가 높다. 삼성전자와 LG전자는 TV, 세탁기, 냉장고 등의 주요 품목에서 시장 1~2위를 다투고 있다. 관광이나 비즈니스 목적으로 해외에 나가 숙박 시설을 방문하면 한국산 가전을 어렵지 않게 찾아볼 수 있다.

전자제품은 수출 주도형 산업이며, 2021년 3분기 누적 기준 LG전자의 매출액에서 해외 매출이 차지하는 비중은 60%가 넘는다. 특히 2020년 가전 시장은 코로나19 팬데믹의 수혜를 누렸다. 세계 각국에서 사회적 거리두기 및 이동 제한 명령이 떨어지자 사람들은 집에 머무는 시간이 많아졌고 자연스레 자신이 살고 있는 집의 인테리어에 신경을 쓰기 시작했다. 오래된 가전이나 가구를 바꾸기에 좋은 시기였던 셈이다. 시장 조사 기관 GfK에 따르면 세탁기, TV, 냉장고 시장이 각각 15% 넘는 성장률을 기록했다.

코로나19 팬데믹의 영향으로 2020년 가전 수요가 크게 늘어났지만 글로벌 가전 시장은 성숙기에 진입한 상태다. 시장 조사 기관 스타티스타에 따르면 2021년 세계 가전 시장 규모는 약 5,606억 달러로 2025년까지 연평균 성장률이 2.65%에 달할 것으로 관측된다.

전자제품에 삼성전자와 LG전자가 있다면 전자제품에 들어가는 각종 부품을 만드는 대표 기업은 삼성전기와 LG이노텍이다. 두 기업은 전자부품업계의 용호상박이다. 두 기업 모두 카메라 모듈, 반도체 기판 매출 비중이 크다. 카메라 모듈 부문에서 두 기업의 차이점이 있다면, 삼성전기는 삼성전자라는 내부 고객사를 둔 반면, LG이노텍은 애플이 주요 매출처라는 점이다. LG전자가 스마트폰 사업에서 철수하면서 LG이노텍은 외부 고객에 의존하고 있다. 한편 두 기업은 신성장동력으로 전장 부품 사업을 추진하고 있다. 삼성과 LG 두 그룹 모두가 미래 먹거리로 자동차를 지목했기 때문이다.

2. 전자제품과 부품 기업의 투자 포인트

1) 품목별 주요 시장

전자제품의 종류는 매우 다양하다. 삼성전자와 LG전자가 시장을 과점하고 있지만, 정수기, 공기청정기, 계절가전 등 특정 품목에서는 몇몇 중견기업의 입지가 견고하다. 따라서 투자자는 전자제품의 종류별로 시장을 선도하는 기업을 파악하는 것이 중요하다.

품목별로 주요 거점 시장이 나뉘기도 한다. 정수기와 밥솥이 대표적이다. 상장된 정수기 렌탈 서비스 기업은 코웨이, 쿠쿠홈시스, 한독크린텍 등이 있다. 세 기업 모두 말레이시아, 베트남 등 동남아 시장에 집중하고 있다. 밥솥 제조 기업인 부방, 위니아딤채, PN풍년도 최근 동남아, 미주 시장으로 눈길을 돌리고 있다. 과거 주요 밥솥 시장은 중국이었지만, 사드 이슈가 불거지며 주력 수출 시장이 변했다.

국내 생활가전 시장은 성숙기에 진입한 지 오래다. 이러한 이유로 국내 제조사들이 높은 경제 성장률과 낮은 생활가전 보급률을 보이는 동남아 시장에 주력하고 있다. 그러므로 투자자는 정수기, 밥솥처럼 동남아 시장이 주력인 기업들에 투자한다면 해당 국가의 경제 성장률, 정치 상황 등을 고려해야 한다.

2) 실적의 계절성

실적에 계절성을 띠는 기업도 있다. 선풍기, 에어컨을 만드는 기업은 평균 기온

| 크린앤사이언스 주가 차트

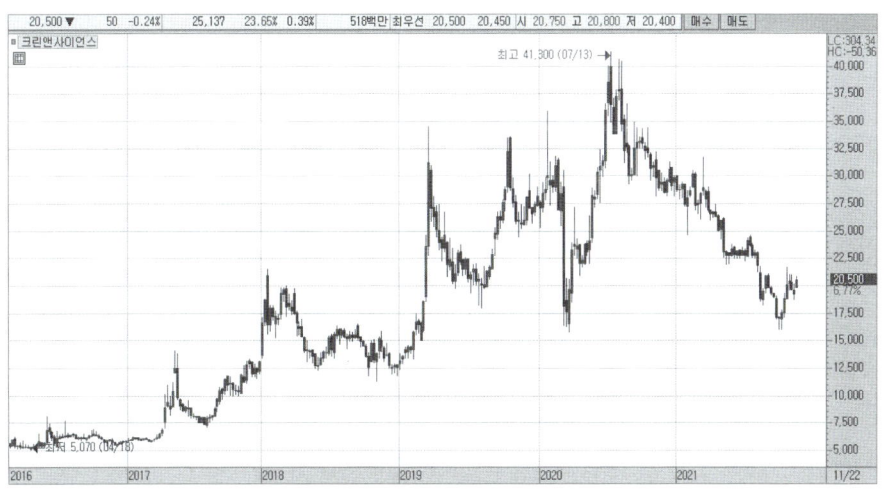

출처: 키움증권 HTS

이 높은 2~3분기에 계절가전 특수를 누린다. 그해 기온과 강수량에 따라 수요가 달라질 수 있으니 투자자는 이 점을 잘 고려해야 한다. 공기청정기 역시 계절성을 띤다. 황사와 미세먼지가 비교적 심한 봄에 수요가 늘어난다. 다만 최근 미세먼지 농도가 계절과 상관없이 점점 심해지고 있다. 이에 따라 공기청정기나 필터를 만드는 기업들의 실적과 주가가 2016년부터 2020년 초까지 급격하게 상승한 바 있다. 이처럼 전자제품 제조 기업에 투자한다면 외부 환경, 일상생활의 변화에서 성장할 수 있는 아이템을 잘 찾아보는 것이 좋다.

또한 전자제품을 만드는 기업에 투자한다면 완성품 시장의 현황을 잘 살펴봐야 한다. 크린앤사이언스 역시 산업용·가정용 필터 등 부속품을 만드는 기업인데, 미세먼지로 인해 공기청정기 시장이 대폭 성장하면서 대표적으로 수혜를 누렸다. 한편 감속기나 모터 등을 만드는 전자부품 기업은 장기적으로 주목할 만하다. 글로벌 고령화가 가속화되면서 의료용, 서비스용 로봇 시장이 크게 성장할 것으로 전망된다. 로봇이 사람처럼 정밀하게 움직이기 위해 필요한 부품인 감속기와 모터를 제조하는 상장사는 에스피지^{SPG}가 대표적이다.

1. LED 산업의 개요와 특징, 성장성

LED는 '발광 다이오드'라는 뜻으로 전기를 빛으로 변환시키는 반도체 소자다. LED는 반도체의 한 종류이므로 LED를 만드는 과정은 반도체를 제조하는 공정과 유사하다. 과거 LED는 백열전구에 비해 전력 소모가 낮고 발광효율이 좋으며 수명도 길어 기존 조명의 대체재로 각광받았다. LED는 조명뿐만 아니라 LCD TV 및 모바일기기의 백라이트유닛, 자동차 램프 등 다양한 영역으로 확장되었다. 반도체 강국이었던 국내 기업들 역시 LED 시장에서 높은 점유율을 기록했다.

그러나 보급률 확산과 정부 지원을 등에 업은 중국 기업들의 무분별한 진입으로 공급과잉이 일어나면서 LED업계는 출혈경쟁을 피할 수 없었다. 한때 LED BLU 시장의 강자였던 루멘스도 2021년 장기 영업손실로 관리종목에 지정되었다. 2020년 기준 글로벌 LED 시장은 중국의 MLS가 1위(시장 점유율 11.4%)를 차지하고 있으며 삼성전자(10.6%), 니치아(8.8%), 서울반도체(7.3%), 크리(7.2%) 등이 뒤를 잇고 있다.

반도체처럼 LED 역시 미세공정과 패키징 기술에 따라 성능이 개선되고 생산비용이 절감된다. 따라서 자본력을 바탕으로 끊임없는 기술 개발을 추진할 수 있는 상위 대기업 중심으로 점차 시장이 재편될 것으로 보인다. 시장 조사 기관 옴디아에 따르면 글로벌 LED 시장은 2020년 약 125억 달러에서 2025년 약 143억 달러로 연평균 성장률이 2.8%에 달할 것으로 전망된다.

2. LED 기업의 투자 포인트

LED 산업은 성숙기에 진입했지만, 전방 산업에 따라 성장성은 상이하다. 따라서 성장하는 시장에서 점유율을 확대하거나 관련 밸류체인에 속한 기업들은 눈여겨봐야 한다. LED 전방 시장은 크게 조명, TV, 자동차로 구분할 수 있다. 이 중에서 TV 시장은 OLED에 밀려 점차 영역이 축소되고 있다. 돌파구는 마이크로 LED, 미니 LED다. 마이크로·미니 LED는 말 그대로 매우 작은 LED다. LED는 TV의 BLU로 사용되는데, 마이크로·미니 LED를 사용함으로써 기존 LED에 비해 명암비를 개선했다는 평가다. 마이크로·미니 LED를 사용한 TV 시장이 확대된다면 LED 제조 기업들에도 수혜다.

자동차 LED 시장은 여전히 성장 중이다. 시장 조사 기관 욜디벨로프먼트에 따르면 자동차 LED 시장 규모는 2019년 약 309억 달러에서 2023년 약 373억 달러로 연평균 성장률이 4.8%에 달할 것으로 보인다. 전체 LED 시장의 성장률을 상회한다. 특히 내연기관 차량에서 전기차로 바뀌면서 LED 사용 비중은 더 확대될 예정이다. 전기차는 에너지 효율이 매우 중요하다. 내연기관 차량은 엔진이 구동하면서 생기는 전기로 공조 장치, 조명 등 각종 전자 장치를 작동시키지만, 전기차는 오직 배터리에 충전된 전기로 주행과 전자장비 작동 등 모든 것을 해결해야 하기 때문이다. 이러한 점이 앞으로 LED 램프 사용 비중이 늘어날 것으로 보이는 이유다.

추가로 자외선 LED가 사용된 전자기기 시장도 확대되고 있다. 자외선 LED

는 바이오레즈^{Violeds} 기술로 대변되는데, 단파장 자외선을 이용해 화학성분 없이 세균 발생과 증식을 억제하고 각종 유해균을 살균할 수 있다. LED 전자 마스크 등 뷰티 시장뿐만 아니라 공기 살균도 가능해 에어컨, 공기청정기로 적용되고 있다. 자외선 LED 시장은 개화 단계라 얼마나 확대될 수 있을지 잘 지켜봐야 한다.

물리 보안

1. 물리 보안 산업의 개요와 특징, 성장성

해킹 피해로 인한 거대 인터넷 플랫폼 기업들의 고객정보 유출 사건이 터지는 경우가 종종 있다. 간혹 디도스 공격으로 유명 사이트가 마비되는 현상이 발생한다. 이 모두 정보 보안과 관련이 있다. 정보 보안 시장은 정보통신망을 이용한 외부의 공격을 방지하는 시스템을 구축하는 산업이다. 정보통신망을 이용한 공격 외에도 일상생활에서 도난이나 범죄 등이 발생하기도 한다. 이를 막기 위해서는 CCTV 및 출입통제 시스템 같은 물리 보안 시스템도 필요하다.

전체 보안 시장은 정보 보안 시장과 물리 보안 시장으로 구분된다. 한국정보보호 산업협회에 따르면 2020년 국내 보안 시장 규모는 11조 8,986억 원으로 추정된다. 이 중에서 물리 보안 시장의 규모가 약 7조 9,911억 원으로 정보 보안 시장(3조 9,074억 원)보다 2배가량 크다. 국내 물리 보안의 강자는 삼성그룹 계열사인 에스원으로 물리 보안 시장의 약 60%를 차지하고 있다. 뒤를 이어 ADT캡스 20%, KT텔레캅이 10%가량이다. 세 기업 모두 대기업 계열사로 그룹사 기반의 안정적인 내부 고객을 확보하고 있다.

물리 보안 시장은 내수 중심인 데다 성숙기 산업이다. 따라서 관련 기업들은 물리 보안 시스템의 디지털 접목, 종합건물관리, 스마트홈 등으로 사업 영역을 확장하고 있다. 물리 보안 시장에 속한 중소형 기업은 주로 CCTV를 만들거나 렌즈 및 관련 부품, 출입인증 솔루션 등을 구축한다. 에스원 등 종합 보안 시스템 기업과 거래 관계를 만들고 있으며, 직접 수출하기도 한다.

2. 물리 보안 기업의 투자 포인트

물리 보안 시장의 화두는 디지털 전환이다. 인공지능이나 홍채, 지문, 안면 등을 인식하는 바이오인식 기술을 이용해 보안 시스템을 고도화하고 있다. 특히 코로나19 팬데믹 이후 비대면 시장이 부각되고 있어 바이오인식 기술을 활용한 비대면, 비접촉 출입통제 시스템을 개발하고 있다. 물리 보안과 시너지를 낼 수 있는 건물관리, 사물인터넷 사업도 함께 추진 중이다. CCTV, IoT 기술을 활용해 원격 감지, 출동하는 방식의 서비스다. 투자자가 보안 시스템 기업에 투자한다면 해당 기업이 얼마나 신기술을 잘 접목하는지, 물리 보안과 시너지를 내는 사업을 잘 확장하는지를 따져봐야 한다. 또한 물리 보안 시장에서 요구되는 기술, 시스템, 제품 등을 개발하는 중소형주에도 관심을 가질 필요가 있다.

한편 물리 보안 시장을 키울 수 있는 제도가 구축되는지도 잘 살펴야 한다. 2021년 8월 「수술실 CCTV 설치법」이 국회 본회의를 통과해 2023년 8월 말부터 수술실 내부 CCTV 설치가 의무화된다. 환자나 환자 보호자가 요청할 경우 의료 기관은 수술 장면을 의무적으로 촬영해야 하는 것이 골자다. 이 같은 물리 보안 시장에 영향을 주는 규정은 관련 기업들의 투자 심리에 긍정적인 영향을 미칠 수 있다.

셋톱박스

1. 셋톱박스 산업의 개요와 특징, 성장성

셋톱박스는 외부 신호를 받아 TV에 영상을 표시해주는 장치다. SK나 KT, LG에서 제공하는 인터넷 서비스에 가입할 때 의례적으로 IPTV가 포함된 결합상품을 가입하게 되는데, 자사 IPTV를 세팅하기 위해 네모난 기기를 TV 주변부에 설치해준다. 이것이 바로 셋톱박스다. 셋톱박스는 방송매체에 따라 위성방송, 케이블방송, 지상파방송, IPTV 및 OTT 셋톱박스로 구분된다. 국내에서는 통신 3사의 공격적인 마케팅에 힘입어 IPTV 및 OTT 셋톱박스가 대세를 이루고 있다.

   IPTV는 케이블방송뿐만 아니라 인터넷 기능을 포함한다. TV에서 인터넷 사이트를 열 수 있는 이유가 IPTV 셋톱박스가 설치되어 있기 때문이다. OTT 셋톱박스는 TV에서 넷플릭스, 유튜브, 디즈니플러스 등 다양한 OTT 플랫폼을 시청할 수 있게 지원해주는 셋톱박스다. 물론 OTT는 TV에서 인터넷으로 해당 사이트에 방문해서 볼 수도 있다. 그러나 OTT 셋톱박스를 이용하면 TV 홈 화면에서 바로 OTT 플랫폼으로 접속할 수 있고, UI(User Interface) 역시 TV에 맞게 잘 갖추어져 있다.

   그런데 셋톱박스만이 OTT 플랫폼 UI를 깔끔하게 제공해주는 주변기기가 아니다. 셋톱박스 기능을 포함한 내장형 칩이 들어 있는 스마트 TV가 있다면 굳이 셋톱박스가 필요 없다. 스마트 TV는 PC와 TV를 하나로 합친 개념이다. TV에서도 다양한 애플리케이션을 다운로드해서 스마트폰이나 PC처럼 쓸 수 있다는 장점이 있다. 이에 따라 삼성전자 등 글로벌 전자제품 제조 기업은 일찍이 셋톱박스 사업을 정리하고 스마트 TV에 집중했다. 그러나 TV 시장의 기대와는 달리 하드웨어 성능 부족으로 스마트 TV에 다양한 애플리케이션을 설치하는 데 한계가 있었고 애플리케이션 작동도 잘 안되었다. 가격도 기존 TV에 비해 비쌌다.

스마트 TV의 한계점이 밝혀지면서 다양한 기능이 추가된 IPTV가 TV 시장의 주류로 떠올랐다. 셋톱박스 시장의 주요 고객사인 방송사, 통신사 역시 스마트 TV보다는 유지보수 소요가 덜한 IPTV를 선호했다. 이러한 점이 10년째 소멸 논란이 있지만 여전히 셋톱박스 산업이 건재한 이유다. 그렇다고 셋톱박스 산업이 마냥 긍정적이지는 않다. 방송 기술의 진보로 셋톱박스 기기들은 꾸준히 진화했으며, 이를 따라가지 못한 기업은 저가제품의 공세를 이기지 못해서 도태

| 방송매체에 다른 셋톱박스의 종류

종류	설명
위성방송용	방송위성Broadcasting Satellite, BS 및 통신위성Communication Satellite, CS으로부터 오는 전파를 파라볼라 안테나로 수신하고 그것을 튜닝하는 기능을 수행하는 셋톱박스
케이블방송용	디지털케이블 방송을 수신하는 셋톱박스로, 일반 시장보다는 케이블 방송사의 사양에 맞게 개발되어야 하며, ODM 시장이 대부분을 차지함
지상파방송용	디지털지상방송 전파를 수신하는 셋톱박스로, 유럽에서 본격적인 시장이 형성되고 있지만 저가형 제품군이 많음
IPTV/OTT 방송용	IPTV 기능을 내장한 복합제품으로, 디지털 방송과 인터넷에 접속하는 셋톱박스

출처: 알로이스Aloys

되고 있다.

셋톱박스 시장은 수출 중심이다. 셋톱박스 대표 기업인 가온미디어의 매출액에서 수출이 차지하는 비중은 60%가량이다. OTT 셋톱박스 전문 기업인 알로이스는 100% 해외에 의존하고 있다. 해외로 판매되는 셋톱박스는 미주, 유럽, 아시아, 아프리카 지역에 골고루 수출되고 있다.

2. 셋톱박스 기업의 투자 포인트

방송 기술의 발전에 따라 셋톱박스의 유형도 점점 진화하고 있다. 현재 시장을 주도하는 품목은 IPTV 및 OTT 셋톱박스다. 투자 관점에서도 해당 제품을 만드는 기업에 주력할 필요가 있다. 또한 셋톱박스 시장은 지난 10년간 구조조정을 겪었다. 살아남은 기업들은 음성인식 기술 기반의 AI 셋톱박스 등 신제품을 출시하면서 차별화를 추구하고 있다. 셋톱박스와 시너지를 낼 수 있는 통신장비로 영역을 확장한 기업도 있다. 셋톱박스 시장은 이미 성숙기를 맞은 지 오래이므로 차별화된 제품과 기술을 보유한 기업에 주목해야 한다.

셋톱박스의 주요 부품이 반도체이므로 반도체 가격은 세트 기업의 실적에 영향을 미친다. 일례로 2017년, 2018년 메모리 반도체 가격 상승으로 셋톱박스 기업들의 이익률이 낮아진 적이 있다. 반대로 메모리 반도체 가격이 크게 하락한 2019년에는 셋톱박스 기업들의 수익성이 높아졌다.

전자 소재와 장비

1. 전자 소재와 장비 산업의 개요와 특징

전자 소재와 장비 섹터는 다양한 산업 전반에 쓰이는 소재와 장비를 만드는 기업이 속한다. 상장된 전자 소재와 장비 기업들은 주로 반도체, 디스플레이, 2차전지 등의 전방 수요처를 갖고 있다. 전도성 페이스트를 만드는 기업인 대주전자재료, 2차전지 전도체, 반도체 및 디스플레이 공정 소재를 만드는 나노신소재, 켐트로스 등이 대표적인 기업이다.

2. 전자 소재와 장비 산업의 투자 포인트

전자 소재와 장비는 특정 산업에 종속되어 있지 않으므로 투자하는 기업의 전방 산업을 잘 살펴볼 필요가 있다. 최근 전자 소재 기업들은 성장하는 2차전지 분야에서 새로운 먹거리를 찾고 있다. 나노신소재와 대주전자재료가 대표적이다. 나노신소재는 CNT 도전재를 생산한다. 양극재는 세라믹 소재이므로 도전재가 필요하며 기존에는 카본 블랙이 사용되었다. 그러나 이온전도도가 높은 CNT 도전재로 대체되고 있다.

음극재 분야에서도 CNT 도전재가 도입되고 있다. 음극재는 기존에 흑연을 사용했다가 저장용량을 늘릴 수 있고 저온 성능이 강한 실리콘 비중을 늘리고 있다. 그러나 실리콘 음극재를 사용하면 부피팽창 문제가 발생하는데, 이러한 문제점은 CNT 도전재를 첨가함으로써 보완이 가능하다. 이에 따라 나노신소재는 CNT 도전재 생산량을 늘리고 있다. 대주전자재료는 실리콘 음극재를 생산해 LG에너지솔루션에 납품하고 있다. 2021년 LG에너지솔루션과 사모펀드 IMM이 출자한 배터리 펀드로부터 약 800억 원의 투자 유치를 받기도 했다.

시가총액 상위 기업의 투자 지표

- 실적 및 투자 지표: 2022년 3분기 연환산 기준
- 배당수익률: 2021년 주당 배당금/2022.11.30 기준 주가
- 시가총액: 2022.11.30 기준

(단위: 억 원, 배)

기업명	매출액	영업이익	순이익	PER	PBR	ROE	배당수익률	시가총액
LG전자	826,185	41,594	15,810	10.1	0.75	7.4%	0.9%	159,720
삼성전기	95,950	14,398	9,539	11.0	1.37	12.4%	1.5%	105,318
LG이노텍	187,647	15,315	10,384	7.1	1.74	24.5%	1.0%	73,486
코웨이	38,218	6,530	4,692	9.1	1.90	20.9%	2.2%	42,509
에스원	24,335	1,781	1,273	19.2	1.65	8.6%	3.9%	24,395
대주전자재료	1,870	151	183	76.1	10.82	14.2%	0.1%	13,917
후성	5,965	1,369	712	17.2	3.74	21.7%	0.1%	12,270
나노신소재	767	147	217	43.9	4.75	10.8%	0.1%	9,536
PI첨단소재	2,935	547	543	17.4	2.84	16.4%	3.4%	9,427
솔루엠	16,112	646	367	24.7	2.84	11.5%	0.0%	9,051
미원상사	4,288	746	724	11.8	2.54	21.5%	3.5%	8,548
에스티큐브	65	-215	-222	-38.3	15.82	-41.3%	0.0%	8,500
서울반도체	11,784	-189	322	20.1	0.85	4.2%	4.1%	6,472
한국단자	11,021	465	504	12.0	0.71	5.9%	1.2%	6,041
상아프론테크	1,804	126	99	46.9	2.48	5.3%	0.7%	4,653
에스피지	4,602	270	238	16.2	1.75	10.8%	1.4%	3,859
삼화콘덴서	2,553	263	245	14.8	1.64	11.1%	1.4%	3,617
레이크머티리얼즈	1,181	305	228	14.3	4.25	29.7%	0.0%	3,264
비츠로셀	1,186	193	235	12.7	1.63	12.8%	1.1%	2,994
뉴지랩파마	266	-254	-459	-6.3	14.99	-238.1%	0.0%	2,889

전자기기

물리 보안

바이오인식
- 슈프리마
- 슈프리마에이치큐
- 유니온커뮤니티
- 슈프리마아이디

영상보안
- 에스원
- 하이트론
- 아이디스
- 뉴지랩파마
- 인콘
- 에스티큐브
- ITX-AI
- 포커스에이치엔에스

셋톱박스
- 가온미디어
- 알로이스
- 휴맥스
- 탑코미디어
- 홈캐스트
- 디에스앤엘
- 알티캐스트
- 아리온

시험인증
- 에이치시티
- 디티앤씨

LED
- 금호에이치티
- 클라우드에어
- 서울반도체
- 서울바이오시스
- 우리바이오
- 레이크머티리얼즈
- 우리이앤엘
- 에스엘바이오닉스
- 금호전기
- 아이엘사이언스
- 루멘스
- 우리엔터프라이즈
- 소룩스

전자소재와 장비

소재
- 후성
- 켐트로스
- PI첨단소재
- 큐에스아이
- 대주전자재료
- KBG
- 미원상사
- 나노씨엠에스
- 나노신소재

장비
- 모비스
- 원텍
- 라온피플
- 파나케이아
- 아모그린텍
- 큐알티
- 자비스

전자제품
- 에브리봇
- 크린앤사이언스
- 피코그램
- 한독크린텍
- LG전자
- 엔바이오니아
- 코웨이
- 에스텍
- 비덴트
- 이랜시스
- 위닉스
- KH 전자
- 파세코
- 대동전자
- 아남전자
- 크로바하이텍
- 동양이엔피
- 삼진
- 코텍
- PN풍년
- 부방
- 상신전자
- 위니아
- 자이글
- 토비스
- 경인전자
- 신일전자
- 인포마크
- 하츠
- 인터엠
- 남성
- 포인트모바일

전자부품

스마트카드
- 코나아이
- 셀피글로벌
- 바이오스마트
- 엑스큐어

종합부품
- 삼성전기
- LG이노텍

커넥터
- 한국단자
- 씨엔플러스
- 우주일렉트로
- 신화콘텍

콘덴서
- 뉴인텍
- 삼화전기
- 삼화콘덴서
- 보성파워텍
- 삼영전자
- 성문전자

- UCI
- 성호전자
- 아이앤씨
- 파워넷
- 켐트로닉스
- 서울전자통신
- 와이투솔루션
- 동일기연
- 비츠로셀
- 삼화전자
- 에스피지
- 솔루엠
- 한솔테크닉스
- 삼영에스앤씨
- 새로닉스
- 테이팩스
- 광전자
- 녹원씨엔아이
- 써니전자
- 상아프론테크
- 모아텍
- 스틱인베스트먼트
- 현우산업
- 신성델타테크
- 에스씨디

2차전지

아이들 장난감에 들어가는 건전지는 한 번 사용하고 버리는 1회용 전지가 대부분이다. 반면 스마트폰에 들어 있는 배터리는 계속 충전해서 사용한다. 이처럼 한번 사용하면 쓸 수 없는 전지를 1차전지, 충전을 통해 계속 사용할 수 있는 전지를 2차전지라고 한다. 현재 가장 널리 통용되는 2차전지는 리튬이온전지다. 리튬이온전지는 방전 시 리튬이온이 양극에서 음극으로 이동하고, 충전 시에는 음극에서 양극으로 이동하며 전기를 발생시킨다.

2차전지는 노트북, 핸드폰, 태블릿 PC 등 IT 기기 시장과 함께 성장했다. 다만 소형 IT 기기에서 2차전지의 역할은 주변기기에 가까웠다. 일례로 스마트폰 원가에서 배터리가 차지하는 비중은 5% 내외 정도다. 이러한 점이 과거 삼성이나 LG 등 대기업 IT 기기 부품 계열사가 배터리를 핵심 비즈니스로 삼지 않은 이유다. 그러나 ESS, 전기차 시장이 도래하며 상황은 달라졌다. ESS는 에너지저장 시스템으로, 각종 발전소에서 생산된 전기를 저장하는 용도다. 태양광, 풍력 등 신재생 에너지는 환경에 영향을 받기 때문에 일정하게 생산되지 않는다. 바람은 잘 불다가도 안 불며, 햇빛이 쨍쨍 내리쬘 때도 있지만 구름이 많이 끼는 날도 있다. 따라서 생산된 에너지를 저장할 수 있는 초대형 배터리 ESS가 등장한 것이다. ESS는 신재생 에너지, 스마트 그리드 산업과 맞물려 성장 중이다.

ESS가 2차전지의 존재감을 부각해주었다면, 전기차는 2차전지를 주인공으로 만들어주었다. 대부분의 사람이 집 다음으로 가장 큰돈을 쓰는 것은 자동차다. 내연기관 차량에서 전기차로 바뀌면서 원가의 40% 내외를 차지하는 2차전지는 투자자들의 관심을 받기에 충분했다. 이러한 흐름이 2019년부터 증시에 2차전지 열풍이 불고, 코스피와 코스닥 시장 시가총액 상위에 관련 주식들의 이름이 자리하게 된 배경이다. 큰 틀에서 보면 2차전지는 친환경이란 테두리 안에서 에너지 산업과 관련이 있으며, 전방 산업인 자동차 산업과 연관 지어 볼 수 있다. 따라서 2차전지 기업에 투자하기 위해서는 에너지, 자동차 산업까지 잘 살펴봐야 한다.

2차전지 산업에 속한 기업은 총 44곳으로 주식 시장에서 차지하는 비중은 11.5%다. 기업 수에 비해 시가총액 비중은 큰 편이다. 특히 전방 시장인 자동차에 비해서도 더 큰 비중을 차지하고 있는데, 2차전지 산업의 성장성과 국내 기업들의 입지 덕이다. 글로벌 2차전지 시장에서 LG

에너지솔루션, 삼성SDI, SK온이 선두권에 속해 있기 때문에 증시에 이들에게 부여하는 밸류에이션 프리미엄도 상당하다.

  이 책에서는 2차전지 산업을 비즈니스 모델에 따라 2차전지 완성품을 만드는 2차전지 세트, 2차전지 핵심 소재나 부품을 만드는 2차전지 소재, 부품, 2차전지 제조 공정용 장비를 납품하는 2차전지 장비로 구분했다. 이 외에 2차전지 재활용 비즈니스를 영위하는 기업과 2차전지 설비 구축 및 시운전을 담당하는 엔지니어링 기업도 존재한다.

2차전지

1. 2차전지 산업의 개요와 특징, 성장성

2차전지는 ESS, 전기차 시장과 맞물려 성장한다. SNE리서치에 따르면 글로벌 ESS 시장은 2020년 86.9GWh에서 2030년 179.7GWh로 연평균 성장률이 7.5%에 달할 것으로 전망된다. 전기차 배터리 수요량은 더욱 큰 성장이 기대된다. 2020년 전기차 배터리 수요량은 약 200GWh에서 2030년 약 1,800GWh까지 무려 9배나 커질 것으로 보인다. 전기차가 내연기관 차량을 대체하며 전기차용 배터리 수요가 빠르게 늘고 있는 이유다. 전 세계에서 연간 판매되는 신차 대수는 8,000만~9,000만 대로 시장 규모는 약 2,000조 원이다. 전기차 생산원가에서 배터리의 비중은 약 40%다. 단순 계산만으로 잠재적인 전기차용 배터리 시장의 규모가 약 800조 원에 달한다고 볼 수 있다. 2021년 기준 전기차 침투율이 5%에도 미치지 못한 상황이라 앞으로의 성장 여력은 크다고 볼 수 있다.

특히 LG에너지솔루션, 삼성SDI, SK온이 글로벌 10위 2차전지 생산 기업으로 자리매김하고 있어 국내 밸류체인에 관한 관심도 뜨겁다. SNE 리서치에 따르면 글로벌 전기차용 배터리 2022년 6월 누적 사용량 기준 LG에너지솔루션이 14.4%로 중국의 CATL(34.8%)에 이어 2위다. SK온은 6.5%로 5위, 삼성SDI는 4.9%로 6위를 차지했다.

| 연간 누적 글로벌 전기차용 배터리 사용량

(단위: GWh)

순위	제조사명	2021.01~06	2022.01~06	성장률	2021 점유율	2022 점유율
1	CATL	32.9	70.9	115.6%	28.6%	34.8%
2	LG에너지솔루션	27.3	29.2	6.9%	23.8%	14.4%
3	비야디 BYD	7.9	24.0	206.2%	6.8%	11.8%
4	파나소닉	17.3	19.5	12.5%	15.0%	9.6%
5	SK온	6.2	13.2	114.4%	5.3%	6.5%
6	삼성SDI	6.6	10.0	50.6%	5.8%	4.9%
7	CALB	3.3	8.4	152.7%	2.9%	4.1%
8	궈쉬안 Guoxuan	2.2	5.8	165.0%	1.9%	2.9%
9	신왕다 Sunwoda	0.4	3.1	663.3%	0.4%	1.5%
10	SVOLT	1.0	2.6	147.1%	0.9%	1.3%
	기타	10.0	16.8	68.1%	8.7%	8.2%
	합계	115.1	203.4	76.8%	100.0%	100.0%

* 전기차 판매량이 집계되지 않은 일부 국가가 있으며, 2021년 자료는 집계되지 않은 국가 자료를 제외함
출처: SEN 리서치

2. 2차전지의 종류

1) 2차전지 모양에 따른 분류

2차전지는 배터리의 모양에 따라 원통형, 각형, 파우치형으로 나뉜다. 원통형 배터리는 일생상활에서 흔히 사용하는 건전지 형태다. 원기둥 모양의 배터리가 전기차에 맞게 커진 것이라고 보면 된다. 원통형 배터리는 사이즈가 규격화되어

있어 대량생산을 통한 비용 절감이 가능하다. 부피당 에너지 밀도가 높다는 장점도 있다. 반면 차량에 장착하기 위해서는 여러 개의 배터리를 하나로 묶어야 하므로 배터리관리 시스템 구축에 비용이 많이 든다. 원통형 배터리는 LG에너지솔루션, 삼성SDI, 파나소닉이 주로 생산하고 있으며 테슬라 차종에 주로 사용된다.

각형은 납작하고 각진 상자 모양의 배터리다. 알루미늄 캔으로 둘러싸여 있어 외부 충격에 강하다. 다만 알루미늄 캔 안의 2차전지 모듈은 원형 형태로 되어 있어 공간 활용성이 낮다. 또한 제조 공정이 복잡하며 무겁다는 단점도 있다. 각형은 CATL, 비야디 등 중국 기업들이 주로 생산하며 국내에서는 삼성SDI가 주로 생산한다. BMW, 폭스바겐, 벤츠, 아우디 등 독일 완성차 기업과 도요타, 혼다 등의 일본 기업이 사용한다.

파우치형은 얇은 판 같은 생김새다. 각형, 원통형과 달리 소재를 층층이 쌓아 올려 내부공간을 빈틈없이 채웠다. 공간 효율성이 높아 에너지 용량 역시 높다. 다만 배터리 모듈을 부드러운 필름으로 감싸고 있기 때문에 외부 충격에 약하다. 따라서 이를 보완할 수 있는 기술이 필요하며 이는 생산비용의 증가로 이어진다. 파우치형은 LG에너지솔루션, SK온이 대표적인 생산 기업이다. 현대차와 기아 등 국내 기업과 GM, 포드, 르노 등이 파우치형 배터리를 사용하고 있다.

2021년 기준 글로벌 배터리 시장에서 원통형 16.2%, 각형 58.9%, 파우치 24.9%를 각각 차지하고 있다. 중국 전기차 시장 성장에 힘입어 각형 배터리 점유율이 가장 높으며, 높은 에너지 용량이라는 장점에 힘입어 파우치형은 점유율을 빠르게 확대하고 있다. 반면 원통형 점유율은 꾸준히 낮아졌다.

다만 테슬라가 기존 원통형 배터리의 단점을 개선한 **4680 배터리**[*]를 선보인 덕분에 원통형 배터리 사용이 다시 늘어날 것으로 예상된다. 2170 배터리에 비

---

[*] 지름 46mm, 높이 80mm의 원통형 배터리

| 2차전지의 종류 및 특성

구분	원통형	각형	파우치형
이미지			
장점	· 가격 저렴 · 대량생산 용이 · 에너지 밀도 높음	· 외부 충격에 강함 · 생산 공정 간단	· 용량, 크기 등 설계 용이 · 공간 효율성 높음
단점	BMS 시스템 구축 비용 높음	· 열방출 어려워 냉각 장치 필요 · 공간 효율성 낮음	생산 원가 높음
제조사	LG에너지솔루션, 삼성SDI, 파나소닉	삼성SDI, CATL, 비야디, 도시바	LG에너지솔루션, SK온

해 4680 배터리는 용량은 5배, 출력은 6배 높으며 주행거리 역시 16% 이상 늘었다. 테슬라뿐만 아니라 리비안, 루시드, 재규어랜드로버도 원통형 배터리 사용을 늘릴 전망이다.

2) 2차전지 소재에 따른 분류

2차전지의 핵심 소재는 양극재, 음극재, 전해질, 분리막이다. 양극재는 양극을 이루는 소재, 음극재는 음극을 이루는 소재다. 전해질은 양극과 음극을 둘러싸고 있는 물질로, 리튬이온이 원활하게 이동하도록 돕는다. 분리막은 양극과 음극의 직접적인 접촉을 차단해 열 발생 가능성을 낮춘다. 한편 음극으로 이동한 리튬이온이 머무는 곳을 음극기재라고 하는데 동박(전지박) 소재가 사용된다. 최근 음극기재의 중요성이 부각되면서 동박 역시 핵심 소재로 떠오르고 있다.

2차전지 소재 중에서 원가를 가장 많이 차지하는 것은 양극재다. 나머지 소재 원가 비중은 비슷하다. 2차전지 소재 기업뿐만 아니라 2차전지 생산 기업 역시

| 2차전지 핵심 소재와 역할

구분	기능	역할
양극재	배터리 용량, 출력	효율
음극재	배터리 용량, 수명	효율
전해질	리튬이온의 통로	안전
분리막	양극과 음극 섞임 방지	안전
동박	전자의 저장	효율

출처: 업계 자료 취합

| 양극재 종류에 따른 2차전지의 분류

분류	LFP	삼원계
양극	LFP	NCM, NCA
음극	흑연	흑연
음극기판	동박	동박
전해질	LiPF6	LiPF6
에너지 밀도(Wh/kg)	143.1	208
안전성	높음	다소 낮음
주력 국가	중국	한국

출처: 업계 자료 취합

양극재 자체 생산 비중을 높이고 있는 이유다. 양극재는 니켈, 철, 코발트, 망간, 구리, 알루미늄 등 다양한 소재가 쓰인다.

소재의 종류, 구성비에 따라 니켈 비중이 높은 삼원계 배터리 NCM(니켈, 코발트, 망간), NCA(니켈, 코발트, 알루미늄)과 니켈 대신 철을 사용하는 LFP(리튬인산철) 배터리로 구분할 수 있다. 삼원계 배터리는 LFP 배터리에 비해 에너지 밀도가 높다는 장점이 있지만, 열 안전성이 낮다. 일반적으로 고가의 전기차에는 성능이 좋은 삼원계 배터리가 쓰이며, 중저가 모델에는 LFP 배터리가 사용된다. 우리나라 기업은 삼원계 배터리, 중국 배터리 제조 기업은 LPF 배터리가 주력이다.

3. 2차전지 제조 공정

2차전지의 제조 공정은 크게 전극, 조립, 화성으로 구분되며 각각의 공정마다 여러 개의 하부 공정이 자리하고 있다. 전극 공정은 양극과 음극을 만드는 공정이다. 양극활물질과 음극활물질에 도전재, 바인더 및 용매 등을 섞어 **슬러리**^{Slurry}♦ 상태로 만든 후 코팅한다. 코팅된 슬러리는 압연 과정을 거쳐 두께를 줄이고, 에너지 밀도를 높인 극판이 된다. 마지막으로 극판을 제품 기준에 맞게 절단한다. 전극 공정은 양극과 음극을 만드는 중요한 공정인 만큼 전체 장비 투자 금액의 약 31%를 차지한다.

 조립 공정은 배터리 셀을 만드는 공정이다. 조립 공정은 원통형, 각형, 파우치형 등 배터리의 모양에 따라 조금씩 다르다. 먼저 배터리 모양에 상관없이 양극과 음극 탭^{TAB}을 만드는 노칭^{Notching} 공정을 거친다. 다음에는 원통형과 각형의 경우 양극판와 음극판, 분리막 등 배터리 소재를 쌓은 뒤 돌돌 말아 젤리롤을 만드는 와인딩^{Winding} 공정을 거친다. 파우치형은 젤리롤이 아닌 양극판과 음극판과 분리막을 층층이 쌓는 스태킹 공정을 거친다. 그 이후 완성된 젤리롤을 케이스에 넣고 양극 및 음극 탭을 접착시키는 웰딩^{Welding} 공정, 케이스에 전해액을

♦ 액체에 녹지 않은 분말 등을 섞어 걸쭉해진 물질

주입하는 필링 Filling 공정, 마지막으로 진공, 건조 등 과정을 거치면 배터리 셀이 완성된다. 배터리 셀을 만드는 조립 공정은 전체 장비 투자 금액의 약 17%를 차지한다.

화성 공정은 배터리 셀에 전기적 특성을 부여하는 공정이다. 마치 고기의 육질을 부드럽게 하기 위해 숙성시키는 것처럼 배터리 셀도 일정한 온도와 습도에서 일정 시간 에이징 Aging 과정을 거친다. 이후 셀에 전기적 특성을 부여하기 위해 충전과 방전을 반복하는 포메이션 Formation 공정을 거친다. 추가로 파우치형은 셀 내부 가스를 제거하는 디게싱 Degassing, 폴딩 Folding 공정이 필요하다. 마지막으로 감사 공정을 통해 내부 결함이 있는지 확인한다. 화성 공정은 전체 장비 투자 금액의 30% 수준이며, 이 중에서 화성 공정의 핵심인 포메이션 장비에만 약 80%가 투자된다.

전극, 조립, 화성 공정 외에도 중간에 2차전지 제조 과정에서 결함이 없는지 등을 검사하는 검사 공정, 각종 소재 및 반제품 등을 이송해주는 자동화 공정, 배터리 제조 과정에서 이물질 등을 제거하는 탈철 공정 등이 있다. 이 같은 공정을 한데 묶어 기타 공정이라 하며, 전체 장비 투자 금액의 11%를 차지한다. 2차전지 장비 제조사 대부분은 특정 장비 하나만 취급하기보단 전 공정에 걸친 다양한 장비를 만든다.

4. 2차전지 산업의 투자 포인트

1) 2차전지 모듈, 소재 기업: 기술 트렌드, 고객사 동시에 선점

2차전지는 성장 산업인 만큼 기술 개발 경쟁도 치열하다. 앞서 살펴본 삼원계와 LFP의 경쟁, 4680 배터리 개발로 원통형 배터리의 부활 등이 대표적인 사례다. 오늘의 1등이 내일의 1등을 장담할 수 없는 시장이다. 현재 높은 점유율을 기록하고 있어도 기술 트렌드에 뒤처지면 언제든지 역사의 뒤안길로 사라질 수 있다.

업계에서는 2차전지의 성능을 업그레이드하기 위해 양극재의 니켈 비중이 점차 높아질 것으로 보고 있다. 수급이 불안하고 상대적으로 비싼 코발트 비중을 낮추고 니켈 비중을 최대한 높인 하이니켈 배터리가 대표적이다. 음극재는 기존 흑연에 실리콘 비중을 점차 높일 것으로 보인다. 실리콘은 흑연에 비해 에너지 밀도가 10배 이상 높고 충전과 방전속도도 빠르다. 다만 부피 팽창 문제가 있어 안전성이 떨어지는 단점도 있다. 2차전지 제조사들은 부피 팽창 문제를 해결하고 에너지 밀도를 높이기 위해 CNT 도전재를 첨가하고 있다. 전해액은 F 전해질, P 전해질에서 D 전해질, B 전해질이 추가되며 수명, 충방전 효율, 저온에서 성능 개선이 이루어질 전망이다. 투자자라면 해당 소재를 만드는 기업을 주목해야 함은 물론이다.

리튬이온전지 이후에는 차세대 배터리인 리튬황, 전고체 배터리가 사용될 전망이다. 리튬황 배터리는 에너지 밀도가 리튬이온전지의 5배에 달하는 데 반해 무게는 가볍다. 무엇보다 기존 리튬이온전지 제조 공정을 대부분 그대로 활용할 수 있어 제조 단가가 저렴하다. 단, 사용할수록 안전성, 수명이 저하되며, 황 성분에 의한 부식 문제는 해결해야 할 숙제다. 전고체 배터리는 배터리 용량, 안전

차세대 2차전지에서 소재 변화

분류	리튬이온	리튬황	전고체
양극재	LFP, 삼원계	황	LFP, 삼원계
음극재	흑연, 실리콘	리튬메탈	흑연 또는 리튬메탈
전해질	액체, 겔 폴리머	유기계, 고체 전해질	세라믹(황화물, 산화물)
분리막	필요	필요	불필요

출처: 업계 자료 취합

성, 저온성능, 부피 등 거의 모든 면에서 장점을 갖고 있어 '꿈의 배터리'라고 불린다. 그러나 제조단가가 높고 수명이 낮다는 단점이 있다. 리튬황과 전고체에서는 기존에 사용되는 소재에도 다소 변화가 생기기 때문에 투자자는 수혜를 보는 기업과 피해를 보는 기업을 잘 가릴 필요가 있다.

어떤 고객사를 두고 있는지도 잘 살펴야 한다. 고객사에 따라 2차전지 모듈 및 소재 기업들의 명운이 갈릴 수 있기 때문이다. 실제 테슬라가 차세대 리튬이온전지로 4680 배터리를 낙점하면서 파나소닉, LG에너지솔루션 등이 수혜를 입을 것으로 내다보고 있다. 또한 CATL은 2021년부터 배터리 생산량을 기준으로 부동의 글로벌 1위를 기록하고 있는데, 이는 내수 비중이 압도적이기 때문이다. SNE리서치에 따르면 2021년 사용량 기준 CATL의 글로벌 전기차 배터리 점유율은 32.6%이지만, 중국 시장 제외 시 12.9%로 낮아진다. 주력 시장 여부에 따라 점유율이 천차만별이다.

| K배터리 3사의 북미 지역 합작투자 현황

회사	형태	이름	위치	가동 시기	규모(GWh)
LG에너지솔루션	GM 합작법인	얼티엄셀즈 Ultium Cells	오하이오	2022	35.0+α
			테네시	2023	35.0+α
			미시간	2025	50.0
	스텔란티스 Stellantis 합작법인	넥스트스타에너지 NextStar Energy	캐나다 온타리오	2024	45.0+α
SK온	포드 합작법인	블루오벌SK BlueOvalSK	켄터키	2025	86.0
			테네시	2025	43.0
삼성SDI	스텔란티스 합작법인	미정	인디애나	2025	23.0

출처: 각 사

미·중 첨단 기술 패권 전쟁에 따라 국내 배터리 3사는 미국 완성차 기업과 합작사 설립에 나섰다. LG에너지솔루션은 GM과 오하이오와 테네시에, 스텔란티스와 캐나다 온타리오에 합작해 배터리 공장을 신설하거나 건설을 계획 중이다. SK온은 포드와 테네시, 켄터키에 공장 설립을 추진 중이다. 삼성SDI는 스텔란티스와 인디애나에 합작사 설립을 결정했다. 이 밖에 국내 배터리 3사는 미국에 자체 공장 설립도 추진하고 있다. 배터리 3사의 증설 계획에 따라 2차전지 장비 기업 역시 차별적 수혜를 입을 전망이다.

이변이 없는 한 국내 배터리 3사는 미국 완성차 기업과 돈독한 관계를 유지할 전망이다. 관건은 유럽이다. 배터리 자체 생산을 선언한 폭스바겐을 제외하고 BMW, 벤츠 등을 놓고 국내 배터리 3사와 중국 기업들의 납품 경쟁이 치열하게 전개될 것으로 예상된다.

2) 2차전지 다음 무조건 성장할 산업, 폐배터리

국내 스마트폰 교체 주기는 통상 3년 내외다. 신제품 출시에 따른 교체 수요도 있지만, 3년 정도 사용하면 배터리 성능이 저하되는 탓도 크다. 현재 타고 다니는 전기차도 마찬가지다. 전기차는 일반적으로 주행거리가 15만~20만km 정도 되면 배터리의 용량이 줄어들며, 성능도 저하된다. 배터리 교체가 필요하며 이는 자연스레 폐배터리 처리 문제로 이어진다. 2차전지에 이어 폐배터리 산업이 본격적으로 성장할 것으로 기대되는 이유다.

블룸버그와 우드맥킨지에 따르면 글로벌 전기차 판매량은 2019년 210만 대에서 2030년 약 2,600만 대로 1,138% 성장한 후 2050년에는 약 6,200만 대로 138% 늘어날 전망이다. 2030년까진 급속도로 성장하지만 이후 성장률이 확연히 둔화되는 것을 알 수 있다. 그러나 폐배터리 시장은 2050년 약 600조 원으로 2030년 대비 2,870% 성장할 전망이다. 전기차 시장과 5년에서 10년의 시차를 두고 폭발적으로 성장할 것으로 기대된다. 2차전지 기업들이 차세대 성장 동력

글로벌 전기차 판매량 전망

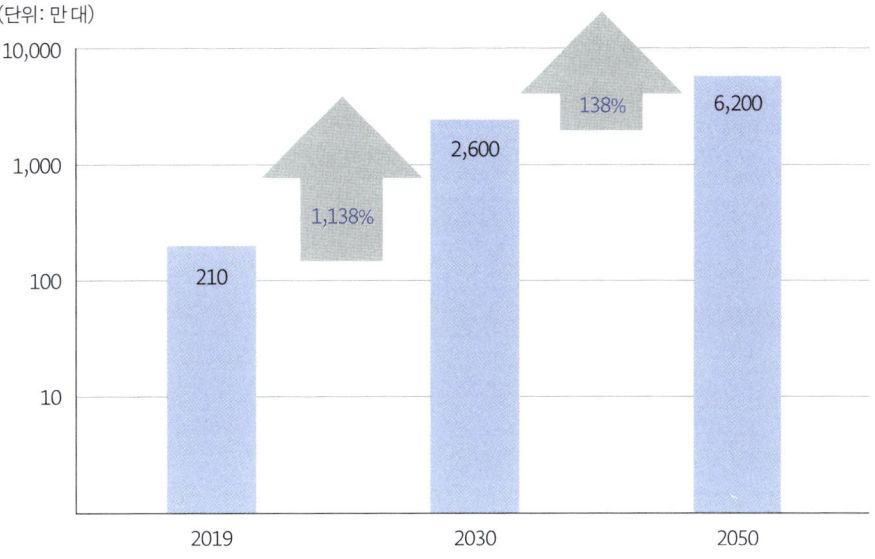

출처: 블룸버그, 우드맥킨지

글로벌 폐배터리 시장 전망

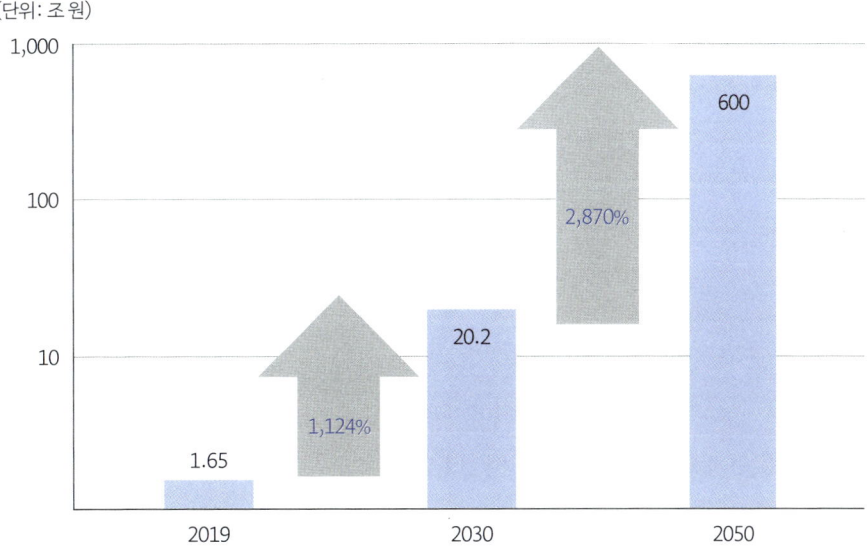

출처: SNE리서치

주요 폐배터리 관련 기업

기업	사업 내용	재활용	재사용
고려아연	LG에너지솔루션과 폐배터리 합작법인(JV) 관련 MOU 체결	○	
OCI	현대차그룹과 폐배터리 재사용과 태양광발전소 연계 사업 추진		○
에코프로	자회사 에코프로씨엔지를 통해 폐배터리, 폐양극재 재활용 사업 진행	○	
성일하이텍	글로벌 5위 2차전지 재활용 전문 기업	○	
새빗켐	폐배터리 재활용, 2차전지 공정 불량품 소재 재활용 사업 영위	○	
하나기술	2019년 폐배터리 검사 장비 개발	○	○
디에이테크놀로지	폐배터리 팩과 모듈을 자동으로 분해, 분리하는 자동화 시스템 기술 개발 중	○	
인성이앤티	자동차 재활용 부문에서 폐배터리 사업 추진 계획		○
파워로직스	현대차와 폐배터리 재사용 ESS 사업 추진 (파일럿 생산라인 구축 및 양산 중)		○
영화테크	E모빌리티용 배터리팩 및 폐배터리 재사용 사업 추진		○
코스모화학	폐배터리 재활용에 300억 원 시설 투자	○	
NPC	현대글로비스와 폐배터리 운송 용기 공동 개발	○	○
이지트로닉스	전기차 폐배터리를 ESS용 배터리로 재활용하는 사업 진출		○

출처: 각 사

으로 폐배터리 시장을 낙점한 이유다.

폐배터리는 재사용과 재활용 시장으로 구분된다. 재사용은 수명이 다한 전기차 배터리를 분해해 검사 및 분석하고 ESS용으로 다시 만들어 사용하는 것을 말한다. 전기차마다 배터리 규격이 상이해 기계로 할 수 없으며 사람의 노동력을 필요로 한다. 대량생산이 불가능한 노동 집약적 산업이다. 반면 재활용 Recycling

은 노후된 배터리를 파쇄하거나 용융시켜 니켈, 코발트, 망간 등 배터리의 핵심 소재를 추출해내는 것이다. 기술력에 따라 추출할 수 있는 소재의 양과 범위가 달라지므로 기술력이 중요하며, 노동력을 필요로 하지 않으므로 대량생산이 가능하다. 부가가치가 높은 분야는 단연 재사용보다 재활용이다. 기존 2차전지 모듈, 소재 기업뿐만 아니라 폐기물 처리 기업, 광물 제련 기업들도 폐배터리 시장의 문을 두드리고 있어 관련 기업들의 움직임을 잘 주시할 필요가 있다.

3) 핵심 광물 확보

2022년 8월 미국은 「인플레이션 감축법」을 발효했다. 크게 보건, 청정 에너지, 조세 세 가지를 다루고 있는데, 결과적으로 중국을 공급망에서 배제하고 자국 제조업을 육성시키는 것이 골자다. 특히 청정 에너지 부문에서는 미국 내 전기차 보조금 지급이 핵심이다. 보조금 지급 대상에 해당하기 위해서는 까다로운 기준이 적용되는데, 먼저 완성차의 경우 북미에서 최종 조립이 되어야 한다. 2차전지는 배터리 부품, 배터리에 들어가는 광물에 대한 가이드라인이 있다.

배터리 부품의 경우 미국 내에서 일정 부분 제조·조립되어야 하는데, 해당 비율은 2023년 50%에서 순차적으로 높아져 2028년 이후에는 100%를 달성해야 보조금 지급 대상이다. 배터리 광물의 경우 미국 또는 미국과 FTA를 맺은 나라에서 추출, 처리된 광물이거나 북미에서 재활용된 것만 사용해야 한다. 이 비율 역시 2023년 40%에서 2026년 이후에는 80% 수준까지 높아진다. 2022년 기준 이미 전기차 신차 판매 침투율이 30%에 육박한 중국과 달리 미국은 5% 내외에 불과하다. 그만큼 미국 시장의 성장성이 크다는 의미다. 이에 따라 미국 전기차 보조금 지급에 부합한 조건을 갖춘 2차전지 기업들을 주목할 필요가 있다.

가장 적극적인 기업이 POSCO홀딩스다. POSCO홀딩스는 일찍이 광물 확보의 중요성을 파악해 2018년 아르헨티나 리튬 호수를 인수했다. 2022년 10월 아르헨티나 리튬 호수에 추가로 1조 5,000억 원을 투자했으며, 2026년부터 연

2만 5,000톤 규모의 수산화리튬을 생산할 계획이다. POSCO홀딩스는 배터리용 니켈 사업을 담당하는 신설법인 설립도 검토하고 있다.

2차전지 수직계열화를 이룬 에코프로 그룹도 배터리 핵심 광물 확보에 나섰다. 2021년 6월에는 계열사 에코프로이노베이션이 미국 네바다주 에스메랄카 운티에 있는 미국 최대 리튬 프로젝트인 '리오라이트 리지'를 운영하는 호주 원자재 기업 이오니어와 탄산리튬 3년 공급 계약을 체결했고, 매년 탄산리튬을 최대 7,000톤 조달할 계획이다. 2022년 9월 에코프로는 독일 AMG 리튬사와 배터리용 수산화리튬 수급 계약을 체결했다. 이번 계약에 따라 2023년 말 적격성 평가를 거친 후 2024년부터 연간 약 5,000톤의 수산화리튬을 안정적으로 공급받을 것으로 보인다.

시가총액 상위 기업의 투자 지표

- 실적 및 투자 지표: 2022년 3분기 연환산 기준(색이 칠해진 기업은 2021 기준)
- 배당수익률: 2021년 주당 배당금/2022.11.30 기준 주가
- 시가총액: 2022.11.30 기준

(단위: 억 원, 배)

기업명	매출액	영업이익	순이익	PER	PBR	ROE	배당수익률	시가총액
LG에너지솔루션	215,004	10,520	5,486	250.4	7.11	2.8%	0.0%	1,373,580
삼성SDI	179,741	15,829	17,164	29.2	3.07	10.5%	0.1%	501,293
포스코케미칼	30,585	1,830	1,608	105.2	6.70	6.4%	0.1%	169,257
에코프로비엠	39,168	3,129	2,271	49.0	8.27	16.9%	0.2%	111,298
엘앤에프	30,390	2,413	1,328	59.6	6.43	10.8%	0.0%	79,081
SK아이이테크놀로지	5,657	-712	-481	-97.7	2.13	-2.2%	0.0%	46,985
SKC	33,128	3,441	1,346	31.5	1.88	6.0%	1.0%	42,412
일진머티리얼즈	7,394	810	558	51.2	1.88	3.7%	0.5%	28,543
천보	3,329	651	566	42.5	6.95	16.3%	0.1%	24,100
코스모신소재	4,074	340	283	68.5	7.79	11.4%	0.0%	19,371
더블유씨피	1,855	405	-	-	4.41	0.0%	0.0%	17,893
성일하이텍	1,473	169	-	-	13.47	0.0%	0.0%	14,716
솔루스첨단소재	4,478	-338	-19	-718.6	2.20	-0.3%	0.2%	13,641
피엔티	4,597	662	689	16.5	4.70	28.5%	0.3%	11,359
엔켐	2,143	-260	-	-	4.71	0.0%	0.0%	10,199
씨아이에스	1,303	153	-163	-47.5	5.75	-12.1%	0.0%	7,731
아이티엠반도체	6,860	31	68	102.1	2.99	2.9%	0.6%	6,985
대보마그네틱	958	179	156	43.3	9.46	21.9%	0.0%	6,753
하나기술	1,137	31	35	140.3	6.70	4.8%	0.0%	4,970
새빛켐	334	55	-	-	33.31	0.0%	0.0%	4,878

2차전지

소재

양극재
- 포스코케미칼 · 코스모신소재
- 에코프로비엠 · 엘앤에프

동박
- 일진머티리얼즈 · SKC
- 솔루스첨단소재

전해질
- 천보 · 엔켐

분리막
- SK아이이테크놀로지 · 더블유씨피

세트
- 삼성SDI · LG에너지솔루션

재활용
- 새빗켐 · 성일하이텍

엔지니어링
- 탑머티리얼 · 강원에너지

장비
- 씨아이에스 · 엠플러스
- 피엔티 · 브이원텍
- 대보마그네틱 · 디에이테크놀로지
- 코윈테크 · 나인테크
- 에이프로 · 원익피앤이
- 필옵틱스 · 명성티엔에스
- 티에스아이 · 하나기술
- 이노메트리 · 엔시스
- 윤성에프앤씨 · 유일에너테크
- 지아이텍 · 에이치와이티씨
- 원준

부품
- 아이티엠반도체 · 에이에프더블류
- 신흥에스이씨 · 와이엠텍
- 상신이디피 · 세아메카닉스

자동차

자동차는 내구재 중 가장 비싼 품목이며, 가장 복잡한 기계다. 자동차는 2만여 개에 달하는 부품으로 구성되어 있다. 이 모든 것을 한 기업에서 만드는 것은 현실적으로 불가능하며 경제성도 없다. 현대차, 기아 등 몇몇 완성차 기업을 중심으로 수십, 수백 곳의 부품사들이 밸류체인을 형성하고 있는 이유다. 구체적으로 자동차는 세세한 부품을 제조하는 부품사가 있으며, 부품을 모아 모듈을 만드는 기업과 모듈을 조립해 완성차를 만드는 기업이 존재한다. 이 책에서는 자동차 산업을 크게 완성차를 만드는 기업과 완성차 기업에 자동차 부품, 모듈을 납품하는 기업으로 구분한다.

    자동차 산업에 속한 기업은 총 150곳으로 전체 시가총액의 5.5%를 차지한다. 기업 수는 많지만 소수 몇몇 기업이 차지하는 비중이 매우 높다. 현대차, 기아, 현대모비스 합산 시가총액은 전체 자동차 산업의 70%를 차지한다. 이는 자동차 산업 구조의 현 실태를 명확히 보여준다. 수많은 부품사들이 존재하지만 대부분 영세하며, 슈퍼 갑이라는 완성차 기업에 종속되는 구조다. 대부분 현대기아차라는 독과점 기업의 협력사이므로 단가 인하 압력에 취약하다. 주식 시장에서 자동차 부품 기업이 장부가치나 벌어들이는 이익 대비 낮게 거래되는 이유다. 자동차 산업 시가총액은 2019년까지 꾸준히 감소하다가 코로나19 이후 완성차 기업들의 실적 개선과 전기차 기대감이 일면서 예전 수준을 회복했다.

    자동차 산업의 세부 분류는 크게 완성차와 부품을 만드는 기업으로 구분했으며, 부품 기업은 자동차의 구성품에 따라 나눴다. 완성차 기업은 승용차나 SUV, 승합차 등을 만드는 곳이며, 이런 차량을 유통하는 기업을 완성차유통, 앰뷸런스, 냉동탑차 등 특수목적 차량을 만드는 기업을 특수차량으로 분류했다. 부품사의 경우 프론트엔드, 칵핏, 공조 장치, 섀시, 도어·차체, 시트·루프, 파워트레인, 엔진, 전장 용품, 배터리, 타이어, 기타로 구분했다.

자동차

1. 자동차 산업의 개요와 특징, 성장성

국내 도로에서 자주 마주치는 자동차 브랜드는 무엇이 있을까? 일단 현대차와 기아가 가장 많다는 사실을 부인할 사람은 없을 것이다. 다음으로 쌍용, 르노삼성, 쉐보레가 국산 자동차 브랜드 중에서는 간간이 눈에 띈다.

수입차 브랜드 중에서는 독일 3사라고 불리는 벤츠, BMW, 아우디가 단연 압도적이다. '노No재팬' 때문에 예전보다는 덜하지만 도요타 등 일본 자동차 브랜드도 종종 볼 수 있다.

앞서 일상생활에서 자주 접하는 자동차 브랜드를 언급했는데, 사실 이 정도 브랜드가 글로벌 자동차 시장을 주름잡고 있다. 2020년 글로벌 자동차 판매량은 도요타가 953만 대로 1위다. 뒤를 이어 아우디 브랜드를 갖고 있는 폭스바겐 그룹이 931만 대로 2위, 르노·닛산 얼라이언스가 3위(683만 대), 쉐보레 브랜드를 보유한 GM이 4위(683만 대), 현대기아차가 5위(635만 대)다. 주요 자동차 생산국은 중국과 미국, 일부 유럽 지역과 일본, 한국 등이다.

자동차 주요 소비국 역시 생산국과 비슷하다. 중국이 연간 2,000만 대 내외의 판매량을 유지하고 있고, 미국과 유럽이 각각 1,500만 대를 웃도는 판매 시장을 형성하고 있다. 중국, 미국, 유럽 지역을 합치면 전체 자동차 판매량의 60%가량

2020년 자동차 브랜드별 판매 대수

(단위: 만 대)

순위	브랜드	판매 대수
1	도요타	9,528
2	폭스바겐	9,305
3	르노·닛산	6,979
4	GM	6,828
5	현대기아차	6,351
6	상하이모터스	5,600
7	혼다	4,790
8	포드	4,187
9	크라이슬러	3,694
10	메르세데스 다임러	2,528
11	PSA	2,512
12	BMW	2,325

출처: 각 사

이다. 이처럼 자동차 시장은 전 세계 상위 10개국이 생산의 90%, 판매의 70%를 점유하는 과점 체제다. 글로벌 자동차 판매량은 2016년 9,000만 대를 돌파한 후 성장이 정체되어 있다.

2019년에는 8,670만 대로 9,000만 대를 하회했으며, 이듬해인 2020년에는 코로나19 영향으로 수요가 둔화되면서 7,264만 대로 줄어 들었다. 업계에 따르면 코로나19 팬데믹 이전 수준의 판매량을 회복하기 위해서는 최소 3년의 시간이 필요할 것으로 보인다.

| 글로벌 자동차 판매량 추이

(단위: 100만 대)

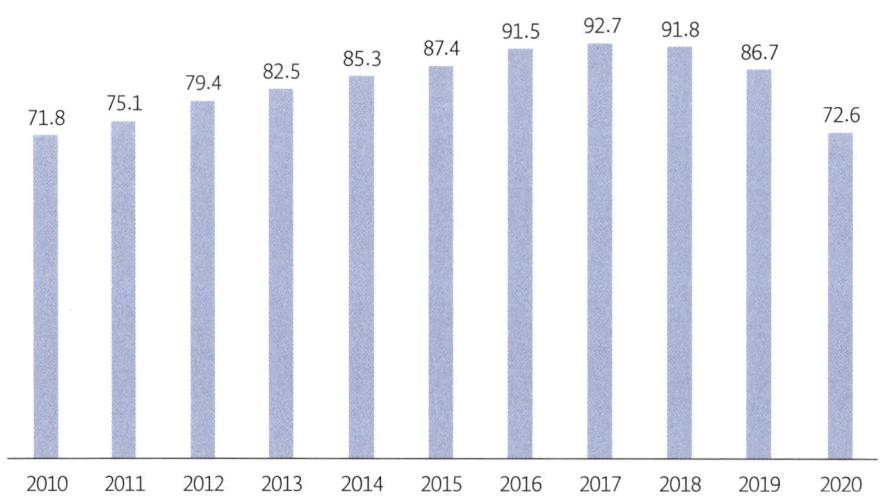

출처: 〈글로벌 자동차 판매량 Worldwide Viechel Sales, Data Source〉, 현대자동차그룹 글로벌경영연구소

국내 신차 시장은 2020년 기준 185만 대 규모를 형성하고 있다. 이 중에서 현대차, 기아의 합산 판매량은 약 132만 대로 국내 시장의 71%를 점유하고 있다. 국산 자동차 브랜드만 놓고 본다면 점유율이 83%가 넘는다. 따라서 국내 자동차 부품사들의 경우 현대기아차의 신차 스케줄, 판매 동향에 민감하다. 일반적으로 자동차 부품 기업들의 수익성은 완성차 기업 수준을 넘어서기 어렵다. 거대 고객사 한두 곳에 수백 곳의 협력사가 종속되는 구조이기 때문이다. 완성차 기업의 판매가 부진해 수익성이 악화되면, 그 영향이 고스란히 협력사에 미치게 된다.

유독 자동차 부품 기업들의 주가가 자산가치나 벌어들이는 이익 대비 낮게 거래되는 이유다.

2. 미래 자동차 트렌드

1) 소유에서 공유

지금까지 자동차 산업은 '제조-판매'로 이어지는 단순한 구조였다. 이는 소비자가 자동차를 '소유'의 개념으로 받아들였기 때문이다. 그러나 미래에는 자동차 '소유'보다는 '공유' 수요가 늘어날 것으로 보인다. 이에 따라 자연스럽게 자동차 산업에서 '서비스'의 영역이 커질 것으로 기대된다. 맥킨지에 따르면 2030년 자동차 산업의 분야별 매출 비중은 차량 판매가 40%, 정비·유지보수가 19%, 자율주행·전기차가 11%, 공유자동차·서비스가 30%를 차지할 것으로 전망된다.

차량 공유 산업이 성장할 것으로 보는 이유는 자동차를 보유하는 데 발생하는 기회비용이 너무 크다는 점에 있다. 특정 직업군을 제외하고 대부분의 사람은 자동차를 오래 이용하지 않는다. 하루 24시간 중에 자동차를 이용하는 시간은

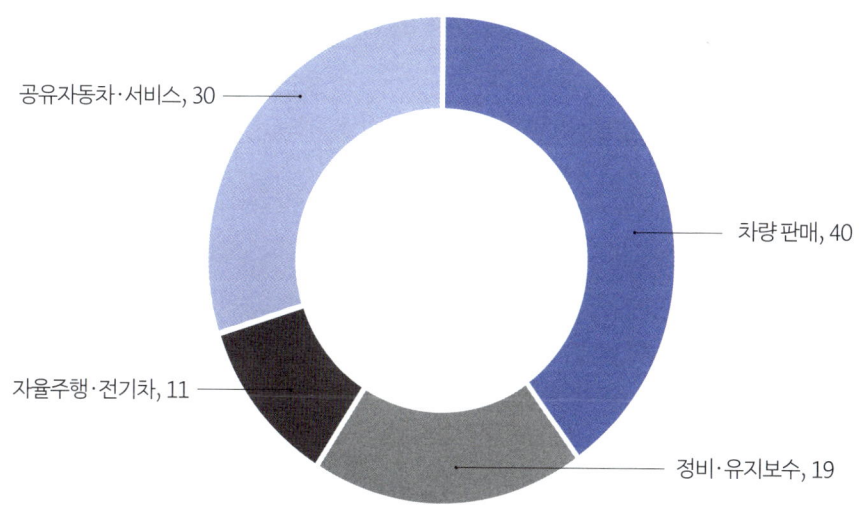

| 2030년 자동차 시장 분야별 매출액 비중 전망

(단위: %)

출처: 맥킨지 미래 자동차 연구소 McKinsey Center for Furture Mobility

출퇴근 1~2시간이 전부다. 개인이 소유한 자동차 대부분은 주차장에서 대기하는 시간이 훨씬 긴 셈이다. 만약 주차되어 있는 자동차를 타인에게 공유해 수익을 창출할 수 있다면 차주 입장에서도 좋을 것이다. 차량공유 서비스를 이용하는 소비자 입장에서도 교통수단 선택의 폭이 넓어진다는 장점이 있다.

문제는 운전자다. 차량공유 서비스를 구현하기 위해서는 운전자가 필요한데, 이는 서비스 비용에 운전자의 인건비가 포함된다는 말과 같다. 서비스의 콘셉트는 좋으나 경제적인 측면에서 타 이동 수단에 비해 경쟁력을 갖기가 힘들다. 따라서 차량공유 서비스가 본격적으로 시행되기 위해서는 자율주행 기술 발전이 선행되어야 한다.

전기차, 수소전지차 등 친환경 차량의 발전도 필연적이다. 2015년 유엔 기후변화회의에서 체결된 '파리기후협정'을 통해 국제 사회는 온실가스 감축에 합의했다. 이에 따라 각국은 2050년 전후로 탄소중립을 달성해야 한다. 달성하지 못할 경우 탄소세 등 각종 불이익을 당하게 된다. 이러한 점 때문에 신재생 에너지와 친환경 자동차 산업을 육성해야만 한다.

카셰어링, 카헤일링, 라이드셰어링

차량공유 서비스 정보를 찾다 보면 다양한 용어가 등장한다. 카셰어링Car sharing, 카헤일링Car hailing, 라이드셰어링Ride Sharing이 그것이다. 카셰어링이란 말 그대로 자동차를 공유하는 것이다. 자동차를 빌려 탄다는 점에서 렌터카와 다르지 않지만, 카셰어링은 시간 또는 분 단위로 이용할 수 있다는 장점이 있다. 카헤일링은 자동차를 호출하는 서비스다. 카카오택시나 우버 등이 대표적인 카 헤일링 서비스를 제공한다. 라이드셰어링은 쉽게 말하면 '카풀'로, 여러 명이 자동차를 함께 이용하는 서비스다. 국내에서는 출퇴근 시간에 한해 라이드셰어링 서비스를 허용해주고 있다.

2) 친환경차

친환경차란 기존 내연기관 차량 대비 이산화탄소 배출이 적고, 연비가 우수한 자동차다. 친환경차에는 하이브리드^{Hybrid Engine Vehicle, HEV}, 플러그인 하이브리드 ^{Plug-in Hybrid Engine Vehicle, PHEV}, 전기차^{Battery Engine Vehicle, BEV}, 연료전지차^{Fuel Cell Electric Vehicle, FCEV} 등이 속한다. 연료전지차는 일반적으로 수소전지차로 통용된다. 연료전지차는 연료전지로 모터에 전력을 공급하는데, 수소가 연료로 사용되기 때문이다.

한국노동연구원에 따르면 글로벌 친환경차 시장은 2021년부터 2025년까지 연평균 36% 성장할 것으로 관측된다. 이 중에서 전기차 시장의 성장성이 압도적이다. 블룸버그에 따르면 전기차 판매량은 2020년 260만 대에서 2025년 약 800만 대로 성장할 것으로 관측된다. 2030년에는 무려 약 2,400만 대를 차지해

| 글로벌 전기차 연간 판매량 추이

(단위: 만대)

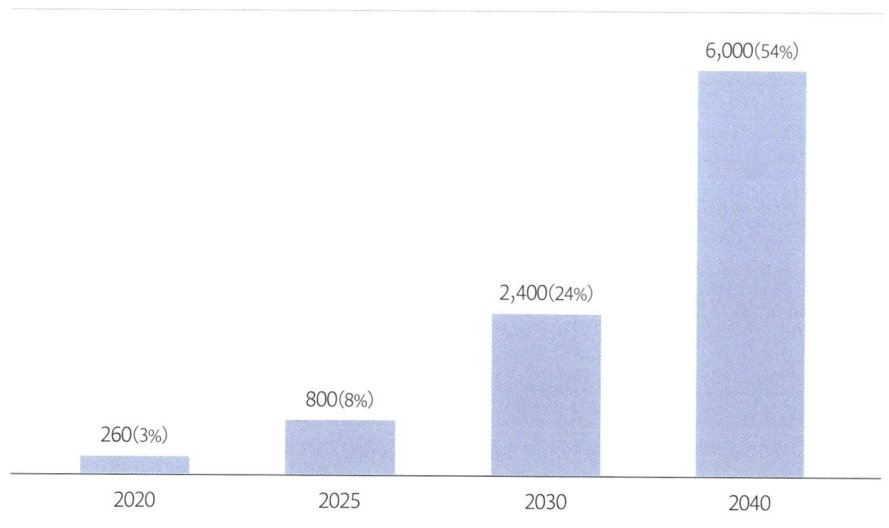

* 괄호 안은 전체 자동차 판매량의 비중
출처: 블룸버그

전체 자동차 판매량의 24%를 점유할 것으로 보인다.

우리나라도 '한국판 뉴딜'을 통해 친환경 차량 산업 육성에 나섰다. 정부는 저탄소, 분산형 에너지 확산을 위해 2025년까지 전기차 약 113만 대, 수소전지차 약 20만 대를 보급할 계획이다. 전기차는 2020년에 비해 12배가량, 수소전지차는 40배 늘어난 규모다. 국내 증시에서도 전기차와 수소전지차 관련 밸류체인에 주목해야 하는 이유다.

3) 자율주행차

자율주행차는 운전자가 브레이크, 스티어링 휠, 가속 페달 등을 제어하지 않아

자율주행 단계 구분

단계	정의	설명
레벨 0	수동 No Automation	· 운전자가 자동차의 모든 기능을 항상 제어하고 책임짐
레벨 1	일부 기능 자동 Function-specific Automation	· 일부 기능을 자동화해 운전자의 안전을 강화 · 각 기능을 ADAS로 통칭: ESC(전자식주행안전장치), SCC(스마트크루즈컨트롤)
레벨 2	복합 기능 자동 Combined Function Automation	· 2개 이상의 ADAS가 복합적으로 차량을 제어 예: SCC+LKAS, SCC+LKAS+AEB · 고속도로 자율주행까지 가능 · 여전히 사고의 책임은 운전자에게 있음
레벨 3	부분 자율주행 LimIT ed Self-driving Automation	· 특정 주행환경에서 차량 스스로 모든 안전 기능을 제어 · 운전자의 개입이 필요하다고 판단 시 거부감 없는 유연한 방법으로 운전자에게 경고해 제어권을 이양 · 운전자는 여전히 운전석에 있어야 하며 사고 시 책임 소재는 차량과 운전자 사이에서 논란이 있을 수 있음
레벨 4	완전 자율주행 Full Self-driving Automation	· 차량이 전체 이동 간 모든 안전 기능을 스스로 제어 · 운전자는 목적지만 입력하고 출발부터 주차까지 차량 스스로 해결 · 운전석이 필요 없음. 사고시 책임은 차량에 있음

자료: 미국도로교통안전국 National Highway Traffic Safety Administration, NHTSA

도 주행환경을 인식해 위험을 판단하고 주행 경로를 계획해, 스스로 안전 운행이 가능한 자동차다. 자율주행에 같이 따라오는 개념이 있는데, 첨단운전자보조시스템Advanced Driver Assistance Systems, ADAS이다. ADAS는 운전 중 발생할 수 있는 수많은 상황 가운데 일부를 차량 스스로 인지하고 상황을 판단해 기계 장치를 제어하는 기술이다. ADAS는 완전 자율주행으로 가기 전 운전자를 보조해줄 수 있는 자율주행의 초기 버전이라고 보면 된다. 미국도로교통안전국에 따르면 자율주행은 자율주행의 범위에 따라 레벨 1부터 레벨 4까지 구분된다.

한국자동차연구원에 따르면 글로벌 자율주행차 시장은 2020년 71억 달러에서 2035년 1조 달러로 급성장할 전망이다. 다만 자율주행차가 상용화되기 위해서는 넘어야 할 장벽이 많다. 자율주행차 사고 시 책임 소지가 누구에게 있는지 등의 문제다. 여기에 따라 자동차 보험의 체계도 변경되어야 한다. 교통법규 체계 역시 변경되어야 함은 물론이다.

3. 자동차 기업의 투자 포인트

1) 일반적인 투자 포인트

자동차 기업에 투자할 때 가장 중요한 것은 판매량이다. 많이 팔수록 실적이 좋아지기 때문이다. 현대차와 기아는 매월 첫 영업일에 지난달 국내, 해외 판매량을 공시한다. 국내 자동차 부품사 대부분은 현대기아차에 크게 종속되는 구조이므로 매월 발표되는 판매량을 잘 체크해야 한다. 판매량이 저조해 수익성이 하락하면 협력사들의 실적 역시 자유로울 수 없다. 그런 차원에서 신차 출시 일정 역시 잘 봐야 한다. 모델마다 출시된 지 3~5년이 지나면 풀 체인지를 진행한다. 이때 대기 수요가 집중되어 판매량이 급증할 수 있다. 물론 신차가 출시된다고 해서 무조건 흥행하는 것은 아니다. 따라서 본격적인 판매에 앞서 발표되는 사전계약 대수는 판매량의 선행지표로 참조할 만하다.

고가 차량의 판매 여부도 중요하다. 현대차 입장에서는 저가 모델 몇 대를 파는 것보다 상위 모델인 제네시스 1대를 파는 것이 수익성 측면에서 유리하다. 따라서 제네시스 등 고가 차량이 풀 체인지되며 높은 사전계약 대수를 기록했다고 한다면 긍정적인 신호다.

한편 국내 판매량보다는 글로벌 판매량이 중요하다. 특히 세계에서 가장 영향력 있는 시장인 미국 판매량이 중요하다. 미국 시장에서 인정받는 브랜드가 글로벌 판매량을 좌우하는 경우가 많기 때문이다. 브랜드 가치에 영향을 주는 서비스, 품질 이슈도 잘 봐야 한다. 특히 특정 완성차 기업에서 자동차의 설계 및 제조 결함 등으로 발생하는 리콜이 잦다면 장기적으로 브랜드 가치를 떨어뜨릴 수 있다.

2) 친환경차

한국수출입은행에 따르면 내연기관차에서 전기차로 변경되면 사라지는 부품 수가 약 1만 1,000개에 달한다. 대부분 엔진 부품과 구동 및 전달계통이다. 따라서 미래 먹거리가 사라지는 엔진 및 파워트레인 관련 부품사는 환골탈태가 필요하다. 반면 추가되거나 강화되는 쪽도 존재한다. 전기차 배터리, 구동 시스템, 열관리 시스템, 전장 부품 등이 대표적이다. 투자 관점에서도 이와 같은 밸류체인에 주목하는 것이 좋다. 배터리는 에너지 산업 2차전지 파트에서 자세히 다룬다. 구동 시스템은 구동 모터, 인버터, 회생 브레이크 시스템, 동력전달장치 등으로 구성되어 있다. 구동 시스템 중에서 가장 비싼 부품은 구동 모터다. 특히 전기차에 채용되는 구동 모터의 수가 늘어날 것으로 전망된다. 전륜 기반의 구동 모터는 내연기관과 토크 격차가 크기 때문에 구동 모터 2개가 들어가는 4륜 시스템이 확산될 것으로 기대되기 때문이다. 각 바퀴에 구동 모터를 설치한 구조인 인휠In-wheel 모터도 개발 중이다. 이 경우 대당 탑재되는 구동 모터의 수가 더

| 전기차와 수소전지차의 구조 비교

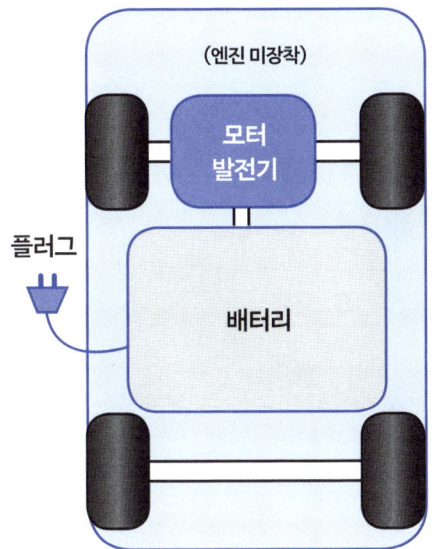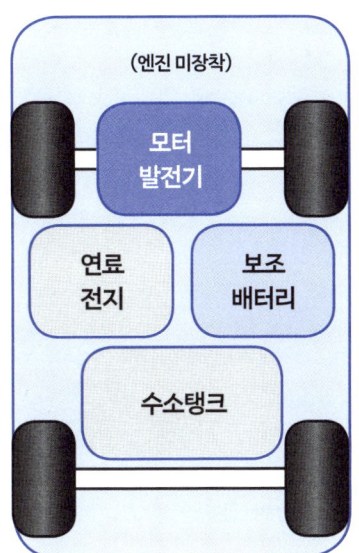

출처: KDB 산업은행 기술평가부

늘어난다. 단, 인휠 모터는 넘어야 할 산이 많다. 모터가 바퀴마다 장착되기 때문에 이를 제어하기 위한 센서도 많아져 시스템이 복잡해진다. 또한 모터에 직접 충격이 가해지므로 내구성 측면에서도 불리하다.

열관리 시스템은 PTC 히터, 전동식 컴프레서 등이 대표적이다. PTC 히터는 전기저항을 이용해 공기를 가열하는 부품이며, 전동식 컴프레서는 차량이 정지된 상태에서도 배터리의 전력을 통해 독립적으로 작동해 차량 전체의 열을 관리하는 기능을 한다. 열관리 시스템이 전기차에 중요한 이유는 두 가지인데, 먼저 냉난방을 포함해 모터와 배터리 등 핵심 구성품의 성능을 최적으로 유지하기 위해 필요하다. 전기차는 외기온도에 따라 배터리 소모량이 달라 전비가 크게 달라진다. 또한 엔진 동력이 없기 때문에 이 모든 것을 배터리에 충전된 전기로 해결해야 한다. 반면 내연기관 차량의 경우 엔진에서 발생하는 폐열로 히터를 작동시키며, 엔진 동력으로 보조배터리를 충전할 수도 있다.

| 전기차와 수소전지차의 구조 비교(엔진 미장착)

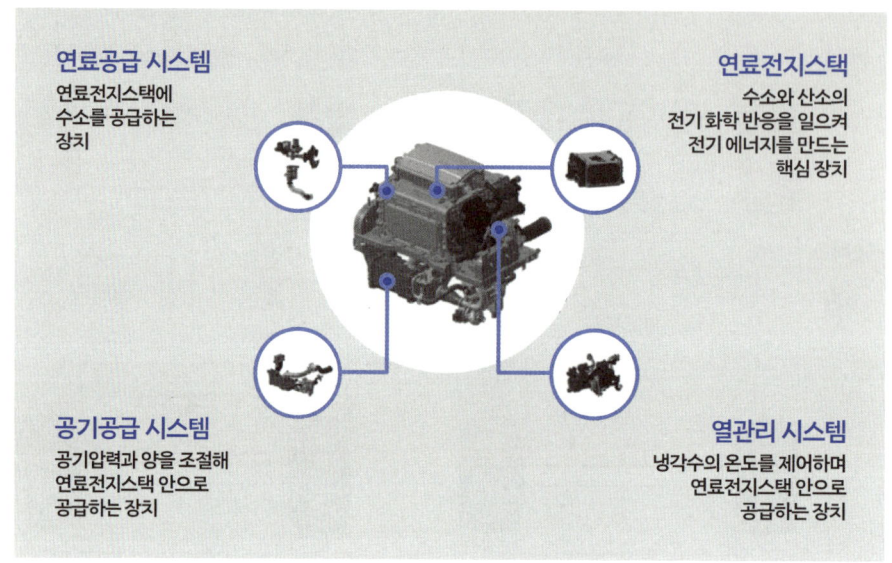

출처: 현대차 블로그

전장 부품은 직류전원을 다른 전압의 직류전원으로 변환하는 DC-DC 컨버터, 배터리의 성능을 컨트롤하는 BMS$^{Battery\ Management\ System}$가 대표적이다. 이 밖에 자동차가 점점 전자기기처럼 변하면서 채용될 수밖에 없는 전원공급장치, 와이어 하네스, PCB 등이 존재한다.

수소전지차는 전기차에 연료전지 시스템과 수소탱크가 추가되고 대용량 배터리가 제외된 구조다. 나머지 모터, 전력변환장치 등은 전기차와 동일하다.

연료전지 시스템은 연료전지스택과 주변 장치로 구분할 수 있다. 연료전지스택은 수소와 산소의 전기적 화학 반응을 일으켜 전기 에너지를 만드는 장치다. 내연기관 자동차로 치면 엔진과 같은 핵심 구성품이다. 주변 장치는 말 그대로 연료전지스택을 도와주는 주변 장치다. 주변 장치는 수소를 공급해주는 연료공급 시스템, 산소를 공급하는 공기공급 시스템, 냉각수의 온도를 조절해 공급하는 열관리 시스템으로 구분된다.

향후 친환경차 시장의 주도권은 누가 가져갈까? 전기차일까? 수소전지차일까? 성장성만큼은 우열을 가리기 힘들지만 판매량을 보면 비교 대상이 아님을 알 수 있다. 2021년 기준 글로벌 수소전지차 판매 대수는 1만 7,400대(전년 대비 83% 증가)다. 반면 같은 기간 전기차 판매대수는 472만 대(112% 증가)다. 이쯤 되면 수소전지차가 과연 미래자동차 시장에 명함을 내밀 수 있을지 의문이 생길 수밖에 없다. 엄밀히 말하면 수소전지차와 전기차는 직접적인 경쟁대상이 아니라는 평가가 지배적이다. 수소전지차는 구조상 수소탱크의 부피 때문에 승용차보단 버스, 트럭 등 상용차에 적합하다. 특히 전기차에 비해 수소전지차는 수소탱크의 부피가 크면 클수록 주행거리 측면에서 장점을 갖고 있다. 물론 전기차 배터리 역시 용량을 키우면 주행거리를 늘릴 수 있다. 하지만 배터리는 매우 비싸다. 배터리 사이즈를 키우는 것보단 수소탱크의 용량을 키우는 것이 더 경제적이다.

수소전지차 역시 충전 시설 구축이 어렵다는 구조적 한계를 갖고 있다. 대부분의 사람은 수소충전소를 원자력발전소마냥 혐오 시설로 인지하고 있다. 수소 폭탄처럼 터질 위험성에 대해 염려하고 있는 것이다.

이 같은 전기차 및 수소전지차의 명확한 장단점 때문에 전기차는 승용차, 수소전지차는 상용차 부문 등 각자의 영역에서 성장할 것으로 예상된다.

내연기관 자동차는 장기적으로 사라질 전망이다. 기존 내연기관 차량 부품에 종속된 기업은 도태될 수밖에 없다. 앞서 언급한 친환경차 관련 핵심 부품을 만들거나 시장이 확대되는 투자처를 중심으로 관심을 가져야 하는 이유다.

3) 자율주행차

자율주행차는 어떻게 스스로 운전을 할까? 자율주행차의 의사결정 과정을 살펴보면 사람과 흡사하다. 먼저 주행환경 인식이다. 도로 상태가 어떤지, 장애물이 있는지 등을 파악해야 한다. 다음은 판단의 영역이다. 주행환경을 파악했다면 커브를 돌지, 멈출지, 피할지 등의 선택을 한다. 판단이 끝났다면 실행에 옮길 차례다. 스티어링 휠을 조작하든지, 브레이크를 밟든지 제어를 한다. 이처럼 자율주행의 의사결정 과정은 역할에 따라 '인지' '판단' '제어' 세 가지로 나뉜다. 이 중에서 부가가치가 큰 분야는 인지와 판단이다.

인지에 필요한 것은 자동차에 장착되어 물리적으로 주행환경을 인식하는 '센서', 도로의 경계와 차선, 표지판, 각종 시설물 정보가 매우 정밀하게 표시되어 있는 '정밀지도', 차량과 차량 또는 각종 다양한 주행환경과 실시간으로 정보를 교환할 수 있는 '인터렉션 기술' 등이 필요하다. 정밀지도 및 인터렉션 기술은 완성차 기업이나 통신사, IT 기업들이 협력해 개발하고 있다.

인지 기술 분야에서 자동차와 직접적으로 관련이 있는 분야는 센서 시장이다. 타 기술과 비교해서 시장 규모도 가장 크다. 센서는 카메라, 레이다, 라이다, 초음파로 구분된다. 카메라는 물체 형태를 인식할 수 있지만, 거리 측정이 불가능하다. 또한 사람처럼 100% 모든 사물을 정확히 인식할 수 없다. 반면 레이다와 라이다는 사물이 무엇인지 판단할 수 없지만, 물리적인 거리를 정확히 측정할 수 있다. 라이다가 레이다에 비해 더 정밀한 측정이 가능하지만, 가격이 비싸고 악천후에 정밀도가 떨어진다는 단점이 있다. 대부분의 완성차업계는 카메라, 레이다, 라이다를 골고루 사용하고 있지만, 테슬라는 카메라만 사용하고 있다.

| 주요 자율주행 인지 센서 품목

품목	설명
카메라	교통 표지판, 사각지대, 차선, 보행자 등 정확한 형상정보 확인
레이다	전파를 발사해 돌아오는 전파의 소요 시간과 주파수 편이를 측정해 주변 사물과의 거리를 탐지
라이다	고출력(905nm 파장) 레이저를 발사해 돌아오는 전파의 소요 시간과 주파수 편이를 측정해 주변 사물과의 거리를 탐지하는 센서로, 레이다보다 정밀

자율주행 기술 레벨이 높아질수록 차량 1대당 탑재되는 센서의 개수가 늘어날 수 있으므로 관련 기업들을 주목할 필요가 있다. 다만 글로벌 센서 시장은 전자장비에 해당하는 품목으로 반도체, IT 기기 기업들이 시장을 선점하고 있다. 국내 완성차 및 자동차 부품을 만드는 기업 중에서 자율주행차 인지 센서 시장의 핵심 역할을 담당하는 기업을 찾아보기 힘들다. 그나마 전장 용품 섹터에서 전원공급장치, 와이어 하네스, ADAS 센서를 제조하는 기업 및 카메라 모듈 및 관련 부품을 만드는 기업은 지켜볼 만하다.

판단은 도로 상황을 인지한 후 '어떻게 운전할까?'에 관한 결정을 내리는 것이다. 사람의 두뇌 역할인 인공지능이 필요한 만큼 시스템 반도체 기업들이 해당 시장을 선점하고 있다. AI 반도체는 크게 GPU Graphic Processing Unit, ASIC Application Specific Integrated Circuit, FPGA Field Programmable Gate Array가 있다. 과거 컴퓨터의 두뇌 역할은 CPU Central Processing Unit가 담당했다. CPU는 단일 연산을 빠르게 처리하는 데 적합하다. 그러나 여러 가지 명령어를 동시에 처리하는 데는 적합하지 않다. 반면 GPU는 단일 연산은 CPU만큼 빠르지 않지만, 수많은 명령어를 동시

인공지능 용도로 쓰이는 반도체 장단점 비교

구분	GPU	ASIC	FPGA
특징	수천 개의 코어를 활용하는 대규모 병렬처리에 최적화된 칩	특정 용도에 맞게 설계된 칩	하드웨어 프로그래밍이 가능한 칩
재프로그래밍 여부	불가	불가	가능
개발공수	낮음	초기 개발공수는 높음	높음
전력소비 및 발열	매우 높음	낮음	낮음
연산속도	빠름	매우 빠름	보통

출차: 각 사

에 처리하는 병렬연산이 가능하다. CPU는 몇 대의 비행기로 많지 않은 인원을 빠르게, GPU는 비행기보단 느리지만 기차 수천 대로 수많은 사람을 동시에 이동시키는 수단이라고 보면 된다. 수많은 상황을 동시에 분석, 처리해야 하는 인공지능 반도체 시장에서 GPU가 부각되는 이유다.

GPU 시장에서는 2020년 기준 엔비디아가 글로벌 시장의 80%를 점유하고 있고, AMD가 그 뒤를 잇고 있다. ASIC은 범용 반도체가 아닌 주문형 반도체로 용도에 따라 최적화된 AI 반도체라고 보면 된다. 2019년 테슬라가 엔비디아와 결별을 선언하고 자체적으로 개발한 자율주행 칩이 대표적인 ASIC이다. 구글, 애플, 삼성전자 역시 자체적으로 AI 반도체를 개발 중이다. FPGA는 GPU와 ASIC과 달리 칩 내부의 하드웨어를 필요에 따라 재프로그래밍할 수 있다. 이 같은 특성 때문에 FPGA는 빠르게 변화하는 AI 시장에 적합한 반도체라고 평가받고 있다. FPGA는 자일링스가 주로 생산하며, 인텔 역시 자회사 알테라를 통해 FPGA 시장에 참여한 상태다.

시가총액 상위 기업의 투자 지표

- 실적 및 투자 지표: 2022년 3분기 연환산 기준(색이 칠해진 기업은 2021 기준)
- 배당수익률: 2021년 주당 배당금/2022.11.30 기준 주가
- 시가총액: 2022.11.30 기준

(단위: 억 원, 배)

기업명	매출액	영업이익	순이익	PER	PBR	ROE	배당수익률	시가총액
현대차	1,350,304	79,902	62,069	5.8	0.43	7.4%	3.0%	361,099
기아	805,832	57,839	46,203	6.0	0.71	11.7%	4.4%	278,079
현대모비스	484,081	18,948	23,957	8.4	0.52	6.3%	1.9%	200,827
한온시스템	82,086	2,130	1,525	30.4	1.92	6.3%	4.1%	46,441
한국타이어앤테크놀로지	80,189	5,821	7,272	5.8	0.46	8.0%	2.1%	42,118
HL만도	70,576	2,219	2,119	10.6	0.95	8.9%	1.7%	22,539
현대위아	78,817	1,593	2,048	7.9	0.45	5.7%	1.2%	16,263
쌍용차	30,551	-1,335	-707	-20.7	2.19	-10.6%	0.0%	14,625
한국앤컴퍼니	11,137	2,595	2,394	5.7	0.34	6.0%	4.2%	13,623
에스엘	37,602	1,624	1,262	10.3	0.78	7.6%	1.8%	12,959
롯데렌탈	26,636	3,062	1,008	10.6	0.84	7.9%	3.1%	10,642
명신산업	13,570	702	692	13.4	2.35	17.6%	0.0%	9,261
금호타이어	33,437	59	-432	-20.0	0.70	-3.5%	0.0%	8,647
DN오토모티브	25,179	3,192	1,930	3.9	0.69	17.4%	2.6%	7,615
케이카	22,228	547	330	20.8	2.74	13.2%	5.3%	6,852
넥센타이어	24,408	-877	-463	-14.8	0.43	-2.9%	1.5%	6,837
세방전지	14,560	806	522	13.0	0.56	4.3%	1.2%	6,783
SNT모티브	9,599	962	981	6.7	0.75	11.3%	3.6%	6,544
쏘카	2,890	-210	-	-	4.15	0.0%	0.0%	6,267
성우하이텍	36,907	840	449	10.7	0.38	3.6%	1.3%	4,792

자동차

전장용품

모터
- 유니온머티리얼
- KBI메탈

반도체
- 아이에이
- 라닉스

보안시스템
- 모베이스전자
- 모베이스

블랙박스
- 팅크웨어
- THE MIDONG
- 유비벨록스
- 앤씨앤
- 파인디지털
- 커머스마이너

센서
- 트루윈
- 퓨런티어
- 모바일어플라이언스

인포테인먼트
- 미디어젠
- 대성엘텍
- 엔지스테크널러지
- 오비고
- 모트렉스

전기시스템
- 에코캡
- 티에이치엔

정션박스
- 영화테크

제어시스템
- 로스웰

히터
- 대우부품

PCB
- 에이엔피

제동장치
- 새론오토모티브
- KB오토시스
- 상신브레이크
- 글로벌에스엠

조향장치
- 인팩
- 대유에이피

종합모듈
- 현대모비스
- HL만도

중고차
- 케이카

차체
- 성우하이텍
- 세원물산
- 엠에스오토텍
- 동원금속
- 아진산업
- 명신산업
- 일지테크

칵핏모듈
- 덕양산업

커머스
- 오토앤

타이어
- 한국타이어앤테크놀로지
- 금호타이어
- 넥센타이어
- DN오토모티브
- 동아타이어
- 다이나믹디자인

특장차
- 광림
- 오텍
- 이엔플러스
- 디와이

파워트레인
- 현대위아
- 지엠비코리아
- SNT모티브
- 동양피스톤
- 모토닉
- 영화금속
- SNT중공업
- 한일단조
- 세종공업
- 유성기업
- 유니테크노
- 한국프랜지
- 삼기
- 오리엔트정공
- 디아이씨
- 캐스텍코리아
- 인지컨트롤스
- SJM
- 센트랄모텍
- 네오오토
- 우수AMS
- SJM홀딩스
- 유라테크
- 서진오토모티브
- CBI
- 코다코
- 삼성공조
- 체시스
- 유니크
- 부산주공
- 경창산업
- 태원물산
- 에스엠벡셀
- 대동금속
- 디와이씨
- 디젠스

부록

지주회사

시가총액 상위 기업의 투자 지표

- 실적 및 투자 지표: 2022년 3분기 연환산 기준
- 배당수익률: 2021년 주당 배당금/2022.11.30 기준 주가
- 시가총액: 2022.11.30 기준

(단위: 억 원, 배)

기업명	매출액	영업이익	순이익	PER	PBR	ROE	배당수익률	시가총액
SK	127,1240	91,122	34,210	4.7	0.64	13.5%	3.7%	162,387
LG	59,973	20,730	22,012	6.0	0.50	8.3%	3.3%	132,290
한국조선해양	168,174	-11,695	-6,401	-8.7	0.57	-6.5%	0.0%	55,415
SK스퀘어	52,401	14,787	14,948	3.5	0.29	8.3%	0.0%	52,980
HD현대	528,132	31,772	11,251	4.5	0.69	15.3%	8.6%	50,951
에코프로	40,672	4,264	-1,645	-21.3	2.39	-11.2%	0.3%	35,072
롯데지주	129,147	4,604	1,767	19.5	0.46	2.4%	4.6%	34,463
한진칼	2,626	-213	9,542	2.8	1.14	40.2%	0.0%	27,139
아모레G	47,317	1,956	371	70.3	0.77	1.1%	1.4%	26,098
CJ	396,024	21,952	3,511	6.4	0.40	6.3%	3.0%	22,379
한화	590,833	30,397	13,587	1.6	1.06	66.4%	2.6%	21,776
한미사이언스	10,213	264	507	42.5	2.95	7.0%	0.6%	21,548
효성	37,716	2,253	1,163	13.9	0.61	4.4%	8.5%	16,119
두산	146,961	10,090	-1,060	-15.2	0.64	-4.2%	2.1%	16,078
DL	45,144	2,947	401	36.0	0.33	0.9%	2.8%	14,418
대웅	16,575	2,118	1,248	9.5	1.42	15.1%	0.5%	11,803
F&F홀딩스	18,186	5,138	1,187	9.4	0.56	5.9%	0.6%	11,167
오리온홀딩스	27,165	3,546	918	10.4	0.43	4.1%	4.2%	9,585
하림지주	137,878	10,231	1,548	5.6	0.31	5.6%	1.3%	8,602
녹십자홀딩스	20,802	865	143	56.9	0.80	1.4%	2.3%	8,136

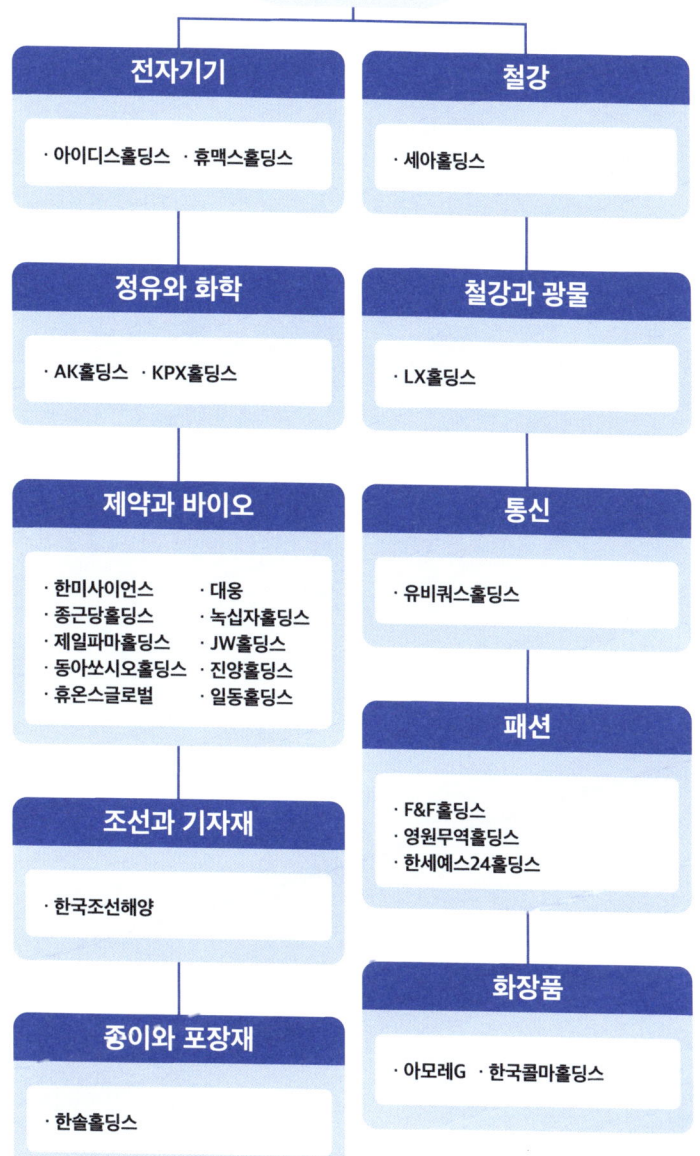

2023 대한민국 산업지도

초판 1쇄 발행 2023년 1월 10일
초판 9쇄 발행 2023년 3월 6일

지은이 이래학
브랜드 경이로움
출판 총괄 안대현
책임편집 이제호
편집 김효주, 정은솔, 이동현
마케팅 김윤성
표지디자인 김예은
본문디자인 김혜림

발행인 김의현
발행처 사이다경제
출판등록 제2021-000224호(2021년 7월 8일)
주소 서울특별시 강남구 테헤란로33길 13-3, 2층(역삼동)
홈페이지 cidermics.com
이메일 gyeongiloumbooks@gmail.com (출간 문의)
전화 02-2088-1804   **팩스** 02-2088-5813
종이 다올페이퍼   **인쇄** 천일문화사
ISBN 979-11-92445-19-9 (03320)

- 책값은 뒤표지에 있습니다.
- 잘못된 책이나 파손된 책은 구입하신 서점에서 교환해드립니다.
- 이 책은 저작권법에 의하여 보호를 받는 저작물이므로 무단 전재와 복제를 금합니다.